HISTOIRE

DU CANADA FRANÇAIS

depuis la découverte

LIONEL GROULX

HISTOIRE
DU CANADA FRANÇAIS
depuis la découverte

TOME II

Le Régime britannique au Canada

BIBLIOTHÈQUE CANADIENNE-FRANÇAISE
HISTOIRE ET DOCUMENTS
FIDES ● 235 est, bd Dorchester ● Montréal

Le texte du présent ouvrage est celui de la quatrième édition parue dans la collection « Fleur de Lys », aux Éditions Fides, en 1960. Il a été reproduit par offset.

Numéro de la fiche de catalogue
de la Centrale des bibliothèques — CB : 76-1305
ISBN : 0-7755- 0574-9

Première partie

VERS L'AUTONOMIE

Le Régime britannique au Canada

Vue d'ensemble

Une grande aventure vient de finir; une autre commence. Presque deux autres siècles d'histoire dont il faut essayer de prendre une vue d'ensemble. Entre hier et aujourd'hui, entre le Régime français et le Régime britannique, n'imaginons rien d'une rupture artificielle ou absolue. La même entité humaine continue sa vie, sur la même terre, dans le même environnement géographique. Un seul grand nouveau: la conquête anglaise qui infléchit d'une courbe la vie du Canada français. Catastrophe qui s'insère, l'on sait par quelles incidences, dans le contexte de l'histoire coloniale. Aux prises de possession des nouveaux mondes a tôt succédé, entre nations colonisatrices, la période des rivalités. Le Canada a fait les frais de l'une de ces rivalités. Ce sort, il le partage avec la Louisiane, avec de minuscules Antilles, quelques embryons de colonies espagnoles dans le pourtour méridional et occidental de l'Amérique du Nord; mais il peut être bon de le noter: seul, à vrai dire, parmi les importantes colonies de l'Europe sur le continent américain, le Canada aura subi la suprême épreuve. Quelles répercussions à prévoir sur l'histoire qui s'en vient ? Et je n'entends pas seulement l'histoire isolée du Canada français, mais toute celle dont elle pourra subir les contre-coups ou qu'elle pourra influencer elle-même: histoire de l'Amérique du Nord, histoire de l'Angleterre. La France disparue ou à peu près du continent, les colonies anglo-américaines ne se sentiront pas impunément débarrassées du cauchemar français. Devenue puissance impériale, l'Angleterre devra affronter les problèmes de sa nouvelle condition. Par l'annexion de l'Ecosse (covenant de 1707), par l'annexion plus étroite de l'Irlande, elle a déjà perdu de son homogénéité ethnique et religieuse. Ses récentes acquisitions de la guerre de Sept ans ont singulièrement accru la composition hétérogène de ses dépendances. Que de réactions inévitables sur sa vie intérieure et d'abord sur sa politique coloniale.

7

Les répercussions les plus lourdes, cela va sans dire, menacent de s'abattre sur le Canada français. « La conquête, écrit un historien anglo-canadien, M. A. R. M. Lower — et ce mot il l'a écrit à propos de 1760 — c'est une forme d'esclavage » *(a type of slavery)*. Le mot va loin. Simple passage, si l'on veut, d'une métropole à une autre, simple changement d'attaches politiques, économiques, culturelles, par cela seul la conquête provoquerait déjà, dans la vie d'un peuple colonial, une dangereuse perturbation. Mais 1760 qui est tout cela, ne serait-il pas bien autre chose ? Les Canadiens voyaient s'ouvrir devant eux un avenir plein d'inconnu, aussi troublant, peut-on dire, que le fut jadis, pour leurs pères, le grand inconnu de la terre américaine. Une première anxiété assaille les esprits : à l'heure de la paix, que décidera la France ? Gardera-t-elle ce Canada qui tant de fois lui a si lourdement pesé ? L'Angleterre gardera-t-elle sa conquête ? Et si elle la garde, quelle place, quel traitement lui fera-t-on au foyer britannique ? Petit peuple que ce petit peuple de conquis de 65,000 âmes. Mais peuple redoutable par sa position géographique, par l'étendue de son territoire et par son être ethnique et social si différent du reste de l'empire.

Graves questions qui appellent de graves réponses. Pour y voir clair, pourquoi ne pas tenter une préfiguration de l'histoire ? Voici une poignée de colons — 10 à 12,000 familles abandonnées dans un coin de l'Amérique. Qu'attendre de ce peuple minuscule ? Qu'il cède, qu'il se laisse happer par le plus fort et qui osera lui en faire grief ? Il peut disparaître sans bruit et même sans honte. Que d'aventures aussi magnifiques que celle de ces Français n'ont connu d'autre dénouement. Mais nous avons dit la vigueur d'âme de ce peuple de pionniers, son impatience de tout joug, sa passion de liberté. Et nous sommes au lendemain de 1760. L'histoire coloniale s'achemine rapidement vers sa dernière phase : l'avènement des jeunes peuples à l'âge adulte. En Amérique, d'étranges souffles traversent le continent et inquiètent déjà les métropoles. Quelque probabilité s'ébauche donc d'un Canada français cramponné à une volonté de survie, dans l'énergique refus de l'assimilation. Mais alors, qu'arrive-t-il ? Tout aussitôt une histoire rebondit, prend une grandeur austère, une beauté tragique.

Mais continuons. En cette vie de résistant, vie d'incessantes revendications, serait-ce introduire encore trop d'apriorisme que d'y discerner le rôle dominant du facteur politique ? Qu'on ne se méprenne point. Dans l'histoire en train de se dérouler, nous ne prétendons pas assigner à l'élément ou au facteur politique, une transcendance qui ne saurait être la sienne. Le conquis ne cessera pas de vivre en plénitude sa vie coutumière : vie économique, vie sociale, vie culturelle, vie morale et religieuse. Un peuple ne vit jamais sa vie qu'à la condition de la vivre totale. Mais repousser l'absorption, survivre, qu'est-ce, pour un groupe humain, sinon saisir, s'assurer d'abord en quelque mesure le gouvernement de sa vie, et par conséquent placer à certain niveau l'activité politique ? Tenons compte, au surplus, des contingences ou du milieu où le peuple conquis va vivre: milieu des colonies anglo-américaines, milieu rapproché par la conquête et où déjà l'on manie si vigoureusement l'arme politique; mais aussi milieu métropolitain où toute la vie de la nation s'accroche à l'institution parlementaire. En ces conditions, quoi de si extraordinaire que, pour la défense de son être, et sous un régime d'opinion, le conquis saisisse l'arme à sa portée et la plus efficace ? Convenons qu'il ne cherche point la liberté politique pour elle-même, ni surtout pour elle seule. Mais quoi de plus naturel qu'elle lui paraisse la condition première de toutes ses libertés, l'indispensable moyen de résoudre le problème total de son existence ?

Hypothèses gratuites que tout cela ? Préfiguration fantaisiste, spéculation aventureuse. Les faits sont là qui nous répondent. Sur quelle ligne maîtresse et voyante s'est bâtie l'histoire du Canada depuis la cession ? Sur la ligne d'une évolution politique en constante ascension. Ligne qui tantôt se donne l'air de chercher son tracé et tantôt s'avance avec fougue; mais ligne inflexible qui jamais ne dévie. Les vaincus ont jeté de ce côté-là le plus clair de leurs énergies. Partie du régime de la colonie de la couronne, l'évolution ne s'arrête qu'à ce terme d'un Québec autonome dans un Canada indépendant. Et c'est bien l'intérêt souverain de sa nouvelle histoire qu'élevé en tutelle par ses anciens rois, dans une participation minime à son propre gouvernement, le Canadien ait dû accorder à la politique, au moins dans l'ordre tactique, une sorte de primauté.

En cette perspective, rien de plus facile maintenant que de partager en ses divisions naturelles le Régime britannique [1]. Deux parties se détachent nettement: 1° *Vers l'autonomie* (1760-1848); 2° *De l'autonomie à l'indépendance* (1848-1931). En chacune de ces parties, ne restent plus à marquer et définir que les subdivisions ou étapes. *Vers l'autonomie,* trois périodes: 1re période: *Régime provisoire* (1760-1764). Période hors cadre ou période de transition, si l'on peut dire. Période d'occupation militaire par quelques détachements de l'armée conquérante; période d'attente où se décide en Europe le sort du Canada; période de recueillement où les miliciens, rentrés dans leurs foyers, s'occupent à rebâtir le pays, à panser les plaies de la guerre.

2e période: *Régime de la colonie de la couronne* (1764-1791). Après le traité de Paris (10 février 1763), premier énoncé de la politique de l'Angleterre à l'égard de sa conquête, politique d'assimilation promulguée

1. Nous écrivons *Régime britannique* et non *Régime anglais.* Peut-être serait-il opportun de parler proprement, en histoire autant qu'en d'autres domaines. Le terme *Régime anglais* nous paraît une incorrecte désignation de trop de manuels et même de trop d'historiens. Le traité de Paris n'a pas fait du Canada, une province strictement anglaise, mais l'a fait entrer dans cet ensemble de pays ou de possessions de races et de cultures diverses qui ont formé l'empire *britannique* et qui seront régis par des constitutions et législations plus britanniques qu'anglaises. En outre, politiquement, le Canada n'a pas été soumis, de 1760 à 1931, à un régime proprement anglais. Pas, en tout cas, à partir de 1848, alors que devenue colonie autonome (self governing colony), son régime politique est plutôt un régime canadien. Pour cette seule raison, l'expression « Régime anglais » ne saurait convenir à toute la période qui a précédé l'époque de l'indépendance.

par la Proclamation royale du 7 octobre 1763. Dès 1764, avec l'inauguration du nouveau régime, première et décisive orientation du Canada français: refus absolu de l'aliénation religieuse, culturelle, proposée par le conquérant. Vingt-sept ans d'histoire qui peuvent se partager en deux: dix années d'abord de revendications, ici même au pays et en Angleterre; puis succès de ces revendications avec l'*Acte de Québec* de 1774: étonnante législation du parlement de Londres qui abroge la Proclamation royale du 7 octobre 1763, et, pour ce faire, pratique de larges brèches dans les lois fondamentales du royaume. En résumé les Canadiens obtiennent, en 1774, le maintien de leurs lois civiles françaises, ce qui assure leur régime de propriété, leur hiérarchie sociale. Leur liberté religieuse s'accroît de nouvelles garanties; libérés des serments antipapistes, les nouveaux sujets se voient ouvrir légalement l'accès aux fonctions publiques; entre eux et les « anciens sujets », l'inégalité civile et politique prend théoriquement fin. Bref, l'*Acte de Québec* reconnaît à un peuple catholique et français, le droit à l'existence dans l'empire britannique, droit d'importance à l'heure où, par suite de l'immigration des Britanniques et des « loyalistes » américains, le problème va se poser de la cohabitation des races.

Une liberté reste à conquérir: la liberté politique qui mettra fin au régime autoritaire de la colonie de la Couronne. Ce sera l'affaire des prochains dix-sept ans. Une imparfaite exécution de l'*Acte de Québec*, un synchronisme historique d'une rare vigueur, des courants ou confluents d'idées puissants: révolution américaine, révolution française, influences conjuguées, renforcées en Amérique, par une maladroite compression des libertés coloniales, finissent par balayer un régime périmé.

3e période: *Régime parlementaire* (1791-1848). Régime dont le premier effet est de partager le Canada en deux: le Bas et le Haut-Canada (le Québec et l'Ontario d'aujourd'hui), l'un français, l'autre britannique. Régime accueilli avec enthousiasme et qu'on disait une copie du régime de la métropole. En réalité régime bâtard et décevant; régime de la colonie de la couronne maintenu sous le masque parlementaire. Parlements sans prises véritables sur l'exécutif; les suprêmes pouvoirs perpétués entre les mains de gouverneurs autocrates, sans responsabilités politiques dans les colonies, responsables au seul gouvernement impérial. Forme de parlementarisme qui pouvait encore convenir à l'Angleterre oligarchique du XVIIIe siècle, mais en plein désaccord avec l'esprit démocratique du jeune continent. Suites faciles à prévoir. Agitation continue, croissante, dans toutes les provinces de l'Amérique britannique. Agitation plus vive dans le Bas-Canada français plus menacé dans sa liberté et dans sa vie. En 1837-38, insurrections sanglantes dans les deux Canadas. En 1841, pour étouffer l'agitation, vagues promesses d'autonomie de la part de Londres, union forcée des deux Canadas, tentative d'angliciser le Canada français. Politique illusoire. Rapprocher réformistes ou libéraux des deux provinces les plus populeuses, c'était doubler dangereusement la force des revendications coloniales. En 1842 d'abord, puis définitivement en 1848, à la faveur d'un autre synchronisme historique et par la ténacité du Canadien français Louis-Hippolyte LaFontaine, habile manœuvrier autant qu'homme d'Etat, la province du Canada gagne son autonomie. Du même coup, le Canada français gagne la sienne. Un fait s'est imposé: point de gouvernement stable ni même viable sans la collaboration des Canadiens français. Appel leur a donc été fait, et à titre de groupe national (*as a race and as a people*). En 1849 la langue française devient, à l'égal de l'anglais, langue officielle de l'Etat. Dès le début, du reste, l'Etat unitaire établi par le régime de 1841 a dû se transformer pratiquement en Etat fédératif, redonnant à chacune des deux provinces une part de sa personnalité politique.

Deuxième partie: *De l'autonomie à l'indépendance* (1848-1931). Ici encore deux étapes: une première, de 1848 à la Confédération (1867); une seconde, de la Confédération au Statut de Westminster (1931). L'année 1848 avait apporté l'autonomie à l'égard de la métropole. L'autonomie intérieure ou l'autonomie individuelle de chacune des sections de la province, à l'égard de l'une et de l'autre, fut jugée bientôt insuffisante et par le Haut et par le Bas-Canada. En dépit de leur évolution vers le fédéralisme, les institutions de 1841 restent de structure unitaire: un seul et même parlement légifère pour les deux provinces. Malaise congénital qui multiplie, de part et d'autre, mésententes et brouilles et qui entraîne la dissolution de l'Union. Une seule solution paraît opportune et acceptable au Bas-Canada: une fédération des provinces de l'Amérique du Nord britannique. Donc, en 1867, le Bas-Canada, devenu le Québec, recouvre, comme en 1791, son individualité politique. Pour lui, la bataille de l'autonomie paraît définitivement gagnée. Il lui reste à parfaire son autonomie intérieure par l'autonomie économique, sociale, culturelle, puis à défendre son autonomie politique et nationale contre les empiètements du pouvoir central. Et puisque la fondation du grand Canada s'accompagne d'un phénomène de dispersion de la race française, d'un océan à l'autre, le Québec aura aussi à protéger, contre l'oppression des provinces anglophones, les droits naturels et constitutionnels des minorités de sa foi et de sa culture. Enfin et surtout avec le début du XXᵉ siècle, il lui reste à défendre sa propre autonomie et celle de tout le Canada contre les retours offensifs de l'impérialisme britannique. Bataille qui conduira le pays à l'indépendance et où le Canada français, pour son esprit essentiellement canadien, jouera un rôle d'avant-garde.

En cette histoire trop apparemment politique, sans doute faudra-t-il faire attention de ne pas négliger tout ce qui la conditionne et tout ce qu'elle-même conditionne. Rien ne sera plus facile, du reste, que d'observer les réactions de chaque gain de l'évolution politique sur les autres formes de la vie collective, et réciproquement les réactions d'une vie devenue plus robuste, plus consciente, s'exaltant à la conquête de nouvelles libertés. Elan vital qui fait l'âme de cette histoire et lui donne sa structure organique.

Chacun peut constater également comme entre les deux régimes, l'ancien et le nouveau, la ressemblance et l'unité s'établissent. Le Régime français nous a paru dominé par une fatalité tragique: disproportion toujours énorme entre l'homme et sa tâche; tâche d'un peuple forcé de bâtir seul ou presque seul son pays et sa vie, chargé d'un empire dont le poids l'écrase. D'où une histoire d'une tension extrême. Après 1760, même paysage historique, mêmes constantes, même obligation de penser et de vivre périlleusement. Disproportion aussi considérable entre l'œuvre et l'homme. Bâtir sa vie, dans un isolement encore plus absolu, sur un continent d'où la France est expulsée; dans une Amérique anglo-saxonne, maintenir un îlot de latinité; survivre catholique et français dans un empire britannique devenu la première puissance matérielle et protestante du monde.

Destin de grands labeurs et de grands risques, mais qui rend à un peuple ce qu'il coûte.

*
* *

Cette portion d'histoire, ai-je besoin d'en donner l'assurance, j'espère l'écrire comme la première, en toute objectivité, dans la mesure du moins où l'historien de bonne volonté y peut prétendre. Je n'entends ni atténuer ni aggraver le conflit inévitable entre le conquérant et le conquis, entre deux cultures et deux civilisations. Déclaration qui n'est pas vaine dans un temps où l'on s'efforce d'embrigader l'histoire pour des propagandes étrangères à son objet et à sa discipline.

L'histoire peut servir à l'union nationale; il ne lui appartient pas d'y travailler. Elle se situe en dehors de ces préoccupations et plus haut. Une paix solide et durable entre nations ne saurait se fonder, du reste, sur le mensonge historique. Deux races appelées à cohabiter le même pays ont besoin de savoir ce qui s'est passé entre elles, ne serait-ce que pour se mieux connaître et apprendre ce qu'elles ont à se pardonner l'une à l'autre.

PREMIÈRE PÉRIODE

Régime provisoire

(1760-1764)

Régime provisoire

Caractère du régime. — Attitude du conquérant: explication. — Attitude du conquis.

Caractère du régime

Pendant quatre ans le Canada conquis va vivre dans le provisoire. Il n'appartenait pas aux généraux vainqueurs de se prononcer sur le sort de leur conquête. Sort d'ailleurs resté suspendu en Europe où, avec des alternatives de succès et de revers entre armées combattantes, la guerre continue. Une autre question préalable attend, du reste, sa réponse: l'Angleterre gardera-t-elle le Canada ? Dans l'île anglaise, une controverse de journaux et de brochures bat son plein. Les marchands de sucre de Londres opinent pour un échange du Canada contre la Guadeloupe. Quelques esprits clairvoyants perçoivent dans le voisinage d'un Canada resté possession de la France, le plus efficace moyen d'assurer à l'Angleterre la fidélité des colonies anglo-américaines. Ici même, au Canada, James Murray doute fort que le Canada reste possession anglaise. D'autres qui estiment illusoire l'appréhension du séparatisme anglo-américain, mais qui croient en l'avenir grandiose du Canada, se refusent au sacrifice de la récente conquête. Que décideraient le cabinet britannique ou le prochain traité de paix ?

Régime provisoire, titre véritable de cette première période du Régime britannique. Période hors cadre, pourrait-on dire, puisqu'elle se situe hors de la ligne générale de l'évolution historique. Par leurs formules suspensives: « En attendant la volonté du roi », quelques articles des capitulations ont déjà nettement affirmé le caractère provisoire de ce gouvernement de transition. Au surplus, le général Amherst n'a pas eu le dessein d'établir autre chose, lui qui écrit à Pitt, le 4 octobre 1760:« J'ai établi la forme de gouvernement que j'ai cru la plus facile et la meilleure, *en attendant les instructions du roi...* »

Ce serait donc improprement qu'on parlerait de « Régime militaire ». En 1861, dans ses *Tablettes historiques canadiennes,* Bibaud Le Jeune proteste déjà contre ce titre presque flétrissant appliqué à la période. Relisons le *Placart* d'Amherst, en date du 22 septembre 1760 et qui est la pièce constitutive du premier mode de gouvernement institué par le conquérant. Rien n'y trahit la volonté d'un occupant d'accaparer la vie politique et administrative de sa conquête, pas plus que le dessein d'y introduire des institutions, des tribunaux, des lois de caractère exclusivement militaire. Par ses intentions généreuses, le *Placart* ferait oublier, au contraire, quelques-unes des parties détestables de la capitulation de Montréal. Entre conquérant et conquis, Amherst a bel et bien voulu établir un régime de collaboration. Collaboration dans le gouvernement de la colonie: les anciennes divisions politiques en trois gouvernements: Québec, Trois-Rivières, Montréal, sont maintenues. Dans ceux des Trois-Rivières et de Montréal, conquêtes de 1760 et qu'il fallait organiser, le *Placart* d'Amherst décrète, entre autres choses, la remise de leurs armes aux officiers de milice — ceci après le désarmement général des miliciens — « pour mieux maintenir le bon ordre et la police dans chaque paroisse du district ». Même coopération dans l'administration de la justice. Dans le gouvernement de Québec, organisé par Murray peu de temps après la prise de la capitale, le haut personnel judiciaire est en entier anglais et militaire, cependant que le personnel auxiliaire est de nationalité canadienne. Dans les deux autres gouvernements, part plus large est faite aux Canadiens, au moins dans les cours de première instance, présidées par les officiers de milice. Les vainqueurs se montrent aussi raisonnables dans l'application des lois: loi martiale pour les affaires criminelles, vols et meurtres; lois civiles françaises, simple équité ou règlement à l'amiable pour les litiges d'ordre civil. « Quant aux différends qui s'élèveront entre les habitants, précise Amherst, le 23 septembre 1760, je désirerais, ainsi que je l'ai déjà fait observer, qu'ils puissent les régler parmi eux conformément à leurs propres lois. » Nul besoin par conséquent de souligner, en ce régime administratif, la part faite à la langue du conquis. Sans doute sommes-nous ici en présence d'un cas de force majeure. Parler au peuple, du jour au lendemain, une autre langue que la sienne, s'avérait tentative assez chimérique. Parmi les juges, les officiers de milice ignorent l'anglais. En revanche, la plupart des commandants anglais parlent français. Croyons-en le témoignage des archives judiciaires du temps: à l'exception des quelques cas où les deux ou l'une des parties se sont trouvées de langue anglaise, jugements et arrêts des tribunaux du Régime provisoire sont rendus en français.

En son dernier paragraphe, pas assez souligné jusqu'ici, à notre sens, le *Placart* d'Amherst énonçait la plus importante peut-être de ses stipulations. Le général a déjà exhorté les troupes d'occupation à vivre en bonne harmonie et intelligence avec l'habitant, tout comme il a recommandé « à l'habitant de traiter les troupes en *frères et concitoyens* ». Le général terminait par cet engagement solennel: « Et tant que les dits habitants obéiront et se conformeront aux dits ordres, ils jouiront des mesmes privilèges que les anciens sujets du Roy... » Qu'était-ce autre chose qu'une proclamation d'égalité civile entre anciens et nouveaux sujets, entre conquis et conquérants? Proclamation que lord Egremont ratifie, du reste, quelques mois plus tard, dans ses instructions à Amherst: « ... ainsi que vous l'observiez très justement, ils sont devenus les égaux des autres sujets de Sa Majesté ».

Miséreux et prostré, comme il l'est à la fin de la longue guerre, alarmé, au surplus, par une propagande qui n'a pas laissé de lui brosser, de l'envahisseur, l'image la plus sombre, à quel heureux étonnement n'aura pas cédé tout de suite le vaincu d'hier? Réformons le jugement de Garneau. Pour avoir confondu ou mêlé le régime de 1764 et celui qui l'a précédé, l'historien a dénoncé, dans le régime provisoire, une « violation des capitulations », le bouleversement de l'« organisation sociale... pour faire place à tout l'arbitraire de l'état de siège et des cours martiales ». Il y a trente ans, dans nos *Lendemains de conquête*, nous réagissions déjà contre cette dénonciation. Notre sentiment n'a pas changé. Impossible de le nier: c'est un hommage ému que les Canadiens du temps ont rendu à leurs premiers administrateurs britanniques. Certains éloges des capitaines de milice, trop mêlés à ce mode de gouvernement pour le juger en toute liberté, pourront paraître suspects. Qui refuserait de s'incliner devant le témoignage unanime des hautes classes de la population: clergé, bourgeois, seigneurs? Le clergé louera les nouveaux maîtres de « leur attention à procurer le bonheur et la tranquillité des peuples ». Quelques-uns des principaux bourgeois de Québec se féliciteront d'avoir éprouvé « en qualité de sujets vaincus, de la manière la plus marquée, la douceur, la justice et la modération » du vainqueur. Les seigneurs de la même région oseront écrire un jour au roi d'Angleterre ces lignes qui sentent autre chose que l'encens de cour: « Nous avons joui jusqu'à l'époque du gouvernement civil, d'une tranquillité qui nous faisait presque oublier notre ancienne patrie. »

Attitude du conquérant: explication

Faut-il pour autant crier au miracle, se pâmer d'admiration devant l'attitude du vainqueur? Nous ne le croyons pas. Les commandants des troupes d'occupation furent, en toute vérité, des gentilshommes et des hommes de bon sens. Sans même ces hautes qualités, la situation très concrète où ils se sont trouvés ne leur laissait pas le choix de faire autre chose que ce qu'ils ont fait. Refaisons tout simplement, autour d'eux, l'ambiance ou l'atmosphère. Et, par exemple, s'est-on assez représenté en quel isolement moral, ces hommes ont gouverné? En 1760, l'armée d'invasion est forte d'au moins 30,000 hommes. Aussitôt signée la capitulation de Montréal, des navires transportent hâtivement les troupes métropolitaines sur d'autres théâtres de la guerre; les troupes des colonies du sud rentrent dans leurs foyers. Que reste-t-il pour garder le pays conquis?

3,500 hommes de troupes répartis dans les trois gouvernements, c'est-à-dire une poignée de soldats, puis une autre poignée encore plus mince d'immigrants anglais au milieu d'une population de 65,000 âmes, population de miliciens aguerris et de paysans propriétaires, encadrés par une classe de seigneurs et par un clergé peu habitués aux brimades. La conclusion s'impose: en eût-il eu le dessein, les moyens eussent manqué à l'occupant d'une politique de vexation.

Et que dire de son isolement sur le continent ? Le drapeau britannique pouvait flotter au vent, de Québec aux Carolines et même jusqu'au golfe du Mexique. Même en cette Amérique du Nord devenue presque toute anglaise, combien peu ces métropolitains se sentaient chez eux. Le séparatisme des « colonies continentales » ne date pas de 1776; il date de leur fondation, a pu écrire un historien américain, George Louis Beer. Il date du ressentiment de ces émigrants contre la patrie marâtre qui les avait contraints à l'exil. Dans la guerre récente, et en dépit de la camaraderie des armes, les brouilles de toute sorte, nous l'avons dit, n'ont fait qu'envenimer le ressentiment colonial. Ici même le fait n'a pas échappé à un observateur comme le chevalier de Lévis qui, dans sa correspondance, s'en ouvre au roi de Pologne. Isolés au milieu des leurs, pourquoi ces métropolitains se seraient-ils ingéniés à s'isoler davantage au Canada et à y susciter une autre colonie de mécontents et d'insurgés ?

Nos historiens n'auraient-ils pas trop négligé une autre donnée historique, et qui est la conception anglaise de la colonie, conception assez différente de celle de la France ? Celle-ci, si l'on ose remonter aussi haut, s'apparenterait à la conception de la Grèce antique qui, dans la colonie, voyait une partie intégrante de la métropole, une annexe politique, économique et même culturelle. La conception anglaise rappellerait plutôt celle des Romains. L'Angleterre du dix-huitième siècle n'a pas conquis des colonies ni ne s'est taillé des domaines au delà des mers pour procurer aux sujets britanniques de l'espace vital (*breathing space*). Pays en train de se surindustrialiser et pays encore peu peuplé, elle voit d'un mauvais œil l'émigration de ses nationaux. Sur les terres étrangères, elle cherche avant tout des marchés et des pays producteurs de matières premières pour ses industries. Les colonies, elle en mesure donc la valeur, non selon leur possibilité de placement pour immigrants, mais selon leur potentiel commercial. Dans cette perspective, rappelons-nous qu'à partir du 26 mars 1761, le gouvernement de Londres pouvait tenir le Canada pour une conquête d'ores et déjà cédée. Ce jour-là même, en effet, un mémoire de Louis XV à la Cour d'Angleterre proposait aux deux belligérants l'entrée en possession de ce qu'ils avaient conquis l'un sur l'autre. Et alors quoi de plus compréhensible que cette consigne adressée, quelques mois plus tard, le 13 décembre 1761, par le successeur de Pitt, lord Egremont, à Amherst: « Le bon plaisir du roi est que vous réitériez instamment aux divers gouverneurs la partie de vos instructions où vous leur enjoignez de suivre les voies de la conciliation... » Pouvait-il être question de maltraiter une conquête destinée à devenir, pour l'Angleterre, un marché de consommation, un facteur appréciable de sa prospérité économique ? Et cette première consigne d'Egremont, comme cette autre l'éclaire qui est du même ministre et de la même date: « Rien n'est plus essentiel au service de Sa Majesté que de retenir [au Canada] le plus de sujets français possible et les empêcher de quitter leurs foyers pour s'en aller dans les colonies qui pourraient rester aux mains de la France. »

On reconnaît là le même souci: garder au marché de consommation son plein potentiel, empêcher surtout qu'il ne se dégarnisse. Crainte, comme l'on sait, qui n'a rien de chimérique. Au Canada, dans les dernières années de la guerre, un projet a quelque temps flotté dans l'air: projet d'une évacuation vers la Louisiane: évacuation de l'armée et des voyageurs, transmigration même de toute la population. Lévis, Bougainville, l'abbé Picquet, se sont entretenus de la chose. On en a discuté à la Cour de France. Le dessein était de garder à la métropole une magnifique population de Français. Il semble aussi qu'au souvenir de la récente expulsion des Acadiens, on ait songé à prévenir une déportation plus cruelle. De toute évidence le bruit de ces projets s'est répandu en Angleterre et y a éveillé quelque inquiétude. Non seulement on y a craint toute diminution de la population coloniale; on y a redouté presque autant la dépopulation de l'Angleterre au profit des colonies. Double appréhension qui, par exemple, se manifeste à l'époque, dans l'œuvre de la romancière, Frances Brooke: « J'avoue que l'Angleterre est peuplée; mais elle ne l'est qu'en proportion de son étendue, et elle ne peut pas fournir à la population de ses colonies. Les Habitants lui sont d'ailleurs trop utiles pour qu'on en doive souffrir l'émigration. » N'est-il pas significatif, en tout cas, que les gouverneurs Murray, Gage, Burton, se soient hâtés de rassurer le cabinet britannique. « Il n'y a pas lieu de craindre l'émigration de la population », écrit Burton. Et Murray qui a bien mesuré le péril, écrit, pour sa part: « L'émigration de ce peuple brave et hardi... serait une perte irréparable pour l'empire. » En France même, on paraît renseigné sur l'opposition des Anglais à cette émigration. En 1763, un ministre de Versailles, ayant manifesté le désir d'envoyer quelques religieuses de l'Hôpital général de Québec à l'Ile de France (Ile Maurice), un chargé d'affaires de la communauté lui écrit: « Les religieuses hospitalières étant fondées en Canada, où elles possèdent des biens, il n'y a pas apparence qu'elles voulussent quitter leur établissement, et nous ne devons pas croire que les Anglais les laisseraient aller... »

Attitude du conquis

Les plus fortes raisons, à défaut d'humanité, protégeraient donc l'occupant contre l'insanité d'une politique de provocation. Du même coup l'on comprend l'attitude et les sentiments du conquis. Autour de lui, recomposons, ainsi que nous l'avons fait pour le conquérant, l'atmosphère, l'ambiance du temps. En tous lieux du monde, le peuple applaudit à la fin des guerres, surtout longues et cruelles. Au Canada, pays à bout de souffle et de misères, que d'autres soucis empêchent de faire grise mine aux vainqueurs. Dans les dernières années de la guerre, avons-nous dit, une propagande antianglaise s'est efforcée de représenter l'envahisseur sous les traits d'un épouvantail. Une contre-propagande, issue parfois des mêmes milieux, n'a pas manqué de riposter. Les Anglais, assurait-on, laisseraient « la liberté de religion », fourniraient « à meilleur marché les marchandises », « payeraient largement le moindre travail ». « Ces idées se répandent, déplorait un mémorialiste du temps; quelques personnes au-dessus du peuple ne rougissent pas de parler sur le même ton... » Après l'entrée des Anglais dans Québec, Bigot, un peu malicieusement, il est vrai, fait observer à Lévis comme chacun et gens de toute classe, négociants, curés, habitants, font leur cour à l'occupant, cherchent à lui vendre quelque chose « pour se procurer des aisances ». Ainsi vont les choses dans les villes et à leur périphérie, où la présence des nouveaux maîtres se fait inévitablement sentir. Mais ailleurs, au fond des campagnes, dans la paysannerie plus close que jamais, la vie peut-elle ne pas reprendre son rythme habituel ? A peine touché par une activité politique réduite au minimum, replié sur sa famille, sans autre gouvernement que celui de sa seigneurie, de sa paroisse, qui du reste lui suffisent, qu'importe au petit peuple ce qui se passe au loin ? Que lui importe même la partie qui se joue au-dessus de sa tête ? Il inaugure cette vie isolée, cachée, qui sera longtemps la sienne, où deux civilisations stratifiées, juxtaposées, vont vivre presque étrangères, imperméables l'une à l'autre. Absorbé d'ailleurs par la restauration de son bien et de son pays, qu'au jugement de Mgr Briand il mène rondement, il a retrouvé la sérénité de sa pastorale. Pour le moment, que peut-il souhaiter d'autre, que la paix et la liberté de son travail ? « Les Paysans, note encore Frances Brooke, ont beaucoup gagné ici en changeant de maître... Ils sont fort attachés à notre Gouvernement. »

Mais l'idylle, si idylle il y a, pourra-t-elle durer longtemps ?

DEUXIÈME PÉRIODE

Régime de la Colonie de la Couronne
(1764-1774)

PREMIÈRE PHASE

Vers l'Acte de Québec

CHAPITRE PREMIER

Cession du Canada à l'Angleterre

*Vers le traité de Paris. — Le traité de Paris. —
Accueil fait au traité.*

Vers l'autonomie ! Un événement, l'un des plus considérables, à certains égards, de l'histoire moderne, est au principe de ce grand chapitre d'histoire: le traité de Paris du 10 février 1763. L'Angleterre décide de garder le Canada; la France le cède. Comment l'une et l'autre en sont-elles venues à cette détermination ? Et comment les intéressés accueilleront-ils, de part et d'autre, l'événement ?

Vers le traité de Paris

L'opinion britannique a pu quelque temps balancer. On s'en souvient, des publicistes, des mercantis, ont tenté d'induire leur pays à sacrifier la récente conquête. D'autres publicistes, avec non moins de vigueur, se sont efforcés de minimiser le péril séparatiste en Amérique. A les entendre, il n'y avait qu'à satisfaire la fringale d'espace des colonies anglo-américaines. Ouvrons-leur l'hinterland américain, disaient-ils; ouvrons-le à leur expansion agricole, et du coup, se dissipe leur envie de concurrencer les industries de la métropole.

Rien n'aura plus pesé néanmoins sur la décision de l'Angleterre que son changement de vue dans l'estimation des divers types de colonies. Changement qui procède, du reste, d'un nouveau stade de son évolution économique. Jusqu'alors, ou du moins jusque vers 1745, la colonie idéale pour la puissance britannique aura été la colonie en état de lui fournir ce qu'elle ne pouvait produire, sans rien produire des productions de la métropole. De là, dans l'île anglaise, un engouement assez prolongé pour les Indes occidentales ou ce que l'on appelle les colonies insulaires. Le traité de Paris marque un point tournant. L'Angleterre a cessé ses exportations de blé. Elle ne pouvait développer outre mesure sa structure industrielle sans affaiblir son économie agricole. Pour elle la colonie de valeur prépondérante, ce sera désormais la colonie continentale, celle qui peut fournir les denrées alimentaires essentielles, mais qui, en même temps, par un accroissement plus rapide de population, devient, pour les produits métropolitains, la colonie-marché de première valeur. Ses statistiques commerciales viennent, en effet, de le révéler à l'Angleterre: ses exportations vers les colonies du continent l'emportent rapidement sur ses exportations aux Iles. Combien de fois, du reste, William Shirley ne lui a-t-il montré, dans la conquête du Canada, l'un des moyens de sa grandeur future ? La possession de l'Amérique du Nord, n'avait cessé de prêcher le gouverneur du Massachusetts, aussi clairvoyant que La Galissonnière, donnerait à la Grande-Bretagne une telle puissance maritime et commerciale, qu'elle lui assurerait la prépondérance dans le monde.

En France, la détermination n'a pas si longuement tardé. Dans les plaidoyers pourtant si vigoureux de La Galissonnière, de Silhouette et de Bougainville, qui ne discerne un premier et inquiétant repli des avocats de la Nouvelle-France ? La tendance y perce de vanter ou défendre la grande colonie, non pour sa valeur d'exploitation, mais pour son importance stratégique; et encore et beaucoup moins pour les avantages qu'elle peut fournir au royaume que pour ceux qu'elle vaudrait à la rivale anglaise. En France et plus qu'Outre-Manche, les préférences vont aux îles à sucre. La denrée sucrière n'est-elle pas devenue le plus considérable article du commerce français et n'a-t-elle point doublé en valeur le commerce des îles anglaises ? En 1762, après la prise de la Martinique par les Anglais, James Marriott, l'auteur présumé de *Political Considerations,* pourra écrire: « Par là la France est frappée au point le plus sensible de son commerce. » *(France is wounded in the tenderest part of her commerce.)* Le *Mémoire historique sur la négociation de la France et de l'Angleterre,* qui est de 1761, nous renseigne sans équivoque sur les sentiments de la diplomatie française. Dès cette année-là, le sort du Canada est bel et bien décidé. Les grandes lignes du futur traité s'esquissent déjà comportent la cession à l'Angleterre, du Canada, de l'Ile du Cap-Breton, du Sénégal et de la Gorée. Choiseul, chargé officiellement du département de la marine à partir du 6 avril 1761, ne va combattre vivement, pendant les prochaines délibérations, que pour sauver Louisbourg et la Louisiane. En 1759, M. de Silhouette soupçonnait déjà le monde officiel de chercher à « colorer » l'abandon du Canada. Soupçons par trop justifiés. Car le jour vient où, sous le couvert de pseudonymes, le ministère fera publier divers opuscules: l'*Observateur hollandais,* le *Politique Danois,* le *Patriote anglais,* l'*Observateur américain,* écrits de même inspiration qui tous ont pour fin de préparer l'opinion aux cessions prochaines. Coups désastreux qui n'ont que trop porté. De l'opinion française, l'on n'aperçoit à la vérité qu'une modeste réaction: celle des Chambres de commerce du royaume. A l'époque beaucoup d'établissements commerciaux et industriels de France sont surchargés de lettres de change du Canada. La Chambre de La Rochelle et de l'Aunis, la plus intéressée dans le commerce canadien, paraît avoir suscité le mouvement: mouvement qu'un certain nombre d'autres Chambres ne vont suivre que par esprit de corps. Les unes avouent ingénument qu'elles connaissent « peu le commerce [du Canada] qu'elles ne font point », qu'elles « ne sont pas au fait de ce qui concerne [le Canada] » et que par conséquent, elles ne pourraient « toucher les articles que superficiellement ». Choiseul, au reste, qui veille au grain, ne tarde pas à rabrouer ces intrusions impertinentes dans la diplomatie officielle. Il écrit à la Chambre de commerce de Marseille: « Quels que soient les motifs des représentations dans lesquelles la Chambre de La Rochelle a voulu vous engager, les vôtres sont encore moins placées dans une affaire de cette nature, et il n'est pas convenable que vous vous prêtiez à cette espèce d'association avec d'autres Chambres sans y être préalablement autorisés. » Choiseul partage l'opinion alors très répandue sur la probabilité croissante du grand schisme de la race anglo-saxonne. Au Canada, l'éventualité défraie les conversations. Un voyageur de passage, le Finlandais Pierre Kalm, note en son carnet: seule la proximité de la France fait obstacle au séparatisme américain. Céder le Canada à l'Angleterre, Choiseul le crut tout bonnement, c'était jeter, au sein de l'empire britannique, le fatal ferment de dissolution. Et c'est dans la certitude de la révolte imminente qu'il aurait prononcé, à l'adresse des Anglais, le mot fameux rapporté par l'historien Bancroft: « Nous les avons à la fin attrapés. »

Le traité de Paris

Le 3 novembre 1762 les diplomates ont signé les préliminaires du traité. Quatre mois plus tard, le 10 février 1763, les ambassadeurs extraordinaires et ministres plénipotentiaires d'Angleterre, de France et d'Espagne y ont apposé les signatures définitives. A proprement parler, un seul article du traité, le quatrième, regarde le Canada. Une impression plus que toute autre se dégage du document: le caractère absolu des cessions consenties par la France. Elle cède l'Acadie, l'Ile du Cap-Breton, les îles du golfe et du fleuve, le Canada avec toutes ses dépendances; et elle déclare le faire « dans la forme la plus ample, sans restriction »; elle renonce aussi catégoriquement à toutes ses prétentions anciennes sur la Nouvelle-Ecosse ou l'Acadie; elle renonce encore et pour toujours à tout dessein de reprise. En retour de quoi Sa Majesté britannique s'engage à une seule concession de quelque importance: accorder aux « Habitans du Canada la liberté de la Religion catholique ». Ils pourront professer « le Culte de leur Religion selon le rite de l'Eglise romaine, prononce l'article 4, autant que le permettent les lois de la Grande-Bretagne ». Restriction déjà incluse dans le traité d'Utrecht à l'égard des Acadiens et qui s'applique également, en 1763, aux possessions espagnoles de l'Amérique passées à l'Angleterre. Les habitants du Canada gardent, en outre, pendant la période de dix-huit mois qui suivra la ratification du traité, le privilège d'émigrer « où bon leur semblera ». Enfin la France se réserve un droit de pêche limité dans le Golfe, sur les Côtes de l'Ile du Cap-Breton et de Terre-Neuve. Et pour servir d'abri aux pêcheurs français, l'Angleterre lui cède les îles de Saint-Pierre et Miquelon, à la condition expresse toutefois de ne les point fortifier.

Accueil fait au traité

Par 319 voix contre 65 et en dépit d'une intervention dramatique de Pitt, le parlement de Londres ratifie le traité de Paris. Pitt en tenait pour un écrasement définitif de la France, pour la destruction de sa puissance navale, pour son expulsion absolue de l'Amérique et même des pêches de Terre-Neuve. Le traité ne reste pas moins l'une des grandes dates de l'histoire britannique et de l'histoire du monde. Ce jour-là les partisans de la « Plus-Grande-Bretagne » ou de l'Angleterre impérialiste ont remporté l'une de leurs plus éclatantes victoires sur les « Little Englanders ». Maîtresse des routes de l'Orient par les Indes, en Amérique, maîtresse de toute la côte de l'Atlantique, des terres arctiques au golfe mexicain, la Grande-Bretagne, après une autre guerre de Cent ans contre la France, devient la plus puissante nation moderne. Acte de naissance, a-t-on dit, de l'empire britannique, le traité de Paris marque une dévolution d'hégémonie en Europe; il ouvre l'ère de la prépondérance anglaise. Les colonies anglo-américaines y pouvaient saluer leur propre victoire. Pitt ne s'est point trompé quand il les a désignées comme les vraies bénéficiaires de la dernière guerre. En revanche, combien d'Anglais, hypnotisés par les gains prodigieux du traité de 1763, ont alors aperçu que ce même traité allait déchaîner, dans le nouvel empire, de redoutables forces centrifuges et en préparer les premiers ébranlements ? « Avec le triomphe de Wolfe sur les hauteurs des Plaines d'Abraham, écrit l'historien anglais John Richard Green, commença l'histoire des Etats-Unis. »

En France, le roi, la cour, le peuple, tous voulaient la paix et la voulaient à tout prix. Certes, l'on n'a pas sacrifié le Canada de gaîté de cœur. L'a-t-on beaucoup regretté ? Le roi estime la paix de 1763 « ni bonne, ni glorieuse ». Il se console à la pensée, écrit-il à Tercier, son agent secret, « que nous en aurions fait encore une pire l'année prochaine... » Choiseul en viendra à penser que « la Corse est plus essentielle au royaume et moins onéreuse que ne l'aurait été une île d'Amérique... » « Je puis même ajouter, pensait le ministre, que la Corse est plus utile de toutes manières que ne l'était ou ne l'aurait été le Canada. » Opinion commune à l'époque. En son *Droit public*, Mably juge comme suit la paix de 1763: « Il n'était pas question de la ruine de la nation, mais de quelques disgrâces qui dérangent sa prospérité. » Pour M. de Flassan, homme du XVIIIe siècle, et auteur d'une considérable *Histoire diplomatique,* « le sacrifice le plus réel était celui de l'Ile Royale et les autres îles du golfe Saint-Laurent, à cause de la pêche de la morue... » Deux historiens récents ne discernent pas d'autres sentiments dans la France de 1763. J'emprunte ces quelques lignes à la *Politique coloniale de la France* de M. Albert Duchêne: « Ceux qui prétendaient alors diriger l'opinion publique n'étaient rien moins que persuadés de l'intérêt que peut avoir un Etat à conserver des possessions lointaines. » M. Pierre Gaxotte, dans le *Siècle de Louis XV,* écrit pour sa part: « L'opinion en prit son parti avec assez de désinvolture. Le peuple souffrait bien dans son orgueil d'avoir été vaincu... mais le sort du Canada le laissait assez indifférent. » Des historiens, nous ne l'ignorons point, ont fait quelque état de projets de reprise du Canada, projets nourris par la cour de France jusqu'à Vergennes. Les faut-il prendre au sérieux ? Le tout ni même l'important, à notre sens, n'était pas de reprendre le Canada; mais bien de savoir si, face à l'avance prodigieuse des colonies anglo-américaines, une colonie française pouvait encore exister viable et durable en Amérique du Nord. Louis XV, Choiseul ont-ils bien envisagé le problème sous cet aspect ? Au vrai, après 1763, l'heure n'était-elle pas passée pour jamais de rétablir l'équilibre des forces en Amérique ? Et la France de Louis XV aurait-elle, plus qu'avant 1760, réussi à contre-balancer, en Europe et sur mer, la puissance anglaise ? Mais alors, à quoi bon reprendre un Canada que, même repris, l'on n'eût pu garder ?

Un autre acteur de ce drame nous intéresse: le peuple canadien. En quel état d'esprit a-t-il accueilli le traité de cession ? Nul événement aussi grave n'est encore entré en son histoire. Pour le désigner, un mot va prendre place dans son vocabulaire et y restera longtemps: celui de « révolution ». Loyalement les Canadiens s'inclinent devant le sort qui leur est fait. Le clergé a d'ailleurs pris les devants. Puis, de Versailles, de Rome, on a recommandé « prudence » et « discrétion » « pour ne point causer de jalousie d'Etat au Gouvernement ». « La seule et unique puissance temporelle qui y doive être désormais reconnue, a-t-on appuyé, sera celle du Roy de la Grande-Bretagne. » Rome a même glissé cette consigne aux Canadiens: « Qu'ils oublient sincèrement à cet égard qu'ils sont Français. » Quelques bribes de correspondance cueillies ici et là nous révéleraient cependant des réactions plutôt complexes. Beaucoup ont d'abord appris, non sans rancœur, le règlement de la dette canadienne par la Cour de France. Ce règlement, écrit, par exemple, Mme d'Youville, « est des plus durs et fait un grand tort aux pauvres misérables de ce pays ». Et l'on gémit sur la façon plus ou moins gracieuse dont la France se retire du Canada. Malgré tout le grave événement du 10 février 1763 ne laisse pas de créer, en quelques esprits, un peu de stupeur. On ne peut croire à pareil abandon de la mère-patrie. Car c'est bien d'abandon que se plaint, entre autres, la même Mme d'Youville: « Nous avons été surprises et nous nous sommes toujours flattées que la France ne nous abandonnerait pas... » Une Ursuline de Québec n'arrive pas à se persuader que « le Canada entier eût été donné à si bas prix ». Une religieuse de l'Hôpital général de Québec exprime à un ministre de la Cour de France ce qu'elle croit être le sentiment général dans sa région: « On ne peut, monseigneur, dépeindre au naturel la douleur et l'amertume qui s'est emparée de tous les cœurs à la nouvelle de ce changement de domination... » D'autres s'étonnent des maigres garanties offertes par le traité. Rien, pas une ligne, pas un mot n'y sauvegarde les lois du pays. Les plus graves appréhensions se portent naturellement du côté de la religion: « Le Canada reste à messieurs les Anglais... Que le Seigneur nous fasse la grâce que la Religion s'y conserve jusqu'à la fin des siècles... », prie une Ursuline. « En voilà bien à la fois, gémit Mme d'Youville: perdre son Roi, sa patrie, son bien, et le pis encore, être dans la crainte de voir éteindre notre Religion. » L'article du traité qui se donne l'air d'assurer la liberté religieuse le fait avec la troublante restriction: « autant que le permettent les lois de la Grande-Bretagne ». Concession assez médiocre, on l'avouera, si ces lois ne permettent rien. Les plénipotentiaires français avaient proposé la pratique de la liberté religieuse au Canada « comme ci-devant ». « Lié par la loi du royaume, le roi de la Grande-Bretagne, ont répliqué les plénipotentiaires anglais, ne pouvait garantir la tolérance qu'en ces limites. » Les appréhensions des catholiques canadiens ne sont pas vaines. La liberté de conscience est chose peu admise dans les pays catholiques aussi bien que protestants d'Europe, depuis la proclamation du fameux principe de la paix d'Augsbourg: *cujus regio, illius religio*. Des historiens l'ont fait remarquer: en révoquant l'Edit de Nantes, Louis XIV ne faisait qu'appliquer à un grand Etat ce qui faisait loi dans les principautés germaniques et il faut même dire en Grande-Bretagne. Au moment de la conquête du Canada, le protestantisme anglais a quelque peu perdu de sa rigidité. Le principe du libre examen l'a conduit à l'individualisme doctrinal, pente irrésistible à la dissolution doctrinale. Au dix-huitième siècle le rationalisme et le scepticisme français ont miné l'austérité puritaine. Déjà, après 1688, l'avènement de la dynastie de Hollande en Angleterre a valu quelques miettes de liberté politique et sociale aux protestants dissidents. Par contre-coup la situation des catholiques en a éprouvé quelque relatif adoucissement. L'antipapisme, couche de pétrole à la surface de l'eau, n'en reste pas moins facile à enflammer dans les masses. La législation antiromaine de l'Etat n'a pas subi la moindre modification; le catholique reste toujours un *out-law*. Ici, en Amérique, trois tout au plus des colonies anglaises ont fait quelque apprentissage de la liberté de conscience: le Rhode-Island, la Pennsylvanie, celle-ci peuplée pour une part de Palatins, et le Maryland fondé par le catholique lord Baltimore. Encore le Maryland, dès l'avènement chez lui d'une majorité protestante, passera-t-il par une crise de sectarisme. Il faudra attendre les premiers tocsins de l'indépendance pour qu'à la veille du combat, l'union sacrée fasse taire, en Amérique, les dissidences religieuses.

Que d'inquiétudes pour le conquis et quel problème pour le conquérant. Lord Durham le noterait un jour, en son célèbre Rapport: les peuples impérialistes ont le choix entre deux politiques: l'une du laisser-vivre, de l'association dans la simple allégeance politique; l'autre de l'assimilation violente du conquis, assimilation de son droit et de sa culture. Au Canada, vers laquelle de ces deux politiques pencherait l'Angleterre ? Son expansion à travers le monde ne pouvait que diminuer l'intensité de ses passions intérieures. Un peuple conquérant acquiert malgré soi le sens des diversités humaines. D'autre part, menacées, croient-elles, dans leur unité organique, par trop de conquêtes disparates, volontiers puissances impériales se font centralisatrices et assimilatrices. L'inclination paraissait à redouter, de la part de l'empire britannique, constitué, non de territoires contigus comme les anciens empires, mais de parties disséminées sur tous les continents, mal groupées autour de ce centre de gravité qu'est la petite île de la Manche.

Pour quelle politique opterait l'Angleterre ?

CHAPITRE DEUXIÈME

Politique d'assimilation

Proclamation de 1763. — Proclamation et géographie. — Proclamation, lois et Eglise. — Proclamation et Institutions politiques. — Politique de 1764: aperçu.

Proclamation de 1763

L'Angleterre allait répondre par la Proclamation royale du 7 octobre 1763. En dépit de son épithète « royale », de qui émane ce qu'un juriste anglais de ce temps-là, lord Mansfield, appellera la « constitution impériale du Canada » ? A l'encontre des autres constitutions canadiennes qui vont suivre, la Proclamation n'est pas l'œuvre du parlement britannique. Elle sort des mains du *Board of Trade,* corps d'informateurs au service du Secrétaire d'Etat, lord Egremont. L'Angleterre ne possède encore qu'une administration coloniale assez inorganique. Lord Egremont chargera le *Board of Trade* de préparer l'acte d'intégration dans l'empire de ses conquêtes récentes en Amérique: Canada, Florides, îles Grenadines, Dominique, Saint-Vincent et Tabago. Colonies dont le caractère disparate expliquerait, au moins pour une part, les maladresses de la législation.

Qu'est-ce, en effet, que cette Proclamation royale destinée à mettre fin au « provisoire » au Canada, et que l'on peut tenir pour l'un des textes fondamentaux de la politique coloniale de l'empire anglais ? Pour en bien saisir la substance et l'esprit, une première précaution importe: n'en point séparer l'analyse de deux autres documents officiels qui l'accompagnent et l'explicitent: la commission de James Murray, devenu premier gouverneur du Canada, et les Instructions au même personnage. Rien de plus facile alors que de discerner, en ce qui concerne la colonie canadienne, quatre parties ou stipulations distinctes: un remaniement géographique. une refonte du système juridique qui équivaut à une révolution; un programme inquiétant de politique religieuse, l'institution d'un organisme législatif et administratif plutôt réactionnaire. On le voit. à cette politique inaugurale. l'on est tenté d'appliquer un qualificatif, celui de politique de bouleversement.

Bouleversement total, le mot s'applique d'abord à la géographie du Canada. L'ancien empire français vole en éclats. Le pays, appelé désormais « le gouvernement de Québec » et le seul gouverné à l'européenne, ne sera plus qu'une bande de terre rétrécie sur les deux rives du Saint-Laurent. D'un trait rectiligne la frontière nord s'élance des sources de la rivière Saint-Jean (Labrador) au lac Nipissing à l'ouest, pour descendre de là, encore en droite ligne, au lac Saint-François, et y suivre le 45° de latitude jusqu'au 78° de longitude ouest. D'une ligne zigzagante cette fois, la frontière sud suit au bas du Saint-Laurent le partage des eaux pour s'en aller à l'est, cerner la péninsule de Gaspé et remonter d'un trait rectiligne encore, aux sources de la rivière Saint-Jean. Et les motifs de ce dépiècement géographique à grands coups de crayon plus ou moins arbitraires ? Les historiens s'escriment encore à les découvrir. Un mélange de soucis politiques, militaires, commerciaux, fournit, ce semble, l'explication: au nord et à l'est, prévenir la contrebande de fourrure ou toute forme de contrebande commerciale entre sauvages du nord et trappeurs canadiens, ou entre Français du Canada et Français de France restés à Saint-Pierre et Miquelon et sur les côtes de Terre-Neuve; au sud, accorder aux colonies limitrophes, Nouvelle-Ecosse, Nouvelle-Angleterre, Nouvelle-York, Pennsylvanie, de notables accroissements de territoire. A l'ouest, la nouvelle frontière est d'explication plus difficile. L'entière région des Lacs, tout le centre américain sont détachés du gouvernement de Québec et convertis en une sorte de chasse gardée ou de vaste « réserve » indienne. Cette fois, les soucis politiques et militaires prédominent: diminuer le prestige de la colonie française, empêcher que, par son étendue, ses postes militaires et ses postes de traite, elle ne porte un choquant ombrage à ses voisines; élargir la solution de continuité entre la colonie du Saint-Laurent et la Louisiane restée possession française, prévenir par là un dangereux détournement de fourrure vers les bouches du Mississipi; mais surtout — et c'était la solution d'urgence — apaiser par la « réserve », l'agitation indienne, la conspiration de Pontiac, tison déjà ardent sous le feu des cabanes; atténuer, du même coup, les frais de la défense de l'empire si subitement agrandi. Ce n'est pas pour rien que, le 5 mai 1763, alors qu'il demande aux lords du commerce de préparer des règlements pour les nouvelles conquêtes, lord Egremont leur glisse cet avertissement: « Il a paru si urgent de convaincre immédiatement les sauvages des intentions généreuses et amicales de Sa Majesté... »

Proclamation, lois et Eglise

Le bouleversement géographique n'est pourtant que le prélude de bien d'autres. On aura retenu le mot de l'historien Lower, à propos de conquête: « type d'esclavage », a-t-il écrit, accompagnant le mot de ce commentaire: « Les conquis assistent à l'envahissement de tous les domaines de leur vie par leurs maîtres. » *(The whole life structure of the conquered is laid open to their masters.)* C'est dire la sorte de fatalité dont l'histoire se trouve saisie. Au Canada de 1763, l'un des tout premiers domaines envahis est celui des lois. Sa Majesté britannique, disait la Proclamation, entend garantir aux habitants actuels et futurs de ses colonies, « les bienfaits des lois de Notre Royaume ». En conséquence, les lois élaborées dans les futures chambres électives, devront l'être « conformément, autant que possible, aux lois d'Angleterre et aux règlements et restrictions en usage dans les autres colonies ». Immédiatement et sans attendre les législations prochaines, la règle rigide s'applique aux tribunaux. Ils auront à « entendre et juger toutes causes, aussi bien criminelles que civiles, suivant la loi et l'équité, conformément autant que possible aux lois anglaises ». En des termes presque identiques la commission de Murray réitère ces consignes. De façon catégorique, l'on faisait donc table rase des anciennes lois du pays. L'Angleterre impériale procédait comme tous les grands conquérants, Rome, Alexandre et bientôt Napoléon: la loi devenait, entre ses mains, un instrument d'unification.

Tout aussi radical et menaçant l'énoncé de la politique religieuse. Les historiens ont surtout retenu l'article 33 des Instructions au gouverneur Murray: texte qui expose, comme l'on sait, un projet détaillé de protestantisation par l'école et autres moyens. Combien plus agressif se révélait pourtant l'article 32 des mêmes Instructions. C'est là, en effet, que l'Eglise canadienne se voyait interdire, de la façon la plus formelle, toute relation avec la papauté: « Vous ne devrez admettre aucune juridiction ecclésiastique émanant du siège de Rome ni aucune autre juridiction ecclésiastique étrangère dans la province confiée à votre soin. » Le péril religieux, il apparaissait encore en quelques autres articles des mêmes Instructions qui, par dotations spéciales, imposition du *Prayer-book*, droit de surveillance du lord-évêque de Londres sur l'enseignement et sur le clergé protestant, conféraient à l'Eglise d'Angleterre une situation privilégiée et la dressaient en rivale de l'Eglise romaine. Les Instructions s'éclairaient enfin par d'autres antérieures à celles-ci et qui émanaient d'Egremont. Le 13 août 1763, le ministre, tout en enjoignant à Murray, « précaution » et « prudence » en « cette question toujours délicate de religion », rappelait toutefois que les lois britanniques « n'admettent absolument pas de hiérarchie papale dans aucune possession appartenant à la couronne de la Grande-Bretagne et ne peuvent que tolérer l'exercice » de la religion catholique.

Proclamation et Institutions politiques

Les institutions politiques de la colonie porteraient-elles la marque d'un autre esprit ? Pas de sujet où les autorités britanniques aient paru plus embarrassées. La « réserve » indienne et les autres pays peu habités, tels que le Labrador et Terre-Neuve, la Proclamation les a placés sous un régime de gouvernement autoritaire et sommaire. Mais que faire de la colonie française du Saint-Laurent, colonie peuplée et évoluée ? La laisserait-on à son statu quo ? Lui accorderait-on les institutions représentatives ? Ces institutions, la Nouvelle-Ecosse en a la jouissance depuis 1758. Les treize colonies du sud n'en connaissent pas d'autres. En Angleterre, on s'en rend compte, rien autant que la certitude d'y vivre sous des institutions libérales ne favoriserait l'émigration britannique vers le Canada. D'autre part, une chambre élective obligerait à résoudre ce dilemme: ou en exclure les catholiques, parce que catholiques, ou, en raison de leur prépondérance numérique, leur en abandonner la gouverne. L'intérêt commercial intervenait aussi, pour sa part, et tout autant l'inévitable souci de la défense impériale. Pourrait-on garder la haute main sur la vie économique et militaire de la colonie, sans rester maître de sa vie politique ? Au reste, allait-on laisser se développer au Canada les audaces démocratiques de trop de Chambres des Plantations ? Redoutables problèmes qui, à l'époque, inclinent la métropole anglaise à la compression des libertés coloniales. C'est le moment, notons-le bien, où la métropole depuis longtemps effrayée par l'esprit d'insubordination des colonies anglo-américaines, tente un suprême effort pour leur imposer une plus étroite dépendance économique et politique. Au Canada, les lords du commerce imagineront donc un compromis. La Proclamation et la commission du gouverneur, documents publics, promettront la convocation d'une chambre élective, pour « aussitôt que les circonstances le permettront »; les Instructions, document privé, se prononceront pour l'inopportunité au moins temporaire d'institutions représentatives. Et le gouvernement de Québec deviendra ce qu'en histoire constitutionnelle anglaise, l'on appelle le régime de la colonie de la couronne *(crown colony):* régime du gouverneur assisté d'un conseil qui pourrait se définir négativement par l'absence de toute participation populaire au gouvernement de la chose publique, et qui, en ses éléments positifs, s'exprime par la concentration des pouvoirs législatifs, exécutifs et administratifs dans les mains de fonctionnaires uniquement responsables à la métropole. Assez semblable à l'ancien régime français, le régime de la colonie de la couronne n'évoque rien d'autre que la colonie rigoureusement soumise au « pacte colonial », gouvernée par la métropole et pour les fins exclusives de la métropole. Voyons-y la forme de l'empire britannique à son premier étiage: groupement de colonies peu évoluées ou à l'état d'enfance politique autour du centre de gravité impérial.

Politique de 1764: aperçu

Devenue tout de bon puissance impérialiste, la Grande-Bretagne s'essayait à l'ébauche d'une politique coloniale. Avait-elle sujet de se flatter de son premier essai ? Nul texte constitutionnel n'aura provoqué autant de discussions ni de désordres que la Proclamation royale de 1763. Quel nid à litiges, par exemple, que le dépècement géographique de l'empire français ! Quelques colonies anglo-américaines ont pu recevoir d'appréciables accroissements de territoire vers le nord. Mais les luttes passionnées de toutes ces colonies nous l'ont appris: leur expansionnisme tendait plutôt vers l'ouest, vers la possession de l'Ohio et des Pays d'en haut. En quel esprit, ces perpétuelles mécontentes vont-elles accepter l'interdiction de tout établissement de colon à l'ouest des sources des rivières qui se déchargent dans l'Atlantique ou dans le Saint-Laurent ?

Tout aussi sujet à caution le régime politique imposé au Canada. En liberté politique, le nouveau régime n'offrait sans doute aux conquis rien de pire que l'ancien régime français. Que devenaient toutefois les déclarations et promesses solennelles d'Amherst et d'Egremont de leur accorder « les mesmes privilèges qu'aux anciens sujets du Roy » ? Dans tous les domaines de l'administration, le conquérant leur assignait assez maigre part pour se donner l'air de ne leur accorder nulle confiance. Il faisait exactement d'eux, comme dit encore M. Lower, « *a second rate people* ». En somme, l'Angleterre tentait l'entreprise toujours présomptueuse de gouverner un pays par des chefs et des fonctionnaires étrangers à la masse de la population. Le régime de 1763 n'a pas eu l'heur de satisfaire davantage le petit groupe des premiers immigrants britanniques. Il offrait en effet cet autre désagrément de placer la colonie canadienne dans une condition inférieure, du point de vue politique, à celle des colonies voisines. Erreur d'une telle gravité que l'on ne songe point, sans effroi, à tout ce qui peut manquer d'en sortir. Londres, qui avait tant à se plaindre de l'esprit démagogique des Assemblées des Plantations, allumait ici, sans trop y réfléchir, un foyer d'agitation qui ne s'éteindrait pas avant un siècle. Et, du même coup, et pour les jours prochains, quel terrain n'allait-on pas préparer à la propagande américaine ? Rappelons-nous. C'est en invoquant le caractère antilibertaire de ce mode de gouvernement qu'en 1774, le Congrès américain appellera les Canadiens à la révolte contre l'Angleterre.

Non moins redoutables les menaces qui se dressent contre les lois conquérants modernes ont retenu l'axiome romain. C'est que le droit n'est et la foi du conquis. Unifier le droit, c'est unifier la nation. Tous les pas chose abstraite. Expression, incarnation d'un esprit, d'un état social, il devient l'une des formes et l'un des soutiens de la culture nationale. Le changer brusquement, c'est d'ailleurs plonger un peuple dans le désordre anarchique. Vérités élémentaires sur lesquelles néanmoins les juristes anglais sont loin de se trouver d'accord. Francis Maseres, l'un des premiers avocats anglais venus au pays, se montre favorable à « la conservation des lois qui régissent les propriétés ». D'autres font volontiers table rase de « toutes les lois contraires aux principes fondamentaux du gouvernement ou aux institutions politiques, ou à la religion de l'Etat conquérant ». La politique métropolitaine parut d'abord se rallier à cette dernière école. Mesura-t-elle les conséquences possibles de sa politique ? La rupture avec l'ouest, suite du remaniement géographique, mettait fin ou presque à l'expansionnisme français du côté des Pays d'en haut; elle refoulait le peuple vers la culture du sol, vers le tassement dans le cadre des seigneuries; elle promettait de consolider la paysannerie canadienne. Mais à quoi tournerait l'apparent avantage, si, avec la disparition des lois qui régissent la tenure paysanne, disparaissait aussi l'armature juridique, la hiérarchie sociale où s'appuyait cette tenure ? Au reste, la Proclamation s'apprête à miner encore plus sûrement tenure et hiérarchie par l'introduction, dans le pays, d'une tenure rivale, la tenure allodiale. Des distributions de terres libres sont en effet prévues en faveur des soldats et des officiers réformés de l'armée et de la marine anglaises, distributions gratuites qui ne peuvent que constituer un groupe de colons privilégiés. Le seigneur ne sera plus le seul grand terrien ni le seul distributeur de terres, cependant que seul l'habitant canadien se verra tenu aux redevances féodales.

Contre la foi des Canadiens, un mot résume le péril de 1764: le schisme pratiquement imposé avec l'Eglise de Rome. Ne revenons pas sur le rôle historique du catholicisme au Canada. On se rappelle ce qui est né de la vieille foi, de sa sève généreuse. Elle a suscité, informé les institutions de base; elle en est devenue l'âme. La colonie lui doit sa plus robuste unité, les plus fermes ressorts de la conscience populaire, sa philosophie de la vie. Son catholicisme, c'était, pour le Canada, avons-nous dit, sa première ligne de force. On pourrait encore dire que la première ligne de résistance de la colonie française à l'offensive anglo-protestante — ses *torres vedras* — c'étaient ses 110 paroisses, véritable chaîne de bastions échelonnés le long du Saint-Laurent. Encore fallait-il qu'une institution et un principe de vie, le lien avec Rome et l'épiscopat, fussent en état de vivifier ces 110 cellules sociales et de leur garder le sens de l'unité. Or, nul besoin d'en appeler aux prophètes pour deviner, dans un Canada conquis, le rôle possible et même fatal d'une Eglise nationale, naturellement servile. Eussent-ils alors soupçonné les projets ambitieux de Murray, son alliance équivoque avec le fameux Roubaud pour une protestantisation massive du pays, quelle n'eût pas été l'anxiété des Canadiens. Et quel autre sujet d'alarme que la propagande enflammée des Eglises en Angleterre pour la réforme religieuse de la nouvelle conquête, propagande animée par nul autre que l'archevêque de Cantorbéry, et transportée jusqu'en France, pour un recrutement de pasteurs huguenots de langue française. Tout semblait justifier d'avance ce mot de l'historien Taine: « Le principal objet de l'Etat conquérant est la conquête des Eglises. »

N'essayons pas d'éluder la vérité. L'histoire n'est pas le jardin fleuri des légendes. Nous voilà bien en présence d'une politique d'assimilation nettement caractérisée. Une civilisation ne dure qu'autant que dure son principe vital, c'est-à-dire les idées-forces autour desquelles se groupe une collectivité humaine. L'agression de 1764 est indubitablement dirigée contre l'être même du Canada français. Ainsi va juger cette politique, lord Durham qui regrettera que, dans la suite, le gouvernement britannique n'y ait pas persévéré. M. F.R. Scott qui relève, dans l'histoire canadienne, deux de ces tentatives d'assimilation, de la part du « British Element », fait remonter la première à la Proclamation de 1763. Par le changement de leurs lois et de leurs institutions, écrit-il dans *Political Nationalism and Confederation*, on se flatta de l'espoir de gagner graduellement les nouveaux sujets « to the new British ways ». M. A.L. Burt, dans *The Old Province of Quebec*, résume, dans une formule encore plus catégorique, les intentions de la Proclamation, de la Commission de Murray et des Instructions: « Il s'agissait de transformer une vieille colonie française en une colonie anglaise. » *(An old French colony was to be remade into an English colony.)*

Les Canadiens se voyaient donc acculés à une décision suprême. Etre ou ne pas être ! La tragique question d'Hamlet se posait pour eux. Quelle sera leur option ?

CHAPITRE TROISIÈME

Espoirs d'une résistance

Misère du pays. — Les espoirs.

Le 10 août 1764 le nouveau régime débute. James Murray devient capitaine général et gouverneur en chef de la province de Québec et des territoires qui en dépendent. Le Conseil destiné à l'assister se compose de sept anglophones et d'un huguenot français. Le système judiciaire bientôt établi repose sur deux judicatures, l'une supérieure, à l'usage de tous les sujets du roi indistinctement, l'autre inférieure, cour des plaids communs, réservée aux seuls Canadiens. Dans ces derniers et seuls tribunaux les lois françaises restent la règle du droit, et encore de façon temporaire, jusqu'à l'initiation du peuple aux lois anglaises et pour les litiges engagés avant le 1er octobre 1764. En ces seuls tribunaux toujours, procureurs et avocats de langue française sont autorisés à plaider. De l'aveu de Murray, tout le reste du personnel judiciaire, sans oublier les principaux fonctionnaires de l'administration, gens au surplus de peu de compétence, ignorent la langue française. Quel chaos pourra engendrer ce renversement subit des institutions d'un pays ? On le prévoit déjà.

Misère du pays

Le Canada français est bien à la croisée des chemins. La banale expression n'exprima jamais plus exacte vérité. Représentons-nous un observateur de l'époque qui aurait pris la taille de l'assailli et de l'assaillant ? L'assaillant, c'est beaucoup plus que la nouvelle métropole d'outre-océan. C'est aussi tout le poids de l'Amérique qui va peser sur le Canada devenu la seizième ou dix-septième des possessions anglaises du continent. Perdu, abandonné en ce vaste monde qui ne garde plus que d'infimes vestiges de latinité, témoin attristé de la déchéance de son ancienne métropole, que de raisons, pour le conquis, de s'interroger sur les motifs de sa fidélité française. Et les chances d'une résistance possible ou probable à la politique du conquérant, où les percevoir ? Quatre ans après la capitulation de

Montréal, le pays connaît à peine son relèvement matériel. En Europe, « la guerre de Sept ans dépassa en atrocités toutes les précédentes », a écrit Albert Sorel. L'historien aurait pu en dire autant de la même guerre en Amérique. Aux incendies, aux dévastations systématiques de Wolfe et de Murray sont venus se joindre, dans les campagnes canadiennes, les fourragements frauduleux de l'intendance et les déprédations des troupes canadiennes et françaises mourantes de faim. Chacun ne possède plus qu'une monnaie dévalorisée. Les délais dans le paiement des créances, aux dernières années du régime français, les dépenses énormes de la guerre, ont, par inflation, accumulé dans les portefeuilles, pour 7 millions de lettres de change et 34 millions d'ordonnances. Cette masse de papier, trop pauvres pour attendre, sollicités, du reste, par les agioteurs, les Canadiens l'ont vendue à vil prix. Pour 1,000 livres de lettres de change, écrit Mme d'Youville en 1763, on ne trouverait pas au Canada, 100 livres. Les négociants sont peut-être les plus malheureux. Empêchés longtemps de faire du commerce, faute de marchandises venues de France, remboursés au surplus, de leurs créances, par un papier sans valeur, la défaite de 1760 s'accompagne, pour eux, d'une déroute financière. Force est d'en croire les mandements des évêques, les mémoires du temps, les chroniques des communautés religieuses: la pauvreté, sinon la misère au Canada, n'est que trop généralisée.

Ce peuple miséreux n'est, après tout, et il faut y revenir, qu'un très petit peuple. Pour se porter mieux que son capital matériel, son capital humain reste modeste. Les 65,000 devenus 69,810 âmes, d'après un recensement de 1765, ont un pied solide dans la vallée du Saint-Laurent. En occupent-ils beaucoup plus qu'une bordure ? Le Canada de 1764 n'offre rien de ces établissements étendus et massifs, lesquels, dira plus tard Durham, interdisent, dans un pays conquis, une politique d'immigration et d'assimilation. L'avenir culturel du conquis paraît-il en meilleure posture ? Les destructions de la guerre, la fermeture imminente de l'unique collège de Québec, le départ des Jésuites, l'affaiblissement du personnel enseignant, la suppression des anciennes gratifications royales, rendront difficile la réorganisation de l'enseignement public. Le danger le plus redoutable réside peut-être dans la rupture de la colonie avec ses sources intellectuelles, rupture imposée forcément par le changement de métropole et par le protectionnisme rigide de l'époque, régime du « pacte colonial » appliqué sans merci. Pour le peuple naissant, le grave problème qui se pose est bien celui de l'alimentation de l'esprit. Même pour les grands peuples, l'autarcie intellectuelle s'avère un non-sens. Nul humanisme si riche, si puissant soit-il, ne se passe d'emprunts constants à la vie universelle. On ne saurait donc exagérer la misère d'un peuple colonial condamné à vivre de son seul fonds, c'est-à-dire de son insuffisance et de sa pauvreté. Une institution, l'Eglise, a fourni jusqu'ici au peuple canadien presque toute sa vie spirituelle. Appauvrie, elle aussi, en son personnel et en ses biens, décapitée par la mort de son évêque en 1760, pourra-t-elle faire face aux besoins nouveaux ? Au reste, le remplacement de son chef, affaire mal engagée à Londres et à Rome, s'ajoute à tant d'autres anxiétés pour assombrir le présent et l'avenir.

Les espoirs

Faudrait-il renoncer à tout espoir d'une réaction ? Cette poignée de Français appartiennent, malgré tout, aux peuples de type paysan, entendons: paysan propriétaire. Et cela veut dire les plus indépendants des peuples, parce que maîtres de leurs sources et moyens de subsistance, et parce que possesseurs d'un capital solide, le capital immeuble, moins sujet que l'autre aux aléas des crises économiques, moins sujet aussi à l'usure, indéfiniment renouvelable par des techniques appropriées. Ces peuples sont aussi les plus traditionalistes et donc les plus enracinés dans leur être. La propriété stable leur donne le sens de la continuité; la succession des générations sur le même coin de terre favorise la transmission des mœurs, des coutumes héréditaires, une philosophie de la vie, tout ce qui s'appelle précisément la tradition. Au Canada, bien arc-bouté sur sa large propriété et sur sa famille, encadré, gouverné par l'institution paroissiale, l'habitant peut ignorer, sinon défier l'appareil politique du conquérant. D'après Murray, les Canadiens détiennent, en 1765, 955,754 arpents de terre: ce qui donne une étendue d'une confortable moyenne à chaque famille de ce peuple pour les cinq sixièmes rural. Le remaniement géographique de 1763 ne peut que renforcer sa paysannerie. Le Canadien restera, sans doute, un terrien mal débarrassé de la nostalgie de l'évasion vers l'immensité américaine. Il suffit de lire, à ce sujet, *La pénétration du continent américain par les Canadiens français* 1763-1846, de M. Benoît Brouillette. Mais l'empire n'est plus là qui, pour s'étendre et se soutenir, appelle le soldat et l'aventurier. L'économie sédentaire l'emportera désormais sur l'économie nomade. En resserrant ces paysans, dans les limites, ou peu s'en faut, de la vallée laurentienne, a-t-on réfléchi, en outre, que la politique anglaise n'a pas fait que leur imposer inconsciemment le repliement psychologique sur la terre ? Elle les a enfermés dans un pays plus à la taille ou à la mesure d'un petit peuple où la vie ne pouvait que gagner en intensité ? Qu'on le note bien cependant: ce n'est pas là nous cacher les inconvénients considérables d'une économie trop fermée et qui se révélera par trop impuissante à déboucher dans une économie intégrale et à sauver son propre avenir. Il ne s'agit que de marquer, à une heure critique, la possibilité d'une réaction au moins temporaire.

Les 70,000 manquent, il est vrai, d'un chef populaire, éminent, guide et rassembleur de forces dont nulle collectivité humaine ne se passe. Après le départ pour la France de tout l'ancien personnel politique et militaire, et en l'absence d'un chef religieux, où trouver le chef laïc, l'homme doué d'assez de clairvoyance et de prestige pour s'élever au-dessus de la masse et lui indiquer son destin ? La conquête, on l'a trop longtemps cru, n'a pourtant pas décapité le conquis socialement. Qu'une tentation de fuite

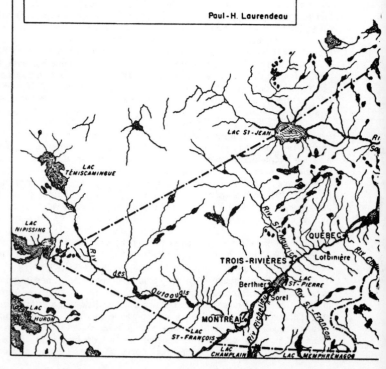

LA PROVINCE DE QUÉBEC

d'après la

PROCLAMATION ROYALE

du

7 Octobre 1763

Echelle en milles

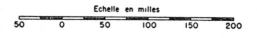

50   0   50   100   150   200

Paul-H. Laurendeau

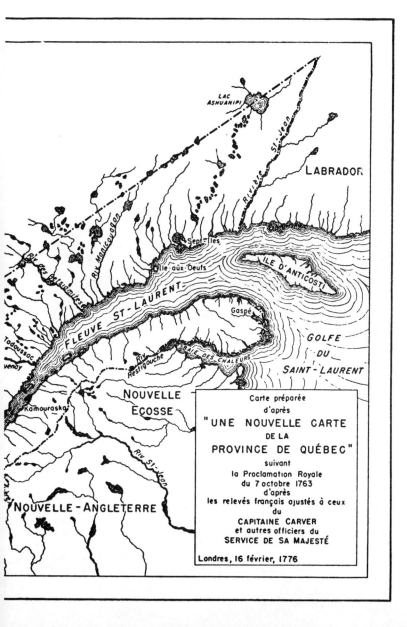

LAC ASHUANIPI

LABRADOR

Rivière St-Jean

Sept-Îles

Île-aux-Oeufs

ÎLE D'ANTICOSTI

Riv. Manicouagan

Riv. des Betsiamites

Tadoussac

FLEUVE ST-LAURENT

Gaspé

GOLFE

DU

SAINT-LAURENT

Saguenay

Riv. Restigouche

BAIE DES CHALEURS

Kamouraska

NOUVELLE
ÉCOSSE

Riv. St-Jean

NOUVELLE-ANGLETERRE

Carte préparée
d'après
"UNE NOUVELLE CARTE
DE LA
PROVINCE DE QUÉBEC"
suivant
la Proclamation Royale
du 7 octobre 1763
d'après
les relevés français ajustés à ceux
du
CAPITAINE CARVER
et autres officiers du
SERVICE DE SA MAJESTÉ

Londres, 16 février, 1776

se soit glissée quelque peu dans l'esprit des hautes classes, la chose ne paraît pas niable. Effrayés de la politique d'assimilation de 1764, beaucoup de Canadiens, au dire de Murray, auraient songé à émigrer. D'autres qui n'avaient vécu que du fonctionnarisme dans l'armée ou dans l'administration, et qui, sous le nouveau régime, se sont vus sans espoir d'emploi ou encore qui touchaient déjà une pension du roi de France, ont opté pour l'exode. Pouvaient-ils agir de même, ceux-là, nobles, seigneurs, possesseurs de domaines, qu'aucun intérêt ni sentiment irrésistible ne poussaient vers la France ? Leurs moyens de vie sont au Canada où les enracinent trois à quatre générations d'aïeux. Au reste, en obligeant les émigrants à vendre leurs biens à des sujets britanniques, le traité de Paris provoqua une baisse considérable de l'immeuble. Où était le profit de s'en aller ? Sur 73 familles nobles, a-t-on calculé, 57 au plus auraient été affectées ou démembrées par l'émigration. D'après l'*Exode des classes dirigeantes à la cession du Canada* de M. Baby, 125 négociants, 25 jurisconsultes ou hommes de loi, 25 à 30 médecins, autant de notaires, seraient aussi demeurés au pays. Au reste, tout ce monde eût-il passé la mer qu'on ne pourrait parler qu'improprement de décapitation sociale. M. Burt l'observe fort justement dans *The Old Province of Québec*: les vrais chefs du peuple ne sont plus du côté de la classe seigneuriale, mais parmi les capitaines de milice, et surtout les curés, lesquels ont choisi de rester.

La situation intellectuelle est-elle désespérée ? L'Eglise demeure; et l'on sait son rôle dans le service social de l'enseignement. L'institution est incontestablement affaiblie. Elle perd les Jésuites et quelques Sulpiciens. La France ne sera plus, pour elle, source assurée de recrutement. Les Séminaires de Québec et de Montréal lui restent pourtant qui pourront s'orienter davantage vers l'éducation de la jeunesse laïque aussi bien qu'ecclésiastique. La conquête n'a pas inquiété les communautés de femmes; trois sont des communautés enseignantes: les Ursulines, la Congrégation de Notre-Dame, les religieuses de l'Hôpital général de Québec. Les 65,000, souvenons-nous encore, sont d'un type de Français XVIIe et XVIIIe siècles. Nous n'avons plus à apprendre jusqu'à quel point ils s'étaient approprié la culture de la mère-patrie et en avaient fait l'ornement de leur vie. A cette culture, voulût-on savoir quelle foi ils avaient gardée ? Il suffirait d'évoquer leur étonnant projet de 1770 — sept ans après le traité de Paris — projet de fonder à Québec un embryon d'université française pour toute l'Amérique anglaise et pour le Royaume-Uni. Si impressionnés qu'ils soient par l'ascension toute fraîche de l'Angleterre, ces Français peuvent-ils rapidement oublier qu'ils ont été les fils de la première nation de l'Europe ? Il ne semble pas qu'ils l'aient oublié. Citerons-nous encore ces quelques lignes de Frances Brooke en son *Histoire d'Emilie Montague:* « Il n'y a peut-être point d'hommes plus vains. Les François leur paraissent le seul peuple civilisé qu'il y ait au monde; mais ils se regardent comme la fleur de la Nation. »

La situation religieuse n'est pas, non plus, sans espoir. Que les Canadiens obtiennent un évêque, et de quelles forces de résistance ils se trouveront armés. Déjà leur clergé séculier est en forte majorité d'origine canadienne et très attaché au pays. A peine 16 cures ou missions sont encore desservies par des prêtres de France. Et ce clergé peut nourrir l'assurance de se recruter au Canada. Sous le régime qui vient de finir, la famille canadienne n'a-t-elle pas donné à l'Eglise 150 prêtres ou religieux ? L'organisation religieuse de la colonie, faut-il y revenir, dispose surtout de 110 paroisses environ: cadres sociaux dont nous savons déjà le rôle et la vigueur. Mais ce rôle, combien va l'accroître la politique malhabile de 1764. Ecarté de l'administration, le Canadien inclinera à se retrancher davantage derrière le seul cadre où il se sente chez soi. Et ainsi la paroisse, où, par la force des choses, le curé devient un chef social autant que spirituel et où les hommes vont se sentir liés par les liens qui attachent le plus fortement, ne peut que devenir le suprême bastion de refuge hors des prises du conquérant.

Sont-ce là les seuls impondérables dont les auteurs de la Proclamation de 1763 paraissent avoir sous-estimé l'importance ? Il y faudrait inscrire et peut-être en première ligne, le caractère excessif de leur politique d'assimilation, politique d'une agressivité trop absolue. Elle s'attaque à la fois à tous les points vitaux, à toute l'âme d'une collectivité humaine; elle n'a pas su ménager les étapes; elle veut tout obtenir et d'un seul coup. Politique imprudente aussi qui ne tient aucun compte du moment ni de l'ambiance historiques. Nous sommes à la veille du soulèvement des Indiens de l'Amérique à l'appel de Pontiac; à la veille aussi des graves incidents du *Stamp Act*, premier coup de canon de la révolution américaine, premier recul de la puissance britannique devant l'insurrection coloniale. Bientôt, aux Antilles, dans l'Amérique espagnole et portugaise, vont se faire sentir les premiers ébranlements du colonialisme, phénomènes, comme l'on sait, de la fin du XVIIIᵉ siècle. En ces conditions, quelle imprévoyance que ce resserrement de la structure impériale ! Dans les dix prochaines années, un dilemme va se poser à la Grande-Bretagne et commander sa politique au Canada: ou irriter ses nouveaux sujets et les jeter dans les bras des insurgés du sud, ou les tenir séparés d'eux par une politique libérale. La position géographique du conquis, autre impondérable, vient aussi à son aide. Le Canada reste toujours la grande porte de l'hinterland américain. Qui tient la porte peut se flatter de tenir à sa merci le commerce de la vaste région, en même temps que la trouée possible vers l'ouest sans fin. Encore importe-t-il qu'une population bienveillante et pacifique laisse la porte facile à franchir.

A tout prendre bien des facteurs laissent présager, de la part du conquis, une attitude de résistance. Qui oserait s'en plaindre si, par là, l'histoire du pays s'élève à quelque niveau et s'il y entre une part de pathétique ? La petitesse de la scène empêchera, sans doute, que les événements n'y prennent l'ampleur et le retentissement qu'offrent les grands théâtres du monde. Qu'importe encore si l'histoire du Canada français ressemble à l'histoire de tant de petits peuples où l'on sent battre plus fort le cœur des hommes ?

CHAPITRE QUATRIÈME

La résistance et ses effets

*Malaise de 1764. — Réaction des Britanniques. —
Réaction des Canadiens.*

Malaise de 1764

L'on a peine à se représenter aujourd'hui le malaise aigu dont, au lendemain de 1764, souffrit le Canada. Ces événements sont loin. D'autres, de même nature, venus plus tard et plus spectaculaires, ont estompé ce passé dans les mémoires. Quelques véhémentes réprobations de Murray nous sont pourtant restées; celles aussi de Carleton d'une encre aussi acide; par exemple, cet avertissement, à Londres, du successeur de Murray que la politique d'alors n'eût pu se poursuivre « sans la protection d'une force armée considérable ». Point de doute, une perturbation a sévi, proche de l'anarchie. Un double système de judicature et de lois fonctionnant côte à côte dans le même pays, offrait déjà quelque chose de singulièrement anormal. Si l'on y ajoute le recours autorisé de la cour des plaids communs régie par les lois françaises à la cour supérieure régie par les lois anglaises, à quels abus ne prêtait point ce mélange des deux systèmes ?

Ne parlons pas de l'accord, encore moins de l'impossible fusion entre un droit issu du droit romain, fondé sur des concepts immuables et sur la déduction logique, et cet autre droit à peine touché par l'influence romaine, droit empirique, tiré des recueils ou sentences des tribunaux, simple forme, à vrai dire, du libre examen tourné vers les faits juridiques. La plus grave erreur de Murray et de son entourage aura été d'avoir trop négligé la réalité sociale et nationale qu'un droit exprime et conditionne. En un jour, les lois d'un peuple furent bousculées avec autant de désinvolte que s'il se fût agi d'un règlement de police. Les pires désordres devaient s'ensuivre: insécurité des droits et des propriétés les mieux établis, tels que les droits successoraux; dans les tribunaux, conduite des plaidoiries, tantôt selon le droit anglais, tantôt selon le droit français, au gré du profit ou de l'intérêt du plus fort; dans les petites cours, aggravation de ce chaos par la triste qualité du personnel judiciaire: magistrats incompétents, ignorant les lois et la langue du pays, la plupart banqueroutiers, au dire de Carleton, en mal de refaire leur fortune aux dépens du peuple; fonctionnaires affamés, marchands, en quête, pour toutes sortes d'industries suspectes, d'une augmentation de leurs émoluments; magistrats associés, du reste, à une phalange d'avocats anglais nécessiteux, et qui, ensemble, ont la naturelle fringale de la chicane judiciaire. Une véritable épidémie de procès se déchaîne. N'acceptons, sans doute, qu'avec discrétion, la déposition de Pierre du Calvet, qui, à lui seul, prétend avoir entendu 3,700 causes dans l'espace de trois mois et qui ose même affirmer que, « dans un mois de domination anglaise, il s'est plaidé peut-être plus de causes que dans un siècle et demi de l'empire français ». Il reste, au témoignage de Carleton, que « l'esprit de chicane de Westminster Hall » a vraiment régné dans la province. Abus de l'emprisonnement pour dettes; processions de débiteurs traînés d'un bout à l'autre de la province, escortés du prévôt-maréchal vers les prisons; prélèvement d'honoraires scandaleux par juges et avocats; mise en vente de terres pour recouvrement d'honoraires: autant de calamités dont la liste ne cesse de s'allonger. Plaider, c'est se ruiner. « Peu de gens ici, affirmera encore Carleton, sont en état de supporter les dépenses occasionnées par un procès. »

Réquisitoire plutôt que tableau d'histoire, dirions-nous, si la description de cette misère n'était, ainsi qu'on l'a vu, de la première autorité du pays qui avoue pourtant ne tracer là « qu'une faible esquisse de la détresse des Canadiens ». Rien ne servirait, en effet, de prétendre ignorer ou atténuer les malheurs de ces temps. Nul ne les a dénoncés plus sévèrement que le gouverneur de l'époque et quelques historiens anglo-canadiens. « Si je ne me trompe, a encore écrit Guy Carleton, aucun conquérant n'a eu recours, dans le passé, à des procédés aussi sévères, même lorsque des populations se sont rendues à discrétion et soumises à la volonté du vainqueur sans les garanties d'une capitulation. » L'historien anglo-canadien, Duncan McArthur, y est allé encore plus durement: « Les abus perpétrés alors sur un peuple ignorant et vaincu, sous le couvert de la justice, furent une honte pour le nom britannique. »

Réaction des Britanniques

Les premières et les plus violentes réactions allaient pourtant venir d'où il semblait qu'on les dût moins attendre. Et ce serait le lieu de rouvrir un procès célèbre. James Murray doit-il porter seul la responsabilité du gâchis de 1764 ? Volontiers, en Angleterre, lui a-t-on reproché l'interprétation ou l'application maladroite de la Proclamation royale. Murray, à coup sûr, manquait d'expérience et paraît avoir été un esprit quelque peu chimérique. Son projet de conversion en masse du peuple canadien, avec l'aide pitoyable de l'ex-jésuite Roubaud, donne à douter de son jugement. En revanche, à ce militaire chargé de l'organisation d'un gouvernement civil, Londres s'est-il donné la peine de fournir un personnel compétent ? Au dire de Francis Maseres, « Murray et son Conseil ne seraient pas les seules personnes » qui auraient mal interprété la fameuse Proclamation; « mais presque tout le monde, du moins un grand nombre de personnes », dit Maseres, n'y ont pas vu plus clair. Accordons d'ailleurs à Murray le grand mérite d'avoir tôt discerné l'absurdité de son ordonnance sur la judicature et de s'être employé fort honnêtement à la corriger. Le « mérite durable » du gouverneur, reconnaît R.H. Mahon dans *Life of General The Hon. James Murray,* fut de se tenir entre les « vautours et leur proie ». Murray s'empressa de consentir aux Canadiens de valables concessions: l'accès au jury, le privilège, pour leurs avocats, de plaider devant la cour des plaids communs, la prolongation des lois sur la tenure et les droits successoraux. Exclure les conquis du jury, dira Murray, c'était constituer 200 civils britanniques, juges exclusifs de la vie et des biens de 80,000 nouveaux sujets; interdire la cour des plaids communs aux avocats canadiens, c'était abandonner le fonctionnement de ces tribunaux, établis pour les Canadiens, à un personnel judiciaire qui ne savait ni la loi ni la langue des justiciables. Le croira-t-on ? C'est pourtant de ces propos de bon sens et de ces actes d'élémentaire justice qu'entre les deux groupes ethniques au Canada va surgir le premier conflit. Tout un branle-bas se déclenche. Au nom des lois draconiennes du royaume, la minorité britannique s'élève contre les concessions illégales du gouverneur. Qu'exige-t-elle ? Rien de moins que l'exclusion des Canadiens, parce que catholiques, du jury, des fonctions d'Etat et de la Chambre élective. La minorité tient surtout rigueur à Murray de sa tiédeur envers la religion protestante; elle lui reproche sa « partialité flagrante » qui le pousserait à susciter des factions entre les anciens et les nouveaux sujets. Au surplus, la minorité fait savoir à Londres qu'elle ne se tiendra satisfaite que par le rappel du gouverneur. Et voilà le débat porté en Angleterre.

Qui sont-ils ces Britanniques qui le prennent de si haut ? Nous hésiterions à reproduire ici leur portrait brossé par l'accusé James Murray, si Carleton ne les avait peints du même burin. Ce qu'ils sont ? Numériquement et comme classe sociale, un groupe insignifiant d'environ 200 sujets protestants, soldats licenciés « de petite fortune et de peu de capacité », quelques praticiens de la loi, une trentaine de marchands, commis ou chargés d'affaires des négociants de Londres « dont dix ou douze possèdent quelque propriété stable dans la colonie », monde assez bigarré de quakers, de puritains, d'anabaptistes, de presbytériens, d'athées et de juifs; « des fanatiques déréglés, dira encore Murray, que rien ne pourra satisfaire, hormis l'expulsion des Canadiens ». Dans leur riposte, ceux-ci vont décrire comme suit les deux groupes antagonistes: « Qui sont ceux qui veulent nous faire proscrire ? Environ trente Marchands anglais dont Quinze au plus sont domiciliés. Qui sont les proscrits ?

Dix mille Chefs de famille qui ne respirent que la soumission aux Ordres de Votre Majesté... »

Nous arrêterons-nous sur ces événements de 1764, vrai nœud historique dans la vie du Canada ? Tous les éléments s'y rencontrent du conflit qui, depuis cette époque, n'a cessé, hélas, de diviser les races: politique d'assimilation, politique qui procède tantôt des autorités métropolitaines, tantôt des autorités coloniales, tantôt du groupe britannique, parfois des trois; oppositions non seulement entre *two ways of life,* comme dit M. Lower, mais entre deux entités sociologiques, entre deux philosophies de la vie, heurts, en somme, sur la ligne des divergences religieuses et nationales; puis, ambition du groupe minoritaire de s'emparer de tous les leviers de commande de la vie politique et économique, et pour ces mêmes fins, guerre déclarée aux gouverneurs qui se refusent au rôle de complices; alliance, collusion déjà établie entre les classes mercantiles du Canada et de Londres; et, pour décorer cette politique des plus hauts prétextes, l'appel constant à l'intérêt de la religion, à la sécurité de la province et de l'empire, à la loyauté envers la couronne.

Réaction des Canadiens

L'ordonnance de Murray n'a pu alarmer les Canadiens, au point de les conduire à la réaction décisive. L'offensive de la minorité britannique y réussit parfaitement. De façon brusquée et radicale, la minorité s'en prend aux lois du pays. L'étroite dépendance de la loi et du régime de la propriété fera que l'attaque atteint toutes les classes de la population, et frappe chacun en un point où personne n'a besoin de longue démonstration pour ressentir le coup. Les plus durement menacés sont les classes dirigeantes, celles des seigneurs, laïcs et ecclésiastiques, dont les privilèges sociaux restent liés aux anciennes lois de la colonie. S'en prendre, en même temps, au gouverneur, c'était, de la part des Britanniques, s'en prendre au seul homme qui, pour les persécutés, incarnait l'espoir d'un redressement. Aussi verra-t-on les Canadiens plaider à la fois devant le roi et leur cause et celle de Murray. Murray lui-même, tout en menant sa propre défense, se fera l'avocat des persécutés. Et voilà le procès des Canadiens lié au procès du gouverneur, et qui va prendre une ampleur et une solennité imprévues.

Ne nous étonnons plus du ton élevé, ni même de la grandiloquence de quelques pièces du dossier. L'attaque des Britanniques n'épargne rien. Tout ce qui fait la structure interne d'une culture ou d'une nation: foi, loi, langue, statut juridique et politique, est mis en question. La riposte entend couvrir tout le terrain. Dès l'année 1763, les laïcs canadiens ont joint leurs efforts à ceux du clergé pour la « continuation » de l'épiscopat. Un des leurs, le seigneur Etienne Charest, à l'aide de fonds fournis par les fabriques, s'est rendu à Londres y soutenir la supplique de ses coreligionnaires. Cette même année et les années suivantes, d'autres mémoires et suppliques se chargent des intérêts temporels. Et qu'y demande-t-on ? Le maintien des lois ou coutumes du pays aussi longtemps du moins « qu'elles ne seront pas contraires au bien général de la colonie »; un personnel judiciaire de langue française, le droit à la fonction de juré et le droit de rendre jugement d'après les plaidoyers traduits en langue française, la promulgation en langue française des lois et ordres de Sa Majesté; le rejet de l'ostracisme d'ordre juridique et politique pour raison de religion. A propos des lois françaises, un admirable mouvement de recherches, d'écrits, de discussions se produit où se signalent François-Joseph Cugnet, M. Jacrau, du Séminaire de Québec, Chartier de Lotbinière et d'autres. Ces hommes ont rassemblé, codifié les lois de la colonie. D'aucuns ont fini par en revendiquer la conservation du corps entier, comme formant un tout organique et indivisible. Opportunément des pétitions parties pour Londres rappellent le rôle tenu, à ce moment précis, par les volontaires canadiens et leurs officiers dans la guerre contre Pontiac. En vertu de quoi, osent-elles soumettre, écarterait-on des charges publiques, « celui qui s'expose à verser son Sang au Service de son Roy et de la Nation » ? Enfin, les Canadiens n'oublient point d'agiter une menace singulièrement efficace à l'époque. Murray n'a pas craint de faire savoir aux lords du commerce que, sans les concessions consenties par lui aux Canadiens, « il n'eût pas été possible d'empêcher un grand nombre d'émigrer... » Par deux fois au moins, les auteurs des mémoires affirment leur détermination d'aller « grater la terre... ou ils pourroient mettre leur Vie et celle de leurs Enfants à la Brie de l'injustice... », prêts à « préférer la Terre la plus ingrate à celle fertile que nous possédons ». Dans ses *Observations sur le Plan d'un Acte du Parlement dressé par M. François Maseres,* Cugnet ose affirmer en toutes lettres que les personnes de condition quitteront le Canada à moins qu'on ne fasse « une autre loi pour les empêcher de quitter la province sous peine de mort ». En tout cela néanmoins les Canadiens ne négligent pas la justification de Murray. Les titres de « Père » et de « Protecteur » que lui décernent les seigneurs de Québec, donnent le ton de leurs plaidoyers. Le gouverneur ne se laisse pas dépasser en générosité. Avec une ferveur éloquente, il se porte à la défense de ses protégés. « Si d'assurer les Canadiens que le roi les protégerait dans leurs droits et dans leur religion... fut une faute, j'ai commis cette faute », rétorque à ses adversaires l'illustre accusé. « ...Si de leur déclarer que le roi, non seulement écouterait mais redresserait leurs griefs... fut un crime, j'ai commis ce crime. » La réplique porte juste, mais ne réussit qu'à demi. Exonéré à Londres, Murray n'obtient point la révocation de son appel. Défaite irréparable pour les Canadiens, si Murray n'avait eu pour successeur un homme qui allait continuer sa politique: Guy Carleton.

Militaire doublé d'un fin politique, Carleton, disions-nous, il y a trente ans, dans notre *Vers l'Emancipation,* « mérite de prendre place aux côtés de Sydenham, de Bagot, d'Elgin, hommes des heures graves de notre histoire et qui exécutèrent ici les grandes évolutions de la politique métropolitaine ». Scrutons avec soin les vues de Carleton, à cette première période de son séjour au pays. Car le « cabinet britannique, écrit avec raison M. A.L. Burt, dans *The Old Province of Quebec*, a vu le Canada à travers les yeux de Carleton ». Et les vues de Carleton se ramènent à ces points capitaux: « Les droits naturels des citoyens, les intérêts de la Grande-Bretagne sur ce continent et la domination du roi sur cette province [de Québec] doivent toujours être les principaux objets à considérer, lorsqu'il s'agit d'élaborer une constitution civile et un système de loi pour cette province. » Dans la prévision par trop assurée, en effet, d'une révolte des treize colonies et d'un appui de la France aux insurgés, le rôle stratégique du Canada, appuie encore Carleton, en sera un de premier plan; ce sera « le théâtre où se décidera le sort de l'Amérique ». Insistance opportune et clairvoyante. Jointe à celle de Murray, elle rend inévitable une revision de la politique anglaise au Canada. Des enquêteurs se mettent au travail dans la colonie. Leurs dossiers sont dépêchés aux juristes de la métropole. En 1770, pour être plus assuré d'y faire prévaloir ses vues, Carleton passe en Angleterre et y demeure quatre ans. Dans l'intervalle, la politique de 1763 reçoit ses premières rectifications. Murray avait prié qu'on tâchât d'accorder aux nouveaux sujets « quelques privilèges que les lois anglaises refusent aux catholiques romains en Angleterre ». Par un subit revirement d'esprit, le gouverneur Murray se fait même partisan de l'épiscopat au Canada. Le 10 juin 1765, deux juristes d'Angleterre, le procureur général Norton et le solliciteur général William de Gray, consultés par les lords du commerce et des plantations, déclarent les catholiques romains des colonies exempts des « incapacités, inhabilités et pénalités », dont sont frappés leurs coreligionnaires du royaume. La même année, le 14 avril 1766, deux autres juristes de la métropole désavouent la politique de 1764 en ce qui regarde les lois de la colonie. C'est une « maxime de droit coutumier », déclarent-ils, qu'un peuple conquis « conserve ses anciennes coutumes jusqu'à ce que le conquérant introduise de nouvelles lois » et « il est essentiel d'en agir ainsi à l'égard du Canada... » L'autorité britannique se ravise à son tour. A la condition d'en supprimer le mot, le Canada catholique pourra conserver l'épiscopat. Elle consent même à une consécration en France du futur évêque, pourvu que tout s'accomplisse avec discrétion. Le sacre aura lieu le 16 mars 1766, dans la banlieue de Paris. L'Angleterre impériale s'ouvrait-elle les yeux ? « Dans les grands corps, allait bientôt lui rappeler Edmund Burke, la circulation du pouvoir est forcément moins vigoureuse aux extrémités. » Evoquant l'exemple du Sultan, Burke ajoutait: « Le despotisme lui-même est obligé de composer... Toute la force et la vigueur de son autorité au centre viennent d'un prudent relâchement aux extrémités... Telle est la condition immuable, la loi éternelle d'un Empire vaste et dispersé. »

En 1774, les juristes ont fini leur travail de déblaiement. La parole est maintenant au parlement impérial.

CHAPITRE CINQUIÈME

L'Acte de Québec

Caractère extraordinaire de l'Acte de Québec. — Analyse de l'Acte. — Causes de l'Acte de Québec.

C'est à sa session de 1774 que le parlement de Westminster aborde les affaires canadiennes. Les circonstances ne manquent pas qui confèrent à ce débat une particulière solennité. Quelques-uns des orateurs de l'époque classique de l'éloquence parlementaire en Grande-Bretagne, Fox, lord North, Wedderburn, Edmund Burke, s'y affrontent. L'empire est en pleine crise. L'insurrection gronde dans les colonies anglo-américaines. L'*Acte de Québec* se présente à la veille d'élections générales et à la fin d'une session agitée. Le parlement vient de voter une première loi pour abroger la constitution du Massachusetts, une deuxième pour fermer le port de Boston, une troisième pour soustraire à la juridiction des cours coloniales du Massachusetts, les fonctionnaires métropolitains employés à la répression des troubles.

Caractère extraordinaire de l'Acte de Québec

Ce quatrième projet de loi destiné à devenir l'*Acte de Québec,* et qui aussi fortement que les autres, va remuer l'opinion, que contient-il donc ? Rien de moins qu'une revision de la politique coloniale de l'Angleterre. Toute conquête porte avec soi sa rançon qui est d'introduire dans la vie du conquérant une sorte d'explosif. Irruption de la civilisation du vainqueur dans celle du vaincu, elle est tout aussi bien l'inverse. L'Angleterre s'en est rendu compte dès le lendemain de 1764. L'intégration dans l'empire d'une colonie française de quelque 100,000 âmes lui posait tout à coup l'un de ses problèmes les plus épineux. Voici dix ans que les vigoureuses résistances de cette colonie à l'assimilation font travailler les juristes anglais. La métropole anglaise avait cru établir, en ses possessions américaines, des Florides au Labrador, un juridisme uniforme. En ce juridisme, faudrait-il donc pratiquer des brèches coûteuses, affranchir une simple colonie des lois impériales ? Dans le domaine religieux, allait-on accorder à des coloniaux, hier encore étrangers à la famille britannique, une tolérance qui impliquerait, dans un coin de l'empire, la reconnaissance officielle du catholicisme et, par le fait même, l'octroi à ces nouveaux venus de droits et privilèges d'ordre public, encore refusés aux sujets papistes du royaume ? Pour tout dire, l'empire britannique cesserait-il d'être un système clos, fondé, avait-on espéré, sur l'homogénéité rigoureuse de la race, de la loi, de la foi ? Ou faudrait-il le laisser devenir une entité composite de nations reliées ensemble par les seuls liens de l'intérêt économique et de l'allégeance à la même couronne ? Triple réforme ou revision qui bouleverse les idées régnantes en Angleterre et ne peut manquer de soulever à la fois l'orgueil juridique anglais et le sentiment protestant, et non seulement en Grande-Bretagne, mais dans les colonies continentales du sud et au Canada. Ici la minorité britannique n'a pas désarmé, depuis 1764, sur la question des lois, pas plus que sur la question religieuse et politique. Dans les treize colonies, la prochaine Déclaration d'indépendance reprochera au roi de la Grande-Bretagne d'avoir « aboli dans une province voisine, le système libéral des lois anglaises »; le Congrès de Philadelphie demandera l'abrogation d'un *Acte* qui, pour avoir établi « la religion catholique romaine », au Canada, vient d'ériger « une tyrannie grandement dangereuse pour les colonies britanniques voisines ». Voici néanmoins que le parlement anglais passe outre à ces scrupules et à ces objections. Voté en seconde lecture aux Communes, par 105 voix contre 29, l'*Acte de Québec,* en dépit des protestations de la masse londonienne et de son Conseil de ville, reçoit le 22 juin 1774 la sanction royale.

Etonnante législation, justement désignée par un historien comme l' « un des grands textes historiques de l'empire britannique moderne ». Qu'y relève en effet une analyse sommaire ? En premier lieu, et les Canadiens, dans leur clairvoyance, avaient réclamé la chose dès 1767, une reconstitution partielle de l'ancienne Amérique française: le Labrador, le triangle Ohio-Mississipi, les Pays d'en haut, un large environnement autour des grands Lacs, tous ces territoires réintégrés dans la province de Québec; la « réserve » indienne elle-même récupérée, comme s'il eût fallu la ressaisir avant une invasion possible des colonies insurgées, ou dresser, contre ces colonies, selon l'historien anglo-canadien Duncan McArthur, la menace d'une Nouvelle-France ressuscitée. En second lieu, et c'en est la partie saillante, l'*Acte de Québec* abroge la Proclamation royale de 1763, et, avec elle, toute l'œuvre législative édictée depuis la conquête. En revanche, il rétablit les lois civiles françaises, « de la manière la plus large, la plus ample, la plus avantageuse » *(in as large, ample and beneficial manner),* disait le texte. Ce qui signifie, au sentiment du juriste P.-B. Mignault, le maintien de tout le droit civil français, en vigueur dans la colonie avant la cession de 1763. Non moins considérables les concessions dans le domaine religieux. Le libre exercice de la religion catholique reste encore sujet, au moins théoriquement, à la « suprématie royale ». D'autre part l'Eglise se voit assurer sa subsistance temporelle, par le droit à la perception de la dîme. En outre, l'accès aux charges publiques s'ouvre aux catholiques sans la prestation de serments contraires à leur foi. En politique, le Canada en reste, il est vrai, au régime de la *Crown Colony*. Cependant, pour apaiser l'élément britannique, de nouveau l'établissement, à brève échéance, d'institutions représentatives, reste entrevu comme chose possible. Puis les cadres du Conseil sont élargis, pour faire place désormais à 23 membres au plus, à 17 au moins.

Pour le Canada français, qui voudra nier la portée considérable de cette législation ? Impossible de n'y pas reconnaître un coup de la Providence, un de ces faits d'histoire où il semble que l'on discerne l'évidente intervention d'En-Haut. Hier la porte paraissait close sur l'avenir. Une conjonction d'événements inattendus venait tout révolutionner. La porte tournait sur ses gonds. Quelques contemporains de l'*Acte de Québec* y ont vu la « Grande Charte » du Canada français. Le mot ne nous paraît pas excessif. L'*Acte de Québec* n'annulait, sans doute, ni ne pouvait annuler tous les effets de la conquête. Quel texte législatif l'eût pu faire ? Une plénitude de droits et d'autonomies resterait à conquérir qui ne dépendrait que de l'énergie agissante du conquis. Un bon nombre des concessions d'ordre juridique ou politique contenues dans l'*Acte,* étaient déjà choses acquises, entrées dans les faits, diront encore quelques-uns. Pour ma part, sans doute, mais l'avantage était-il négligeable de conférer à ces concessions de fait le sceau du droit positif ? La question, en définitive, serait peut-être de savoir si l'*Acte* fameux énonçait cet ensemble de principes fondamentaux d'où, par déduction logique et par gains successifs, un peuple résolu pût gagner, en pays britannique, sa pleine liberté. Les contemporains l'ont pensé, et, après eux, maints historiens et maints juristes, dont P.-B. Mignault, qui a vu, dans l'*Acte* de 1774, beaucoup plus qu'une constitution, mais une « loi organique » ou, pour parler comme les Anglais, un « bill of rights ».

Analyse de l'Acte

Poursuivons notre analyse. Dans l'ordre politique, le maintien du *Crown Colony* persiste à faire, du Canada, parmi les colonies britanniques de l'Amérique du Nord, une province arriérée. Mesure réactionnaire qui aura pour conséquence prochaine de ranger presque tout l'élément britannique du côté des rebelles du sud. Même dans l'ensemble du monde colonial, le Canada restait un pays politiquement arriéré. Aux Antilles françaises, par exemple, sous l'influence de Choiseul et de Montesquieu, la liberté politique et la liberté commerciale se sont notablement accrues depuis le traité de Paris. Gouverneurs et intendants y ont perdu de leur absolutisme. Les Conseils souverains des Iles, admis à prendre leur part de l'administration des finances, sont devenus une sorte d' « Etats provinciaux ». En 1774 les Canadiens n'y gagnent pas moins, selon la lettre de la loi, la fin de l'ostracisme porté contre eux. Pour modeste que soit leur entrée dans la vie politique, elle marque un premier pas vers la saisie de leur propre gouvernement. Et l'on sait où ce pas finira par les conduire. Les gains dans l'ordre civil et social offrent quelques compensations. Les Canadiens n'ont pas obtenu de garder leurs lois pénales qu'au nom de l'intégrité organique du code français, M. de Lotbinière était allé réclamer jusqu'à la barre des Communes anglaises. Mais c'en est fini, au Canada, de l'anarchie juridique. L'*Acte de Québec* maintient tout l'ordre de choses qu'exprime et que maintient le droit civil d'un peuple; il réassure le droit de propriété sous l'empire de ses anciennes lois; du même coup il maintient la hiérarchie sociale fondée sur le régime de la propriété terrienne. Les seigneurs discernent pour eux, dans cette partie de l'*Acte,* un gain considérable. Pour Carleton, c'est le triomphe de quelques-unes de ses vues les plus chères: faire du Canada un bastion contre les colonies brouillonnes du sud, et à cette fin, lui garder son caractère de colonie hiérarchisée et militaire. C'est dans le même dessein qu'il a souhaité retarder l'avènement des institutions démocratiques. Conseillée par Carleton, la politique britannique s'efforçait de s'attacher les hautes classes des nouveaux sujet, le seigneur et le clergé, espérant, par là, garder la haute main sur le peuple. Le clergé, l'Eglise, au fond, ce sont eux les premiers gagnants. Et c'est bien sur l'article de la religion que l'*Acte de Québec* devient le plus étonnant. La restauration de l'épiscopat en 1766 a déjà renoué le lien vivant avec Rome, reconstitué par le sommet le gouvernement spirituel de l'Eglise canadienne. L'*Acte de Québec* confère à l'Eglise, au moins en principe, la personnalité juridique et il affranchit, en même temps, le catholique canadien de toute incapacité sociale ou politique. Evénement extraordinaire, disons-nous. Qui ne croirait entendre le premier glas de l'absolutisme protestant dans l'empire ? Pendant deux sessions antérieures à celle de 1774, les lords-évêques ont voté contre toute tolérance en faveur des dissidents du Royaume-Uni. Sur le passage de Georges III qui s'en va sanctionner à Westminster, le *Quebec Act,* le peuple de Londres ameuté a crié à pleins poumons: *No popery !* Porteur d'une pétition solennelle, le maire de Londres a supplié Sa Majesté de ne pas signer l'*Acte* funeste. Prenons note également que la tolérance de l'*Acte de Québec* ne s'applique d'aucune façon à l'Irlande et que les catholiques du Royaume attendront jusqu'en 1829 avant d'obtenir une faible part des droits et privilèges accordés en 1774 aux catholiques canadiens. A quoi donc attribuer cette partialité, ce traitement de faveur ?

Pour l'avenir national du Canada français, quelle haute signification ne pas encore attacher à l'*Acte de Québec* ? Il n'a pas fondé le nationalisme canadien-français, selon la prétention de M. Duncan McArthur. Ne lui aurait-il pas donné sa base juridique ? Jusqu'ici le fait français au Canada ne pouvait se prévaloir que des capitulations, reconnaissance qui dépassait à peine les vagues garanties du droit naturel. L'*Acte de Québec* est venu lui conférer, de la part de la plus haute autorité de l'empire, une reconnaissance de droit constitutionnel. Etienne Parent y verrait « un vrai contrat social entre nous et l'Angleterre... la consécration de notre droit naturel ». Ainsi l'entendent les plus récents des historiens anglo-canadiens. M. Burt écrit, par exemple, dans *The Old Province of Quebec:* « L'Acte de Québec incorporait ce principe nouveau et capital de l'empire britannique: la liberté pour les peuples non-anglais de rester eux-mêmes. » *(The Quebec Act embodied a new sovereign principle of the British Empire: the liberty of non English peoples to be themselves.)* A peine moins explicite, M. Edgar McInnis nous dira, dans *Canada, Political and Social History:* « L'*Acte* constituait l'abandon définitif de l'effort tenté en vue d'établir une forme de gouvernement colonial fondé sur les institutions britanniques. On se rendait compte qu'il fallait traiter le Canada comme un problème spécial qui requérait une solution spéciale, à part. » Faire du Québec un pays français, point de vue primordial qui paraît avoir inspiré le législateur britannique jusque dans la reconstruction géographique de l'ancien empire. Le préambule de l'*Acte de Québec* a tenu à nous en instruire: c'est pour la raison que dans l'ouest existent plusieurs établissements « où se trouvent des sujets de France qui ont demandé à y rester »; c'est parce que les Iles du golfe et les côtes du Labrador contiennent des pêcheries sédentaires « établies et exploitées par des sujets de France », que l'une et l'autre de ces régions sont réannexées au Canada. L'historien peut l'affirmer: à partir de ces jours de 1774, il ne tenait plus qu'aux seuls Canadiens français de ressaisir pour jamais leur volonté de survivance.

Causes de l'Acte de Québec

Quelle explication fournir de cette législation, véritable monument d'exception dans l'histoire du parlement anglais ? L'explication, chacun l'a déjà trouvée dans le contexte historique où s'insère l'*Acte de Québec.* Proclamation royale de 1763 et politique de 1764 procèdent d'une méprise insigne sur la vigueur interne du jeune Canada et son point d'évolution. L'énergique réaction du conquis a ouvert les yeux de l'assimilateur. « Il n'est pas nécessaire de réfléchir longtemps, avouaient Guy Carleton et le Juge William Hey, pour se rendre compte de l'impossibilité d'abroger en bloc les lois d'un pays bien cultivé et colonisé depuis nombre d'années... » Les juristes Grey et Yorke se rangent à la même opinion: « Il est essentiel d'en agir ainsi à l'égard du Canada, reprennent-ils, parce que c'est une ancienne et grande colonie depuis longtemps peuplée et cultivée... » L'aveu, il est intéressant de le souligner, revient dans le préambule même de l'*Acte de Québec.* Le parlement impérial abroge le régime politique de 1764 pour cette raison capitale, y déclare-t-on, que ces institutions « ont été par expérience trouvées incompatibles avec l'état et les circonstances où se trouvait ladite province dont les habitants, à l'époque de la conquête, formaient une population de soixante-cinq mille personnes professant la religion de l'Eglise de Rome et jouissant d'une forme de constitution stable et d'un système de lois, par lesquelles leurs personnes et leurs propriétés avaient été gouvernées et régies pendant de longues années... »

Estimera-t-on cette première explication insuffisante et bien incapable de justifier les dérogations exceptionnelles du parlement impérial aux lois fondamentales du royaume, tout comme le défi jeté à l'opinion publique en Angleterre, et surtout l'autre défi aux colonies anglo-américaines qui ne pouvaient voir et qui n'ont vu, dans l'*Acte* de 1774, qu'une mesure coercitive supplémentaire dressée contre elles ? Nous en appellerons alors à deux circonstances ou facteurs déjà soulignés: la position géographique du Canada et le moment historique de l'*Acte de Québec*. L'un de ces facteurs n'a pas échappé à M. Lower qui écrit dans son *Colony to Nation:* « Le problème ne se réduisait pas à 60,000 nouveaux sujets; mais le peuple conquis formait une puissante société, dans un habitat géographique d'une importance *cruciale*. » Le moment historique, Carleton s'est chargé de le mettre sous les yeux des parlementaires britanniques, et c'était pour lui le péril américain et le péril d'une reprise de la guerre avec la France. « *L'Acte de Québec* fut rédigé, l'œil fixé, non sur Québec, mais sur Boston », écrivait, il y a déjà longtemps, Duncan McArthur. « Il devenait... urgent de renforcer les défenses du Canada et de s'assurer de la loyauté des Canadiens, et, pour cette dernière fin, conclut M. Edgar McInnis, il devenait absolument essentiel de leur donner satisfaction. » Après cela, faisons sa part, si l'on veut, à la générosité des parlementaires anglais, même si les parlements n'ont guère l'habitude d'affronter les grands risques par simple idéalisme juridique. Mais retenons aussi que l'idéalisme juridique qui jouait ici, en Amérique, pour de purs étrangers, refusait de jouer, en Angleterre, pour les fils du royaume. Et alors, si l'on ne veut point assigner à la législation de 1774, législation sans précédent, des causes parfaitement insuffisantes, force sera bien de la tenir pour une vue politique aussi opportune à tout le moins qu'intelligente et généreuse. L'Empire britannique, avons-nous dit, s'ouvrait les yeux à une nécessité vitale. Enrichi de possessions trop éloignées de son centre de gravité, il lui fallait un peu partout de solides pied-à-terre. Dans une Amérique déjà en feu, ce pied-à-terre serait le Canada. Toute autre explication de l'*Acte de Québec* qui ne tiendrait pas compte de ce fait capital, ne peut être que fantaisiste et superficielle.

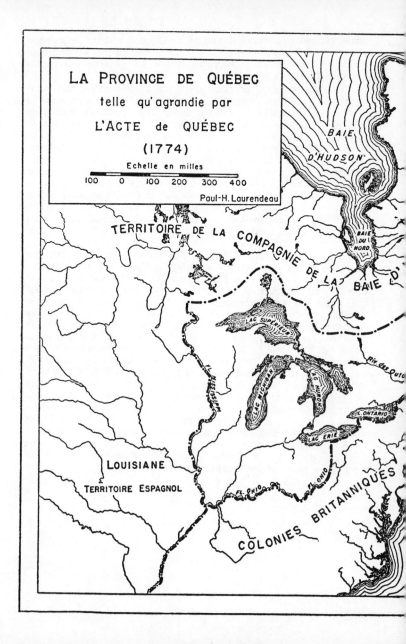

LA PROVINCE DE QUÉBEC

telle qu'agrandie par

L'ACTE de QUÉBEC

(1774)

Echelle en milles

100   0   100   200   300   400

Paul-H. Laurendeau

BAIE D'HUDSON

BAIE DU NORD

TERRITOIRE DE LA COMPAGNIE DE LA BAIE D'

Riv. des Outa

LAC SUPÉRIEUR

LAC MICHIGAN

LAC HURON

L. ONTARIO

LAC ÉRIÉ

MISSISSIPI

LOUISIANE

TERRITOIRE ESPAGNOL

FL. OHIO

FL. OHIO

COLONIES BRITANNIQUES

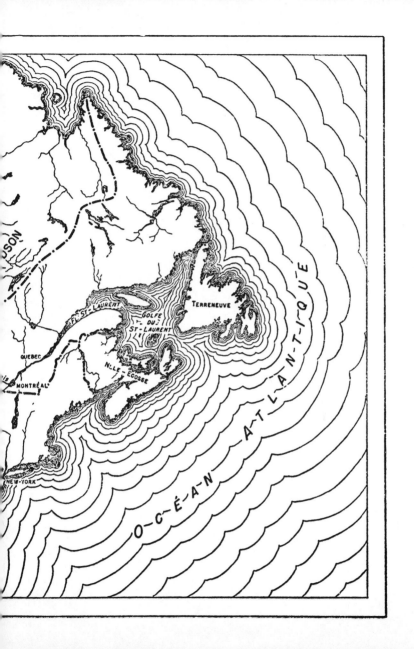

Régime de la Colonie de la Couronne

DEUXIÈME PHASE

Vers le régime parlementaire

(1774-1791)

CHAPITRE PREMIER

L'agitation réformiste et les Canadiens

L'Acte de Québec, semence d'agitation. — La révolution américaine. — Rapide évolution des esprits.

L'Acte de Québec, semence d'agitation

L'*Acte de Québec* eût dû stabiliser la vie politique de la province. Il arrive qu'il soit le départ d'une nouvelle période d'agitation. Daniel Halévy a écrit un petit livre qui a pour titre: *Essai sur l'accélération de l'histoire*. S'il y a des périodes, en effet, où l'histoire piétine, il en est d'autres où il semble qu'elle se précipite. La période que nous abordons se range parmi ces dernières. Les années qui s'écoulent au Canada entre 1774 et 1791 sont marquées d'une extraordinaire fermentation des esprits. D'où vient ce frémissement d'idées et de passions ?

A y regarder de près, l'*Acte de Québec* s'inspire-t-il d'idées assez neuves, assez hardies pour répondre aux exigences d'un monde colonial en pleine évolution, en train de se transformer avec une extrême rapidité ? La fameuse « Charte », pour étrange que la chose paraisse, n'a pratiquement satisfait personne. Pas les Britanniques, à coup sûr, immigrants venus d'Angleterre ou des colonies du sud, habitués à des institutions démocratiques plus évoluées que celles de la « crown colony ». La place leur a été plus que mesurée, du reste, dans le nouveau Conseil, ouvert généreusement aux conservateurs, amis de Guy Carleton. Les Canadiens se sentent-ils mieux partagés ? Seigneurs et clergé ont trouvé à se réjouir de la « Charte » pour les motifs que nous savons. Les seigneurs ont-ils pu ne pas déchanter à la vue de la maigre part qu'on leur ménageait dans le nouvel organisme politique ? Une fois de plus le conquérant a refusé de faire confiance à la majorité. Après s'être donné l'air de maintenir une colonie française, pourquoi instituer un gouvernement si peu en accord avec ce dessein ? Carleton aura beau faire large place, en son Conseil, à des anglophones qu'on peut appeler des sympathisants français.

Le régime n'en continue pas moins le règne déplaisant de la minorité. Anomalie, injustice, que les seigneurs et l'ensemble de la population canadienne ressentiront vivement. Après la paix de 1783, la liberté d'expression redeviendra possible dans la province. Aussitôt quelques pétitionnaires ne cachent pas au roi leur « désir le plus ardent de voir dans le Conseil Législatif de notre Province un plus grand nombre de vos nouveaux Sujets catholiques, proportionnellement à celui qu'ils composent... », soit « les Dix-neuf-Vingtième de cette Province. » De façon générale, écrivait Hugh Finlay en 1789, un seigneur canadien parle comme suit: « Nous avons un droit incontestable au partage, en rapport avec notre nombre, des postes honorifiques ou lucratifs dans le service administratif. » Aussi verra-t-on le lieutenant-gouverneur Henry Hope, proposer, en 1785, la nomination au Conseil de « plus de six Canadiens catholiques ». A la vérité qui comprendra cette singulière politique ? C'est en s'appuyant sur les hautes classes que Carleton et les auteurs de l'*Acte de Québec* espéraient s'attacher la population canadienne. Par quelle étrange illusion n'ont-ils pas vu qu'à ne lui jeter que des miettes, ils déconsidéraient la noblesse aux yeux du peuple, et ruinaient leur œuvre à sa base même ? Il en résulte que, vers 1784, quiconque juge au delà des apparences la solution de 1774, a bien de la peine à n'y pas discerner une politique fort maladroitement exécutée et tout autant une mesure réactionnaire sans grande ouverture sur le présent et l'avenir. Ne sera-ce pas, du reste, le malheur constant des constitutions venues de la métropole anglaise d'être en retard sur l'évolution politique de ses colonies ? Relié aux récentes effervescences d'Amérique, l'*Acte de Québec* se rattache par trop, dans l'esprit britannique, à une politique de compression des libertés coloniales. Que survienne le choc de quelque grand événement; qu'une étincelle mette le feu aux passions latentes d'un monde en plein état d'instabilité, et qui ne pressent l'accélération de la prochaine histoire ?

La révolution américaine

L'événement-choc va se produire. Les historiens n'en finissent plus d'énumérer les causes de l'insurrection américaine: absence du sentiment impérial dans les colonies insurgées, absence imputable à leur naissance même, premier déchirement, premier schisme, à vrai dire, de la nation anglaise que l'embarquement de ces persécutés vers le nouveau-monde; démocratie effrénée des assemblées coloniales, maîtresses de leurs finances, tenant à leur merci conseils et gouverneurs; instinct spontané de tout peuple adulte vers l'indépendance, instinct fouetté par des intrigues trop réelles de la France; à quoi vient s'ajouter, depuis 1760, la disparition de la puissance française en Amérique. « Dans les annales de l'empire britannique, durant la période (1754-1764), écrit l'historien américain,

Louis Beer, le fait capital *(the most vital fact)* fut la conquête et la rétention subséquente du Canada. » « Il rendit inévitable la révolution américaine », prétend le même historien. Causes véritables sans nul doute que celles-là. Mais, pour en saisir le sens et toute la force, peut-on se dispenser de les relier à d'autres majeures et décisives, et que nous allons retracer si fortement agissantes dans l'histoire canadienne ?

La conquête du Canada, par exemple, aurait-elle produit — du moins si tôt — son effet maléfique, dans les treize colonies, si, à l'heure où la tutelle anglaise se faisait moins nécessaire ou moins utile, elle n'avait entrepris de se faire plus lourde et peut-être même intolérable ? Car c'est bien là, dans cette erreur ou cette méprise souveraine de la politique de l'Angleterre, qu'il faut chercher la cause première de la révolution américaine. Erreur concevable, nous le voulons bien, de la part de la métropole, aux prises avec des problèmes urgents: problème du marché exclusif pour son industrie en voie de s'hypertrophier, problème de la défense de l'empire, lui aussi démesurément étendu et dispersé. Et voilà qui explique l'appel à la collaboration au moins financière des colonies, pour la défense commune. De là également, les exigences grandissantes du fisc impérial et les impôts multipliés, impôts des mélasses, impôts du timbre, impôts du thé; de là les réglementations de plus en plus sévères du commerce des colonies, la compression de leur essor industriel au profit de l'industrie métropolitaine; et, toujours par enchaînement logique, une centralisation administrative croissante, la tentative de brider l'indépendance de la branche populaire des parlements coloniaux et de leur imposer la suprématie du parlement métropolitain. De là enfin ces projets de fédération impériale lancés en ballon d'essai; puis l'*Acte de Québec* et la série de mesures coercitives dont l'*Acte* s'accompagne contre le Massachusetts. Déjà, en 1765, lors de l'affaire de l'*Acte* du timbre, tous les partis se sont coalisés au parlement de Westminster pour briser une fois pour toutes l'esprit d'indépendance des colonies récalcitrantes. N'est-il pas futile d'indiquer, après cela, l'effet inévitable de bravades aussi réactionnaires et de pareils antagonismes économiques et fiscaux sur de jeunes Etats, jaloux de leurs prérogatives, plus évolués constitutionnellement que la métropole ?

En 1774 la révolution américaine n'est plus de ces dénouements qui se puissent éviter. Quelles en seront les répercussions au Canada ? Et d'abord sur les Canadiens d'origine française ? Des documents récemment mis au jour ont fini par jeter sur cette page d'histoire, une lumière décisive. Peu de Canadiens ont pris les armes au service des insurgés américains. En revanche, le peuple, inutile de se voiler la face, sympathisa ouvertement avec l'insurrection. La propagande insurrectionnelle trouva, un peu partout, des orateurs de paroisse, orateurs même féminins, dénommées par la verve populaire, « Reines de Hongrie ». L'aide aux Américains prit des formes multiples: acceptation de commissions d'officiers de milice, de corvées pour constructions de chemins et de retranchements pour voiturage et fourniture de provisions, pour affichage d'ordres des chefs rebelles.

Ét l'on relate des faits encore plus graves: organisation de services de contre-espionnage, mutineries ouvertes contre les autorités politiques et militaires, contre les seigneurs et le clergé, pillages de manoirs, dénonciations de curés loyaux aux envahisseurs. En maints endroits de la région de Montréal, par exemple, à Saint-Martin, à Sainte-Rose de l'Ile-Jésus, à Quinchien, à Vaudreuil, il faudra l'envoi de troupes loyales pour ramener à la raison les « paroisses indociles ». Disons-le donc: vanter bruyamment la loyauté du peuple canadien lors de la guerre de l'indépendance américaine est hors de mise. Sans doute, la fidélité du clergé et des seigneurs, en empêchant le gros de la population de se jeter ouvertement dans une prise d'armes, a-t-elle sauvé la colonie à la couronne britannique. Il y a là pourtant une nuance trop grave pour la négliger. Que si l'on tient à parler quand même de services signalés alors rendus à l'Angleterre, rappelons plutôt que la première chance de la métropole anglaise, en ces jours troublés, fut de trouver au Canada, une colonie française. Qu'en 1632, au moment de la liquidation de l'affaire des Kirke, la Nouvelle-France fût devenue possession britannique, qui peut douter qu'en 1774 et peut-être même avant cette date, cette partie du continent n'eût pris le parti de l'insurrection générale ? Pareillement, que fût-il arrivé si, en 1764, résignés à la politique d'assimilation, les Canadiens eussent perdu leurs raisons de rester catholiques et français ? Indéniablement, comme la France, en 1763, l'Angleterre, vingt ans plus tard, se serait vue expulsée à son tour de l'Amérique.

Examinons de plus près cette crise de la loyauté canadienne, véritable crise de conscience. L'étude importe pour l'intelligence des prochains événements. Que s'est-il donc passé ? Chacun pensera, en tout premier lieu, à l'ébranlement produit, dans les esprits, par cette première révolte de treize grandes colonies contre leur métropole: événement d'envergure qui termine avec fracas une phase de l'histoire coloniale. Les masses humaines, réfractaires aux campagnes d'idées abstraites, résistent malaisément au prestige des idées concrétisées, sensibilisées dans les faits. Faisons également sa part, part considérable, à la propagande américaine au Canada, et, par exemple, à cette « lettre » du Congrès, traduite en français, colportée de porte en porte, dans les campagnes, et par qui ? Par les marchands anglais acheteurs de grains. Scandale qui ne pouvait qu'impressionner fortement les nouveaux sujets, nullement tenus à plus de loyauté, avaient-ils raison de penser, que les fils de naissance du royaume. Au surplus, qu'ont-ils à faire en cette querelle de famille où ils ont conscience de n'être pour rien ? A l'heure de l'invasion, comptons aussi avec l'impréparation notoire des autorités coloniales. Que d'inertie, que d'esprit d'indécision où il parut que les chefs avaient perdu la tête. Puis ce fut le succès foudroyant des premiers envahisseurs, la course victorieuse de Montgomery vers Québec, exploit qui pouvait donner l'illusion sur l'issue de l'insurrection. Que si l'on estime ces raisons insuffisantes, expliquant peu ou fort mal le caractère spontané, presque unanime, et surtout agressif de l'opposition canadienne, nous sera-t-il alors interdit d'évoquer quelque instinct vital, intuition mystérieuse plus en éveil souvent dans les masses populaires que dans les hautes classes ? Nous disions tout à l'heure l'impréparation trop réelle du pays à faire face à l'invasion en 1775 et le peu de troupes envoyées d'Angleterre. Que les Canadiens eussent accepté de s'enrôler, où l'aventure ne les eût-elle pas entraînés ? Carleton après Murray ne s'est pas employé vainement à conserver au Canada son caractère de « colonie militaire ». La guerre américaine n'est pas encore engagée que, de Boston, le général Gage consulte Carleton sur l'opportunité de lever un corps de Canadiens et d'Indiens pour mater la révolution. Darmouth fait savoir au même Carleton (8 juillet 1775) combien « le roi compte sur la fidélité des sujets canadiens pour aider l'Angleterre à supprimer la rébellion. » Selon toute vraisemblance, les Canadiens pouvaient craindre d'avoir à porter le plus lourd fardeau de la guerre. En d'autres termes, quatorze ans à peine après la dure décimation de la guerre de la conquête, une autre décimation les parut menacer, celle-ci peut-être irréparable. La conscience populaire n'avait-elle pas de quoi se cabrer ?

Rapide évolution des esprits

Explication fantaisiste ? Un fait n'est point douteux, et c'est l'évolution rapide opérée dans les esprits pendant ces années agitées. Nous n'avons que le choix parmi les témoignages des contemporains. Voici d'abord un mémorialiste, le notaire Badeaux des Trois-Rivières, qui note en son journal: « Je remarque déjà que des Canadiens ont changé de sentiments depuis la lettre qu'ils ont reçue du Congrès, en date du 26 septembre 1774, que chacun interprète selon sa fantaisie. » Plus explicites ces lignes désenchantées de Carleton qui sont de 1777: « Ce peuple s'est trop pénétré des idées américaines d'émancipation et d'indépendance propagées par les nombreux adeptes d'une faction turbulente de cette province, pour le faire revenir promptement à la pratique d'une juste et raisonnable subordination. » Huit ans plus tard, le lieutenant-gouverneur Hamilton confie à lord Sydney: « Votre Seigneurie n'ignore pas que le Canada n'est plus ce qu'il était lors de la conquête; il s'est opéré — comme j'ai raison de le croire — beaucoup de changements depuis la proclamation de l'indépendance américaine. » Pouvait-on mieux établir la réceptivité de l'esprit populaire aux idées nouvelles ?

Le plus remarquable en cet état d'esprit, c'est qu'il ne doit rien aux hautes classes de la nation. L'impulsif Haldimand accusera un jour le clergé de favoriser l'agitation constitutionnelle. Mieux informé, lord Dorchester en assure lord Sydney, en 1788: « Le clergé ne semble pas s'être immiscé. » Encore que nullement indifférents aux libertés britanniques de l'ordre individuel, telles que l'*habeas corpus* — et ils le feront bien voir — en politique les hommes d'église se rangent plutôt parmi les partisans du statu quo. Ils y inclinent par méfiance traditionnelle pour tout ce qui, en ce domaine, est nouveauté, et, disons-le aussi, pour ce qui leur paraît une émancipation trop précipitée. Très significatif à ce sujet, tel mémoire de Mgr Hubert « concernant l'admission des prêtres européens dans le diocèse de Québec »; Mgr Hubert y exprime sa répugnance, tout comme celle de ses prédécesseurs, à la venue au pays de prêtres anglais qu'il juge trop évolués politiquement. Ces évêques suivent encore et suivront longtemps les directives reçues de Rome et même de France à l'heure de la séparation: s'abstenir de tout geste qui serait propre à indisposer les nouveaux maîtres et à compromettre les intérêts de la religion. Ils ne laissent pas non plus d'être quelque peu alarmés par les audaces d'esprit de quelques partisans de la réforme constitutionnelle, aile gauche d'allure plus ou moins voltairienne. Mgr Hubert, qui témoigne, pour sa part, de la rapide évolution des esprits, regrette, — c'est en 1790 — que « l'on ne trouve pas toujours [dans le peuple], le même empressement, la même soumission à l'autorité publique »; « n'a-t-on pas le droit de s'en prendre, se demande-t-il, au progrès qu'a fait parmi nos Canadiens l'esprit de liberté et d'indépendance, amené d'abord par la circulation du manifeste des Anglo-Américains, au commencement de la dernière guerre, et répandu depuis par la multiplication et la licence de nos gazettes et par la liberté des conversations sur les affaires politiques ? »

Plus réactionnaire encore se montre la noblesse canadienne. Elle l'est par l'instinct de classe et par instinct de vie. Un régime démocratique, sans fonction privilégiée pour elle, ne peut aboutir, elle le sent bien, qu'à la destruction de la hiérarchie sociale. Après le seigneur soumis au jury de ses censitaires, ce serait le seigneur aspirant à la vie politique, contraint de mendier le vote de ces mêmes censitaires, obligé même d'affronter, sur les tréteaux, l'opposition des hommes de la rotur. Répugnances qui, à la même heure, s'apparentent à celles des nobles de France, adversaires des plus violents, nous dit Albert Sorel, de la monarchie constitutionnelle. En se solidarisant, du reste, avec les mesures impopulaires de l'époque: huis clos des séances du Conseil, exécution draconienne de l'ordonnance militaire, corvées du temps de guerre, le noble canadien s'est isolé de la masse du peuple. « De fait, nous assure un capitaine Gamble, officier stationné à Québec en 1775, les seigneurs n'ont aucune influence et ne peuvent se faire obéir d'un seul homme. » D'une lettre de Gibbon à J. Holrogd (14 oct. 1775), j'extrais ce passage: « Mais le même esprit d'impatience et de révolte politique qui a infecté nos colonies, s'est répandu parmi les paysans canadiens, sur qui, depuis la conquête la noblesse a perdu beaucoup de son ancienne influence. »

N'y a-t-il point là, dans ce fossé qui se creuse entre les roturiers et les hautes classes, de quoi fouetter plutôt que freiner le réformisme populaire ? Mais voyons d'abord, en d'autres quartiers, où souffle le vent.

CHAPITRE DEUXIÈME

L'agitation réformiste et la minorité britannique

Les Britanniques et la réforme. — Les autorités coloniales et la réforme. — Prompt dénouement.

Les Britanniques et la réforme

Les premiers et les plus ardents protagonistes de la réforme constitutionnelle, cherchons-les, à l'époque, nulle part ailleurs que dans la minorité britannique. Minorité qui, en politique, ne forme pourtant pas un groupe homogène. On y distingue: le « french party », les réformistes, les loyalistes. Le « french party » composé des partisans de Carleton et de l'*Acte de Québec,* a pour chef, au moins virtuel, le juge Mabane. Le parti vote habituellement au Conseil, avec la minorité française, et s'en tient, en politique, au statu quo. Les réformistes, groupe de marchands pour la plupart, mènent la campagne pour le rappel de l'*Acte de Québec* et pour l'obtention d'institutions représentatives. Hostile aux lois françaises et à la tenure seigneuriale, ce groupe commet la maladresse de mener de front réforme politique et réforme juridique et sociale: ce qui lui attire l'opposition irréductible de la plus grande partie des seigneurs canadiens. Sa bataille, on s'en souvient, il l'a commencée au lendemain même de l'*Acte de Québec;* il l'a continuée vigoureusement pendant la guerre. On devine quel appoint lui fournit la paix de 1783. Devant eux, les réformistes voient maintenant se dresser le spectacle des jeunes Etats du sud, Etats indépendants, libérés pour jamais des Actes de navigation et du pacte colonial. Combien plus intolérable leur paraît la situation politique de leur pays, situation inférieure même à celle des Britanniques de la Nouvelle-Ecosse et du Nouveau-Brunswick, ceux-là en possession d'institutions représentatives depuis 1758, ceux-ci admis à cette promotion dès 1786. Point d'argument plus fortement invoqué, auprès de la métropole, par les réformistes de toute classe, que cette condition d'infériorité faite à la province de Québec, « comme si elle était impropre à jouir des privilèges des sujets britanniques » *(as if unworthy to enjoy the privileges of British subjects)*. En Angleterre la mode sévit des pétitions au parlement pour réformes économiques et constitutionnelles. Les réformistes canadiens entrent dans le jeu. D'ailleurs, une coalition déjà ancienne d'intérêts commerciaux et financiers leur vaut, à Londres, l'assistance des marchands de la Cité. Leur plus vive campagne, ils la mèneront pourtant au Canada, au Conseil d'abord et dès 1784, puis parmi le peuple et parmi un groupe d'anglophones que leur a amenés la révolution américaine, et dont ils pouvaient espérer se faire des alliés: les Loyalistes.

Qui sont-ils ces nouveaux venus ? Une fraction d'un déplacement de population, l'un des plus considérables de ce temps-là: 41,000 fugitifs, dont 35,000 ont été absorbés par les petites provinces maritimes, cependant que 6,000 se sont réfugiés dans ce qui va devenir le Bas et le Haut-Canada. Descendants des dissidents qui ont fondé les premières colonies anglo-américaines, ces rigides Anglo-Saxons, pour rester d'allégeance britannique, viennent de sacrifier et leurs biens et leur jeune patrie d'adoption. Dans leur bagage d'immigrants, ils ont apporté trois passions dont ils auront peine à se libérer: un sentiment impérialiste renforcé par l'épreuve, une haine tenace de la France de La Fayette, de Rochambeau et d'Estaing, principal auteur de leur exil, un attachement inviolable à leur dissidence largement faite d'antipapisme. La propagande réformiste aura tôt fait de constater son peu de prise sur ces expatriés. Victimes, croient-ils, des excès de la démocratie américaine, les Loyalistes ne se passionnent guère pour un régime *self-government*. D'autre part, leur forte répugnance pour les lois françaises, pour la tenure seigneuriale, incite leurs porte-parole à préconiser l'idée d'une province séparée, vers l'ouest, au delà du domaine des seigneuries. C'en est assez pour entrevoir quelques-uns des prochains événements.

Les autorités coloniales et la réforme

La controverse politique paraît donc bien engagée. En l'occurrence une opinion intéresse au plus haut point. De quel côté penchent les autorités coloniales ? Là aussi la révolution américaine a bouleversé bien des calculs. Toute une politique est remise en question: celle de 1774. Ce pauvre *Acte de Québec* a, du reste, joué de malheur. Resté, par suite de la guerre, trop longtemps inopérant, qu'a-t-il vraiment tenu de ses promesses ? Faute d'un personnel compétent, le gouverneur n'a pu ni su mettre en train le nouveau mécanisme judiciaire. Les tribunaux sont restés le champ clos où partisans et ennemis des lois françaises ont continué de s'affronter. A la première anarchie a succédé une autre anarchie, celle que Pierre du Calvet appellera « une masquerade de jurisprudence française ». Puis, le nouveau Conseil composé, comme l'ancien, d'une majorité d'anglophones, n'en reste pas moins, en dépit des intentions sympathiques du « french party », un gouvernement de la minorité. Enfin les institutions de 1774 révèlent un vice encore plus grave. Façonnées pour une population presque entièrement française et pour un pays destiné, présumait-on, à rester français, conviennent-elles à une population décidément mixte ? Les autorités britanniques ont bien songé, dès le lendemain de la cession, à susciter vers le Canada, un courant d'émigration d'Anglo-Américains et même de gens de l'Europe centrale. Et Murray qui paraît s'y être employé n'a réussi que médiocrement. Ne sommes-nous pas au temps, du reste, où Carleton croit la population française assez vigoureusement enracinée en son pays pour étouffer tout apport étranger ? Un grand esprit comme Wedderburne n'est pas d'avis, non plus, qu'il soit « de l'intérêt de la Grande-Bretagne — en grand besoin de main-d'œuvre — de laisser s'établir beaucoup d'Anglais en Canada ». L'arrivée des Loyalistes a subitement dérangé ces calculs démographiques. Lors de l'*Acte de Québec,* la population anglophone représentait à peine un vingtième de la population de la province. D'un bond, elle vient de passer à un septième. Et cet autre fait est à prévoir que la sécession des anciennes colonies fera désormais se diriger vers le Canada l'émigrant anglais, ambitieux de rester d'allégeance britannique. Ainsi se trouve bel et bien posé, avec toutes ses implications politiques et culturelles, le problème de la cohabitation des races. Et voilà qu'à peine installé, le régime de 1774 prend déjà figure d'anachronisme. Il ne cadre même plus, insisterons-nous, avec l'ambiance d'Amérique. Avant 1783 le Canada gardait figure d'une colonie à côté de colonies. L'indépendance américaine, puis l'établissement du régime parlementaire au Nouveau-Brunswick en 1786, ont fait de la province de Québec, du point de vue de l'évolution politique, une colonie doublement arriérée.

Devant cette révolution trop brusque et trop considérable, les administrateurs du Canada se sentent déroutés, pris au dépourvu. Parmi eux aussi s'affrontent partisans du *statu quo* et partisans de la réforme constitutionnelle. Dans le premier groupe, se rangent ceux qu'on pourrait appeler les héritiers de la première politique de Carleton: Cramahé, Hope et surtout Frédéric Haldimand, ce dernier gouverneur général, pendant la période orageuse de 1774 à 1786. Ne nous étonnons point de l'esprit réactionnaire d'Haldimand et, si nécessaire, réformons nos jugements sur ce grand mercenaire de nationalité suisse. Personnage soupçonneux et impulsif, il a pu manquer de tact, commettre quelques frasques impardonnables. Ses fautes ou erreurs, imputables au zèle trop souvent intempestif de tout mercenaire, tiennent aussi à l'époque troublée où il a gouverné. Dans un pays rempli de suspects et d'espions, travaillé par la propagande américaine et française, la malchance d'Haldimand fut d'avoir fréquemment recours à l'emprisonnement, et de choisir mal ses prisonniers ou victimes: Pierre de Sales Laterrière, Fleury Mesplet, Valentin Jautard et surtout Pierre du Calvet, folliculaires qui l'ont poursuivi de leurs pamphlets et lui ont fait une légende de tortionnaire. Haldimand, qui sait mal l'anglais, n'entretient nulle hostilité à l'égard des

Canadiens. Après le traité de 1783, alors que d'aucuns préconisent un établissement de Loyalistes, dans les cantons de l'est, proche de la frontière américaine, Haldimand opine plutôt pour un glacis canadien-français, seul barrage efficace, soutient-il, contre les infiltrations du voisin. Il est resté un dévot de l'*Acte de Québec*. Pour lui, les institutions de 1774 ont empêché la participation armée des Canadiens à la récente guerre et, par là, elles ont sauvé le Canada à l'Angleterre. Qu'avec des vues de cette sorte, Haldimand en vienne à redouter, en tout réformiste canadien, un émissaire des Etats-Unis, quoi de si étrange ? Le temps n'est pas « propice aux innovations », écrit Haldimand à Londres. Et « s'il faut légiférer, appuie-t-il, — et son propos est de 1780, — il importe de « tenir compte des sentiments de 60,000 hommes plutôt que ceux de 2,000 ».

Henry Hamilton remplace Haldimand en 1785, à titre de lieutenant-gouverneur, puis administrateur. Hamilton appartient, pour sa part, et il n'en fait pas mystère, au groupe des réformistes. Limogé après quelques mois, il cède la place au conservateur Henry Hope qui, à son tour, s'efface, en 1786, devant le gouverneur Guy Carleton, devenu lord Dorchester. Celui-ci, à sa rentrée au Canada, qu'apporte-t-il en son bagage politique ? Bien autre chose qu'une pensée hésitante: une pensée fracassée. Pendant quatre ans, Dorchester va s'enfermer dans un mutisme de sphinx. Plus que personne, il a été l'homme de l'*Acte de Québec;* plus que personne, la faillite de l'*Acte* le déconcerte. Toutes les données sur lesquelles il avait édifié son système, la révolution américaine et l'immigration des Loyalistes viennent de les jeter en bas. Mais sur quoi rebâtir ? De population mixte, la province n'en est pas moins restée de prépondérance française. Par quelles institutions politiques régir les intérêts des deux groupes ? Comment disposer du problème des lois ? Le gouverneur peut-il abandonner ses anciens alliés et protégés, les seigneurs canadiens ? Embarras d'autant plus vif, pour Dorchester qui, à cette époque, se refuse à la division de la province. L'urgence est là pourtant qui presse. Les colonies savent maintenant par quel chemin l'on parvient à l'indépendance; les réformes opportunes n'ont plus le droit de se faire attendre. Avant son départ de Londres, en des mémoires secrets au ministre, le gouverneur s'est ouvert de ces inquiétudes: il faut que les colonies « aient le moins possible de bénéfices à retirer de leur séparation » d'avec la métropole; il faut se garder d'atermoiements qui « laissent les chefs de la sédition enlever au gouvernement la gratitude et la confiance populaires ». Lord Dorchester est arrivé au Canada avec une mission spéciale: enquêter sur la situation. Il va s'y employer.

Prompt dénouement

A cette heure malheureusement les idées et les événements vont plus vite que les enquêtes au Canada. L'évolution déjà observée dans les esprits paraît de nouveau s'accélérer. Pour se concilier les Canadiens, les Britanniques changent habilement de tactique; ils insistent moins sur la réforme des lois pour s'en tenir davantage à la réforme politique. La masse populaire elle-même, tout ouverte qu'elle soit aux idées nouvelles, se défend mal d'un peu de méfiance. Si souvent on lui a représenté le régime parlementaire comme une machine à taxer. Quelle place, du reste, ou quel rôle y voudrait-on consentir au groupe majoritaire de la population ? Pour calmer ces inquiétudes, les réformistes des deux races accentuent leur propagande. Des brochures voient le jour; des pétitions imprimées en français, reproduites dans la *Gazette* de Québec, circulent à travers la province; des émissaires des Comités, véritables cabaleurs, parcourent les paroisses. Propagande bien stylée qui produit son effet. Le parti réformiste avait déjà son aile canadienne; elle prend plus de consistance. Dès 1785, quelques têtes de chefs ont déjà surgi, entre autres: « un nommé Papineau, fils d'un tonnelier » fait notaire et arpenteur par Haldimand. Et l'on a reconnu Joseph Papineau. D'autres suivent dont les noms apparaissent au bas des suppliques, noms de petits bourgeois, mais auxquels se joignent, avec le temps, des noms de citoyens notables et même de grands propriétaires. La persuasion s'établit qu'un parlement à majorité française, s'il est donné de l'obtenir, vaudrait mieux, après tout, pour la sauvegarde des droits nationaux, qu'un Conseil législatif dominé par l'infime minorité anglaise. Haldimand est rentré en Angleterre en 1784. Contre l'ancien gouverneur et sa théorie du *statu quo,* une extraordinaire réaction se manifeste aussitôt. François Baby, fervent ami d'Haldimand, lui écrit: « Depuis que vous avez laissé ce Païs on a mis en usage toutes espèces de stratagèmes pour exciter les clameurs du peuple contre le sisteme actuel de notre constitution... » Baby se dit tellement alarmé de ce qu'il appelle « l'insubordination des peuples », que sans un prompt remède, écrit-il encore, « l'Angleterre pourrait perdre la colonie. » En ce concours d'influences et de circonstances, faut-il faire place à l'effet produit en Angleterre et au Canada, par l'*Appel à la justice de l'Etat,* de Pierre du Calvet, paru à Londres, en 1784 ? Effet indiscutable, quoique difficile à préciser, que celui de ce livre étrange, de couleur violente et crue, plaidoyer pro domo, écrit en style de pamphlétaire, mais avec ce ton déclamatoire qui plaît à l'époque. L'extrême habileté de du Calvet, traître authentique et coffré par Haldimand, sera d'identifier sa cause avec celle des Canadiens opprimés, de donner des gages à presque tous les groupes, mais et surtout de plaider la réforme constitutionnelle, avec une hardiesse de pensée fort en avance sur son époque. Une large partie des prochaines revendications des parlementaires canadiens-français y sont déjà énoncées: liberté de la presse, soumission du gouverneur aux lois de la province, établissement d'écoles publiques dans les paroisses, de collèges pour la jeunesse, affectation des biens des Jésuites à des fins d'enseignement, etc. Enfin et pour ne rien oublier, ne négligeons pas, non plus, à côté de celle de Calvet, l'influence d'une bourgeoisie et même d'une jeunesse canadiennes — dont Henry de

Mézière, nous le verrons, n'est pas une exception — jeunesse nourrie de Voltaire et des Encyclopédistes, ces admirateurs passionnés des institutions britanniques.

Pendant ce temps-là que pense-t-on en Angleterre ? Comme au Canada la première réaction des autorités s'est révélée hostile aux réformistes. Haldimand et Hope ont été invités à freiner l'agitation. Le cas des Canadiens embarrasse néanmoins lord Sydney. Quel sort leur faire sous un régime parlementaire ? Les nouveaux sujets forment l'immense majorité de la population. Et, de toutes les colonies restées possessions de l'Angleterre, en Amérique du Nord, la province de Québec demeure d'emblée la plus importante. Le ministre confie noblement à Dorchester: « Il faut tenir compte des droits et des opinions des anciens habitants du Canada en toute mesure comportant un changement dans le mode gouvernemental; autrement, sous le couvert d'une constitution libre, nous exerçons réellement la tyrannie. » Une solution chaleureusement prônée par les Loyalistes parut soudainement tout arranger. Pourquoi ne pas diviser la province en deux parties, chacune ayant sa législature ? Le gouvernement britannique se rallie à l'idée. L'heure est passée de la temporisation. La révolution française secoue l'Europe jusqu'en ses fondements. Les idées de liberté, d'indépendance fermentent dans toutes les têtes, ici même de ce côté de l'Atlantique, aux Antilles, dans les colonies espagnoles. Le gouvernement de Londres vient de fermer les Antilles anglaises au commerce des Américains; au Canada, en représailles contre certains actes de ses anciens coloniaux, il tarde à se retirer de postes de l'ouest qu'il leur avait cédés. Les gazettes américaines vitupèrent en tempête. L'Angleterre se souvint de 1783 et du mortifiant traité signé cette année-là. Grenville qui a remplacé Sydney aux colonies, juge de « sage politique de faire des concessions quand on peut les regarder comme autant de faveurs ». En mars, mai et juin 1791, le Parlement met à l'étude la nouvelle constitution canadienne. Le 10 juin 1791 elle reçoit la sanction royale.

Une nouvelle étape est franchie vers l'émancipation. Nous dirons plus loin ce qu'il fallait penser des institutions de 1791. Arrêtons-nous aux gains au moins apparents et qu'il est permis de croire considérables. Théoriquement la valeur politique du régime parlementaire peut prêter à discussion. Il s'introduisait au Canada, à une heure où, sous la poussée de la révolution française, presque toutes les nations modernes cédaient à cette forme d'anglomanie, et l'on sait avec quel profit douteux pour les nations latines. Sujets britanniques, les Canadiens avaient-ils le choix d'atteindre, par d'autres chemins, à leur émancipation ? Le nouveau régime pourra mentir à beaucoup de ses principes. A la petite chambre close et si peu représentative où s'étaient débattus jusque-là les intérêts nationaux, 1791 n'allait pas moins substituer un parlement plus ouvert où pourrait se faire entendre la voix populaire.

N'était-ce pas un autre gain que la division de la province ? Quelques Canadiens, on le sait, ont vu cette division d'un mauvais œil; les réformistes britanniques sont allés clamer leur opposition jusqu'à la barre des Communes. A Londres on avait peut-être mieux travaillé qu'on ne pensait. La division de la province en Haut et Bas-Canada assignait à ce dernier le domaine entier des anciennes seigneuries. Qu'était-ce sinon octroyer officiellement à ce territoire qui allait devenir le Québec, l'individualité géographique et politique et, du même coup, sanctionner le droit de la population canadienne-française à un foyer national, à l'élément terrestre qui achève de constituer la patrie ? Ne peut-on même soutenir que l'Acte de 1791 conférait à la petite nationalité, quelque chose de la personnalité juridique de l'Etat ? A l'évidente signification de la division de la province, se joignaient les raisons qu'en avait données le parlement impérial. « Le premier grand objet en vue, a prononcé le second Pitt, lors de la présentation du projet de loi, est de diviser la province en deux sections... Cette division, nous l'espérons, pourra être faite de manière à donner à chacun de ces éléments [colons anglais et américains et canadiens], une grande majorité dans sa section... Dans le Bas-Canada, comme les résidents sont principalement des Canadiens, leur assemblée... sera adaptée à leurs coutumes et à leur particularisme. » Au cours du débat, Grenville, Burke ont parlé dans le même sens.

Pour le Canada français, l'*Acte constitutionnel* de 1791 n'était-il pas une ratification et une suite logique de l'*Acte de Québec* ?

CHAPITRE TROISIÈME

Le Canada de 1791

Vie religieuse. — Vie intellectuelle.

Vie religieuse

Trente ans passés depuis la conquête. Une période prend fin: celle de la colonie de la couronne. Quittons un instant la scène politique pour lever le voile sur l'histoire en ses tableaux de fond: vie intime et profonde du peuple qui nous éclairera sur la politique elle-même: celle d'hier et celle de demain.

Au premier plan, pour sa transcendance dans l'ordre de la dignité comme aussi dans l'ordre de l'action, prend place l'Eglise. Nul historien ne saurait négliger cette influence souveraine dans la conscience d'un peuple croyant, son incomparable puissance de coordination des facteurs de l'histoire, par la seule affirmation de la primauté du spirituel. A qui la regarde vivre de l'extérieur, rien, semblerait-il, n'a changé depuis la conquête, dans le comportement de l'Eglise canadienne. Le culte s'exerce en pleine liberté; l'évêque dans son diocèse, le curé dans sa paroisse, tiennent leur rôle de chefs, l'un et l'autre secondés même, comme autrefois, par le bras séculier. Mme d'Youville peut écrire: « Les choses paraissent prendre un très bon train pour notre religion. »

Pour échapper à bien des regards, le péril ou le mal en restent-ils moins réels ? Nous en avons déjà dit les noms divers, périls qui menacent l'Eglise en ses structures vitales: correspondance avec Rome pratiquement interdite ou maintenue par voie intermédiaire ou clandestine; succession épiscopale, affaire toujours longue et difficile à mener à bout et jamais sans ingérence de l'autorité politique, surtout de Londres; état ou condition d'une Eglise simplement tolérée, passée au second rang, dépourvue des privilèges et du prestige d'une Eglise « établie »; enfin problème crucial entre tous: le recrutement du clergé. Le recensement ecclésiastique de 1790 donne 146 prêtres pour 150,000 âmes. Plus de communautés religieuses d'hommes ou des communautés agonisantes, réduites à quelques sujets. La jeunesse canadienne répond assez généreusement à l'appel de ses évêques. Mais « pour trois prêtres qu'on ordonne, nous dit un témoignage de l'époque, il en meurt quatre. » Soixante-quinze paroisses environ, paroisses d'ailleurs grandes comme des diocèses, manquent de curés. Fréquemment communautés de femmes et hôpitaux sont dépourvus d'aumôniers. Le diocèse de Québec lui-même dépasse de loin les forces d'un seul homme, et par suite du grand âge et des infirmités des évêques du temps, restera quatorze ans sans visite épiscopale. « Au lieu d'un évêque, il en faudrait plusieurs », écrivait à Rome Mgr Hubert qui, dès 1789, eût voulu ériger un siège épiscopal à Montréal. Mais ce projet d'une division du diocèse, gémissait le même évêque, « trouverait des obstacles insurmontables de la part du Gouvernement Britannique qui s'occupe, au contraire, des moyens d'établir en ce pays un clergé protestant. » A quelle détresse se trouvent réduites les missions indiennes des Pays d'en haut, chacun se le peut figurer. Un seul missionnaire, celui de Détroit, dessert tout le territoire, depuis Soulanges jusqu'au Michilimakinac. Mélancolie d'un demi-abandon qui vient s'ajouter au lent effacement de l'aborigène. Comment parer à la pénurie du personnel ecclésiastique ? Nous sommes au temps où l'arrivée à l'improviste d'un prêtre ou d'un religieux étranger, qu'il vienne d'Irlande, des Etats voisins, ou de France, surtout de France, met le pays en émoi et donne lieu presque invariablement à une expulsion. Le malheureux enchaînement de la révolution américaine, de la révolution française, puis des guerres napoléoniennes fera que, pendant quarante ans, les relations diplomatiques de la France et de l'Angleterre iront d'ordinaire au plus mal. En vain, pour parer aux vides dans le clergé, les laïcs canadiens mêleront-ils leurs supplications aux instances des chefs de l'Eglise. A la décharge des autorités coloniales, disons pourtant que, laissées à elles-mêmes, et sans la crainte de déplaire à Londres, Carleton entre autres, elles se fussent comportées plus libéralement.

De telles misères ne pouvaient pas ne pas affecter dangereusement la vie catholique. Est-ce à dire qu'il faille parler d'une crise de la foi, prendre à la lettre cette notation de l'annaliste des Ursulines que « la religion s'éteint avec une grande rapidité » ? En quelques esprits forts des classes aristocratiques et bourgeoises, indéniablement les courants d'air empoisonnés de l'époque ont laissé leurs mauvaises traces. Il y a là trop de lecteurs des encyclopédistes, des « Gazettes d'Europe », des auteurs légers du 18e siècle; il y aurait même des « franmaçons ». M. Brassier se plaignait de trouver des esprits insubordonnés jusque dans le banc d'œuvre de Notre-Dame de Montréal. « La lecture des mauvais livres qui inondent le pays... constate l'évêque de Québec..., a fait de grands ravages, même parmi les catholiques. » Une nouvelle occupation militaire et par trop prolongée dans les villes, des pratiques telles que l'usage alternatif des églises par catholiques et protestants, ont incliné les esprits à un étrange libéralisme. Maints observateurs de l'époque ont noté le penchant des Canadiennes « pour les Officiers Anglois ». Les mariages mixtes sévissent à l'état d'épidémie, quelquefois bénits par des ministres protestants. Mariages, l'évêque l'écrit encore à Rome, qui font une espèce de chrétiens « bâtards », « ni vrais protestants ni vrais catholiques, souvent impies déclarés et ennemis de toute religion ». Point de crise de la foi, peut-être. Mais à lire certains documents ou témoignages, n'y aurait-il pas crise de la morale ? Dans les hautes classes, le retour rapide, après 1760, à la vie légère, la fringale de plaisir, la vanité dans le costume, la recherche de l'élégance frivole, le luxe excessif, la passion du jeu de la comédie — comme en France d'ailleurs — et pour les y livrer, les jeunes filles retirées précocement du couvent; comme tous ces désordres donnent lieu de s'inquiéter. En croirions-nous les doléances de Mgr Hubert, la corruption des mœurs, dans Québec et Montréal, serait plus avancée « qu'en beaucoup de grandes villes d'Europe ». L'abbé Vincent-Charles Fournier, prêtre français réfugié au Canada, prononçait-il le mot juste lorsqu'à son arrivée au pays, il disait avoir trouvé « de beaux restes » de la religion ? De toute évidence, le Canada d'hier, monde de foi homogène et monde clos, est chose du passé. Désormais ce sera l'îlot en pleine mer, cerné par les flots, agité par tous les vents. Mais alors verrait-on se réaliser les espoirs de Murray sur la conversion en masse des Canadiens au protestantisme ? Et Carleton verrait-il se justifier ses prévisions non moins ambitieuses qu'avec la disparition des Récollets et des Jésuites, le conquérant « sans violence et sans molestation » aurait à sa disposition « plus d'églises qu'il n'en pourrait occuper ou garder en réserve » ?

Tels un symbole et une protestation vivante, une réalité reste inchangée: le paysage canadien, ainsi que le décrit, un peu après 1790, le voyageur Weld, paysage original, aux mêmes traits pittoresques, où dominent « les bons dieux, les vastes églises et chapelles catholiques romaines, les couvents, les prêtres en soutane, les sœurs, les frères », signes manifestes « que vous n'êtes plus en quelque part que ce soit des Etats-Unis. » Paysage nullement trompeur. Aucun Canadien, témoignait Maseres, en 1774, devant le parlement britannique, n'avait prêté le serment de suprématie. Mgr Hubert, si sévère en ses jugements, n'en confie pas moins à Rome que, depuis 1760, à peine cinq catholiques ont apostasié leur foi. Aux Trois-Rivières, où opère l'apostat Veyssière, « pas un Canadien n'est converti », souligne le même évêque. En 1789, l'évêque anglican ne se défend pas d'impressions mélancoliques devant ces Canadiens des « vieux établissements... aussi fermement attachés à l'Eglise de Rome », parmi lesquels « l'église anglicane n'a pris aucune racine... » Une chose est sûre: la génération de 1791 a gardé beaucoup des anciennes et naturelles vertus de la race. Le major général Von Riedesel, en résidence aux Trois-Rivières, et les voyageurs Weld, Volney, le comte de Colbert Maulevrier, l'affirment l'un après l'autre: les Canadiens de l'époque sont restés de race vigoureuse et saine. Ils ont gardé le culte de la force physique, la passion de la grande aventure. Les filles du peuple n'épouseraient leurs galants, nous dit-on, qu'après la suprême épreuve du voyage aux Pays d'en haut. Le Canadien est resté poli, hospitalier, joyeux, d'esprit familial; la population, au dire de Weld, par exemple, ne formerait « qu'une vaste famille ». Encore qu'il faille admettre, dans les villes, une baisse de la moralité, la campagne échappe à l'esprit de libertinage: «Il y règne, en général, nous assure l'évêque, un esprit de pudeur qui prévient une partie des fautes scandaleuses. » Même parmi les grands, convient-il de généraliser autant que l'a fait l'évêque en 1790 ? Mgr Briand, sévère lui aussi et jusqu'à l'excès, au début de son épiscopat, sent le besoin, quelques années plus tard, d'adoucir ses jugements: « ...il y a des désordres, il y a du libertinage, mais je ne crois pas, avoue-t-il, qu'il y en ait autant qu'il y en avait il y a quinze ou vingt ans... La piété règne parmi le peuple, plus que du temps des Français; les grands aussi sont plus religieux. »

Vie intellectuelle

L'épreuve, avons-nous dit, a pourtant gravement affaibli l'Eglise et son clergé. Et voilà bien qui donne à craindre pour la vie intellectuelle et pour l'enseignement public, en si étroite dépendance du personnel ecclésiastique. Jésuites et Récollets condamnés, depuis le traité de Paris, à ne plus se recruter au Canada, vont rapidement s'éteindre, les premiers en 1800, les seconds en 1796, au moins comme ordres. Dans l'intervalle, du reste, expulsés de France, les Jésuites se sont vus frappés à mort, en 1773, par le bref de Clément XIV. Le manque de prêtres influe sur le recrutement des communautés enseignantes. Les Ursulines n'ont pas encore retrouvé leur effectif de 1759. Atteintes par la guerre, par la banqueroute du papier-monnaie, bientôt par les confiscations de la révolution française, obligées de se passer des anciennes gratifications royales, les communautés sont toutes réduites à l'extrême pauvreté.

L'enseignement, à tous ses degrés, subit le contre-coup de ces malheurs. Sans doute faut-il écarter sans scrupule les témoignages de quelques chroniqueurs et enquêteurs qui, pour tout autre souci que celui de la vérité, représentent alors les Canadiens comme un peuple parfaitement ignare. Nous sommes aux environs de 1790. C'est le temps où marchands et officiels anglais du pays, inspirés par l'évêque anglican, flanqués même de lord Dorchester et de quelques transfuges canadiens, rêvent de doter la province d'un système d'enseignement anglais et neutre. On peut en revanche accepter les statistiques de Mgr Hubert sur les 24 à 30 personnes en état de lire et écrire en chaque paroisse, même s'il reste difficile de ne pas admettre, dans les dix ou quinze années qui ont suivi la conquête, une ou deux générations d'enfants restés en majorité illettrés par manque d'écoles. L'enseignement secondaire ne se porte guère mieux. Le collège des Jésuites a fermé ses portes en 1768, faute de professeurs, envahi, du reste, par l'administration militaire. Le Petit Séminaire de Québec, le Collège de Montréal, celui-ci fondé en 1767, mais sans existence légale, ont tenté la relève. « Nos collèges sont déserts », n'en déclare pas moins un mémoire de 1784. Et Mgr d'Esgly d'écrire, l'année suivante: « Les sciences tombent ici à vue d'œil. Les humanités, la rhétorique ne sont plus rien; la philosophie dégénère beaucoup; la théologie même a beaucoup besoin qu'on l'aide. » Que nous voilà loin des soucis d'art et des recherches scientifiques dont on s'était passionné dans les derniers vingt ans du régime français. Signe des temps. Les seules manifestations intellectuelles de l'époque se réduisent, ou peu s'en faut, aux mémoires et suppliques adressés en Angleterre, — et qui visent à empêcher, si possible, l'extinction d'une culture. La seule forme littéraire qui ait tenté de se constituer, celle du journal, a été l'œuvre d'étrangers; il en a été de même de l'*Académie naissante,* et bientôt mourante de Montréal. Un journal symbolise ces temps de misère, la *Gazette de Québec,* journal partiellement bilingue, qui fonde à la fois au pays, et la légende du patois canadien et le français bâtard de la traduction, journal au surplus incolore, étroitement surveillé par les autorités gouvernementales et qui, pour ces valables raisons, se définira lui-même, non sans quelque complaisance, « la gazette la plus innocente de la domination britannique ».

Serait-ce, pour le Canada français, le refuge en Béotie ? Cette fois encore, gardons-nous de toute exagération. L'intelligente et fine société d'avant la conquête n'a pu s'éteindre en trente ans. Citons encore une fois la romancière anglaise, Mrs. Frances Brooke, qui a vu la société canadienne de 1763 à 1768, et qui nous confie: « ...à tout prendre, j'aimerais cependant mieux vivre à Québec que dans aucune ville d'Angleterre, à l'exception de Londres ». Mme John Grave Simcoe, femme du lieutenant-gouverneur du Haut-Canada, qui a revu la même société trente ans plus tard, la peint sous les mêmes traits. Et, par exemple, elle écrit: « ... quand je suis avec des familles françaises, je fais la conversation d'une façon à peu près parisienne, comme M. Baby se plaît à me le dire. » Les plus grandes familles d'Angleterre envoient parfois ici leurs enfants apprendre le français. Dans une petite ville comme les Trois-Rivières, le baron Riedesel indiquait à sa femme au moins trois familles d'excellent ton dont « un colonel de milice et un veuf, qui a trois filles, extrêmement bien éduquées... » « On aurait tort de croire, écrira un jour, Pierre-Olivier Chauveau, que la population des campagnes a été, à n'importe quelle époque, dans cette ignorance absolue et abrutissante dont on est encore frappé chez les basses classes de quelques pays européens. » Si des comparaisons peuvent consoler, disons que la situation au Canada n'est pas pire qu'en Ecosse, en Irlande, aux Etats-Unis, et même en Angleterre, où, quel que soit le lustre des universités et des écoles aristocratiques, « l'enseignement primaire — le fait est bien connu — est dans l'enfance. » Pas pire non plus que dans la France de la Révolution où l'on sait l'état pitoyable de l'enseignement avant les restaurations de Napoléon. Les Canadiens méritent au moins cet éloge de ne s'être jamais résignés à leur infortune, d'avoir même réagi vigoureusement. Que de suppliques et combien émouvantes ont alors vu le jour pour le recouvrement du Collège de Québec et des biens des Jésuites. Délégués en Angleterre, en 1784, les sieurs Adhémar et Delisle y portent cette plainte par trop fondée: « L'éducation de la jeunesse... n'est bornée et négligée dans notre province que parce que nous manquons de professeurs et de maîtres... » D'autres, en 1787, s'expriment encore plus fermement: « La génération présente au Canada se doit à elle-même et à celle destinée à la remplacer, de se disculper des reproches qu'elle pourrait lui faire sur l'ignorance dans laquelle croupit actuellement la majeure partie de sa jeunesse, faute d'éducation publique depuis la conquête... » Et que dire de la supplique de 1770, supplique à la fois naïve et audacieuse pour la fondation, dix ans après la conquête, d'un grand foyer de culture française au service de tout le continent anglais et même du Royaume-Uni ? Aux projets d'enseignement d'Etat et d'anglicisation scolaire de 1789, on ne s'est pas contenté d'une opposition négative. Mgr Hubert a montré, dans la restauration du Collège des Jésuites, le moyen d'ériger une grande école universitaire. C'est en 1790 que Simon Sanguinet de Montréal lègue à la future université des biens assez considérables; c'est la même année que les Messieurs de Saint-Sulpice proposent leur projet d'université, avec offre de dotation. Et ce ne sont point là les premières démarches du clergé pour sauver l'enseignement catholique et français. Trois fois, Mgr Briand a tenté d'obtenir la « conservation » des Jésuites pour la préparation de la jeunesse à tous les emplois de la société; une fois, entre autres, l'évêque s'est adressé au roi de la Grande-Bretagne, dans une pétition solennelle signée par le clergé et par le peuple. Envoyé en Angleterre, en 1772, pour ramener deux professeurs de France, M. François Baby est revenu bredouille. Douze ans plus tard, les sieurs Adhémar et Delisle ne seront pas plus heureux. Pour leur projet d'université française, ce *Royalles Georges College*, rêvé en 1770, les Canadiens n'avaient sollicité que le mince privilège de faire venir de France, et pour une fois seulement, « six sujets choisis capables d'enseigner les hautes sciences ». Cette proposition, pas plus que celle des Sulpiciens vingt ans plus tard, n'ont obtenu la faveur d'une réponse. De quel nom appeler ce silence ? A un moment où l'entraînement général invitait à se tourner vers l'agriculture et vers le commerce, quels services n'eût pas rendus un enseignement scientifique tenu à point ? C'était déjà trop qu'un peuple colonial fût condamné à ne vivre que de la modicité de son fonds. Il faut le dire: les entraves opposées à l'œuvre de l'Eglise et au développement de l'enseignement public, à la fin du XVIIIe siècle, ont creusé dans la vie intellectuelle du Canada français des brèches longtemps irréparables.

CHAPITRE QUATRIÈME

Le Canada de 1791
(suite)

VIE ÉCONOMIQUE

*Rappels géographiques et démographiques. — Agriculture. —
Industrie. — Commerce.*

Rappels géographiques et démographiques

Pour comprendre d'autres aspects de la vie du Canada français de
1791, penchons-nous maintenant sur son activité économique. D'abord
quelques rappels géographiques et démographiques. Le traité de paix de
1783 a fait subir au Canada son troisième remaniement de frontières
en vingt ans. Les diplomates américains manquaient de toute autre chose
que d'appétit. Franklin, entre autres, a bien prétendu se faire céder rien
de moins que la Nouvelle-Ecosse et tout le Canada. Chose singulière,
c'est Vergennes qui, en vertu de son système de la balance des pouvoirs
en Amérique du Nord, s'opposera à la voracité de la jeune république.
Vergennes va même batailler pour qu'on refoule les Américains derrière
leurs Alleghanys. Dans l'espoir d'une entente cordiale avec les jeunes
Etats-Unis, c'est l'Anglais Shelburne qui fait le généreux. Le baron
Riedesel écrivait à Haldimand: « Le ministre anglais a consenti à céder
aux Américains plus de territoire qu'ils n'en demandaient réellement. »
L'Angleterre préludait ainsi à cette politique de concessions territoriales
qui lui fera livrer, aux dépens du Canada, une livre de chair, chaque fois
que le besoin se présentera d'apaiser la faim ou les petites révoltes de
l'ancien nourrisson. Le bilan de ce nouveau dépècement de l'ancien
empire français s'établit comme suit: sacrifice de la région stratégique
du lac Champlain; remontée de la frontière américaine jusqu'à 25 milles
de Montréal; partage en moitié des grands lacs Ontario, Erié, Huron,
Supérieur; prolongement de la ligne d'abornement vers l'ouest jusqu'au
lac des Bois; cession de Détroit, du lac Michigan, du pays de l'Ohio

et des Illinois. Si bien que le Canada va sortir de l'opération amputé presque entièrement de ses frontières naturelles. Perdue à jamais l'unité géographique, au moins partielle, que lui conférait l'axe du Saint-Laurent et des grands lacs. Les colonies victorieuses obtenaient l'espace d'environ quinze de leurs Etats actuels, les mines de fer du lac Supérieur, les cuivres du Michigan, les champs pétrolifères de l'Indiana, de l'Ohio, de l'Illinois, les charbons de l'Indiana et de la Pennsylvanie. Pas moins de 24 tribus indiennes, anciennes alliées des Français, changeaient, encore une fois, d'allégeance politique. Et ce serait l'élimination définitive de l'Indien, comme facteur important, dans l'histoire de l'Amérique du Nord. Dans les conflits de l'avenir, on recherchera encore son alliance; il n'aura plus rien de l'allié, arbitre possible de la victoire; il ne sera plus que l'auxiliaire dont on peut même se passer. De ce Canada étrangement rétréci, quelle est la population en 1790 ? Autant que les recensements permettent d'en juger, environ 146,000 âmes. Soustraction faite de l'élément anglais, la population française serait de 136,000 âmes; ce qui veut dire qu'en 30 ans, par sa seule natalité, ce groupe ethnique s'est accru de 71,000. D'une écrasante prépondérance numérique, il a peu perdu de son homogénéité. Dans « un tiers des paroisses de la campagne, selon Mgr Hubert,... l'on aurait de la peine à trouver trois familles protestantes ». Dans les deux districts de Montréal et de Québec, les villes exclues, la proportion des Britanniques, d'après Dorchester, serait d'un à quarante; en revanche, dans les villes de Québec et de Montréal, d'après le même Dorchester, — mais cette fois, la proportion paraît plutôt fantaisiste, — les Anglais y compteraient pour 2 contre un. Aux quelques milliers de Loyalistes se sont ajoutés 1,200 Brunswickers encouragés par leur souverain et leurs officiers à demeurer au pays, leur service militaire terminé. D'autre part, quelques groupes de réfugiés acadiens venus s'établir en quelques parties de la région de Montréal, ont renforcé l'élément français.

Agriculture

Cet accroissement de la population française correspond-il à un agrandissement proportionnel du domaine agricole ? D'aucuns en ont douté. Et ils en ont donné pour raisons quelques contingences de l'époque: la guerre, une autre guerre de près de sept ans, avec cantonnements de troupes et de Loyalistes; dans les campagnes, la réglementation plus sévère des marchés locaux, l'exportation parfois interdite des céréales, puis deux disettes au moins, celles de 1779 et de 1789, la dernière qui fera qu'au printemps, selon l'annaliste des Ursulines, « la plupart des habitants n'ont vécu que de l'herbe qui croît dans les champs ». Ces causes passagères se seraient aggravées de quelques autres et celles-ci permanentes: le manque de chemins qui fait, des régions incultes, un fourré impénétrable, la rareté des prêtres et par conséquent, du jalonnement des petites chapelles, guides et entraîneuses des hommes vers la forêt, jalonnement recherché par les seigneurs protestants, non moins que par les seigneurs catholiques; la perversion ensuite du régime seigneurial, laissé depuis 1760, sans la surveillance de l'ancien intendant, régime qui, sur trop de points du pays, tendrait à la hausse des taux de concession et même au refus de la terre gratuite aux colons. On ajoute encore la discontinuation des concessions en fiefs qui ne dépasseront pas le nombre de huit après 1760, et enfin, la concurrence des céréales américaines sur le marché canadien. Ensemble de faits impressionnants, certes, mais qui ne résistent pas à d'autres faits bien établis et qui témoignent en faveur d'un progrès normal du défrichement et de l'avance agricole. La vérité, c'est que les concessions de terres se sont faites au rythme ordinaire. En 1784, une population de 113,000 âmes possédait 1,570,000 arpents de sol, soit la même proportion par famille ou personne qu'en 1765. Et il s'en faut que le domaine cultivable des seigneuries soit épuisé. Si on le ramène à 8,000,000 d'arpents, 20% seulement de ce domaine sont occupés en 1784. Le Comte de Colbert Maulevrier constate que, près des villes et villages et où « les terres sont bonnes », elles ne sont défrichées qu'à 2 et 3 concessions de profondeur et à 8 et 9 en certains endroits « où la grande route s'éloigne du fleuve ». La vérité, c'est encore que gouverneurs et marchands de l'époque s'accordent à constater l'avance et même le progrès agricole. Le malheur a voulu que le Canada fût séparé de la France, alors que, dans la plupart des pays d'Europe, l'ère allait s'ouvrir des grandes réformes en agriculture. Cependant certains documents des Darmouth Papers publiés par H.A. Innis dans son *Select Documents in Canadian Economic History,* nous montrent les habitants canadiens l'esprit fort ouvert aux idées progressistes. La campagne canadienne n'a-t-elle pas d'ailleurs gardé ou recouvré son aspect d'aisance et de prospérité ? Prospérité dont témoigneraient, au dire de Riedesel, du voyageur Weld et de bien d'autres, la maison, le mobilier, la table de l'habitant, et tout le paysage rural. Weld trouvait même les rives de l'Hudson aux Etats-Unis « sauvages et désolées en comparaison des rives du Saint-Laurent ». Un recensement des paroisses fait en 1784 par Mgr Briand nous en indique 39 sur un total de 118 qui paient en dîmes 400 minots de blé et au delà, et 19 qui paient 600 minots du même grain, même davantage, et sans compter la dîme payée sur les autres céréales. La conclusion serait donc qu'un certain commerce d'exportation, l'activité des petits marchands anglais qui, sur les traces des anciens forains, se sont mis à courir les campagnes pour acheter les grains, et surtout les impératifs d'une économie de subsistance n'ont pas cessé de stimuler et plus qu'on ne l'a dit, le travail des campagnards. Au reste, il peut être bon de s'en souvenir, l'agriculture est fonction d'une économie intégrale. Elle ne saurait se passer de l'assistance d'industries auxiliaires ni de l'appas des marchés intérieurs et extérieurs. Où en sont ces autres formes de l'économie canadienne ? Stimulent-elles vraiment le progrès agricole ? Il est de mode alors de critiquer amèrement l'ancienne administration française. On lui reproche naturellement sa lésinerie, son inaptitude à tirer parti des ressources de la colonie. Hélas, il n'apparaît point que le nouveau régime ait succédé à l'ancien, avec beaucoup de profit pour l'économie canadienne. Cette économie, les conquérants ne la conçoivent point, au surplus, et ne la pouvaient concevoir sous d'autres formes qu'on ne l'avait fait avant eux. Parmi les grandes ressources de la colonie, desquelles lois et besoins de la métropole permettent-ils l'exploitation ? L'exploitation minière, toujours entravée par les difficultés de la prospection et du transport du minerai, restera longtemps ce qu'elle était avant 1760. L'exportation forestière sera forcée d'attendre que soient fermées pour l'Angleterre d'autres sources d'approvisionnement. Et de ses céréales que peut offrir le Canada à une métropole qui n'exporte plus de son blé, mais qui trouve encore à se suffire ? Murray, Carleton, tout comme les anciens administrateurs français, en viennent donc, eux aussi, à souhaiter une conversion de l'agriculture canadienne qui la ferait s'adonner à la culture de produits vraiment exportables, tels que le lin et le chanvre. On observera encore que l'administration nouvelle reste aussi déficitaire que l'ancienne, et par conséquent, fort limitée dans ses moyens d'action. Avec ses maigres budgets et une « liste civile » passée de 10,000 louis en 1769 à 21,000 en 1788, à quoi s'ajoutent des dépenses contingentes de 5,534 louis, c'est un déficit de 20,000 louis qui s'inscrit, chaque année, dans les comptes publics: déficit qu'il faut faire combler par le trésor impérial. Le nouveau régime a débarrassé la colonie, au moins pour un temps, de l'instabilité monétaire; il a fourni quelques débouchés à la production agricole; quelques marchands anglais ont fait de leur mieux pour organiser le commerce intérieur et extérieur. Mais tout compte fait, pendant ces premiers 30 ans du régime, et dans *Makers of Canada* (étude sur Sydenham), c'est bien un peu l'avis de l'historien Adam Shortt, aucun des administrateurs du Canada, plus militaires qu'administrateurs, plus préoccupés de politique que d'autre chose, et peu préparés à leur rôle de chef d'Etat, aucun, disons-nous, n'a eu, sur le développement matériel de la colonie, et sur l'ensemble de sa vie, nous ne dirons pas la vaste conception d'un Talon ni d'un La Galissonnière, mais simplement l'active influence de l'un ou l'autre des intendants français avant Bigot. L'intendant d'ancien régime n'a vraiment pas été remplacé. Et l'on peut dire que, pendant un demi-siècle au moins, abandonnée à l'initiative individuelle, la vie économique de la colonie a manqué des nécessaires impulsions des gouvernants.

Industrie

D'un pays surindustrialisé, comme est en passe de le devenir l'Angleterre, qu'attendre d'ailleurs au chapitre de l'industrie et du commerce, sinon un renforcement du pacte colonial cher à toutes les métropoles ? Carleton, après Murray, a été bien averti de s'opposer à toute loi permettant « d'établir des manufactures » ou « l'exploitation d'industries nuisibles ou préjudiciables à ce royaume ». Les industries canadiennes se réduisent donc à peu de chose: quelques tanneries, concurrencées, du reste, par les cuirs américains; quelque 13 meuneries qui convertissent en farines, bon an mal an, 300,000 minots de blé; 4 distilleries pour fabrication du rhum, mais entravées par des droits trop élevés sur les mélasses des Antilles; à Sorel, des chantiers maritimes, mais gênés par l'importation de trop d'accessoires d'Angleterre; aux Trois-Rivières, de petites fabriques de canots, puis les Forges du Saint-Maurice, bénéficiaires d'un traitement d'exception pour les services qu'elles pourraient rendre à la marine anglaise, et qui, après un départ encourageant, passent à une compagnie dont les chefs, Christophe Pelissier et Laterrière, compromis gravement pendant la guerre américaine, compromettent du même coup leur entreprise. Reste la fourrure, l'une des principales richesses du Canada et exploitée à fond mais qui continue, ainsi qu'au temps du régime français, d'être ouvrée outre-mer. Une seule forme d'industrie continue de bien aller, par nécessité, et non sans inspirer quelque méfiance aux autorités métropolitaines, l'industrie artisanale: industrie du vêtement et d'autres objets pour usages domestiques et agricoles. Les pêcheries survivent à grand'peine. Des Canadiens possèdent encore des établissements de pêche sur la côte du Labrador et jusque dans le détroit de Belle-Isle. Certains passages de l'*Acte de Québec* nous l'ont appris: c'est en raison des pêcheries sédentaires établies et exploitées par des sujets d'origine française que les îles du Golfe et les côtes du Labrador ont été réannexées au Canada en 1774. Malheureusement ces entreprises subissent le contre-coup du morcellement des héritages. En 1767 les concessions de pêche, sur la côte nord et sur celles d'Anticosti, sont déjà réparties entre 30 familles. Elles ont surtout à subir une double vexation: l'une de la part du gouvernement de Terre-Neuve qui les traite en rivales et ennemies; l'autre, de la part des pêcheurs américains qui profitent des privilèges excessifs que leur a consentis le traité de 1783, pour se comporter en maîtres et en pirates dans les eaux du golfe.

Commerce

En ces conditions modestes de l'agriculture et de l'industrie, à quelle allure peut bien aller le commerce ? La circulation, disent les économistes, vit de la production et du peuplement et souvent les mesure. Dans le Canada de 1790, la circulation gêne plutôt la production et ne suit même pas le peuplement. Les chemins de terre, nullement inférieurs, selon quelques-uns, aux chemins des Etats du sud, en restent pourtant à l'état primitif et font le désespoir des voyageurs. Il en coûte $17 pour aller de Québec à Montréal, voyage agrémenté de la traversée de 7 rivières et de 29 relais. Les provinces ne sont pas mieux reliées les unes aux autres. Les chemins d'hiver restent encore les plus praticables, grâce aux routes glacées du fleuve et des rivières. Pendant la belle saison, le commerce utilise surtout la route d'eau. Montréal, maintenant ville de trois rues d'environ un mille de long, parallèles au fleuve, coupées par une dizaine d'autres à angle droit, demeure toujours l'entrepôt du trafic vers les grands lacs, et jusqu'aux contrées voisines du Mississipi et du Missouri. Montréal demeure également l'entrepôt du commerce des fourrures. Une puissante compagnie centralise à l'époque ce commerce: la compagnie du Nord-Ouest. Organisée vers 1769, elle n'a pris son assiette solide qu'en 1787, et même plus tard, après l'élimination progressive et ardue d'une foule de concurrents. Ainsi le commerce libre retournait au monopole. C'est surtout après 1783 que la compagnie bâtit sa richesse, alors que les nouvelles frontières du Canada forcent les trafiquants à prendre la route de l'ouest, sur les traces des La Vérendrye. Déjà, en 1780, l'expédition des fourrures en Grande-Bretagne se chiffre à 200,000 livres sterling.

Le commerce extérieur, comme on le pense bien, n'en a pas fini avec les entraves des Actes de navigation, non plus qu'avec le protectionnisme britannique renforcé pendant la récente guerre. Ce protectionnisme affecte même un temps les relations commerciales du Canada avec les Etats-Unis devenus pays étrangers après 1783. Au Conseil législatif de Québec, les 27 et 29 avril 1784, l'on entendra Hugh Finlay et William Grant protester, en des propos plutôt désobligeants, contre l'égoïsme économique de la métropole. En 1787, selon un rapport des marchands de Québec, les importations et exportations de la province s'élèveraient au demi-million par an. Les principaux articles d'importation consistent en charbons anglais, en sel, en mélasses des Antilles et en liqueurs, parmi lesquelles figurent en tête, le rhum et le cognac anglais, ce dernier bénéficiaire de droits de faveur. Rhum et cognac évincent peu à peu les vins de Portugal et d'Espagne, lesquels ont eux-mêmes remplacé les vins de France. Dans l'exportation prennent place, outre la fourrure et autres menus articles, le poisson, les huiles, le bois et le blé. L'exportation de bois qui subit, du reste, la concurrence des bois du Nouveau-Brunswick, et qui s'alimente, en grande partie, dans les forêts de la région du Richelieu, trouve naturellement beaucoup à souffrir de la guerre. L'exportation du blé, concurrencée par le blé américain, atteint, en 1774, 460,818 boisseaux, mais pour décroître bientôt et ne pas dépasser 200,358 boisseaux en 1788. En résumé, bilan modeste qui n'empêchait pourtant pas l'avocat général Marriott, à la fin de son *Plan of a Code of Laws for the Province of Quebec*, d'entrevoir, au Canada, dans les temps lointains, — vue prophétique assez curieuse, — le fondement d'un grand empire « alors que l'île de Bretagne, effondrée sous les coups de ses divisions intestines, ou sous l'invasion de ses ennemis, aurait cessé de peser dans la balance de l'Europe ».

En cette esquisse d'histoire économique, quelle part ferons-nous aux Canadiens ? Si l'on ne confond point vie économique avec ce qui n'en est que les formes les plus apparentes, telles que le commerce, la finance, l'industrie, la part des nouveaux sujets n'apparaît pas si méprisable.

Ils ont au moins fait des hommes et de la terre; ils ont suscité de nouvelles paroisses, accru la valeur solide du domaine national. Dans l'industrie et le commerce, la véridique histoire ne saurait oublier tant de circonstances défavorables: la guerre de la conquête et ses effets désastreux sur les importations de France; la concurrence ruineuse de Bigot et de sa bande; puis, après les capitulations et le traité de Paris, la fermeture des anciens débouchés, la nécessité de s'accommoder avec d'autres marchés, avec d'autres lois commerciales; puis encore les amputations territoriales de 1763, la guerre de Pontiac, la guerre de la révolution américaine qui ferment ou livrent à l'anarchie les régions productives de fourrures. Entre temps, intervient la banqueroute du papier-monnaie qui fait trébucher la plupart de ceux qui, jusque-là, avaient tenu le coup. Puis vient la décadence constante de l'enseignement public qui empêche les esprits de s'outiller pour les tâches nouvelles et rend bien incapable d'apercevoir les problèmes vitaux. Puis encore faudrait-il ajouter une économie trop uniligne, l'économie agricole, où le conquis se voit comme enfermé. Toute saine et féconde qu'elle soit, cette économie de modestes profits ne laisse guère possible la constitution des puissants capitaux dont vivent les grandes exploitations industrielles ou commerciales. S'agirait-il pour autant d'une disparition ou d'un effacement subit et général des hommes d'affaires canadiens devant les nouveaux venus des colonies du sud et d'Angleterre ? Parmi les marchands de Montréal et des Trois-Rivières, consultés, en 1786, par le Conseil législatif, sur le commerce et la police, on relève au moins sept noms bien français: Guy, Rondeau, Bouthillier, Perrault, Tonnancour, Bellefeuille, Laframboise. En 1790, au bas d'une « Pétition et mémoire des négocians et marchands concernés dans le Commerce d'exportation, Propriétaires de moulins, Fabricans de farine, Boulangers, tonneliers et autres intéressés dans le Commerce de Farine et de Biscuits » de la ville de Québec, au moins quatorze signatures françaises s'alignent sur un total de soixante.

La déchéance des Canadiens, on la retrace plutôt dans le commerce des fourrures. En ce domaine, des historiens ont parlé de la collaboration facilement établie après la conquête, entre anciens et nouveaux sujets. Collaboration du maître et du valet. Parmi les directeurs de la Compagnie du Nord-Ouest, à peine découvre-t-on deux ou trois noms canadiens-français. Les nouveaux sujets fournissent les commis, les guides, les interprètes, mais surtout l'équipe des canotiers, c'est-à-dire 1,000 et peut-être 1,500 manœuvres. La conquête, pas plus que le morcellement de l'empire, en 1763, n'avaient éteint la race des coureurs de bois. Pouvait-on d'ailleurs enfermer en des horizons clos ces hommes de plein air ? Un grand nombre ont continué d'évoluer autour des grands Lacs, donnant la main parfois aux trafiquants français qui opéraient par la Nouvelle-Orléans, parfois aussi reprenant, vers l'ouest, le chemin de La Vérendrye. L'habileté des trafiquants anglais de la Compagnie du Nord-Ouest fut d'embrigader ces aventuriers de la forêt et de la steppe et d'utiliser leur expérience dans le négoce de la fourrure et leur prestige sur les Indiens. Expérience et prestige si bien établis que, pour tenir tête à sa rivale, la Compagnie de la Baie d'Hudson jugera bon de se recruter, à son tour, un personnel canadien-français. Si bien que cinquante ans durant, en dehors des factoreries de la Baie d'Hudson, le français sera, dans l'Ouest, la langue universellement parlée. Mais pendant que le commerce des fourrures donnait origine à la première aristocratie anglaise au Canada, aristocratie de marchands qui allait se joindre à l'aristocratie des fonctionnaires, le même commerce, joint à celui du bois, inaugurait aussi le prolétariat canadien au service des magnats de l'industrie et de la finance anglo-canadienne. Nous ne soulignons le fait, en passant, que pour en laisser entrevoir les conséquences prochaines. Entre les deux groupes de la population, trop d'inégalités de fortune vont s'établir pour qu'elles ne réagissent point quelqu'un de ces jours, sur la vie sociale et politique de la province.

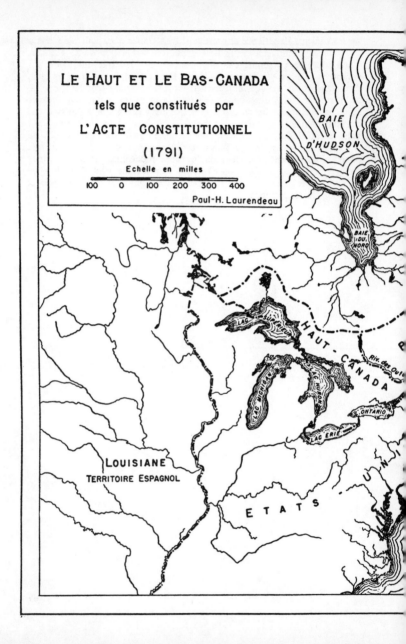

LE HAUT ET LE BAS-CANADA

tels que constitués par

L'ACTE CONSTITUTIONNEL

(1791)

Echelle en milles

100   0   100   200   300   400

Paul-H. Laurendeau

BAIE D'HUDSON

BAIE DU NORD

HAUT-CANADA

Riv. des Out...

LAC SUPÉRIEUR

LAC MICHIGAN

LAC HURON

LAC ONTARIO

LAC ERIE

LOUISIANE

TERRITOIRE ESPAGNOL

ETATS-UNIS

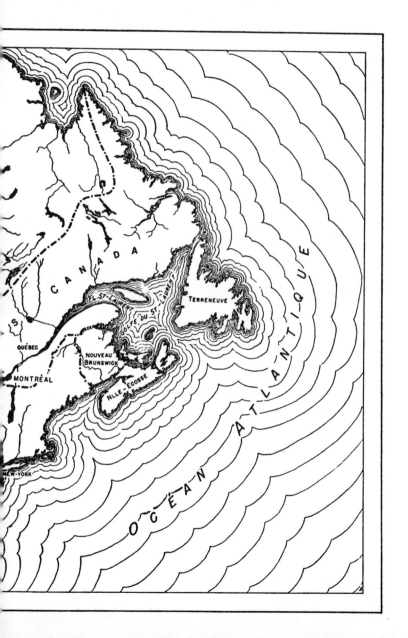

CHAPITRE CINQUIÈME

Le Canada de 1791
(suite)

Aspect social. — Aspect national.

Aspect social

Des changements aussi considérables dans la vie des nouveaux sujets, n'ont pas pu ne pas modifier leur état social. Ces modifications, essaierons-nous de les définir et d'en marquer l'étendue ?

Apparemment, ce que nous avons appelé les institutions de base, la famille et la paroisse, ont échappé aux graves atteintes. Pour elles, des problèmes se posent, mais qui sont surtout des problèmes d'avenir. Ainsi, pour la famille paysanne, nul problème ne se fait plus inquiétant que celui de l'accès à la terre. Ramené plus qu'auparavant à la culture du sol, le Canadien pourra-t-il compter sur cette première et suprême condition de vie: une extension du domaine défrichable au rythme de sa natalité ? Qu'arrivera-t-il le jour où les seigneuries seront pleinement occupées et où se dessinera l'enchaînement pernicieux de la terre moins accessible ? Comment prévenir alors ou la fuite vers le prolétariat de la fourrure ou vers celui du bûcheronnage ? Ou comment empêcher le morcellement des propriétés paysannes, morcellement nullement hypothétique au moins sur certains points du pays ? Autant de formes d'appauvrissement qui vont miner le type de la famille-souche, diminuer et même ruiner sa capacité d'assistance à ses membres; assistance moindre qui entraînerait, à son tour, une diminution de la solidarité familiale, introduirait, dans la cellule, un premier germe d'individualisme.

La paroisse a paru se renforcer. A mesure que l'Etat devenait étranger à la nation, la nation s'est réfugiée dans les cadres où elle se retrouvait chez soi: cadre de la famille, mais surtout cadre de la paroisse qui se suffit ou peu s'en faut, ne demande rien aux pouvoirs publics, n'en attend rien et qui, pour les fins communes, peut mobiliser les ressources de la petite collectivité: susciter l'école, prendre soin des pauvres, parer aux grandes infortunes. Le nouveau régime n'a pas entamé ces petits blocs de granit. A Murray qui fait mine un jour de s'arroger la nomination des curés, Mgr Briand a répondu fièrement redressé: « Ma tête tombera avant que je vous accorde la permission de nommer à une seule cure. » Le péril, pour la paroisse, n'allait-il pas surgir des institutions de 1791 ? Une petite révolution y est en germe. A l'entité sociale et religieuse, 1791 superpose de nouvelles structures: au-dessus de la paroisse va se dresser le comté; de l'ensemble des comtés, va surgir l'Etat démocratique; un nouveau personnage s'introduit dans la collectivité nationale: l'homme politique. Un peu diluée dans ces cadres nouveaux l'institution paroissiale saura-t-elle sauvegarder son individualité, préserver sa bienfaisance et son prestige ?

D'autres bouleversements s'annoncent plus alarmants et plus profonds. Qu'adviendra-t-il de l'institution seigneuriale et de ce qui en dépend ? Les relations juridiques entre les classes ou, pour parler plus exactement, l'ancienne hiérarchie sociale de la colonie pourra-t-elle survivre au nouvel état de choses ? Là est le grand point d'interrogation. La plus lourde menace contre les nobles et les seigneurs, ne la voyons pas dans le mépris dont se défendent malaisément marchands anglais et même quelques personnages officiels. Gage trouvait les Croix de Saint-Louis « d'un caractère encombrant ». Hugh Finlay se demande, en 1789, « de quelle importance peut être un seigneur canadien dans une province commerciale anglaise ». Nobles et seigneurs n'entretiennent pas moins d'excellentes relations avec la haute société anglaise. Les deux se recherchent, se mêlent, s'amusent ensemble. La menace la plus redoutable ne réside pas, non plus, dans les mutations de seigneuries opérées depuis la conquête et qui en ont fait passer un certain nombre entre des mains étrangères. Un tableau qui est daté de 1790 donne encore 129 grands propriétaires d'origine française contre 41 d'origine anglaise; et, déduction faite des seigneuries ecclésiastiques qui ne figurent pas au tableau, les 129 seigneuries françaises représentent en valeur les 16/17 de la propriété seigneuriale au Canada. La menace, disons-le, vient encore du nouveau régime politique. Menace indirecte d'abord. « Pour qu'un corps aristocratique subsiste, a dit Fustel de Coulanges, il faut qu'il joigne à ses richesses et à ses privilèges, la vigueur du bras et de la volonté. » Cette vigueur de vie ou cette volonté d'action, comment les seigneurs canadiens les pourraient-ils exercer ou manifester, si le nouvel Etat refuse de compter avec eux, ne leur fait nulle place ou ne leur en fait que d'insignifiantes ? Ici encore une petite révolution vient de s'accomplir. Sous le régime d'avant 1760, le noble, le seigneur pouvaient aspirer à quelque fonction politique, militaire, administrative ou judiciaire; les postes de gouverneurs particuliers, de lieutenants de roi, d'ambassadeurs chargés de missions de paix chez les nations indiennes, de membres du Conseil supérieur, de subdélégués de l'intendant, d'officiers de troupes, leur étaient ouverts. Sous le régime nouveau, qui leur a même enlevé leur rôle de seigneurs-justiciers, à peine peuvent-ils prétendre à quelques sièges au Conseil législatif, participation dérisoire à la vie politique du pays, plutôt faite pour amoindrir que relever leur crédit devant le peuple. Le nouveau régime allait porter un coup plus direct à l'institution seigneuriale. Rien qui, dès lors, et c'est un premier fait symptomatique, rien qui soit plus vivement discuté que cette institution. Les Loyalistes ont remis la question à l'ordre du jour. Fallait-il introduire la tenure libre dans les nouveaux cantons du haut Saint-Laurent ? Fallait-il l'introduire dans les parties non concédées des seigneuries ? Et même, proposition encore plus radicale, ne fallait-il pas en finir avec l'ancienne tenure, survivance féodale décidément anachronique ? Une solution moyenne l'emporta. Obligatoire dans le Haut-Canada, la tenure allodiale ou libre resterait facultative dans le Bas-Canada. Compromis où la nouvelle tenure gagnait beaucoup et où l'ancienne perdait quelque chose.

De cette demi-défaite les seigneurs eux-mêmes n'auraient-ils pas été les premiers complices ? Que leur a-t-il donc manqué pour réagir contre le nouveau régime, et, coûte que coûte, s'y tailler un rôle ? Faut-il en accuser, avec Philippe-Aubert de Gaspé, « leur éducation toute militaire » qui les aurait rendus impropres à toute autre occupation ? Ou, comme l'a écrit un homme de ce temps-là, Toussaint Pothier, leur excuse serait-ce leur manque tout court d'instruction qui les aurait condamnés à la fatale sclérose ? « La plupart des Seigneurs même, croyait pouvoir affirmer Frances Brooke, sont comme étoient les Grands en Europe jusqu'au quinzième siècle: ils ne savent pas signer leur nom... » A tout prendre les seigneurs avaient encore la partie belle. Jamais ils n'ont joui, comme en France, de ces exemptions exorbitantes qui discréditent les classes privilégiées. Les grands riches sont rares parmi eux. Francis Maseres évalue à 60 livres anglaises le revenu moyen d'une seigneurie canadienne et à 200 louis, le revenu d'une seigneurie pleinement concédée. Maseres s'accorde avec un voyageur du temps, le Comte de Colbert Maulevrier, qui établit de 2 à 3,000 livres de rente les fortunes les plus ordinaires des seigneurs canadiens. Des seigneuries ne se vendent pas moins à assez bon prix, telle celle de Neuville (Pointe-aux-Trembles) vendue, en 1765, à Joseph Brassard Deschenaux, la somme de 45,000 livres. Un moyen, un seul, s'offrait à eux de renouveler et même de hausser leur utilité sociale: user à fond et à plein de la fonction dont on n'a pu les déposséder: rester des agents de colonisation plus que des percepteurs de rentes; se donner au défrichement de leur seigneurie, tirer tout le parti possible de la magnifique race de défricheurs qui vient de se doubler en nombre depuis la conquête. Maintenant que les prêtres, devenus rares, peuvent de moins en moins diriger vers les terres neuves les nouveaux essaims de colons, il appartiendrait aux seigneurs et aux fils de seigneurs de se faire l'âme des nouveaux établissements. En peu d'années, doubler la superficie productive de leur pays, multiplier côtes et paroisses, en somme accroître la classe de ceux qui vivraient de leur industrie et de leur bien, cette œuvre imposante et magnifique eût pu être la leur. Et avec ces seigneurs devenus grands propriétaires et vrais chefs de peuple, quel gouvernement n'eût pas été forcé de compter ? Pour tenir ce rôle, qu'a-t-il manqué, encore une fois, à ces aristocrates ? Certes, ils sont encore trop proches de leurs origines pour porter en eux, comme en France, le sang épuisé des vieilles races. Mais peut-être, comme leurs pareils de France, et parce que mœurs et idées traversent toujours l'océan, ont-ils trop peu la vocation terrienne, le goût de la vie quotidienne et laborieuse. Au dire de P. de Sales Laterrière, « les nobles [de ce temps] regardent avec dédain les occupations d'un marchand... Vivre du labeur des autres leur apparaissait comme une prérogative honorable. » Un quart de siècle après la conquête, ils se laissent encore fasciner par la carrière militaire. Le lieutenant-gouverneur Hope, qui a saisi leur faiblesse, recommande, en 1785, à leur intention, la formation d'un régiment militaire canadien. Déplorable état d'esprit qui, dans l'édifice en train de s'élever, ne laisse plus à un trop grand nombre de seigneurs, que le rôle de la fausse fenêtre. Sans assez de prestige pour s'imposer au peuple et tenir un rôle politique, un trop grand nombre prendront le parti le plus funeste, pour une classe aristocratique: celui de l'émigration à l'intérieur, autrement dit la vie en marge de la nation. Les lois françaises de la succession féodale leur imposeront le morcellement indéfini de leurs domaines, autant dire l'appauvrissement graduel, inexorable. Bientôt, pour redorer un blason terni, on les verra courtiser la classe des nouveaux riches et leur livrer avidement leurs fils et leurs filles. Car, nous l'avons vu, une classe de nouveaux riches, que le Comte de Colbert Maulevrier dit même cossue, n'a pas tardé à faire son apparition: aristocratie rivale, formée des nouveaux barons de la fourrure et du haut fonctionnarisme. Comme toujours dans l'histoire, la noblesse issue de l'argent l'emportera sur la noblesse du sang.

Démission funeste qui prive la petite nation canadienne de ses chefs naturels et l'oblige, comme eût dit Taine, à « l'opération incertaine et redoutable qui consiste à s'en créer d'autres ». D'ailleurs, ces nouveaux chefs, voici déjà qu'ils s'en viennent. En permettant aux procureurs canadiens de plaider devant la cour des plaids communs, Murray, sans se douter, suscitait une classe professionnelle; il implantait au Canada l'ordre des avocats. Les nouveaux collèges s'apprêtent à jeter dans la vie d'autres « professionnels ». Et voici une classe de petits bourgeois, classe pauvre, mais active et ambitieuse, en contraste vif avec le recroquevillement de l'aristocratie. Par malheur cette jeune bourgeoisie trouvera les avenues du pouvoir et du succès occupées presque toutes par une oligarchie récente et d'autre race que la sienne. Qui n'entrevoit déjà le caractère inflammable des prochains antagonismes ?

Aspect national

Rien ne serait plus faux, en effet, que de se figurer le sentiment national, ou mort ou même attiédi, dans la génération de 1790 et dans celle qui arrive à la vie. Un fait de l'époque a laissé, dans les esprits, sa trace profonde: le renoncement définitif de la France à une reprise du Canada. Bien peu, peut-on penser, ont alors soupçonné les dessous de la diplomatie. La présence de la France aux côtés des insurgés américains ne semblait-il pas autoriser l'espoir d'un retour de l'ancienne métropole? Pour incliner en ce sens la politique française, le sulpicien Huet de la Valinière, le marquis de Lotbinière ont multiplié à l'adresse de Versailles, lettres et mémoires. Ceux qu'on appelait les « congréganistes », c'est-à-dire les Canadiens passés au service du Congrès américain, entretenaient, parmi leurs compatriotes du Canada, la même chimère. Des mouvements semblables rebondissent de 1793 à 1796. Une loi de milice votée par le parlement fait éclater l'émeute dans les campagnes, cependant qu'au delà de la frontière, des « Français libres » prennent plaisir à brandir le drapeau de la France et incitent « leurs frères du Canada » à secouer le joug de la Grande-Bretagne. A la chimère d'un retour possible de la France, une partie notable de la population se serait-elle laissée prendre? On le croirait à lire quelques confidences de l'annaliste des Ursulines: « Si la continuité de ce fléau de la guerre nous procurait le bonheur de revenir à la France, nous aurions bientôt oublié nos misères passées. » En effet, qui savait alors, au pays, qu'en dépit des rêves enthousiastes de La Fayette, la diplomatie des Vergennes, d'accord du reste avec les visées américaines, faisait bon marché du Canada? Qui savait encore que des porte-parole du ministre avaient au surplus rassuré les chefs du Congrès? Vergennes voyait même, dans la présence de l'Angleterre en face de ses anciennes colonies devenues indépendantes, le moyen de maintenir en Amérique, la balance des pouvoirs. Dans les milieux dont l'annaliste des Ursulines se fait l'écho, la déception aurait donc été profonde, au lendemain du traité de 1783: « La paix est donc faite... Cependant nous avons perdu tout espoir de retourner à l'ancienne patrie. On ne saurait s'imaginer la consternation générale que cette nouvelle a répandue dans notre pays. »

Consternation où il convient de reconnaître, sans doute, une survivance du sentiment français. Mais pensons davantage au repliement bienfaisant que l'évanouissement de la chimère imposa aux Canadiens sur leur seule et vraie patrie. Pour quelques-uns de la haute société anglaise de ce temps-là — un William Grant, par exemple — l'anglicisation prochaine du Canada français ne fait pas le moindre doute. Grant s'en exprime ouvertement au Conseil de Québec, en 1784: « La prochaine génération de Canadiens... apprendra et adoptera, en grandissant, nos coutumes, nos mœurs et notre langue, et, avec elles, les sentiments et les idées de leurs frères et de leurs parents d'origine britannique. » A vrai dire, quelques déclarations complaisantes paraissent encourager, susciter ces espoirs. A quoi pense, par exemple, en ce même débat, M. de Saint-Luc, chef reconnu de la minorité française au Conseil et défenseur de l'*Acte de Québec,* lorsqu'il se permet d'affirmer qu'après « les altérations » déjà survenues dans la province depuis la conquête, « les Canadiens vivront heureux sous cet Acte, et seront sous peu de temps incorporés à la Nation

Britannique » ? Est-il un isolé le Pierre-Louis Panet du prochain parlement de 1792 qui votera pour l'élection d'un président [orateur] anglais, y voyant « le seul moyen de dissiper la répugnance et le soupçon que la diversité de langage entretiendra toujours entre deux peuples réunis par les circonstances et forcés de vivre ensemble » ? On ne saurait en disconvenir: maintes formes d'anglomanie ont envahi la société canadienne. La vanité y fait délaisser peu à peu, par exemple, les modes et le costume français. Au temps du baron de Riedesel, c'est-à-dire de la guerre de l'Indépendance américaine, aristocratie et bourgeoisie s'habillent encore à l'ancienne façon. Vingt ans plus tard, tout paraît changé. L'évêque Inglis constate à un dîner public que « les dames et les messieurs canadiens [sont] habillés à la mode anglaise ». Il est vrai qu'en France, à partir de 1783, les modes d'outre-Manche font fureur: jardins anglais, thés à l'anglaise, courses à l'anglaise, constitution à l'anglaise. L'on s'y habille à la mode de Londres et même « à la Franklin ». Au Canada, quelques-unes de ces concessions de détails importeraient peu si elles ne s'accompagnaient d'une anglomanie beaucoup plus grave: l'anglomanie scolaire. A Montréal comme à Québec, il faut établir des écoles anglaises pour empêcher les enfants canadiens-français de fréquenter l'école anglo-protestante.

Engouements passagers, dira-t-on, plutôt que fléchissement véritable de l'âme française. Il se peut aussi que les horreurs de la révolution française, habilement et tôt exploitées, puis la décadence économique de la France, décadence par trop véritable et qui va durer jusqu'aux restaurations de Bonaparte; puis encore les campagnes antibonapartistes menées furieusement jusqu'au Canada, il se peut que cet ensemble d'événements et d'influences fassent fléchir prochainement le sentiment français. A l'époque où nous sommes, ce fait demeure néanmoins que les conquis en imposent toujours à leurs conquérants, même en Angleterre, par leur aspect de bloc résistant, apparemment inattaquable. Lors du débat sur la nouvelle constitution, pour justifier la division de la province et la formation, à toutes fins pratiques, d'une province française, Grenville a repris le thème des juristes et des politiques du temps de l'*Acte de Québec*. Il a insisté sur la forte individualité du Canada français: « province conquise sur une autre nation », « colonie possédant déjà un système de lois, une industrie agricole et un commerce », colonie par conséquent « dans laquelle les lois de la Grande-Bretagne ne pourraient être transportées ». La tenure seigneuriale, par la répugnance qu'elle leur inspire, a empêché, dans les campagnes, l'établissement des Britanniques. Murray n'y découvre que 19 familles protestantes. Vingt ans après la conquête, assure un bon témoin, c'est encore l'exception, parmi les Canadiens, qu'on sache l'anglais. Rappelons la stupéfaction de l'évêque anglican Inglis, lors de sa première tournée pastorale dans la province en 1789: « Je me suis trouvé ici dans une colonie française avec garnison anglaise. » Et l'évêque est surtout frappé de la volonté du peuple canadien de se considérer distinct de l'élément britannique. Distinction que l'on perd rarement occasion d'affirmer. Mgr Plessis, entre autres, peut constater combien son loyalisme britannique heurte le sentiment populaire. Dans son panégyrique de Mgr Briand, en 1794, l'évêque fait cet aveu significatif: « Néanmoins lorsque nous vous exposons quelquefois vos obligations sur cet article (respect et dévouement aux puissances établies), vous murmurez contre nous, vous nous accusez de vues intéressées et politiques... » Les mots « patrie », « nation » appliqués au Canada et à la collectivité canadienne reviennent souvent dans les documents de l'époque. L'*Acte de Québec*, pensent d'ailleurs les Canadiens, a fixé définitivement le statut national de la colonie. « Par la loi de la 14e année du règne de Sa Majesté actuelle, écrivait Hugh Finlay, ils deviennent Canadiens et Canadiens ils doivent rester toujours. » Déjà ils affectent d'appeler les immigrants « nouveaux Canadiens », ces immigrants fussent-ils originaires d'Ecosse, d'Irlande, des Etats-Unis et même d'Angleterre. Et le même Finlay conclut, non sans quelque dépit, que la noblesse ou bourgeoisie du pays « ne se débarrassera point facilement des préjugés français... » M. Antonio Perrault a raconté dans *Pour la défense de nos lois françaises*, avec quelle énergique persévérance, au Conseil de ce temps, les membres de langue française ont défendu, contre les marchands anglais, le droit commercial français. Accordons encore à cette génération qu'elle se révéla d'une vitalité française assez vigoureuse pour établir pratiquement le bilinguisme officiel dans la vie politique ou officielle de son temps. Au Conseil d'après 1774, le procès-verbal est généralement rédigé en anglais; mais tout discours, témoignage ou pétitions présentés en français, y apparaissent en français. Les délibérations se font dans les deux langues, de même que sont imprimés dans les deux langues, les projets de loi ou d'ordonnances; au cours de la discussion, l'on se fait une règle de lire chaque article de ces projets tour à tour en anglais et en français. On peut même lire, dans les procès-verbaux de 1786, une version française du discours du lieutenant-gouverneur d'alors et la version française de l'« adresse du Conseil en réponse à ce discours ». Dans l'ensemble, le pays a gardé assez de vie française et l'a gardée assez robuste pour qu'au témoignage du voyageur Weld, ce soient encore les vaincus qui imposent leur langue aux conquérants.

Tel est le Canada français de 1791. Que lui réserve la prochaine étape de son histoire, son érection en une sorte d'Etat français, l'avènement de ce régime parlementaire où il semble qu'il doive se charger lui-même de son destin?

L'ère parlementaire

(1791-1848)

PREMIÈRE PARTIE

GENÈSE DU CONFLIT

CHAPITRE PREMIER

Un parlementarisme truqué

*Responsables: régime ou institutions? — Peur de la démocratie
à l'américaine et à la française. — L'évolution constitutionnelle
en Angleterre. — Conséquences pour la liberté coloniale.*

Responsables: régime ou institutions?

Au début de ce chapitre, une question se pose à l'historien: celle-là
même qu'il se posait au lendemain de l'*Acte de Québec*. Le régime parlementaire a été octroyé au Nouveau-Brunswick en 1786; aux deux Canadas,
en 1791. Il parut marquer une étape considérable dans l'émancipation
des colonies. La division en deux provinces de l'ancien gouvernement
de Québec apportait au Bas-Canada des avantages de haute qualité. Il
se voyait soustrait à un périlleux dualisme ethnique, confirmé dans ses
aspirations d'Etat national. Mais alors, comment expliquer qu'après 1791
comme après 1774, une ère d'agitation de près d'un demi-siècle ait pu
s'ouvrir, et non seulement cette fois dans ce qui est devenu le Bas-Canada,
mais avec une effervescence diverse, dans toutes les provinces anglaises de
l'Amérique du Nord?

Longtemps il a été de mode, parmi les historiens, d'accuser de tout
le mal la constitution ou l'*Acte constitutionnel* de 1791. Ne serait-ce
point tomber dans la confusion trop commune entre « Régime » et institutions », accorder trop d'importance à un texte politique, émané d'un
pays de constitution non écrite, où la lettre compte moins que les coutumes ou institutions qui en dérivent, lesquelles, en définitive, déterminent
le mécanisme du régime. L'agitation ne serait-elle pas née plutôt de quelque dangereuse équivoque et, par exemple, d'un décalage trop considérable entre l'espoir et sa réalisation, entre ce qu'on avait espéré et ce
que fut la réalité politique?

Nouvelle étape dans l'évolution constitutionnelle des colonies, l'événement de 1791 mettait fin, du moins pouvait-on légitimement l'espérer,
au régime absolu de la *crown-colony*. Par essence le régime parlementaire

implique-t-il autre chose que le règne de la majorité ? Laissées à leur jeu normal, il semblait donc que les nouvelles institutions auraient pour premier effet de faire passer le pouvoir politique prépondérant, des agents ou délégués de la métropole, aux élus du peuple, c'est-à-dire, dans le Bas-Canada, à la majorité française de la province. Des paroles, des écrits officiels et solennels ont d'ailleurs accrédité cette espérance. Pour justifier l'érection du Bas-Canada en province distincte, quel motif a-t-on allégué, sinon la crainte, parmi les Canadiens, que dans une Chambre élective, l'élément anglais n'y devienne l'élément dominant et que les lois n'y soient votées par une majorité ignorante des coutumes du pays ? Lors du débat sur l'*Acte* de 1791, Pitt, en réplique à Fox, a tenu des propos encore plus explicites: « Sans la division de la province, — division, appuyait-il, dont il avait fait « un article fondamental de la nouvelle constitution », — nous n'aurions eu qu'une seule chambre de représentants; et, comme deux partis y auraient pris naissance, ou ces partis de force égale ou à peu près égale seraient devenus une source de perpétuelle discorde; ou l'un de ces partis l'aurait considérablement emporté sur l'autre, donnant raison à celui-ci de se plaindre d'oppression. C'est dans cette conviction, concluait l'homme d'Etat britannique, que nous avons considéré la division de la province comme le moyen le plus propre à atteindre une fin avantageuse. » Si, en outre, l'on tient compte de la promesse faite au Bas-Canada de lui conserver ses lois françaises aussi longtemps que non amendées ou abrogées par le nouvel organisme politique, et si l'on y ajoute la répétition, dans l'*Acte* de 1791, des articles et déclarations de 1774 au sujet de la liberté religieuse et des droits civils et politiques réassurés aux catholiques canadiens, par une exceptionnelle concession, tout permettait de voir, en la nouvelle constitution, une politique, hautement libérale. Entendons même, et sans équivoque possible, une consécration renouvelée du fait français au Canada, et même un acheminement de la nationalité canadienne vers la personnalité politique.

Peur de la démocratie à l'américaine et à la française

Toutefois des esprits attentifs à quelques propos des hommes d'Etat anglais et à certains faits contemporains, se seraient-ils défendus de toute inquiétude ? Reportons-nous à la genèse du régime parlementaire dans les provinces anglaises de l'Amérique du Nord après le traité de 1783. Quelles influences ont alors pesé sur l'esprit du législateur impérial ? Un topique revient comme une hantise dans les discours prononcés alors à Westminster et c'est la dénonciation du démon de la démocratie, premier et grand responsable de la perte des colonies américaines. Le fruit funeste aurait mûri dans les parlements coloniaux livrés à la pire démagogie, parce que trop dépourvus du frein constitutionnel de chambres aristocratiques et trop peu contenus aussi par le prestige de gouverneurs indépendants. Fox, whig exalté, se rencontre sur ce point avec le second

Pitt porté au pouvoir après les élections de 1783. Le rôle prépondérant dans les institutions politiques de l'Angleterre, l'un et l'autre l'assignent à la chambre des lords, suprême régulateur de l'équilibre entre le roi et la démocratie. Un mémoire officiel de ce temps-là nous apporte, par exemple, cette conclusion: « Rien ne paraît plus important que de nous efforcer d'établir dans les provinces qui restent [à la Grande-Bretagne] une aristocratie respectable, qui servira à la fois de soutien et de sauvegarde à la Monarchie, d'autant moins puissante en prestige et influence sur le peuple qu'elle en est plus éloignée. » En second lieu, notons bien que l'ère parlementaire débute, au Canada, dans la pleine effervescence de la Révolution française. Les années 1790-1791 sont celles précisément où, selon le mot de Veuillot, « l'orgie des philosophes va tourner à l'orgie des brigands ». Les événements de France ont pu ne pas influer sur le texte même des constitutions canadiennes, arrêté dès 1789. N'ont-ils agi en rien sur l'esprit des politiques et sur la mise en opération du nouveau régime ? Evoquons quelques faits et quelques dates. En Angleterre, l'opinion a d'abord salué avec enthousiasme la prise de la Bastille. Par affinités idéologiques avec les coryphées de la Révolution d'outre-Manche, les intellectuels anglais ont battu des mains. Les politiques, tels que Pitt, persuadés que la France sortirait de l'aventure à jamais ébranlée, ont aidé le mouvement de toutes les forces de la cavalerie de Saint-Georges. Devant la redoutable contagion du virus révolutionnaire, l'opinion anglaise a tôt fait néanmoins de se ressaisir. Les premiers avertissements lui sont venus d'Edmund Burke qui publiait, en 1790, ses *Reflections on the Revolution of France*. Or, la constitution canadienne a été sanctionnée le 10 juin 1791, mais le texte en a été discuté en avril et mai 1791. C'est au cours de ce débat, le 6 mai 1791, que Burke a crié à ses compatriotes: « Fuyez la Révolution française. » Et c'est à ce moment que, dans une scène plus ou moins mélodramatique, l'orateur a consommé sa rupture avec son ami Fox. C'est encore le 20 mai 1791, trois semaines avant la sanction de la constitution canadienne, que le gouvernement britannique édicte ses premières rigueurs contre les écrits séditieux, suspend l'*habeas corpus* et décide de surseoir à la réforme parlementaire dans le royaume. Dans l'île anglaise, les frontières des partis s'effacent. Un torysme antirévolutionnaire gagne jusqu'aux Whigs. « Dans la mesure où la France se faisait révolutionnaire, constate Albert Sorel, l'Angleterre se fit conservatrice. » Quel autre et puissant motif de se précautionner contre le démon de la démocratie au Canada !

L'évolution constitutionnelle en Angleterre

Mais faut-il chercher ailleurs le nœud du problème ? Où en est, en ces années troubles, l'évolution constitutionnelle en Angleterre et quelle doctrine y prévaut ? Impossible de s'expliquer le long conflit politique dans les provinces de l'Amérique anglaise, si l'on n'en saisit les causes à leur source même. Tant d'historiens canadiens ont fait grief, par exemple, aux parlementaires coloniaux d'avoir prétendu devancer la métropole dans sa propre évolution, sans trop se demander où en était cette évolution. Et cette évolution, combien ont commis l'erreur de se la représenter sous l'aspect d'une ligne persévéramment ascendante. L'image précise ne serait-ce pas plutôt celle d'un balancier qui ferait osciller le pouvoir entre les Communes et le roi, et, par le roi, entendons le souverain et ses amis de l'oligarchie ? Au XVIIe siècle, un premier Stuart paie de sa tête l'abus de la prérogative royale; un second la paie de son trône. La Révolution et le *Bill of Rights* de 1688 ramènent le balancier du côté des Communes. Triomphe de la doctrine des Whigs et de leur idéal politique. Les deux premiers Hanovriens s'entendent peu malheureusement en politique et en langue anglaises; le gain des Communes se maintient néanmoins jusqu'à la mort de Robert Walpole. Avec Georges III, celui-ci de naissance et d'éducation anglaises, c'est le retour à la prépondérance royale. Le prince est autoritaire; il entend régner et gouverner. La royauté est d'ailleurs restée distributrice de tous pouvoirs et honneurs. Le développement extraordinaire de la richesse nationale a fait surgir une ploutocratie qui, pour assurer ses privilèges, se serre autour du roi. Le jeu des institutions britanniques va gauchir comme jamais il ne l'a fait. Presque toute différence essentielle disparaît entre les deux Chambres: 71 pairs disposent de 167 sièges à la Chambre des Communes; 91 grands propriétaires, sans appartenir à la Chambre des lords, sont en état de nommer ou de faire élire, pour leur part, 139 autres députés. Ainsi 270 grands électeurs disposent de 306 sièges, c'est-à-dire de la majorité aux Communes. Une parodie semblable du régime parlementaire, sinon pire, prévaut en Irlande. Cent landlords y disposent des deux tiers des sièges à la Chambre basse. Dans le royaume une oligarchie omnipotente tient donc les rênes du pouvoir. En 1785, Pitt a tenté une réforme électorale. Il eût voulu supprimer 36 bourgs pourris, augmenter la représentation de Londres, donner des députés à de grands comtés trop négligés, à des villes comme Manchester, Leeds, Sheffield, Birmingham, qui en sont dépourvues. Le projet de Pitt est défait par une écrasante majorité. A partir de ce moment, le règne de l'oligarchie ne cesse plus de se fortifier. Le corps à corps gigantesque qui, de la Révolution française à la fin de l'empire napoléonien, va faire s'affronter la France et l'Angleterre, entraîne une autre éclipse des libertés parlementaires. Cette fois, c'est toute la nation qui se serre contre le roi et contre le ministère qui a pour chef le second Pitt. N'imaginons pas, sans doute, ces retours à l'autocratie royale, sans quelques remous populaires. L'historien Albert Sorel nous représente une Angleterre qui, certains jours, ferait penser à « une sorte de Pologne insulaire qui ne conserve une consistance apparente que par l'heureux hasard qui l'exempte de voisins ». Des esprits avancés maintiennent à l'affiche la réforme du parlement, agitent même la question du suffrage universel. Ce fait d'importance capitale est néanmoins à retenir que les constitutions octroyées aux provinces anglaises d'outre-mer entrent en opération à une époque de régression de la liberté dans le royaume, régression qui durera jusque vers 1830. Un esprit libéral et même généreux à ses heures comme lord Wellington n'est-il pas de ceux qui professent que le Parlement n'est pas fait pour représenter le peuple, mais pour le gouverner ?

N'est-ce pas aussi l'époque, nous y avons assez insisté, où les hommes d'État britanniques, pour renforcer la structure de l'empire, s'appliquent à roidir le pacte colonial ? Et l'on se rappelle au nom de quelles lois ou exigences vitales, un pays industrialisé comme la Grande-Bretagne, devait s'accrocher plus que toute autre métropole au principe de l'autarchie économique ou du *self supporting Empire*. En développant son industrie bien au delà de sa consommation intérieure et en restreignant son agriculture bien en deçà de la même consommation, la Grande-Bretagne va se créer fatalement la double nécessité d'exporter l'excédent de l'une et de combler par l'importation, le déficit de l'autre. Le moindre arrêt ou la moindre baisse dans ses exportations risque d'asphyxier sa production industrielle. Il y aura même des jours prochains, au temps des premières guerres napoléoniennes, où elle se hâtera de signer la paix d'Amiens, pour ne pas étouffer, nous dit l'historien Madelin, « sous les stocks accumulés de sa marchandise invendue ». D'où la haute surveillance de la métropole sur la politique des colonies destinées à demeurer, par vocation absolue, fournisseuses de produits agricoles et de matières premières et surtout déversoirs irrévocablement ouverts à l'industrie britannique. D'où encore et pour la même raison, l'aversion jalouse de l'Angleterre pour toute velléité d'émancipation coloniale qui risquerait de pratiquer la moindre brèche dans son économie.

Conséquences pour la liberté coloniale

A chacun maintenant de mesurer les redoutables influences qui ont entouré l'avènement de l'ère parlementaire au Canada. Quel miracle eût pu faire sortir de là quelque progrès de la liberté coloniale ? Le nouveau régime se présente hérissé d'aspects ou d'antagonismes apparemment irréconciliables: d'un côté un gouvernement colonial resté en étroite dépendance de la métropole; de l'autre, des chambres démocratiques, un électorat plus évolués qu'en Angleterre, mais freinés par une oligarchie omnipotente. En d'autres termes, un régime qu'on dit parlementaire et qui en a l'apparence, mais combiné avec une centralisation impériale poussée aussi loin qu'au temps de la *crown colony*. En voici d'ailleurs les rouages. Au sommet un gouverneur pour la totalité des provinces anglaises, gouverneur unique, réunissant dans ses mains pouvoirs civils et militaires (suppléé, hors du Bas-Canada, par des lieutenants-gouverneurs), véritable vice-roi qui règne et gouverne, libre de consulter ou de ne pas consulter son Conseil exécutif, responsable, bien entendu, au seul gouvernement métropolitain, et, d'autre part, fortement dépendant de ce même gouvernement, limité dans son initiative, dans la sanction des lois provinciales, obligé de compter avec le droit de *réserve* du gouvernement de Londres, en matière de finance, de fisc, de justice, dans la nomination des fonctionnaires, engagé, par serment spécial et sous peine de destitution, à la surveillance des lois de commerce. En face de ce proconsul, et trop souvent se comportant comme tel, des Chambres électives aussi dissemblables que possible des Communes anglaises. Chambres profondément démocratiques en leur composition comme en leur esprit, élues par un suffrage presque universel, en des pays habités surtout par des petits propriétaires fonciers. Entre ces deux, le gouverneur et la Chambre élective, discerne-t-on au moins quelque pouvoir modérateur, un instrument de liaison, pour articuler, agencer en ses parties diverses la machine politique? Nullement, mais deux Conseils, l'un exécutif, l'autre législatif, les deux hors des prises du peuple et de la Chambre, recrutés par le gouverneur et par Londres, composés en grande partie des mêmes personnages, versés l'un dans l'autre, au surplus, les deux, alliés du gouverneur, et placés près de lui pour l'épauler dans l'exercice de ses pouvoirs autocratiques. Car c'est bien là l'étrange esprit de ce régime parlementaire, que l'on y songe moins à détendre l'absolutisme d'hier qu'à le fortifier. Gouverneurs, lieutenants-gouverneurs, insistent les premiers pour obtenir les pleins pouvoirs, en particulier, pour n'être pas gênés par leur Exécutif. De même, à l'encontre de Fox qui eût voulu un conseil électif élu au suffrage restreint, également indépendant du peuple et du gouverneur, Pitt a opiné pour un conseil oligarchique, strictement loyaliste, dont le rôle serait de protéger avant tout les intérêts de la métropole et de brider les ambitions ou les empiètements prétendus ou réels des Chambres coloniales.

Il importe de bien saisir les illogismes de ce nouveau régime inauguré le 26 décembre 1791. On a si mal compris le demi-siècle d'agitation politique qui a suivi. Les uns n'y ont vu qu'une lutte stérile de préséance entre deux chambres coloniales; d'autres qu'une mesquine querelle autour du vote des crédits publics; d'autres enfin, et c'est le cas de Durham, ont réduit les luttes du Bas-Canada à de misérables chicanes de races envenimées de passions de primitifs. Se peut-il plus puéril rétrécissement de l'histoire! Si l'on se rappelle les espoirs de 1791, espoirs de liberté politique et d'épanouissement national dans le Bas-Canada, quel redoutable malentendu révèlent en leur fond les nouvelles institutions. Ce sera, sans doute, une constante de l'évolution constitutionnelle des colonies britanniques que l'opiniâtreté de la métropole anglaise à perpétuer, à chaque étape, le plus possible de l'ancien état de chose. Mais, en 1791, qui croyait et qui pouvait croire à la possibilité d'une duperie? Une jeunesse existe alors, au Canada français, comme d'ailleurs aux Antilles et en Amérique latine, qui a lu les philosophes du 18e siècle et qui suit, avec un enthousiasme naïf et mystique, la Révolution de France. La constitution apparemment libérale de 1791 lui parut entrer dans ce contexte historique. Absolument emballée, cette jeunesse a voulu fêter le grandiose événement. Québec a allumé ses lanternes. A Montréal comme dans la capitale, les hommes des deux races ont demandé à festoyer fraternellement. On a bu « plusieurs santés loyales »; on a chanté le *God Save the King* traduit en français et quelques « chansons analogues ». Et pour se donner l'illusion d'une prise de quelque Bastille, en « des transports délirants », nous dit la *Gazette* de Québec, on a bu aussi des toasts où l'on a prôné l'abolition de la tenure seigneuriale, les gloires de la Révolution de France, de la Révolution de la Pologne, enfin l'avènement « de la vraie liberté dans tout l'univers... jusqu'à la Baie d'Hudson... »

Quelles naïvetés et combien lourdes de désenchantements ! Ces esprits livresques ont cru à la liberté telle qu'entrevue dans les utopies des encyclopédistes. La réalité va leur offrir le plus dangereux mélange de dictature et de démocratie: un régime notablement en retard sur les institutions des colonies anglo-américaines d'avant l'indépendance, et ce qui est plus grave, non moins en retard sur l'état social des provinces canadiennes, pays non point de landlords, mais pays de propriétés décentralisées et où chaque sujet se sait investi du droit de suffrage. En définitive, le gouvernement métropolitain allait tenter cette chimère de faire collaborer un élément trop populaire avec un élément trop oligarchique, des exécutifs plus autocrates qu'en Angleterre, avec des chambres électives plus démocratiques que les Communes anglaises. Ou, si l'on veut encore, on s'acharnerait à fonder un régime parlementaire sur le règne de la minorité. A vraiment parler 1791 serait-il autre chose que la continuation du régime de la *crown colony* derrière l'écran d'un parlementarisme truqué ? Mais alors comment se dissimuler le péril d'un système de gouvernement aussi paradoxal, en particulier dans un pays comme le Bas-Canada, où, par la composition des Conseils réservés en grande majorité aux anglophones, les deux groupes ethniques vont s'opposer dans une proportion qui ne variera guère: 156,000 âmes de population française contre 10,000 Britanniques en 1791, puis, vers 1810, 300,000 Canadiens français contre 25,000 Anglais ou Américains, et enfin, trente ans plus tard, 500,000 contre 75,000 ? L'avenir est trop facile à prévoir. On se proposait de brider le démon de la démocratie; on n'allait que plus sûrement le déchaîner. Fox avait dit: « Je suis convaincu que le seul moyen de conserver les colonies lointaines est de leur permettre de se gouverner elles-mêmes. » Pendant plus d'un demi-siècle les autorités britanniques tenteraient d'imposer aux provinces de l'Amérique du Nord, le régime rétrograde qui avait poussé les treize colonies à l'insurrection.

Nous voici bien à la genèse du conflit. Il nous reste à en suivre l'aggravation constante, puis l'explosion fatale.

CHAPITRE DEUXIÈME

Formation des partis

Le parti anglais. — Le parti français. — Louis-Joseph Papineau.

Le parti anglais

L'évolution constitutionnelle des colonies britanniques s'est accomplie selon un processus organique et régulier. Leur histoire nous montre, en effet, des courbes ou des étapes parallèles à celles de l'histoire métropolitaine. Partie, en Angleterre, de cette simple et partielle limitation du pouvoir royal qu'est la Grande Charte, l'évolution aboutit au parlement unique, puis au dédoublement de ce parlement, puis à la prépondérance des Communes, puis à l'exécutif responsable aux Communes, paravent, écran entre la royauté et les Chambres. Ainsi en va-t-il dans les possessions d'outre-mer. Où donc retracer la cause, le principe actif de cette évolution ? En l'essence même, en quelques vertus secrètes des institutions britanniques ? Ou encore, ainsi que le voudrait un dévot loyalisme, en la générosité de la métropole, en son intelligente et progressive initiation de ses jeunes peuples à la liberté ? Ou encore, et c'est une troisième hypothèse, les idées de *self government* et d'indépendance, l'Angleterre n'en aurait-elle point suscité, hâté inconsciemment l'éveil, dans ses Plantations ou ses jeunes Dominions, par une politique trop centralisatrice et souvent rétrograde ? Après les Etats-Unis, le cas le plus propre à cette étude historique, ne serait-ce pas celui des provinces canadiennes, et en particulier, du Canada français ?

En quel lieu de l'empire, en effet, a-t-on jeté avec plus de prodigalité et plus d'imprudence, tous les germes des habituelles discordes entre métropole et colonie ? Ancienne colonie française érigée en province française, pour vivre et se développer, lui avait-on fait entendre, selon l'esprit de ses traditions et de sa culture, le Bas-Canada avait le droit d'espérer, sinon la pleine autonomie, à tout le moins, avons-nous dit, l'influence prépondérante en son gouvernement. Or, au lendemain de 1791, que nous révèle la composition de son personnel politique et administratif ? Dans le premier Conseil exécutif, sur 8 membres, 4 Canadiens français, et parmi ces quatre, un anglicisé notoire; au Conseil législatif, sur 16 membres, 9 anglophones, 7 Canadiens français. Proportion ethnique bel et bien arrêtée dans la haute sphère du gouvernement, pour près d'un demi-siècle. De 1793 à 1828, sur 31 personnes nommées au Conseil exécutif, 25 seront d'origine anglaise, 6 d'origine française. Même inégalité choquante dans la magistrature. De 1800 à 1834, sur 30 juges portés sur le banc, à peine relève-t-on 11 Canadiens français. A tous les échelons de l'administration, un favoritisme aussi avide renforce les positions de la minorité. Avant même 1791 le partage des fonctions et des salaires révélait déjà la plus insigne partialité. Pas un seul Canadien français ne figure, dès ce temps-là, parmi les hauts salariés; la partialité se perpétue sous le nouveau régime démocratique. Dans le personnel des douanes, des postes, de la voirie, dans le personnel parlementaire, pas un seul Canadien d'origine française, ou, pour lui, l'emploi de second ordre et le bas salaire. Ainsi, et nous nous excusons de le redire, pas plus après 1791 qu'après 1774, le conquérant n'a fait confiance à la population française du Bas-Canada. Et s'il avait résolu d'organiser la vie politique de la colonie sur une opposition voulue, calculée des deux races, on peut se demander s'il s'y serait pris autrement. Lors des banquets pour l'inauguration du régime, l'on avait pourtant bu une santé comme celle-ci: « Que le mérite soit la seule distinction parmi les hommes ! » Quelle erreur, en particulier, et difficilement pardonnable que l'ostracisme pratiqué à l'égard de la classe aristocratique du Bas-Canada. Les grands propriétaires n'avaient-ils pas donné suffisamment de preuves de leur esprit conservateur et loyaliste ? Qu'on leur eût fait, dans les Conseils, leur juste part, celle de la majorité, et qui ne voit quelle autre tournure eussent pu prendre les événements ? Entre les deux Chambres, le conflit politique fût resté peut-être inévitable. Mais se fût-il envenimé de passions raciales ?

On nous dira, sans doute, que nous n'assistons là qu'à une transposition des mœurs et pratiques de la nouvelle féodalité en Angleterre. Pour cette féodalité c'est la belle époque. Elle tient le Parlement; elle tient l'armée où ses cadets achètent tous les grades; elle tient en grande partie la marine; elle tient surtout l'administration régionale, la justice publique, et encore l'Eglise, puisqu'il semble, dit un historien, que l'église anglicane ait pour objet « d'orner au moins d'un gentleman toutes les paroisses du royaume ». Puisque ainsi vont les choses dans la métropole, qu'il n'y suffise pas du talent ni même du génie pour parvenir aux hauts emplois, et qu'en 1807, par exemple, William Pitt ne confie le Foreign Office à Canning, fils d'une actrice, que faute d'un grand seigneur d'un minimum de compétence pour l'emploi, en ce cas, dira-t-on, pourquoi se scandaliser que, par suite d'un nécessaire décalage, le premier titre nobiliaire aux colonies, pour accéder aux postes élevés, soit la naissance britannique ? Explication qu'on jugera, sans doute, légèrement consolante si l'on songe aux conséquences politiques et sociales de pareils éléments de division. Car enfin ce groupe de favoris et de fonctionnaires, recruté trop exclusivement dans la minorité, peut-il bien ne pas s'organiser en parti et en prendre figure ? Le jour où ces parvenus et leur clientèle, installés à tous les postes de commande, à toutes les positions-clés, se seront taillé des fiefs de grands seigneurs à même le domaine public et posséderont leur journal bien à eux, l'agressif *Mercury,* chacun aperçoit de quelle puissance le groupe se sentira armé. Au reste, pendant vingt ans et plus, une sorte de triumvirat national va l'inspirer et le diriger: l'évêque anglican, Jacob Mountain, le juge en chef, Jonathan Sewell, Herman Ryland, secrétaire des gouverneurs. Un heureux ensemble de circonstances a d'ailleurs favorisé les ambitions de l'oligarchie naissante. Du départ de lord Dorchester en 1766 jusqu'à l'arrivée de Craig en 1807, le pays sera gouverné, sauf pendant un an au plus, par des lieutenants-gouverneurs ou de simples administrateurs. La caste en profite habilement pour saisir ce qu'elle peut du pouvoir en déshérence. Dans l'intervalle, elle a essayé ses forces. Les démêlés de Dorchester avec le juge en chef d'alors, ceux de Prescott avec le Conseil exécutif, démêlés où les chefs de gouvernement n'ont pas eu le dessus, ont appris à la faction ce qu'elle peut oser. Qui ne saisit la portée de pareils faits ? L'événement considérable, dans la vie du Bas-Canada et bientôt dans les autres provinces britanniques, c'est la naissance presque spontanée de ce premier parti qui va fausser si singulièrement le jeu des institutions parlementaires. Appelé par les officiels le « parti anglais », ou encore le « parti loyal », en dépendance directe des gouverneurs, se confondant avec eux, les soutenant et, tout aussi souvent les subornant, le moindre méfait de cette oligarchie coloniale ne sera point de ravir au représentant de la couronne son rôle naturel d'arbitre, pour l'engager dans toutes les querelles partisanes.

Le parti français

Mais ce parti n'en appelle-t-il pas fatalement un autre ? De quel œil la majorité, dans le Bas-Canada, a-t-elle suivi la mise en opération du nouveau régime ? On le sait, elle ne l'a pas vu venir comme une absolue nouveauté. Les institutions parlementaires ne s'offrent pas moins au Canada français comme une importation plutôt artificielle. Elles ne s'y implantent point à la façon dont l'anglomanie politique d'alors les fait s'introduire en maints pays adultes, assez vigoureux pour les adapter au génie national. Elles arrivent au Bas-Canada comme un vêtement tout fait et dont le principal mérite est de s'ajuster à la mode universelle. D'où, pour une part, sans doute, l'heure d'euphorie et même d'emballement candide vécue par la jeune génération et par quelques autres. Un Alexandre Dumas, arrivé au Canada vers 1755, se laisse emporter jusqu'à s'écrier en 1792, devant le Club constitutionnel de Québec: « Pensez et réfléchissez, Messieurs, qu'il est impossible à l'espèce humaine d'étendre son bonheur civil sur cette terre, au delà de celui dont vous êtes à la veille de jouir si vous le voulez... »

Le réveil serait dur et prompt. La première session du Parlement de Québec à peine ouverte, la petite minorité britannique engage d'assez désagréables controverses: l'une sur le choix de l'orateur qu'elle eût souhaité l'un des siens; l'autre, sur la langue des débats et des lois qu'elle eût voulue unique et anglaise. Controverses où la majorité a gagné son point, mais non sans quelque échauffement de passion. Douze ans passeront néanmoins de relative harmonie. Courte période où la Chambre, d'abord dominée par les éléments conservateurs, change d'esprit et de physionomie. Une évolution sociale se produit rapidement dans la province. Emigré de l'intérieur, le seigneur s'éclipse. Milnes, puis Craig le constatent un peu alarmés: dans la paroisse, le principal personnage n'est plus le seigneur, mais le prêtre, et après le prêtre, le capitaine de milice; et l'habitant continue son ascension. Victime des lois françaises qui régissent l'héritage, le féodal voit fondre son domaine à chaque génération et s'écrouler peu à peu son train de vie, cependant que son vassal, note Robert Shore Milnes, aussi maître chez soi que son seigneur et « pouvant se procurer d'une année à l'autre, les choses nécessaires », [constitue] « la race la plus indépendante que je connaisse ». Dans les années de 1794 à 1796 quelques lois impopulaires, celle de la milice, celle des chemins où les seigneurs ont fait du zèle, ont encore éloigné d'eux leurs censitaires. La conséquence est que, d'élections en élections, la Chambre se démocratise. Dès le parlement de 1796, le groupe des seigneurs est déjà réduit des deux tiers. On n'en compte plus que 7 en 1808, parmi 15 hommes de loi et 14 cultivateurs. Les plus importants d'entre eux sont passés dans les Conseils. Encore là, placés, nous dit le Dr Labrie, « dans une minorité désespérante, incapables d'y faire adopter les mesures les plus utiles, si elles ne sont appuyées du fiat de l'Exécutif », ces quelques seigneurs finiront-ils par pratiquer l'absentéisme. Le groupe anglais subit une diminution parallèle. Il n'a jamais excédé le nombre de 15 à 16 députés. Il est réduit à 10 en 1810. Prévost peut écrire à Bathurst en 1814 que ce groupe, pour son appui donné à Craig, « a perdu son influence d'autrefois dans la Chambre ». Désormais, à qui ira la direction de la vie publique ? A des hommes nouveaux: hommes de loi, avocats et notaires. Et l'état d'esprit de cette génération, on l'imagine facilement. Après la conquête, le Canada français a refusé de sombrer dans l'indigence intellectuelle. L'essor des collèges et des couvents y a précédé le développement de l'enseignement populaire. La génération des nouveaux parlementaires sort tout juste de ces institutions que le juge en chef Sewell appelait des « écoles de bigoterie » et qui enseigneraient même « une forte partie de la jeunesse anglaise ». Toute loyaliste et britannique que soit d'esprit cette jeunesse canadienne, elle n'a rien abdiqué de ses sentiments français, pas plus, du reste, que l'ensemble du peuple. Craig, Sewell, qui y mettent l'accent, nous disent ce peuple « complètement français, par la langue, la religion, l'attachement, les coutumes », rattaché à la population anglaise « par le seul lien d'un gouvernement commun », nourrissant même à l'égard des anciens sujets « des sentiments de méfiance, de jalousie et d'envie... » « Leur attachement à la France est incontestable », appuient le gouverneur et son acolyte, attachement ou fierté où entrerait, pour une part, présument-ils, le prestige militaire de Bonaparte, considéré, au surplus, depuis le concordat « comme le restaurateur de la religion catholique romaine ». Pour entretenir la flamme sacrée, les chefs de cette génération, il est intéressant de le noter, recourent au moyen classique de tous les peuples en éveil: le retrempement aux sources de l'histoire. Craig nous les représente, s'employant, dans les colonnes du *Canadien,* « à faire le récit des guerres de 47 et 56 dans lesquelles les prouesses des Canadiens ont brillé à un si haut degré, et à énumérer avec emphase les avantages et les victoires de ces derniers ». Evoquant cette période, M. A.R.M. Lower écrit dans son *Colony to Nation:* « Les Canadiens se découvraient eux-mêmes comme un peuple... Un siècle et demi d'histoire revenait à la vie. » Les Canadiens ont fréquemment à la bouche, nous dit-on encore, l'expression de « nation canadienne », rêvent de former « une nation séparée ». Et si vigoureux s'affirmerait cet irrédentisme qu'au témoignage toujours de Craig et de Sewell, la langue de la Chambre, même pour les députés anglais, serait devenue la langue française qui prédominerait « presque universellement jusque dans les cours de justice ».

Ainsi se présente cette génération de 1810 qu'il fallait décrire pour comprendre le prochain cours de l'histoire. C'est pour s'être heurté à elle que James Craig, visionnaire facilement porté à l'hyperbole, verra, dans l'Assemblée législative de son temps, « la Chambre la plus indépendante qui existe dans n'importe quel gouvernement connu en ce monde ». Elevée dans une atmosphère trouble, celle de la révolution américaine, puis celle de 1789, la jeune génération canadienne entre dans la carrière avec l'élan un peu farouche d'une classe nouvelle déterminée à se tailler une place dans la vie sociale, économique, politique de son pays et qui se trouve en face d'avenues déjà occupées et fermées par une oligarchie d'accapareurs. Craig ne nous a pas laissé ignorer, en effet, les raisons de cette première forme d'anglophobie parmi les Canadiens. C'est, écrit-il à Liverpool, « que leurs moyens ont diminué graduellement à mesure que les nôtres ont augmenté ». Mais alors que manque-t-il à cette génération d'hommes pour constituer à son tour un parti en face du parti oligarchique ? Pas même un chef. Le chef est déjà au milieu d'elle. N'insistons pas de nouveau sur le rôle de ces personnages, dont l'on a tantôt surfait et tantôt minimisé le rôle, faisant d'eux, avec Carlyle, Renan et Victor Cousin, les suprêmes fabricants de l'histoire, ou les réduisant, avec Herbert Spencer, à un simple produit de leur milieu social, effet de ce milieu avant d'en opérer la transformation. Rappelons-nous seulement, comme nous l'avons fait pour Louis XIV, Colbert, Talon, La Galissonnière, quelle singulière impulsion ces grands visionnaires doublés de grands volontaires peuvent donner à l'histoire de leur temps.

Voulons-nous bien juger Louis-Joseph Papineau, surtout le Papineau d'avant 1837 ? Avant toute chose, libérons-nous la mémoire des images plus ou moins caricaturales que nous a trop longtemps présentées du personnage l'histoire loyaliste ou colonialiste, ce qui est tout un. Non qu'il faille se cacher les défauts ou les lacunes de l'homme, ses erreurs de tactique, ses obstinations en de trop manifestes erreurs, ni non plus sa foi perdue au temps de la jeunesse et qui le laissera mal protégé contre les idéologies de 1830 et de 1848, et contre le pessimisme amer, épreuve des militants trop longtemps vaincus. Un fait nous retient: son indéniable prestige et la durée de ce prestige sur ses compatriotes. Dans son entourage et parmi ses adversaires, quand on veut plaisanter, on l'appelle volontiers « le roi Louis-Joseph 1er ». Le premier et pendant vingt ans — durée exceptionnelle au sein d'une race si portée à la division — Papineau exerça une sorte de royauté populaire. Son prestige se mesure encore à ses fortes prises sur ses collègues, ses lieutenants, sur des hommes au fond modérés et placides tels que John Neilson, Jules Quesnel, LaFontaine, Morin. Prestige qu'il doit, pour une part, à ses qualités physiques: fils d'arpenteur qui a la prestance d'un seigneur de vieille souche; qu'il doit encore à un rare don d'éloquence, à son patriotisme profond et ardent qui fera de lui l'incarnation de sa petite nationalité. Beaucoup de ses lettres à sa famille, à ses amis, nous le montrent enchaîné à sa tâche comme à une mission. Mais quelles sont ses idées politiques ? On ne saurait les trouver que dans sa correspondance considérable, mais encore mal réunie et dans ses discours dont il ne reste que des textes assez mal sténographiés, conservés par les journaux. Papineau a peu écrit, aussi pauvre écrivain du reste que puissant orateur. Ne voir toutefois dans les idées de cet homme qu'un fond d'anglophobie serait se méprendre grossièrement. Comme la plupart des parlementaires de son entourage, Papineau n'était pas un antibritannique; il le devint. Fervent lecteur de l'Encyclopédie, admirateur de Voltaire, de Montesquieu, il leur avait emprunté le culte des institutions anglaises. Culte assez à la mode parmi ses compatriotes. Relisons son discours prononcé en juillet 1822, à la mort de Georges III. Après Mgr Plessis qui inaugure ce thème oratoire en 1799, lors d'une manifestation en l'honneur de l'amiral Nelson, après Pierre Bédard qui s'y essaie à son tour dans le *Canadien* du 4 novembre 1809, Papineau reprend le parallèle entre le régime français et le régime anglais au Canada, et pour faire du premier le symbole de la liberté, et du second le symbole du despotisme. Avant qu'il y eût en lui un démocrate français à la mode romantique de 1830 et de 1848, il y eut en Papineau un Américain d'avant l'Indépendance, et disons-le, un franc Britannique, ou, pour dire mieux, un Britannique de raison française. De l'Américain, il tient sa conception d'un parlementarisme largement évolué, celui des anciennes treize colonies: ce qui explique son aversion pour le retour offensif de l'impérialisme économique et politique de la métropole et pour l'autocratie des gouverneurs et des Conseils; du Britannique, il tient sa foi au principe évolutif des institutions anglaises. Dépouillé de tout fétichisme pour les textes constitutionnels, il n'y voit rien de figé, d'inexorable; il n'y voit que des formules dont il convient d'éprouver la féconde élasticité. Sa logique de Français le fera se constituer l'inflexible exécutant de ce qu'il croit être la politique de 1791, suite, développement naturels selon lui, de la politique libérale de 1774.

L'heure où il arrive sur la scène pourrait encore expliquer et l'homme et son rôle. Entré à la Chambre du Bas-Canada en 1808, à l'âge de 22 ans, il en devient le président — c'est-à-dire à cette époque, le *leader* — en 1815, âgé d'à peine 29 ans. Le Bas-Canada est à une heure particulièrement critique. La période de 1840 en a trop fait oublier une autre qui ne l'est pas moins, celle de 1800 à 1812. C'est pourtant, en ce temps, que le groupe de Milnes, Craig, Sewell, Ryland, Mountain, groupe trop bien compris et appuyé par le ministre Portland, ourdissait la politique antifrançaise qui devait prendre forme trente ans plus tard. Tout s'y trouve et peut-être plus adroitement combiné qu'au temps de Durham, de Russell et de Sydenham. « Cependant cette province doit être convertie en une colonie anglaise, sinon elle sera finalement perdue pour l'Angleterre », avait prononcé Sewell. Et c'était déjà l'incompatibilité prétendue et tant de fois rebattue d'un Bas-Canada qui serait à la fois français et loyal à la couronne britannique. C'est encore de 1800 à 1812 qu'il faut dater la première conspiration de l'oligarchie pour bloquer l'évolution constitutionnelle, assujettir la Chambre basse, asseoir le règne de l'exécutif et par tout un ensemble de moyens impressionnants: achat des chefs du peuple, du clergé, des capitaines de milice, emploi, à cette fin, de l'intimidation, de l'or, des honneurs; ressaisie du patronage de l'Eglise romaine, remaniement du cens électoral, du cens d'éligibilité, refonte de la carte électorale; mainmise sur l'enseignement public, et pour noyer la population canadienne-française et inonder les seigneuries d'immigrants britanniques et américains, abolition de la tenure seigneuriale. Enfin, et pour couronner le tout, venait le projet d'un appel suprême au parlement impérial, pour une assistance financière, pour la constitution de revenus indépendants de la Chambre, pour la suppression de la constitution canadienne, pour l'union des Canadas, et même — et déjà — parce que l'on croit à une échéance fatale, le recours aux armes. « Si la prédilection pour ce qui est français dans la grande partie des habitants », cause première du malaise politique, continue à se développer, soutenait Sewell, une crise rendra « nécessaire l'intervention par la force. En ce cas la situation et la condition futures du Canada se décideront par un recours aux armes. » C'est dans cette perspective que le rôle de Papineau prend tout son sens.

La même perspective explique la naissance et l'existence orageuse du journal le « Canadien ». Sous un régime d'opinion, un parti politique ne se passe point de quelque forme de presse. L'oligarchie du Bas-Canada possédait son journal, le *Mercury*, fondé en 1805, et dont le juge en chef Sewell était l'inspirateur. L'année suivante naissait le *Canadien*, non le premier journal de langue française, mais le premier journal politique en cette langue. Journal d'opposition qui se fera malaisément sa place, si l'on tient compte du sort fait, en ce temps-là, dans la libre Angleterre, à la presse indépendante et même à la presse en général. L'époque de la Révolution française et de Napoléon a vu s'accumuler les lois répressives de Pitt contre la liberté de parole. La presse, on n'ose pas toujours l'attaquer de front; on la brime de mille façons; on fait du journal un objet de luxe, par l'imposition d'un droit de timbre de quatre sous l'exemplaire. On tolère à peine les journalistes dans les tribunes du parlement; pour les écarter, on va jusqu'à déplacer les heures d'ouverture. Le *Morning Chronicle*, le *Morning Post*, le *Courier*, le *Times*, tout puissants qu'ils sont, — le tirage du *Times*, à cette époque, ne dépasse point toutefois 100,000 exemplaires — voient planer constamment sur eux les foudres du gouvernement. Accueilli glacialement par une partie de l'opinion canadienne-française et du clergé, le *Canadien* ne pouvait guère attendre plus chaleureuse bienvenue de la part des bureaucrates de l'oligarchie. Au simple bruit de sa naissance prochaine, le *Mercury* écrivait déjà: « Le moment actuel est-il bien opportun pour lancer des publications tendant nécessairement à rendre la province encore plus française quand elle l'est déjà trop ? Et cela en opposition à un journal anglais dont les effets bienfaisants sont généralement reconnus... Jusqu'à un certain point la langue française est en ce moment une chose inévitable en cette province; mais la cultiver au delà de ce qui peut être nécessaire, et de manière à la perpétuer dans une colonie anglaise, cela ne saurait être excusé surtout dans le moment actuel... Après quarante-sept ans de possession britannique, il est temps que la province de Québec devienne anglaise. »

Voilà bien deux partis en présence, fournis de leurs chefs et de leurs cadres. Les documents officiels ont d'ailleurs adopté le mot. S'ils désignent l'oligarchie comme le « parti anglais », ils désignent l'autre comme le « parti français » et ils le confondent avec la majorité de la Chambre. Avec de telles étiquettes et les antagonismes qu'elles évoquent, comment ne pas pressentir les crises prochaines ?

CHAPITRE TROISIÈME

Théories ou doctrines constitutionnelles

Origine des heurts. — Théories des corps politiques.

Origine des heurts

Opposition de *two ways of life.* Formule, selon un historien canadien, qui, après la conquête, exprimerait le fond du conflit entre les deux races au Canada. Les uns entendraient par là: d'un côté, une société de commerçants et d'hommes d'affaires, pressée de vivre et qui trouverait sa joie de vivre dans la course à l'or, à la richesse, et dans l'exploitation acharnée du terrestre; de l'autre, une société d'essence plutôt paysanne qui prendrait le temps de vivre, qui, sans exclure le progrès matériel, le ferait entrer dans une synthèse élargie, n'y verrait ni l'unique ni la première source du bonheur, ni le suprême emploi de l'existence humaine. D'aucuns élargiraient encore cette perspective. Conflit de deux conceptions de vie, sans doute, mais tout autant conflit de deux formes d'esprit: l'une qui n'aimerait guère s'emprisonner dans les textes trop précis des constitutions, qui préfère se prêter à la loi de l'intérêt, de l'expérience, au passager, à l'évolutif; l'autre qui croit au droit écrit, aux formules abstraites du romanisme et du cartésianisme, forme de la raison française et de son impérieux besoin de logique, qui n'admet de principes que pour en tirer hâtivement les dernières conséquences, véritable virus au sein de l'empirisme britannique, capable de le faire exploser. Au principe de tout néanmoins, et par delà ces divergences qu'on peut croire secondaires, ne serions-nous pas en présence d'un problème qui, pour l'un au moins des antagonistes, serait tout simplement un problème de vie ? Problème de gouvernement, si l'on veut davantage préciser, mais qui poserait la question d'être ou de ne pas être ? Et voilà qui nous ramène à la souveraine équivoque déjà relevée. Colonies et métropole se seraient-elles méprises sur le sens ou la portée du régime inauguré en 1791 ? Quelle sorte ou quelle somme de libertés politiques l'Angleterre a-t-elle alors consentie à ses provinces de l'Amérique du Nord ? Le régime parlementaire apportait-il les prérogatives du *self government* ? Les chartes coloniales sont-elles oui ou non une copie fidèle de la constitution-mère ? Là peut-être gît le nœud de la question.

Indéniablement, dans le Bas et dans le Haut-Canada, l'on a cru à la « copie fidèle ». Elu à la présidence de l'Assemblée législative de Québec, J.-A. Panet se hâte de réclamer pour la Chambre « la liberté de parole et en général les immunités et libertés dont jouissent les Communes de Grande-Bretagne, notre mère-patrie ». Dans la bataille constitutionnelle qui va s'engager, toute la stratégie de la Chambre s'inspire de la même illusion ou persuasion. En 1834, dans la 79e des 92 Résolutions, pour bien marquer qu'elle n'a jamais fléchi dans son interprétation de la Charte de 1791, elle proclame « Que cette Chambre, comme représentant le Peuple de cette province, possède le droit, et a exercé de fait dans cette Province, quand l'occasion l'a requis, les pouvoirs, privilèges et immunités réclamés et possédés par la Chambre des Communes du Parlement dans le Royaume-Uni de la Grande-Bretagne et d'Irlande ». Deux ans plus tard, à propos d'instructions de Londres, irrégulièrement communiquées à l'Assemblée législative de Québec, Papineau osera dire: « Le Roi, dans les communications qu'il nous adresse à nous... qui de droit et de fait, ainsi que toutes les autres assemblées, possédons, dans les limites de la colonie, les mêmes privilèges qu'ont réclamés et exercés en Angleterre les Communes, doit observer les mêmes formes et la même déférence à notre égard qu'à l'égard des Communes de son Royaume. » Même façon de penser dans le Haut-Canada. En 1818, un comité de la Chambre, puis toute la Chambre elle-même, dans une « adresse » au prince régent, font cette déclaration catégorique: « Votre comité n'ignore pas que cette colonie a été dotée de la glorieuse constitution britannique dans toute l'étendue de ses pouvoirs et de ses privilèges... » Les autorités métropolitaines, soit elles-mêmes, soit par leurs représentants, n'ont-elles pas entretenu l'équivoque ? Dans le Bas-Canada, à la requête du président Panet qui a réclamé les immunités et libertés des Communes anglaises, Sir Alured Clarke fait une réponse ambiguë, plus propre à favoriser l'illusion qu'à la détruire: « La Chambre peut compter qu'on lui permettra le libre exercice et l'entière jouissance de tous les droits légitimes et privilèges convenables. » En 1795 le lieutenant-gouverneur Simcoe, s'adressant au parlement du Haut-Canada, définit la constitution de 1791 « comme la *Magna Charta* de la colonie » et déclare se faire un « devoir » de tout calquer autant que possible dans cette province sur le gouvernement et la constitution britanniques. Sans doute, la métropole va-t-elle rabrouer sans retard ces prétentions. Simcoe se fait dire, par le ministre Portland, que « la tâche d'assimiler en tous points une colonie à la mère-patrie n'est pas possible et, serait-elle possible, ne saurait être entreprise prudemment ». En 1810 Liverpool appuie les prétentions du gouverneur Craig. La relation de dépendance ou de subordination entre un exécutif colonial et une Chambre coloniale, fait observer Liverpool, ne saurait être celle « qui existe si avantageusement entre la Couronne et le Parlement du Royaume-Uni ». Ce ne sera pas toutefois avant 1815 que les juristes de

Lincoln's Inn seront appelés à se prononcer sur ce cas de droit constitutionnel. Et s'ils contestent la parité des privilèges entre Chambres coloniales et parlement impérial, encore les savants avocats n'osent-ils ou ne savent-ils déterminer exactement où finissent les privilèges des premières. Dans un document qui est bel et bien de 1836, Lord Glenelg glisse encore cette déclaration qu'en 1791 le Parlement avait essayé « d'implanter sur le sol américain la constitution britannique en élaborant une constitution nouvelle qui semblait alors la copie presque parfaite de l'original ». Se pouvait-il plus graves ambiguïtés et plus propres à provoquer les pires conséquences ? Aussi les chocs vont-ils se multiplier dès les débuts du régime, et pas rien que dans le Bas-Canada que trop d'historiens nous représentent comme le royaume par excellence de la chicane constitutionnelle. Simcoe se plaint d'avoir trouvé la Chambre du Haut-Canada « tenace et entêtée », dès sa « première convocation ». Et naturellement, comme en toute évolution du système parlementaire, c'est tout de suite à propos d'administration des finances, du mode d'imposition des droits et du vote du budget, que s'affrontent les corps politiques. Ce qui nous amène à définir, de part et d'autre, les théories ou positions constitutionnelles.

Théories des corps politiques

En accord logique avec tout le système, l'exécutif, c'est-à-dire au fond le gouverneur, revendique, en matière de finance ou de budget, l'exercice de pouvoirs autonomes, sinon même indépendants. Ce qui implique toute une série de prétentions ou conséquences: irresponsabilité absolue de l'exécutif envers la Chambre populaire, initiative indépendante dans la présentation des lois, vote global d'une liste civile pour la vie du roi, et sans le droit de regard de la Chambre populaire sur les émoluments des fonctionnaires de l'exécutif; autonomie pareille pour tout service d'Etat ressortissant à la seule responsabilité de l'Exécutif: administration des terres de la couronne, défense militaire, relations commerciales avec le Royaume-Uni ou le reste du monde. Le gouverneur prendra donc aussitôt l'habitude d'approprier, de sa propre autorité, une certaine catégorie de fonds: fonds du revenu de la Couronne, revenu casuel et territorial, tel qu'établi antérieurement à la conquête, puis affecté, par le gouvernement impérial, depuis 1794, à l'administration civile de la province; fonds provenant des droits perçus dans la province en vertu de l'*Acte du revenu de 1774* (loi du Parlement impérial avant l'avènement du régime parlementaire); à quoi s'ajoutent les fonds des « extraordinaires de l'armée », ceux-ci tirés de la caisse militaire de la métropole et employés, le cas échéant, à combler les déficits des administrations civiles ou politiques des colonies.

Le conseil législatif, promu au rôle de contrefort de l'exécutif colonial, au reste, en dépendance directe de l'Exécutif, puisque composé, pour une grande part, de membres du Conseil exécutif ou de grands salariés tenant leur emploi de l'Exécutif, va s'appliquer à restreindre, lui aussi, la juridiction de la Chambre élective. Les prétentions de la haute Chambre peuvent se résumer comme suit: refus de collaboration avec la Chambre en tout projet de loi impliquant une dépense des deniers publics non approuvée par le gouverneur, et dont la somme n'aurait pas été déterminée par ce dernier; dans le vote du budget, revendication non seulement du droit d'approbation ou de rejet, mais encore du droit d'amendement; et, pour étayer toute la théorie, contestation aux Assemblées législatives des colonies des droits et privilèges des Communes anglaises.

Du point de vue de l'exécutif, c'était là, disions-nous, la logique du régime. Malheureusement une autre logique allait se dresser à l'encontre: celle des Chambres populaires dont nous avons dit le caractère fortement représentatif et l'esprit démocratique. Dès 1793 la Chambre du Bas-Canada revendique avec force son droit d'initiative en toute législation « qui a pour effet d'imposer un fardeau sur le peuple ». Elle y revient en 1795, puis encore en 1798, cette fois à l'occasion d'un amendement du Conseil législatif en matière de subsides, et pour déclarer, sur le ton solennel, qu'elle ne « se départira jamais » du droit indiscutable des Communes à cet égard. La Chambre du Haut-Canada y va de la même fermeté. En 1806, à propos de deniers publics appropriés sans son vote, on l'entend protester contre ce qu'elle appelle une violation du « premier » et du « plus constitutionnel des privilèges des Communes ». En 1818, la même Chambre livre une véritable bataille contre le prétendu droit d'amendement du Conseil législatif, et pour y dénoncer « une violation grave de ses privilèges ».

Théories, attitudes déjà bien tranchées en leurs divergences. A quel roidissement ne pas s'attendre néanmoins, lorsque les lois fiscales votées par les Chambres populaires leur permettront de se passer de la contribution métropolitaine à l'administration financière des provinces? Cet affranchissement, grâce aux revenus de ses lois d'impôts de 1793, puis de 1795, la Chambre du Bas-Canada peut bientôt se l'assurer. Et tout de suite l'on constate la montée verticale de ses revendications. En 1810, c'est la pétition au roi pour assumer elle-même « les dépenses du gouvernement civil de la province ». Ce sera ensuite, au lieu d'une liste civile votée globalement et pour la vie du roi, la liste votée annuellement et article par article. Enfin, ce serait, revendiqué avec autant d'énergie, le droit d'approprier l'entier revenu de la province, y compris le revenu de la couronne. Pour justifier chacune de leurs revendications, les bons arguments ne manquent point à ces parlementaires. A propos de la liste civile et d'une appropriation permanente, en vain leur oppose-t-on l'exemple suivi en Angleterre. Entre ces listes, liste d'Angleterre et liste du Canada, cette différence essentielle existe, rétorquent-ils, que là-bas, infime portion du budget, la liste en forme ici la partie majeure. Renoncer au vote annuel de la liste équivaudrait donc à se démettre de la surveillance des deniers publics. Le vote, article par article, soutiennent-ils encore, dérive du plein droit constitutionnel de la Chambre. A qui paie et vote la dépense, à celui-là seul le droit de fixer le mode du vote ou du paiement.

Et étaient-ce là exigences ou curiosité illégitimes ? Ces « listes » ne cessaient plus de se gonfler et de façon apparemment indue. Déjà, en 1795, Dorchester déplorait « les abus énormes qui, depuis vingt ans, s'étaient produits dans les dépenses publiques ». Un jour prochain, on le sait, il faudra entreprendre des poursuites contre au moins deux des receveurs généraux et contre des shérifs défalcataires. En 1819 la liste civile atteint les 40,000 louis. Bon nombre des grands fonctionnaires cumulent trois ou quatre emplois, empochent des prébendes et du gouvernement colonial et du gouverneur impérial. Un Jonathan Sewell encaisse le salaire exorbitant pour l'époque de $13,500; un collecteur des douanes, $15,500; un simple shérif, $9,000. Quant à son droit sur tout le revenu, la Chambre le fait procéder, en bonne logique, de la part qu'on lui assigne dans le règlement du déficit budgétaire. On l'appelle à combler ce déficit. S'y peut-elle prêter honnêtement sans connaître la source du déficit, et par conséquent sans se rendre compte de l'emploi ou de l'usage de tous les revenus, y compris le revenu de la Couronne ? Position absolue, mais qui a au moins le mérite d'être nette. Sans jamais dévier d'une ligne, la Chambre du Bas-Canada ne s'en départira plus. Qu'on relise ses résolutions de 1833 ou les 92 de 1834, ou son *adresse* de 1836 au Parlement impérial. Dans chacun de ces documents, elle réclame « le contrôle constitutionnel » de « tout le revenu public », de « quelque source qu'il provienne ». Elle dénonce, comme infraction à ses droits et à « la constitution du Pays », les « prétentions » contraires élevées depuis un grand nombre d'années par le gouvernement exécutif. Et chaque fois, la chose est à noter, elle appuie ses prétentions sur l'exemple des Communes anglaises.

Qu'allait faire le gouvernement colonial ? Nul ne sera surpris de sa vigoureuse réaction. C'était tout le régime miné dans ses fondements: l'absolutisme du gouverneur, la suprématie métropolitaine, les gras privilèges de l'oligarchie, ses emplois, ses émoluments, son train de vie mis en question. Aussi bien et si paradoxale que la chose paraisse, voit-on l'Exécutif accueillir avec dépit et même avec effroi, l'offre de la Chambre de solder toutes les dépenses publiques. Pour retarder le jour funeste où l'équilibre budgétaire inciterait la « branche démocratique » à s'approprier l'autorité suprême sur les finances publiques, l'on verra même un lieutenant-gouverneur, Robert Shore Milnes, conseiller au duc de Portland de laisser les revenus de la province au-dessous de la dépense. Puis, on se mettra en quête de fonds spéciaux pour l'exécutif; on cherchera à lui organiser une caisse indépendante qui le soustraie à la domination de la Chambre. Tout sera mis à contribution: exploitation des biens des Jésuites, mainmise projetée sur les biens de Saint-Sulpice, vente des terres incultes ou lotissement de ces terres au profit d'immigrants protestants. Pour mater la majorité parlementaire, on ne reculera même pas devant les projets extrêmes, tels que la domestication du clergé et des capitaines de milice par prébendes et honneurs, et tels encore que le relèvement du cens d'éligibilité, et voire la suspension de la constitution et l'union des deux

Canadas. L'oligarchie se remue si bien qu'elle gagne à ses vues les ministres Portland, Liverpool et Bathurst. A Londres, sans doute, on se montre plus habile et plus circonspect. Castlereagh, Liverpool donnent à Craig des leçons de prudence. Tous s'entendent néanmoins à préserver, coûte que coûte, l'indépendance financière de l'exécutif. Au besoin on puisera dans « l'extraordinaire de l'armée », on réduira temporairement la liste civile; contre la Chambre récalcitrante, Bathurst autorise même la manœuvre extrême de la prorogation.

En ce débat qui avait raison ? Qu'il y ait eu, de la part de la Chambre du Bas-Canada, excès et roideur dans l'énoncé des doctrines et dans ses prises de positions, il serait difficile d'en disconvenir. On veut aller vite en affaires. On met trop de logique en une matière qui n'en souffre pas tant. On veut par trop et d'un seul coup trouer le plafond. Le mal pouvait-il être conjuré ? « Ce qu'on appelle un gouvernement, a écrit Taine, c'est un concert de pouvoirs qui, chacun dans un office distinct, travaillent ensemble à une œuvre finale et totale... En premier lieu, il faut que les pouvoirs publics s'accordent, sans quoi ils s'annulent... » Tel document officiel du temps de lord Glenelg l'admet franchement: dès la mise en opération de la constitution de 1791, il apparut que « les divers rouages de l'administration ne pouvaient en aucune façon fonctionner harmonieusement ». Et le miracle, ne serait-ce pas, en vérité, que l'harmonie s'y fût trouvée ? La seule composition des Conseils, sur la base ethnique plutôt que démocratique, pouvait-elle ne pas inciter aux jalousies et aux rivalités nationales ? Et dès lors que les Conseils s'imposèrent et reçurent, pour suprême mission, la protection ou la défense des intérêts impériaux, quelle rare sagesse eût empêché les Chambres populaires de s'assigner, pour fonction principale, la sauvegarde ou la promotion des intérêts des provinces ? Pour incriminer, du reste, l'esprit d'indépendance des Chambres coloniales, gardons-nous d'invoquer la docilité des communes anglaises avant 1830, Chambres si différentes les unes des autres, celles-ci simples doublures de la Chambre des lords, celles-là, avons-nous rappelé, essentiellement libres et démocratiques, issues d'un suffrage quasi universel.

Que parle-t-on alors de maladresses et d'erreurs de tactique ? Travers ou malheurs qu'il faut se garder d'imputer à la seule députation française. Que d'anglophones, comme Thomas Lee, James Stuart, John Neilson et combien d'autres, au dedans comme au dehors du parlement, ont partagé, du moins un temps, les vues de la majorité. Le Haut-Canada, on a pu s'en rendre compte, a suivi les mêmes tactiques, et lui aussi, a eu, de bonne heure, ses esprits avancés, tel ce Robert Thorpe, Juge de la Cour du banc du roi et député. Thorpe eût voulu attribuer à la Chambre de sa province, la nomination des fonctionnaires publics, lui conférer le droit de disposer d'une partie au moins des revenus de la couronne. Ce parlementaire ne se fera pas scrupule de dénigrer l'autorité du parlement britannique et, pour mieux brandir la menace, se permettra des « allusions pathétiques à la révolte des colonies américaines ». Tel encore, vers 1818, ce Robert Gourlay, agent des terres, frais débarqué d'Ecosse, il est vrai, qui se fera bannir pour ses pamphlets incendiaires. Gourlay s'en prend à tout le système politique et tient des propos comme ceux-ci: « Les peuples peuvent toujours mettre un terme à la tyrannie domestique ou aux abus... ils n'ont qu'à être honnêtes, puis audacieux. »

Maladresses et erreurs empêchent-elles que la solide logique et la politique de l'avenir ne se soient trouvées du côté des Chambres populaires ? Quand elles revendiquent l'entière appropriation de tous les revenus, font-elles autre chose que se conformer aux règles primordiales du bon sens et de toute saine administration financière ? Dans une dépêche du 29 septembre 1828, Sir George Murray, secrétaire d'Etat pour les colonies, le reconnaissait en toute bonne foi: demander à la Chambre de subvenir à la dépense publique pour quelque partie que ce fût, c'était, disait-il, lui conférer, à toutes fins pratiques, « un contrôle virtuel sur le tout ». De même entendrons-nous un jour Papineau s'écrier avec sa rude dialectique, — c'est en 1836 —: « Si on ne veut pas nous abandonner tous les revenus, pourquoi nous demander les subsides ? » Des historiens ont reproché aux parlementaires du Bas-Canada leur acharnement à conquérir le vote ou l'appropriation du budget. Que ne se sont-ils attaqués, soutient-on, à la conquête fondamentale et plus décisive du *self government* ou de ce que l'on appelait alors le « gouvernement responsable » ? Cet objectif du *self government*, nous verrons que ces parlementaires ne l'ont jamais perdu de vue. Mais qui ne voit que leur tactique aboutissait à la même fin, tactique classique au surplus dans l'histoire constitutionnelle des pays britanniques ? C'est en conquérant le droit de voter l'impôt et d'en approprier le revenu que les Communes anglaises ont acquis leur prépondérance dans le système politique de leur pays. N'est-ce point, par la même voie et par le même gain, que les Chambres coloniales des futurs Etats-Unis avaient fini par se suborner les gouverneurs envoyés de Londres ? Qui ne voit aussi que les Chambres coloniales ne pouvaient se dessaisir de leurs prérogatives sur l'administration financière de leur province, sans proprement abandonner à la réalité du gouvernement aux irresponsables de ce gouvernement, en d'autres termes, sans se prêter, en des pays de suffrage presque universel, à la négation même des principes essentiels de tout gouvernement démocratique ?

Pour quelques méprises ou tâtonnements, l'histoire aurait mauvaise grâce de marchander son admiration à ces parlementaires d'autrefois. Dans tous les parlements des provinces anglaises de l'Amérique du Nord, l'on se bat en définitive pour une noble aspiration d'hommes libres: l'autonomie politique de son petit pays, le droit de se gouverner soi-même. Luttes infimes et obscures, si l'on veut, mais d'où sortiraient un jour l'autonomie, puis l'indépendance du Canada. Dans le Canada français, la lutte dépasse l'enjeu des voisins. Au delà de la liberté politique, c'est le droit à la vie, à la survivance d'une nationalité qu'on tente de conquérir. De part et d'autre, c'en est assez pour donner à cette période d'histoire sa dimension tragique.

CHAPITRE QUATRIÈME

Malaise généralisé

*Période d'accalmie. — Reprise de la guerre politique. —
Excès de part et d'autre.*

Période d'accalmie

La période de Robert Shore Milnes et de James Craig (1799-1811) marque un point tournant dans l'histoire constitutionnelle du Canada. Période de heurts violents entre ce qu'on pourrait appeler l'esprit autoritaire des survivants du régime de la *crown colony* et les aspirations libérales des jeunes Etats parlementaires. Pour mater la Chambre du Bas-Canada, Craig a inauguré les prorogations à répétition: deux en l'espace de deux ans. Il a fait saisir et détruire les « presses » du *Canadien*. Pour des « pratiques de séditions », jugées d'ailleurs difficilement soutenables en justice par le procureur de Sa Majesté en Angleterre, il a fait emprisonner imprimeurs et principaux rédacteurs du journal dont quelques-uns membres du parlement. Après Craig, une courte accalmie va se produire. Un grave événement distrait les esprits de la chose politique: la guerre de 1812, guerre, est-il besoin de le rappeler, qui a pris origine à la fois dans le sentiment antibritannique aux Etats-Unis et dans la guerre économique déchaînée par Napoléon contre l'Angleterre. Atteinte dans son commerce maritime par le comportement de Londres, à l'égard des neutres, tout autant que par le blocus continental, gagnée, du reste, par d'habiles et opportunes concessions de Napoléon, la jeune république américaine décide de se joindre à l'Europe continentale pour abattre le « tyran des mers ». C'était la guerre déclarée au Canada, point de l'empire anglais où le voisin pouvait atteindre le plus opportunément le « tyran ».

Pour le Canada, voici bien encore une guerre gratuite, provoquée par un conflit où il n'est rien. La défense du territoire n'en rallie pas moins tous les esprits. La Chambre du Bas-Canada vote les crédits extraordinaires qu'on lui demande. Trois ans la guerre sévit dans le Haut et le Bas-Canada avec des alternatives de revers et de succès. Des bataillons de miliciens canadiens-français se portent à la défense des frontières de leur province. En 1813 les Voltigeurs du major de Salaberry bloquent à

Châteauguay l'invasion américaine qui déferle vers Montréal. Années d'alertes militaires, mais qui valent au Bas-Canada, disions-nous, une paix politique relative. Deux gouverneurs d'esprit conciliant procurent à la province cet apaisement. Peu enclin à se laisser prendre aux dénonciations de Sewell dont « les préjugés sont grands », écrit-il à Bathurst, Sir George Prévost (1812-1815) ne croit guère à la déloyauté des Canadiens. Le premier il aura proposé un moyen de rétablir la paix entre les corps politiques de la province: l'introduction, dans le Conseil législatif, d'un élément moins hostile à l'Assemblée législative. Prévost ose même accorder aux Canadiens une part du patronage « réservé exclusivement jusqu'alors, a-t-il constaté, aux sujets anglais ». Prévost aura pour successeur, Sir John Coape Sherbrooke (1816-1818), le plus politique des gouverneurs de cette période, le plus respectueux, à coup sûr, des formes parlementaires. Pour sa part, Sherbrooke vient tout près de régler le problème des subsides. L'heure est propice. Les guerres napoléoniennes ont dévasté le trésor impérial. De 1805 à 1815, la dette publique de l'Angleterre est passée de 340 à 861 millions de livres sterling. Le révolution sociale gronde dans la métropole. On y parle de « République Britannique ». « Il sembla que la politique anglaise, écrit Elie Halévy, dans sa grande *Histoire du Peuple anglais au XIXe siècle,* prît une allure continentale et qu'il n'y eût plus en Angleterre, à la place des vieux partis historiques, que deux partis en présence, le parti de la révolution et le parti de la contre-révolution. » L'heure pressait de soulager les finances de l'empire. Volontiers le ministre Bathurst laisserait la Chambre de Québec solder elle-même les déficits budgétaires de la province. D'autant que ces déficits proviennent de procédés administratifs assez suspects. Depuis 1793 les dépenses du gouvernement civil ont plus que doublé; la guerre est venue les gonfler démesurément. Impuissant à se tirer d'affaire avec les seuls fonds impériaux, l'exécutif a pris la mauvaise habitude de puiser dans les revenus des lois fiscales votées par la Chambre. En 1817, 120,000 louis ont été soutirés de cette source. Bathurst, aux abois, serait d'avis de faire légaliser ces emprunts clandestins par la Chambre, dût-on lui abandonner le droit de combler les déficits. Effectivement, en 1818, la Chambre a voté, à même les fonds de la province, quelque 40,000 louis, montant approximatif de la liste civile de ce temps-là. A ce moment qui pouvait être le moment décisif, quel mauvais génie fit remettre à une session subséquente la rédaction d'un règlement définitif sur le vote des subsides ? Reconnaître à la Chambre le droit de combler les déficits budgétaires, c'était rompre avec la politique d'hier. Et qui n'aperçoit jusqu'où la concession pouvait entraîner ?

Reprise de la guerre politique

Malheureusement l'heure passa et la trêve prit fin. Après un trop court gouvernement de deux ans, Sherbrooke avait pour successeur le duc de

Richmond. A Richmond succéderait lord Dalhousie. La trêve aurait pu conduire à la paix; elle va conduire à une reprise de la guerre politique. L'on en revient au dualisme d'avant 1812. D'un côté un gouvernement colonial archarné à s'enliser dans l'immobilisme, et qui, dans les provinces de l'Amérique du Nord, croit au maintien possible d'un régime politique d'essence oligarchique comme celui du Royaume-Uni; de l'autre, des Chambres coloniales issues d'un état social différent de celui de la Grande-Bretagne, soulevées malgré elles par le levain démocratique et qui s'insurgent contre ce qu'elles croient des formes de gouvernement inadaptées et périmées. Dans le Haut-Canada, un lieutenant-gouverneur comme Maitland, dans le Bas, des gouverneurs comme Richmond et Dalhousie en reviennent aux anciennes tactiques: escamoter à la Chambre la liste civile, ne lui laisser que la disposition des revenus provenant de ses lois fiscales, lui abandonner le privilège de combler le déficit, et encore de le faire les yeux fermés.

Pratiques retardataires qui, hélas, trouvent à Londres par trop bon accueil auprès du versatile lord Bathurst. Fort imprudemment, pour ne pas dire avec une singulière légèreté, le ministre encourage Maitland et Dalhousie à freiner l'évolution constitutionnelle des colonies. L'un et l'autre sont exhortés à défrayer les dépenses du gouvernement civil sans le concours des Chambres. L'Angleterre se débat toujours dans ses embarras de finance. N'importe, les gouverneurs puiseront au besoin dans « l'extraordinaire » de l'armée. Et le mot d'ordre du ministre s'arrête à cette roide formule: Point de compromis, si ce n'est comme « dernière éventualité ».

Excès de part et d'autre

C'était déchaîner de nouveau la guerre entre les corps politiques. Fatalement, d'un côté comme de l'autre, on s'abandonne à toutes sortes d'extravagances. La province en subit un malaise généralisé. Réduire au rôle d'une société académique, sans prise qui vaille sur les autres rouages du gouvernement, « discutant dans le vide, comme dit un historien, sur ce qu'elle présume être la volonté du peuple », la Chambre n'abuse guère de la modération. Elle se hasarde à opérer des « retranchements » dans la liste civile, va jusqu'à rogner les émoluments des gouverneurs. Elle déclare « infraction » à ses privilèges, « emploi illégal des Deniers Publics », « violation hardie de la Foi publique », et même acte révolutionnaire, toute appropriation des fonds de la province, non approuvée de son vote ou assignée à d'autres fins que les fins assignées par la loi; elle tient le Receveur général « personnellement responsable de tout versement d'argent non autorisé ». Et nous ne sommes qu'en 1820. Dès lors néanmoins la véhémence des mots révèle la dangereuse atmosphère où se déroule ce duel politique.

La Chambre ne néglige rien non plus de ce qui peut fortifier ses positions. Elle s'emploie à extirper de son sein toute influence de l'exécutif.

En 1807, alors que 7 membres du Conseil exécutif siègent à la Chambre haute, 6 siègent à la Chambre basse. De là l'exclusion que l'on tente de porter contre les députés fonctionnaires et en particulier contre les juges. Le Haut-Canada, la Nouvelle-Ecosse s'insurgent pareillement contre la participation de la magistrature à la politique. L'Angleterre avait donné le grand exemple au dix-septième siècle. A la suite de mémorables débats une partie des juges avait dû quitter le parlement. En 1791 lord Grenville n'avait tenu pour légitime la présence des juges dans les parlements coloniaux qu'à titre de mesure temporaire. Dans le Bas-Canada, la Chambre se donnera le tort de mêler à son débat trop de ressentiments contre quelques personnages. L'exclusion lui paraissait s'imposer néanmoins pour la dignité de la magistrature et pour la protection de la liberté civile. Et comment ne pas lui donner partiellement raison, si l'on se rappelle que le Conseil Exécutif, ardemment mêlé aux querelles de l'époque, tenait le rôle d'une cour d'appel ?

Toujours pour échapper au despotisme de l'Exécutif, la Chambre se détermine à poser un acte apparemment plus audacieux: l'envoi et le maintien en permanence d'un délégué de la province en Angleterre. C'était, par-dessus la tête du gouverneur, l'établissement de relations diplomatiques entre le gouvernement de la métropole et une Chambre coloniale. Mesure quelque peu extraordinaire, mais qui le devient un peu moins si l'on prend note que les anciennes colonies du sud avaient possédé presque toutes un agent officieux (*private*) auprès du gouvernement britannique et que l'île de la Jamaïque jouissait du même privilège. Privilège, au reste, dont le comité de la Chambre des Communes de 1828 recommandera l'opportunité pour le Bas et le Haut-Canada. La Chambre invoque d'ailleurs des raisons fort plausibles: rôle ou mission d'un agent particulier, en parfaite conformité avec son droit de pétition auprès du parlement britannique; d'autre part, incapacité du gouverneur de Québec, trop mêlé aux conflits politiques, à tenir le rôle d'un messager ou d'un porte-parole impartial. Faut-il ajouter que les bureaucrates qui se montrent si offusqués de la présence d'un agent de la Chambre du Bas-Canada à Londres, ne se font pas faute d'utiliser depuis toujours la classe mercantile d'Angleterre, à titre d'intermédiaire et d'agent auprès du gouvernement impérial ?

Comme pour justifier les gestes les plus audacieux de la Chambre, les gouverneurs qui devraient donner l'exemple de la sagesse politique et le respect des formes constitutionnelles, ne gardent plus eux-mêmes de mesure. On revient au système du gouvernement par coups d'Etat. Le duc de Richmond, lieutenant de l'Irlande de 1807 à 1813, et par conséquent médiocrement préparé à son rôle nouveau, réédite les pratiques de Craig. Avec lui et après lui recommencent les prorogations orageuses des Chambres, accompagnées de philippiques à l'adresse de la majorité, et de compliments à la minorité et au Conseil législatif; prorogations suivies d'ingérences inqualifiables dans les élections. Puis, c'est l'abus du droit de « réserve » sur la législation, l'envoi en Angleterre, c'est-à-dire aux oubliettes, de trop de lois opportunes et même urgentes; ce sont, sous Dalhousie, des provocations directes à la représentation populaire, la négation de ses privilèges les plus incontestés, tels que le refus d'agréer le président élu par elle. Ce sera en 1882 ce projet d'Union des deux Canadas présenté subrepticement au parlement de Westminster. Projet provocateur, s'il en fut, dirigé carrément contre la vie française et religieuse du Bas-Canada, projet encore pire que le serait celui de 1840, et dont cependant le gouverneur Dalhousie se fera l'un des plus acharnés partisans. Un vif émoi court la province. Evêque, députés, seigneurs, peuple, se trouvent d'accord pour faire porter au roi et aux deux Chambres du parlement impérial une protestation de 60,000 signatures. Le parlement retire le projet. Mais on devine quelles traces pareil assaut peut laisser dans l'âme d'un peuple.

En cette atmosphère attendre des Conseils législatifs des diverses provinces plus de sens politique eût été superflu. Gorgés de compliments à chaque prorogation, siégeant en majorité dans les Conseils exécutifs, ces messieurs des Chambres hautes se liguent avec les gouverneurs contre les Chambres populaires. Les passions de partis en viennent à ce point qu'à seule fin de bien établir l'insanité législative des Chambres basses, les Conseils se mettent à fonctionner comme une guillotine parlementaire. Dans la seule session de 1833, on a pu reprocher au Conseil du Bas-Canada d'avoir rejeté ou amendé déraisonnablement 28 projets de loi sur 64. De 1822 à 1836 le Conseil en aurait rejeté 234. Dans le Haut-Canada, en l'espace de dix ans, et toujours d'après des documents officiels, le Conseil législatif y aurait guillotiné tout près de 400 projets de loi votés par l'Assemblée législative. Un document officiel émané de Londres en 1835 ne peut s'empêcher d'observer que « dans le feu du débat ces Conseils dépassèrent de beaucoup les bornes qu'auraient dû tracer la modération et la prudence ». En 1836 Papineau donnait cette raison de leur opposition systématique: « Ils [les conseillers] n'examinèrent pas si un bill est mauvais ou non. Le Conseil s'est placé dans la nécessité de les rejeter presque tous... Si le Conseil passait tant de mesures utiles passées dans la Chambre... il détruirait [en Angleterre] le poids des calomnies de ses maîtres... »

Enumération fastidieuse de griefs, sans doute. Mais comment s'en cacher la dangereuse gravité ? Et encore l'énumération est-elle loin de s'arrêter là. Ce qu'on a appelé l'oligarchie coloniale, ou le *Family Compact*, n'a pas cessé d'accaparer le fonctionnarisme. En 1834 la population du Bas-Canada se répartit ainsi: 600.000 d'origine française, 75.000 d'origine anglaise. A la Chambre populaire siègent 20 Anglophones et 68 Canadiens français. Au Conseil législatif, 22 Anglais et 14 Canadiens français. Encore sous lord Aylmer, sur 80 fonctionnaires nommés à des emplois rémunérés, 62 sont d'origine anglaise ou américaine. Londres, puis Dorchester, avons-nous rappelé, s'étaient élevés en 1793 contre le cumul des fonctions publiques et des prébendes, pratique qui ne pouvait, disait le gouverneur, que rendre les bénéficiaires hostiles à tout « contrôle » de leurs privilèges et profits. Or, depuis 1791 jusqu'en 1835, parmi ceux qu'on avait élevés aux Conseils, tous, sauf une dizaine peut-être d'entre eux, avaient occupé des places rémunérées par le gouvernement colonial ou par le gouvernement impérial, quand ce n'était pas par les deux à la fois. Dans un relevé des fonctionnaires détenant plus d'un emploi — relevé préparé par Gosford — figurent quelque 18 Anglais contre 2 ou 3 Canadiens. Les commissaires enquêteurs envoyés au Canada en 1835 déploreront, comme l'avait fait vingt ans auparavant, Sir George Prévost, « l'habitude où l'on était de nommer uniquement des personnes d'origine anglaise aux places lucratives ». Etat de choses dénoncé en termes non moins formels par lord Durham. Il lui paraîtra inconcevable qu'après 40 ans de régime parlementaire, l'Assemblée du Bas-Canada fût encore dans l'impuissance d'imposer le choix ou la nomination du moindre serviteur de la couronne; et « les exemples ne manquaient pas, soulignait Durham, où, par simple hostilité à l'égard de l'Assemblée, l'on avait élevé à des postes d'honneur et de confiance des individus de la plus parfaite incompétence ». Favoritisme si maladroit que les mêmes enquêteurs de 1835 « attribuent en grande partie à ces faits qui isolent la majorité de la Chambre, les difficultés auxquelles il faut faire face ». Pour juger, du reste, de l'effet de cette humiliation collective sur une population fière, il n'y aurait qu'à relire ce passage véhément d'un discours de Louis-Joseph Papineau: « Pour moi, s'écriait-il, ce que je désire, c'est un gouvernement composé d'amis des lois, de la liberté, de la justice, d'hommes qui protègent indistinctement tous les citoyens, qui leur accordent tous les mêmes privilèges. J'aime, j'estime les hommes sans distinction d'origine; mais je hais ceux qui, descendants altiers des conquérants, viennent dans notre pays nous contester nos droits politiques ou religieux. S'ils ne peuvent s'amalgamer avec nous, qu'ils demeurent dans leur île !... On nous dit Soyons frères ! Oui, soyons-le. Mais vous voulez tout avoir, le pouvoir, les places et l'or. C'est cette injustice que nous ne pouvons souffrir. »

CHAPITRE CINQUIÈME

Malaise généralisé
(suite)

Dans le domaine culturel. — Dans l'ordre social. — Dans
le domaine agraire. — Dans la vie religieuse. —
Effets de ces malaises.

Dans le domaine culturel

L'Evêque de Québec, Mgr Hubert, avait déjà marqué dans le domaine culturel, — c'était en 1789 — le déplorable effet de l'ostracisme érigé en système contre la majorité. « On pourrait ajouter comme cause de découragement à s'instruire, avait-il déposé devant un Comité du gouvernement de l'époque, la préférence qui est donnée pour les charges et emplois publics, aux anciens sujets et même aux étrangers dans cette province, sur les Canadiens. » L'enseignement public, au fond le problème capital de la culture, et qui, par certains côtés, déborde même la culture, voilà bien un autre terrain où oligarchie et majorité du Bas-Canada s'affrontent et là encore, non sans remuer de dangereuses passions. Reconnaissons au régime britannique ce premier mérite; l'école il ne l'a d'abord conçue que franchement confessionnelle. Par ses instructions de 1791, recommandation expresse est faite à Dorchester d'obtenir de la législature du Bas-Canada, « l'érection et le maintien d'écoles où la jeunesse pourra acquérir l'instruction nécessaire et la connaissance des principes de la religion chrétienne ». Restait à savoir de quoi serait faite l'école confessionnelle. L'Angleterre possède depuis longtemps son haut enseignement dispensé par les écoles aristocratiques d'Oxford, de Cambridge, d'Eton. En revanche la métropole ne se donnera pas avant 1832 sa première loi d'écoles élémentaires. D'ailleurs, parmi tant de libertés qu'elle se vante de pratiquer, la liberté scolaire ne réussira pas de sitôt à prendre place. Il a donc pu paraître assez naturel, au gouvernement colonial, d'imposer à un pays catholique un enseignement tel que celui de l'Institution royale de 1801. Enseignement d'Etat placé sous la régie absolue du gouvernement exécutif, « quelque chose de pire, dira un jour à Londres, Denis-Benjamin Viger, que le système d'enseignement établi en France, par Bonaparte »; « loi toute protestante, dans ses résultats, qui ne laissait aux catholiques d'autre alternative que d'abandonner leur antique foi... » dira l'abbé Thomas Maguire. L'étrange tentative a étonné un Anglo-Canadien, tel que George-W. Parmelee: « Comment des hommes intelligents et instruits ont-ils pu déraisonner jusqu'au point d'espérer quelque succès d'une œuvre ainsi dirigée ? » s'est-il demandé. Et il fait cette réponse: « Ceux-là l'auront compris qui connaissent avec les ambitions qu'elle a déchaînées, l'histoire politique qui a précédé les jours troubles de 1837. » Pendant dix ans, de 1814 à 1824, le Conseil législatif s'applique à bloquer d'autres lois scolaires votées par la Chambre. Ces lois parviennent-elles à franchir le pas périlleux du Conseil ? Invariablement on les envoie chercher à Londres une sanction royale qui, pour la dernière d'entre elles, ne viendra qu'en 1829. Vers le même temps, des fondateurs de collèges classiques qui tentent une œuvre urgente de sauvetage, se dépensent en longues et vaines démarches pour obtenir à leurs institutions la personnalité juridique. Vexations on ne peut plus impolitiques, quand l'on se rappelle le rôle libérateur qu'assignent alors à l'instruction populaire les chefs canadiens-français. « Si pour d'autres peuples, a pu dire Papineau, l'éducation est utile et glorieuse... elle est une nécessité pour nous en particulier, elle est une instante nécessité. » « Tâchons d'établir un maître d'école dans chaque village, renchérit Etienne Parent, et rions-nous de l'oppression. » Vexations d'une portée non moindre celles-là qui atteignent une autre portion de l'héritage culturel: les lois françaises. De ce côté les assauts directs ont pu cesser. Mais par les décisions des tribunaux où siègent tant d'hommes peu au fait des lois de la province ou qui ne leur vouent qu'un profond mépris, quelle dangereuse évolution a subie la jurisprudence. A propos de la Cour d'Appel de ce temps-là, Charles Buller notera bientôt « l'absurdité d'un système qui confiait les décisions légales les plus ardues et les plus importantes dans la province, à un corps nombreux dont les membres, pour la plupart, étaient complètement ignorants des lois ». Et, dans les statuts provinciaux, quelle législation hétéroclite s'entasse, chaque année, amendée à l'aveuglette par le Conseil législatif. Les statuts du Bas-Canada, s'exclame Etienne Parent, font penser au navire Argos si souvent radoubé et rapiécé, qu'un jour les sophistes d'Athènes s'amusèrent à chercher ce qu'il pouvait encore garder de son nom primitif.

Dans l'ordre social

Le malaise, l'obstacle au légitime avenir, en quel secteur de la vie nationale ne les point découvrir ? Aux approches de 1837 environ, 1,000 jeunes Canadiens français fréquentent les collèges classiques du Bas-Canada. Vers quelles carrières orienter cette jeunesse ? Dans le *Canadien* du 17 août 1838, un texte d'Etienne Parent nous dit l'anxiété des aînés: « Tous les ans nos nombreux collèges rendent à la société un bon nombre de jeunes gens que des études brillantes et solides mettent en état de travailler à l'honneur, à la gloire et à l'avancement de leur pays. Mais malheureusement les plus belles carrières qui, dans les autres pays, s'ouvrent devant une jeunesse studieuse, pleine d'énergie et de capacité, se trouvent fermées à la jeunesse du Canada. Le Génie, l'Armée, la Marine et l'administration même sont pour l'élite de notre jeunesse, des carrières interdites. » Trop souvent l'on s'est représenté les hommes de cette génération comme de simples bretteurs de hustings ou de parlement, esprits impratiques, indifférents aux problèmes économiques et sociaux de leur province. La vérité serait plutôt que ces problèmes les ont obsédés. Entre les classes bourgeoises des deux races, Craig, nous l'avons relevé, a bien discerné l'aversion croissante, aversion qu'il imputait précisément à l'écart trop considérable dans les états de fortune. Entre bien d'autres documents, tel article de la *Minerve* de mars 1832 (reproduit par la *Gazette de Québec* du 9 mars) confirme l'observation de Craig. Indéniablement les Canadiens français s'attristent de leur déchéance économique. Et il ne leur suffit pas de savoir par quel fatal enchaînement de circonstances le grand commerce a passé aux mains des Anglais. Mais, encore et à propos d'une « Société de commerce » de fondation récente, est-ce tout un programme de relèvement économique qu'élabore le journaliste de la *Minerve*. Il y est question d'industrie, d'agriculture, de commerce d'importation et d'exportation, de banque, d'assurance, et voire de marine marchande, et pas seulement, nous dit-on, dans « l'espoir d'un gain matériel », mais pour la « nouvelle force morale et politique » que la nationalité y trouverait. Le *Canadien* du 20 juin 1838 livre au public le prospectus d'un « Essai sur le Commerce du Bas-Canada ». L'ouvrage est resté inédit. Mais le prospectus nous apporte la protestation de l'auteur contre le reproche fait aux Canadiens, « d'incapacité et d'inactivité dans les relations commerciales ». L'infériorité de ses compatriotes, le même auteur l'attribue au « manque d'institutions adaptées à l'éducation commerciale », à « la différence du langage », à « la protection partiale des institutions financières... » au « manque d'institutions financières canadiennes », aux « dispositions législatives injustes et trop restrictives sur les libertés du commerce ». Sans doute, un peu plus objectif, l'auteur aurait pu ne pas méconnaître les quelques brèches consenties par la métropole au pacte colonial. En 1794, dans un premier traité de commerce signé avec les Etats-Unis, la Grande-Bretagne autorisait quelques échanges de l'intérieur par le port de Saint-Jean-sur-Richelieu. Par les *Colonial Trade Acts* de 1822 et de 1825, la brèche s'était quelque peu élargie. Les échanges, cette fois, s'étendaient à l'Amérique du Sud, puis à l'Europe. Et si le transport des marchandises d'exportation entre pays britanniques restait le monopole des navires britanniques, les pays producteurs pouvaient exporter sur leurs propres vaisseaux. Les bois de charpente, le blé canadien, se voyaient accorder, en même temps, sur le marché anglais, des droits privilégiés. En dépit de tout, les Canadiens ne se consolent point, à l'époque, de se voir confinés à une agriculture simplement vivrière, infortune de quelque gravité si l'on tient compte qu'au recensement de 1831, sur 53,327 familles habitant le Bas-Canada, à peine s'en trouve-t-il 2,503 adonnées exclusivement au commerce. Vivrière, cette agriculture n'est-elle pas destinée à le demeurer longtemps, dépourvue de marchés stables, soumise en somme aux caprices du marché anglais ? Les exportations de blé et de farine du Bas-Canada auront passé, de 600,000 boisseaux en 1801, puis de 1,151,033 en 1802 à 97,553 boisseaux en 1811, pour remonter encore à 948,826 boisseaux en 1830, puis retomber à 296,020 boisseaux en 1838. Sans autre ressource que cette agriculture — si même l'agriculture la plus prospère y pouvait suffire — comment les Canadiens pourraient-ils accumuler les capitaux qui leur permettraient de prendre part aux formes naissantes de la grande industrie ? A peu près partout, force leur est d'en demeurer aux industries mineures, celles qui procèdent de l'agriculture, de l'élevage, et qui satisfont aux besoins de la famille et du petit milieu: tanneries, carderies, moulins à farine, à foulon, poterie, potasserie, etc. Ce n'est donc pas sans déplaisir qu'ils ont vu l'une des grandes richesses de leur pays, le bois, qui, vers 1837, constitue la plus forte partie des exportations, passer aux mains de l'étranger. Exclue des marchés de la Baltique par le blocus continental, l'Angleterre s'est vue forcée de s'approvisionner en Amérique pour le bois de charpente nécessaire à la construction et à la réfection de ses flottes. Des firmes anglaises et américaines, aussitôt établies dans le Bas-Canada, y ont fait surgir de vastes exploitations forestières où les Canadiens n'ont joué, comme autrefois les coureurs de bois dans la fourrure, que le rôle de manœuvres: rôle de bûcherons, de draveurs, de « conducteurs de cajeux », race d'hommes admirables d'adresse et d'audace, mais race de serviteurs qui n'ont ramassé que les miettes de la table du riche. Voulons-nous savoir avec quelle amertume les chefs du peuple rongeaient parfois cette humiliation ? Deux textes nous suffiront. Deux textes que nous citons ici, on voudra bien le retenir, non pour faire un partage de responsabilités, mais seulement pour démontrer la répercussion d'un certain état de chose sur l'âme d'un peuple. Le premier de ces textes, nous l'extrayons du journal l'*Echo du Pays,* reproduit par le *Canadien* (1er juillet 1835): « Voilà donc où nous en sommes. Le gouvernement fait tout ce qu'il peut pour arrêter l'industrie parmi nous et il nous dit: vous n'êtes pas industrieux. Il s'empare des biens destinés à l'éducation, il la décourage et dit: vous êtes ignorants. Il nous refuse les places d'honneur et de profit, et il nous dit: vous êtes sans richesses, sans considération. La presse sous ses ordres et tous ceux à qui profitent un tel état de choses répètent en chœur: vous êtes sans industrie; vous êtes sans connaissances; vous êtes pauvres, vous êtes sans importance. A force d'injustice, on n'a que trop malheureusement obtenu ce résultat, et l'on se sert à présent de ce résultat même comme prétexte pour nous humilier: on nous fait un crime de notre manque d'industrie, de notre défaut de connaissances; comme si le crime et la honte n'étaient pas sur la tête et le front de ceux-là seuls qui en ont posé la cause. »

Le second texte, je l'emprunte à la correspondance de Louis-Joseph Papineau. Retenu dans la capitale pour devoirs parlementaires, Papineau y a reçu, pendant les ajournements de la Chambre, des invitations à dîner, « toutes anglaises ». Le 31 décembre 1828 il écrit à Mme Papineau: « Eux seuls [les Anglais] dans Québec, ont le ton et la fortune nécessaire pour recevoir. Il n'y a pas une seule maison Canadienne qui le puisse faire. Les ressources du pays sont dévorées par les nouveaux venus et quoique j'ai le plaisir de rencontrer parmi eux des hommes instruits, estimables, qui me voient avec plaisir, la pensée que mes compatriotes sont injustement exclus de participer aux mêmes avantages m'attriste au milieu de leur réunion et me rendrait le séjour de Québec désagréable. »

Dans le domaine agraire

La terre, dira-t-on, restait au conquis. La conquête n'a-t-elle pas refoulé, de ce côté, la masse de la population ? Et tout de suite, nous pourrions faire remarquer le danger de parquer un peuple dans une économie trop restreinte ou trop close. Mais la terre aux espaces encore immenses sera-t-elle au moins accordée sans parcimonie ? Je pourrais ici me dispenser d'écrire cet autre chapitre de récriminations, en renvoyant le lecteur au rapport de l'un des auxiliaires de lord Durham, Charles Buller, rapport sur *Public Lands and Emigration,* que l'on trouvera dans le tome III du *Lord Durham's Report on the Affairs of British North America,* by Sir C. P. Lucas.

Voici d'abord, en quelques mots, la situation. Vers 1830, sur les 8,000,000 d'arpents propres à la culture dans les domaines seigneuriaux, 5,100,000 sont occupés. La terre se fait désormais plus rare dans les régions fertiles, telles que la région de Montréal, où les établissements se pressent en plus grande densité. L'heure serait donc venue d'ouvrir de nouvelles seigneuries. Le colon canadien-français, généralement de porte-monnaie peu garni, préfère le lot en seigneurie, avec ses modestes redevances, au lot dans les cantons, toujours plus coûteux. Malheureusement, bien qu'assiégé de pétitions, et malgré l'avis du Comité des Communes en 1828, Londres s'oppose, en 1831, à la création de nouveaux domaines seigneuriaux. L'on voit venir l'impasse. Le colon n'a plus qu'à opter pour les terres de la couronne. Mais, de ce côté-là, les portes sont-elles ouvertes ? Le régime parlementaire n'a rien changé à l'administration des terres incultes. Les parlements coloniaux n'ont rien à y voir. La concession et l'administration de ces terres relèvent toujours de la Couronne. Encore en 1826, c'est un commissaire envoyé d'Angleterre, nommé par le gouvernement britannique et muni d'instructions des commissaires de la trésorerie de Sa Majesté, qui s'en vient prendre charge de ce service d'Etat. Le plus souvent néanmoins, le Conseil exécutif s'est chargé de cette administration par l'intermédiaire de son comité des terres. Or, ces Messieurs du Conseil, nous apprend Buller, « ont usé invariablement de leur pouvoir pour des fins personnelles ou locales, sans frein qui les retienne, frein qui, du reste, ne pouvait être que nominal (*have uniformly exercised their power for local or personal objects, unchecked by a control, which in this respect could only be nominal*) ». Une véritable curée du domaine public s'est produite. Sous Robert Short Milnes, à la faveur de l'étrange système qui veut qu'un détenteur de lot puisse ajouter à ses 200 acres jusqu'à un millier d'acres supplémentaires, des chefs ou associés de canton accaparent d'immenses étendues. De 1796 à 1806, dans le Bas-Canada, 1,457,209 acres passent entre les mains d'une centaine d'individus dont quelques-uns même ne résident pas dans le pays. Londres apparemment ferme les yeux dans l'espoir, peut-on présumer, de voir se fonder une aristocratie terrienne qui, ainsi qu'en Angleterre, fera contrepoids à la démocratie parlementaire. Le duc de Portland en concède à lui seul 48,000 acres à Milnes et 12,000 à chacun de ses membres du Conseil exécutif. De pareilles avidités se donnent jeu dans toutes les provinces britanniques. Dans le Haut-Canada, dès 1825, sur 17,000,000 d'acres arpentées, 15,000,000 sont déjà concédées, quand cette province ne compte pas encore 158,000 habitants. Vers 1838 la couronne n'y retient plus qu'à peine 1/17 des terres arpentées. Politique d'incurie et d'imprévoyance, dira encore Buller (*neglect and improvidence*). Rien n'oblige l'accapareur à mettre en valeur son domaine. De sorte que ces terres incultes aux confins des terres occupées et cultivées, terres peu ou point arpentées, sans chemins ouverts, opposent un barrage infranchissable à l'expansion agricole. En 1838 moins d'un vingtième des terres concédées par la couronne a été arraché à la sauvagerie. Du reste, les règlements pour la concession des terres au petit colon sont de telle sorte que Durham pourra écrire: « Personne s'il n'était influent ou s'il n'avait le secours de quelque influence, ne pouvait prétendre à la possession d'un pouce de terre dans la province. » « Toutes les facilités aux spéculateurs, dira encore Buller, tous les obstacles aux défricheurs. » La conséquence, ce sera, par l'impossibilité d'obtenir un titre de propriété, un extraordinaire développement du *squatterisme*. La conséquence, ce sera encore l'exode aux Etats-Unis de près de la moitié et peut-être des trois cinquièmes des immigrants d'Europe, impuissants à se trouver un lot où s'établir. Dans les vieilles seigneuries, ce sera le morcellement des terres paysannes qui paraît bien dater de cette époque-là, et ce sera l'encombrement des petits métiers de village, le refoulement de la jeunesse rurale vers le prolétariat des chantiers forestiers. Puis, ce sera bientôt et c'est déjà, pour le Bas-Canada, l'hémorragie tragique, la coulée irrépressible de sa population paysanne vers un pays plus hospitalier. En attendant, et puisqu'il faut toujours rechercher la répercussion de pareils faits, quel autre brandon enflammé jeté sur le mécontentement populaire. L'émotion paraît à son comble lorsqu'en 1832 l'on apprend la vente en Angleterre de 800,000 acres de la vallée du Saint-François à la *British North American Land Company*, compagnie de spéculateurs anglais, vente qui, sous lord Aylmer, sera bientôt suivie d'une autre de 20,000 acres à la *Quebec & Megantic Land Company*. Un journal patriote parle de la « mise en vente » [du Canada] sur le marché de Londres ». Car à l'époque, journaux et dirigeants de l'opinion ébauchent cette thèse que les terres incultes ne seraient aucunement propriétés de la couronne anglaise, mais de l'Etat colonial de la province, et qu'il appartiendrait à la seule législature coloniale de légiférer sur le sujet. En 1832 précisément les habitants du comté des Deux-Montagnes affirment très haut, par pétition à la Chambre, que « de droit naturel, les terres incultes de cette province doivent être indistinctement la propriété des sujets canadiens de Sa Majesté qui veulent s'y établir. » A la Chambre, Edouard-Etienne Rodier, député de l'Assomption et jeune avocat en vue du barreau de Montréal, dénonce les spéculations sur le domaine national en des termes passionnés: « Notre postérité ne trouvera plus dans cette province un coin pour s'établir; nos enfants seront obligés de s'expatrier ou de cultiver comme mercenaires la terre de leurs pères passée entre les mains de ces avides spéculateurs... »

Dans la vie religieuse

Et l'alarme se grossit d'autres inquiétudes. Ces spéculations se lient, croit-on, à de vastes projets d'émigration britannique et protestante. Rodier voit déjà les paroisses canadiennes envahies par un flot de « protestants » ou d'« orangistes » : ce qui le fait encore s'écrier: « La religion de nos pères qui est si inhérente à notre nationalité et le clergé que nous supportons, tomberont avec nous. » C'était jeter dans le débat toute la question religieuse. Là encore, en ce domaine périlleux entre tous, y avait-il lieu de s'inquiéter ? Le régime de 1791 n'a guère changé la politique religieuse de Londres à l'égard de l'Eglise romaine au Canada. Il a réitéré les garanties de l'*Acte de Québec*, confirmé de nouveau les communautés religieuses dans la possession au moins temporaire de leurs biens, assuré aux membres survivants de la Compagnie de Jésus, une rente viagère; il a eu encore le mérite de promettre l'appui du pouvoir civil à la sauvegarde de la moralité publique. D'autre part, dans les « Instructions » de l'époque adressées à lord Dorchester, le nouveau régime s'affranchit peu de son attitude bien connue à l'égard de l'Eglise papiste. Pour elle, au lieu du statut de l'église établie, statut réservé à l'Eglise protestante d'Angleterre, précise-t-on, le seul privilège de la tolérance, privilège qui, du reste, se tempère comme suit: interdiction sévère de toute juridiction étrangère et de toute correspondance avec cette juridiction; autorité épiscopale limitée au libre exercice de la religion romaine; attribution des bénéfices réservée au « Canadien de naissance »; interdiction de tout prosélytisme à l'égard des protestants; suppression et dissolution de la Société des Jésuites et transmission de leurs biens à la couronne, le tout agrémenté de quelques intrusions dans les affaires de discipline: usage réciproque des églises et des cimetières pour service religieux et pour inhumation, sans distinction de croyances; droit de visite dans les séminaires et communautés. Sans doute, et grâce à l'intelligente diplomatie de quelques gouverneurs, tels que Dorchester, et grâce aussi à la politique avisée des autorités londoniennes, une bonne part des « Instructions » envoyées au Canada et souvent la part la plus vexatoire, il faut le reconnaître, restera lettre morte. Les jours prochains ne réservaient pas moins à l'Eglise canadienne d'assez lourdes épreuves. C'est l'époque où en Irlande, lord Wellesly, le futur duc de Wellington, secrétaire en chef de l'Ile Verte, pense tout haut que « si les curés sont payés par l'Etat, ils lui seront peut-être fidèles ». A Londres, pour établir sur l'évêque de Québec et son Eglise la suprématie royale, le ministre Portland s'était dit prêt à tous les sacrifices d'argent. Pour leur part, Mountain, Milnes, Ryland essaieront d'induire Mgr Denaut et Mgr Plessis à se démettre de la nomination aux cures, en retour d'une augmentation d'honoraires et de la personnalité civile accordée à l'Eglise romaine. Assaut audacieusement mené où les deux évêques, la mort dans l'âme, vont succomber plus qu'il ne faut. Heureusement les événements d'Europe, le duel anglo-français au temps de Napoléon, l'agitation antibritannique aux Etats-Unis sont venus conseiller la prudence aux hommes d'Etat anglais. En 1806, sous l'administration du pacifique Thomas Dunn, Mgr Plessis, devenu évêque en titre, pourra prêter le serment d'allégeance et signer dans les registres du Conseil exécutif en qualité d'évêque de Québec. Toutefois longtemps encore et jusqu'après 1840, bien d'autres alarmes ne laissent pas d'assombrir la vie de l'Eglise. Au sujet de la succession épiscopale, de la formation des nouveaux diocèses, la politique de Londres, selon les ministres et les gouverneurs, reste flottante, le plus souvent tatillonne. Les lois de la Chambre pour la subdivision et l'érection civile des paroisses, pour l'amortissement des biens de fabrique et des corporations religieuses sont invariablement soumis au couperet silencieux de la sanction royale. Vers 1830, 74 paroisses environ attendent leur érection civile.

En ces temps d'inquiétude, dirons-nous qu'après Dieu, sa meilleure protection vient à l'Eglise romaine de sa propre force ? Etrange puissance qui provoque l'étonnement scandalisé de James Craig. Que le chef d'une église étrangère ait pu se dérober aux prises de la suprématie royale; et que désigné d'abord sous le simple titre de « surintendant », il ait réussi à s'approprier la qualité d'« évêque catholique romain de Québec », voilà qui bouleversait l'ombrageux gouverneur. N'a-t-il pas aussi observé que le « patronage » de cette Eglise, maîtresse de tous les bénéfices, égale « celui du gouverneur » ? Bien que non reconnu par l'Etat, l'évêque exercerait « une autorité beaucoup plus grande qu'au temps du gouvernement français ». « Dispersés dans chaque coin du pays », sans communication directe avec le gouvernement, les curés formeraient « un corps puissant », d'« un prestige et d'une influence très considérable ». Force qui ne laisse pas d'impressionner les autorités impériales elles-mêmes.

Consultés en 1811 sur le droit de Sa Majesté britannique à la collation des bénéfices, les Conseillers juristes de la couronne reconnaissent effectivement ce droit au souverain. Mais comment contester le privilège de l'évêque après un si long usage ? En 1820, pour tenir tête à la Chambre du Bas-Canada, dans la querelle des subsides, Bathurst propose de faire à la liste civile tous les retranchements possibles; on différera jusqu'au paiement du salaire des lieutenants-gouverneurs. Et le ministre souhaiterait qu'on y joignît les émoluments des membres du clergé catholique. Affaire si délicate néanmoins que Bathurst recommande d'« user de beaucoup de prudence et de prendre bien soin de convaincre les intéressés ».

Effets de ces malaises

Que voilà encore, dira-t-on, des pages sombres et acrimonieuses. Est-ce la faute de l'historien dont la tâche n'est pas de *faire* l'histoire, mais d'essayer de la raconter et surtout de l'expliquer ? Tableau ennuyeux, mais indispensable à l'intelligence des prochains événements. Une chose importe: faire voir jusqu'à quelle profondeur et en quelles parties vives de son âme, dans les vingt ans qui ont précédé l'explosion, un peuple s'est senti touché. L'étendue du malaise, on peut maintenant la mesurer. Hostiles on non, les pressions s'alourdirent sur tant de points que la population française du Bas-Canada put croire à une perversion essentielle de l'organe politique et comme à une sorte d'investissement. La conviction se fit, dans les esprits, qu'il y allait, pour la nationalité, du droit sacré de la vie. « Vu les circonstances, avouait en 1835, un bon observateur, T. Fred Elliott, je ne puis croire qu'il serait très déraisonnable de la part des Canadiens français de redouter quelque future extinction de leur langue et de leurs usages particuliers... » L'erreur de Durham et de bien d'autres avant lui fut de se croire en présence d'une entité nationale altérée, déprimée par la conquête et ses suites funestes. Tel n'était pas, on s'en souvient, le sentiment de Craig qui, pour ce coup, a vu clair. Ce n'était pas non plus le sentiment des marchands anglais de Québec et de Montréal qui, en 1822, dans leur pétition en Angleterre en faveur du projet d'union des Canadas, écrivaient: « Les droits politiques excessifs concédés à cette population... le sentiment qu'elle a de sa force croissante, ont fait naître dans les cerveaux l'idée d'une nation séparée: la nation canadienne... Une générosité sans limites a accordé aux vaincus leurs lois et leur religion, la participation au gouvernement et aux droits des sujets britanniques... mais tout cela n'a pu le faire dévier des principes, du langage, des mœurs et des coutumes qui font d'eux un peuple étranger... » Depuis 1760 rien n'a changé au cœur des vaincus. Ils n'ont pas renoncé à se perpétuer conformément à leurs caractères historiques et selon les valeurs traditionnelles et spirituelles de leur civilisation. Leur volonté de vie et de vie en nation venait de loin. Déjà, dans l'histoire du régime français, nous avons dit de quoi elle était faite. Loin de l'éteindre ou de la briser, la conquête anglaise, en la contrariant, l'a plutôt affermie. La politique pro-française de 1774, puis celle apparemment plus généreuse de 1791 l'ont singulièrement renforcée. La fondation des collèges et leur enseignement humaniste, ce retour aux sources de la culture originelle, la reprise de relations plus suivies avec la France intellectuelle, puis l'aspiration des jeunes peuples à se gouverner eux-mêmes, le vent de liberté qui, depuis 1820, déferle d'un bout à l'autre des Amériques, toutes ces influences réunies et qu'il faudra étudier de plus près, pouvaient-elles ne pas jeter, dans l'élite d'une population opprimée, un ferment irrésistible ? Relisons la 52ᵉ des 92 Résolutions adressées au gouvernement et au parlement britanniques. A quelle heure de leur histoire les Canadiens français ont-ils exprimé leur fierté française plus vigoureusement que ne l'ont fait ces hommes de 1834: « La majorité des habitants du Pays n'est nullement disposée à répudier aucun des avantages qu'elle tire de son origine et de sa descendance de la Nation française, qui sous le rapport des progrès qu'elle a fait faire à la civilisation, aux sciences, aux lettres et aux arts, n'a jamais été en arrière de la Nation Britannique, et qui, aujourd'hui, dans la cause de la liberté et la science du Gouvernement, est sa digne émule... » Et ce couplet était précédé de cet autre non moins solennel: « ... puisqu'un fait, qui n'a pas dépendu du choix de la majorité du Peuple de cette Province, son Origine Française et son usage de la Langue Française, est devenu, pour les Autorités Coloniales, un prétexte... d'exclusion, d'infériorité politique et de séparation de droit et d'intérêts, cette Chambre en appelle à la justice du Gouvernement de Sa Majesté et de son Parlement, et à l'honneur du Peuple Anglais... »

Sur la gravité du malaise de l'époque, on trouvera peut-être intéressante l'opinion d'un historien anglo-canadien. Voici comme Adam Shortt s'en exprime dans *Makers of Canada* (étude sur Lord Sydenham): « Ce fut ce procédé, trop assurément dépourvu de franchise qui consistait à saper la politique de l'*Acte de Québec* pendant qu'on faisait profession de le respecter, qui progressivement exaspéra les Canadiens français... Leur garantir tous les éléments essentiels de leur nationalité, puis, d'autre part, les frustrer des conséquences logiques et nécessaires d'une pleine gouverne de leurs affaires domestiques, et leur ôter, par surcroît, les moyens de se libérer, de façon définitive, de l'humiliation du joug étranger, ce n'était rien de moins qu'un raffinement de cruauté raciale que le peuple anglais, par bonheur et pour la réputation de l'humanité britannique, a condamné chaque fois que d'autres peuples s'en sont rendus coupables. » « Se flatter que les Canadiens français, continue le même historien, renonceraient volontairement à leur nationalité, pour accepter avec une résignation paisible, la citoyenneté britannique, c'était le comble de l'absurdité. »

L'ère parlementaire

(1791-1848)

DEUXIÈME PARTIE

Le conflit

CHAPITRE PREMIER

Les influences étrangères et anglo-canadiennes

Influence de 1830. — Influence américaine. — Influence anglaise. — Influence des provinces-sœurs.

Influence de 1830

Une soif de réformes travaillait un petit peuple. Sur l'état d'esprit de ses dirigeants, de son élite, a-t-on suffisamment observé, calculé l'influence de l'époque, je veux dire les courants d'idées qui passent alors à travers le monde et auxquelles tout à l'heure nous faisions allusion ? Les arbres prennent le pli des vents qui les assaillent. En va-t-il autrement de la forêt humaine ? Génération de 1830 que celle des réformistes canadiens. Génération du romantisme. Un virus violent entre dans les esprits. Ebranlement du traditionnel équilibre de la raison française, débridement de l'individu et pas seulement dans l'art et la littérature, mais dans l'économique, le social, la politique. Nouveau réveil des masses populaires; ère renouvelée de la déesse liberté, aspiration ardente, presque maladive vers un ordre nouveau, une refonte du monde. Ce n'est point par simple coïncidence qu'éclatent tant de soulèvements populaires, tant de fiévreux mouvements de jeunesse et même d'insurrections: en France, en Belgique, en Espagne, en Pologne, en Italie, en Allemagne, en Angleterre, au Brésil. Mais a-t-on tenu compte de la violence accrue de la secousse en l'esprit de ces parlementaires qui, par le retardement coutumier des courants d'idées au Canada, se sont trouvés les fils spirituels de 1830, alors qu'ils n'avaient pas cessé de l'être du dix-huitième siècle français ? Or, on le sait, les philosophes du dix-huitième étaient allés chercher leurs leçons politiques chez les auteurs de l'antiquité. Leur notion de la démocratie « pure », « éclairée », leur venait de cette source. C'est là que les Encyclopédistes, pour parler comme Reynold, ont « garni leur carquois de flèches révolutionnaires ». Mais a-t-on tenu compte aussi que 1830 n'a été, à vrai dire, qu'un rebondissement de 1820 ? Avec la mort de Napoléon à Sainte-

Hélène, le 5 mai 1821, il semble que reprennent vie les ferments de 89 propagés en Europe et à travers le monde par les armées impériales. En ces années-là, dans les mêmes pays qu'en 1830, éclatent les mêmes soulèvements et particulièrement de ce côté-ci de l'océan, en Amérique latine. Et voilà qui nous découvre avec quelle intense continuité a pu se faire au Canada l'incubation des idées de réforme.

Le romantisme littéraire a pris du temps à traverser l'océan. Le romantisme politique s'est montré de beaucoup plus agile. Les « 3 glorieuses » (27, 28, 29 juillet 1830) qui ont préparé en France l'avènement de la Monarchie de Juillet, obtiennent, ce semble, au Canada français, plus de retentissement que la prise de la Bastille. Dans l'élite canadienne, l'on a déjà commencé de lire Lamennais et bien d'autres coryphées de l'idéologie démocratique. En 1829, Toussaint Pothier, un « Chouayen » de ce temps et futur conseiller législatif, trouve déjà ses compatriotes imbus de ce qu'il appelle « the spirit of the age », esprit emprunté, prétend-il, aux doctrinaires français « dans des productions de leur langue maternelle ». Quelques jeunes de l'époque entretiennent des relations épistolaires avec ces messieurs de France. Les chansons de Béranger sont à la mode. François-Xavier Garneau, le futur historien, qui passe à Paris en 1831, se fait railler, à son retour pour son enthousiasme révolutionnaire. Dans plusieurs collèges, si nous en croyons un correspondant de la *Minerve* (28 mars 1831) qui signe « Un jeune Canadien », on incite les élèves à lire les *Papiers publics*... On leur donne même quelquefois un précis des grandes questions qui aujourd'hui nous agitent si fortement... » Dans le *Cahier des Dix* (n° 2), Mgr Olivier Maurault nous a raconté une petite « révolution collégiale » au Collège de Montréal, où les collégiens, pour protester contre l'absolutisme de leurs professeurs français arborent le tricolore et chantent une sorte de Marseillaise. Dans les milieux politiques, au Bas-Canada, quelle ne sera pas l'influence de 1830 ? Pouvait-on n'y pas ressentir plus vivement le désaccord de fond entre les institutions oligarchiques de la province et son état social ? De la 41e à la 47e, les 92 Résolutions de 1834 ne seront qu'une plainte amère contre le maintien d'un pareil régime dans un pays démocratique. « ... la Constitution et la forme de gouvernement qui conviendraient le mieux à cette Colonie, disait, par exemple, la 43e de ces résolutions, ne doivent pas se chercher uniquement dans les analogies que présentent les institutions de la Grande-Bretagne, dans un état de société tout à fait différent du nôtre... » « Les ministres, reprend Papineau dans le grand débat de 1836, sur « l'Etat de la Province et les subsides », ont voulu mettre en pleine action et vigueur le principe aristocratique dans les Canadas dont la constitution sociale est essentiellement démocratique, où tout le monde vient au monde, vit et meurt démocrate; parce que tout le monde est propriétaire; parce que tout le monde n'a que petites propriétés... »

Une autre influence, beaucoup plus rapprochée celle-ci, se fait sentir avec non moins de prestige sur les libéraux canadiens. Ces hommes qui compareraient volontiers les institutions de leur pays à une camisole de force, qui parlent même d'« anarchie organisée », de quelle séduction se pare, pour eux, la jeune république des Etats-Unis qui, dans la liberté et l'indépendance, s'élance, par étapes rapides, vers son grandiose destin. C'est avec lyrisme, un lyrisme un peu lourd mais qui veut être éloquent, que Papineau célèbre le paradis américain: « Nous vivons et mourrons dans un pays placé en juxtaposition avec les Etats-Unis qui étaient aux yeux le spectacle instructif d'institutions démocratiques, occasionnant l'accroissement des richesses, donnant le bonheur, assurant les progrès du peuple, hâtant les plus rapides développements dont ait jamais été témoin une société humaine. » Quel regard d'envie l'on jette constamment de l'autre côté de la frontière ! Les « patriotes » connaissent bien l'histoire des voisins. Ils la citent volontiers. Au cours d'un débat de la Chambre, en 1836, Antoine-Charles Taschereau, député du comté de Beauce, n'a pas de termes assez élogieux pour célébrer l'héroïsme des treize colonies dans leur lutte pour l'indépendance. On ne se contente pas de citer l'histoire des insurgés américains; on copie généreusement leurs tactiques. Qu'est-ce, en effet, que le vote annuel de la liste civile, les soustractions audacieuses pratiquées dans les honoraires des chefs de l'exécutif, l'établissement d'impôts pour courte durée, un an ou deux ? Des tactiques empruntées aux Chambres américaines pour tenir en respect le gouvernement colonial. Le boycottage prochain des marchandises anglaises, autre tactique empruntée aux mêmes sources, et qui ne sont rien d'autre que les représailles des anciennes colonies contre l'*Acte du Timbre*. Enfin la théorie un peu naïve des réformistes canadiens pour l'extension du système électif ne porte-t-elle point avec soi sa marque d'origine ? Que l'on en vienne à ne plus vouloir d'institutions politiques que copiées sur le modèle américain, quoi de plus explicable. C'est à qui rappellerait l'avertissement de Fox en 1791: « Donnez-leur des institutions qui ne leur laissent rien à envier à leurs voisins. » Le document par excellence sur les conceptions politiques des libéraux du Bas-Canada reste les 92 Résolutions. Pas moins de six de ces Résolutions exaltent la constitution américaine: constitution idéale, douée de toutes sortes de vertus intrinsèques, préservatif infaillible contre les abus du pouvoir, ferment de progrès indéfini dans l'évolution politique, source d'un patriotisme plus « universel » et « plus fort » que nulle part ailleurs. Lors de la présentation à la Chambre du fameux manifeste, Papineau a tenu à justifier les préférences admiratives de son parti. « Il existe des signes certains qu'avant longtemps toute l'Amérique sera républicaine, disait le chef patriote. S'il est nécessaire de changer notre constitution, faut-il le faire en vue de ces présages ? Est-ce un crime que de le demander ? ... Il ne s'agit que de savoir comment nous vivons en Amérique et comment on y a vécu. L'Angleterre, oui l'Angleterre elle-même y a jeté les fondements d'une puissante république où fleurissent la liberté, la morale, le commerce et les arts. » En 1836, le député de Beauce, Charles-Antoine Taschereau, reprend presque le même thème. En somme, rappelle-t-il, la révolution américaine n'eut d'autre cause qu'une dispute au sujet du droit d'impôt entre le parlement impérial et les parlements coloniaux. Aucun des motifs ne s'y est trouvé « qui ordinairement donnent lieu à un semblable bouleversement, — ni la religion ni les lois n'y avaient été outragées, les manières, les usages, objets chers au peuple n'y avaient pas été livrés au ridicule — le pouvoir arbitraire n'y avait arraché aucun habitant du sein de sa famille pour le traîner dans les horreurs d'une prison, comme fit un Craig en ce pays de 1810... » Et Taschereau de conclure: « Le Connecticut, le Rhode Island avaient des constitutions tellement démocratiques qu'ils ne jugèrent pas à propos de les changer après la révolution...; et aujourd'hui en Canada l'on nous fait un crime d'oser demander une partie de ce qui fut si libéralement accordé aux anciennes colonies anglaises. » Jusqu'à la fin de cette période, l'exemple américain, l'histoire américaine, garderont, sur l'esprit de ces hommes, leur puissance de fascination.

Influence anglaise

Une influence, et pour étonnante que la chose paraisse, celle de l'Angleterre, a peut-être tout dépassé néanmoins en force et en prestige. A partir de 1820, on cesse, au Canada, de considérer le Royaume-Uni comme le pilier de la réaction, le bloc figé dans son imperturbable conservatisme. La métropole est en pleine évolution sociale et politique. La propriété industrielle, commerciale, mobilière tend à supplanter la propriété foncière ou immobilière. Grands usiniers, armateurs, marchands sont devenus les rivaux des richissimes land-lords. Concentrées dans les villes, les masses échappent de plus en plus à l'influence des gentilhommes campagnards et réclament à grands cris leur part de droits civils et politiques. Bien avant 1830 divers indices annoncent les premières détentes du vieux torysme. La diplomatie de Londres soutient en sous-main les Britanniques qui prêtent leur concours aux rebelles de l'Amérique latine. Au congrès de Vérone (1820), le duc de Wellington manœuvre pour faire reconnaître l'autonomie des colonies espagnoles insurgées. En 1823 il obtient d'y envoyer des consuls. Un mot court alors toutes les chancelleries, mot de Canning, secrétaire d'Etat aux affaires étrangères; « J'ai appelé le Nouveau-Monde à l'existence pour redresser l'équilibre du Vieux Monde. » En 1812 le parlement a abrogé la plupart des incapacités dont restaient frappés les dissidents religieux ou « non-conformistes ». Après un premier échec en 1813, suivi d'un second en 1821, enfin, en 1829, le gouvernement de Wellington, un peu effrayé de l'agitation d'O'Connell, accorde aux sujets catholiques du royaume l'accès à toutes les fonctions publiques, sauf celles de vice-roi d'Irlande et de lord-chancelier. Puis voici qu'éclate 1830. Le coup de vent n'épargne pas l'île anglaise. Balayés après tout proche cinquante ans de pouvoir, les tories font place aux Whigs. Le 4 juin 1832, les dernières résistances de la Chambre des lords enfin brisées, le parlement vote la réforme électorale. Réforme timide. Elle accroît à peine d'un peu plus de 800,000 le nombre des électeurs. Le pouvoir politique passe tout au plus de l'aristocratie à la bourgeoisie. La réforme supprime toutefois la représentation des « bourgs pourris » pour la transférer aux grandes villes. Première lézarde dans la structure de l'Angleterre oligarchique.

Au Canada, cette grave évolution n'échappe pas aux esprits attentifs. On y lit les gazettes d'Angleterre. Les journaux canadiens du temps citent la presse anglaise à en déborder, reproduisent à larges colonnes les débats du parlement impérial. Le libéralisme anglais allait-il devenir article d'exportation aux colonies ? Les libéraux du Bas-Canada l'ont cru en toute bonne foi. « Nous n'hésitons pas à demander à un Prince de la maison de Brunswick et à un Parlement réformé, diront-ils, dans une de leurs suppliques de 1834, ce que les Princes de la maison de Stuart et leurs Parlements accordèrent de libertés et de pouvoirs politiques aux plus libres et aux plus favorisées des plantations formées à une époque où de telles concessions devaient paraître moins favorables qu'à l'époque actuelle. » La foi de ces libéraux au gouvernement britannique a pu être ébranlée. A l'heure où nous sommes, ils n'ont rien perdu de leur confiance dans les Communes anglaises, restées pour eux la tribune suprême où porter leurs revendications. Encore en 1836, après les déceptions que leur a pourtant values l'enquête Gosford-Grey-Gipps, c'est « Aux Honorables Chevaliers, Citoyens et Bourgeois, les Communes du Royaume-Uni de la Grande-Bretagne et d'Irlande assemblés en Parlement », qu'ils adressent leur dernier appel, et pour leur tenir ce langage: « ce que les habitants des Trois-Royaumes ont demandé et obtenu... nous le demandons pour nous... » En ces Chambres britanniques les libéraux du Canada ne manquent pas, il faut s'en souvenir, de soutiens et d'amis. O'Connell, le grand agitateur irlandais, leur accorde de temps à autre l'appui de sa voix. Une autre voix leur est depuis longtemps gagnée, celle d'Arthur Roebuck, devenu l'agent du Bas-Canada en Angleterre. Ils peuvent aussi compter, du moins le croient-ils, sur l'aile avancée des Whigs, c'est-à-dire le groupe radical. Les « Papiers radicaux » « plaident la cause des peuples », affirme Papineau en 1836. Les radicaux anglais exhortent, en effet, les réformistes du Canada à ne rien sacrifier de leurs aspirations; ils félicitent même ceux du Bas-Canada de ce qu'ils savent unir « la fermeté anglaise à la courtoisie française ». Qui ne se rappelle la lettre publique de David Hume à Lyon Mackenzie (29 mars 1834), appel direct à l'insurrection, et qui allait faire scandale aux Communes anglaises: « Votre élection triomphale du 16 et votre expulsion de la Chambre le 17, écrivait Hume, doivent précipiter la crise qui s'en vient vite dans les affaires des Canadas et dont l'issue sera de les rendre indépendants et libres de la funeste domination de la mère-patrie. » Et

Hume d'aggraver encore cette première déclaration: « Les événements qui se déroulèrent en Amérique entre 1772 et 1782 ne devraient pas être oubliés; et pour l'honneur des Américains et dans l'intérêt du monde civilisé, ayez soin que la conduite de ces insurgés et les résultats de l'insurrection ne soient jamais perdus de vue. » A ce moment, dans les hautes sphères du gouvernement britannique, le problème canadien suscite les plus vives anxiétés. En 1830 lord Goderich pousse aux réformes constitutionnelles, confie-t-il à Aylmer, pour prévenir la rupture du lien colonial. Dans les bureaux mêmes de lord Glenelg, on s'interroge sur l'abandon possible des colonies. « La population de l'Amérique du Nord britannique, calcule-t-on, s'élève au bas mot à 1,200,000 âmes. Elle a déjà le caractère distinctif d'une nation et le jour n'est pas très loin où une indépendance, d'abord effective puis formellement exprimée, succédera à la présente subordination à la Couronne britannique. » Pour Sir George Gipps, l'un des trois enquêteurs de 1835, l'alternative fatale serait celle-ci: « abandonner le pays [le Bas-Canada] et nous couvrir de honte par notre insuccès, ou le conserver en payant un prix qui dépasserait de beaucoup la valeur de cette colonie ». D'autres encore plus résignés, n'aperçoivent que cette issue: opérer une sortie honorable du continent nord américain et s'employer plutôt à y susciter une puissance « qui fasse équilibre à l'influence des Etats-Unis ».

Influence des provinces-sœurs

Pour fortifier, aggraver ces influences lointaines, le milieu immédiat, celui des provinces limitrophes, n'aurait-il pas agi, pour sa part, sur la température politique du Bas-Canada ? Vers 1830, y aurait-il eu, d'Halifax aux Grands Lacs, un climat d'agitation ou d'insurrection ? On s'en inquiète dans les bureaux de lord Glenelg. Chez elles comme ailleurs, les petites provinces maritimes ont vu s'installer le système oligarchique. Il y sévit plus centralisateur peut-être que dans les deux Canadas. Gouverneurs et Conseils exécutifs s'arrogent le pouvoir. La Nouvelle-Ecosse, en possession d'institutions représentatives depuis 1758, n'aura son conseil législatif, détaché ou distinct de l'exécutif, qu'en 1838; le Nouveau-Brunswick, qu'en 1832. Dans les deux provinces, un *family compact* aussi vorace que chez les voisins détient les hauts postes, les gros salaires. En Nouvelle-Ecosse les rivalités politiques s'aggravent de rivalités religieuses. Les membres de l'église épiscopalienne qui ne représentent qu'un cinquième de la population, occupent la part prépondérante au Conseil exécutif. En cette province de population très mêlée, les Loyalistes ne comptent que pour une minorité; mais cette minorité fait sentir fortement son influence. Là aussi toutefois le vent de 1830 a soufflé. Cette même année, éveillée par Joseph Howe, encore simple journaliste, la Nouvelle-Ecosse élit une Chambre favorable aux réformes populaires. En 1837 cette Chambre, sans prise sur le Conseil exécutif, pas plus que sur la liste civile, pétitionne en Angleterre pour obtenir ce qu'elle appelle « les bienfaits de la constitution anglaise », par quoi elle entend: l'appropriation des revenus territoriaux, un Conseil législatif électif ou distinct de l'exécutif, une juste représentation des grands intérêts de la province dans les deux Conseils, et la responsabilité de l'Exécutif à la Chambre. Au Nouveau-Brunswick se retrouvent mêmes maux ou abus. Mais, en cette province, encore aujourd'hui, selon M. A.R.M. Lower, « la plus manifestement loyaliste du Canada », l'esprit politique est davantage en retard. Le vrai type de la société tory y fleurit. En 1831 la Chambre néobrunswickoise ne pétitionne pas moins pour obtenir sa part de réformes. Elle réclame quelques modifications en son Conseil exécutif et le droit d'approprier tout le revenu public, quelle qu'en soit la source. Deux délégués se rendent à Londres soutenir cette pétition.

Entre les provinces anglaises, il en est une cependant dont le foyer d'agitation dépasse tous les autres en virulence: le Haut-Canada. Au sentiment de lord Glenelg, « les esprits n'y sont pas moins surexcités que dans le Bas-Canada ». Aux élections de 1828 les Réformistes obtiennent, pour la première fois, la majorité. Ils possèdent leur journal, le *Colonial Advocate* et ils ont un chef. En 1831 William Lyon Mackenzie atteint à l'apogée de sa popularité. Quatre fois élu, quatre fois expulsé de la Chambre par la majorité tory, il vient de soulever sa province comme jamais elle ne l'a été. Là aussi les luttes politiques s'enveniment de passions religieuses. Dans le partage des « Réserves du clergé », les autorités pratiquent, à l'égard de l'Eglise d'Angleterre, un favoritisme qui surexcite la jalousie de l'Eglise d'Ecosse et des non-conformistes. En 1834 les réformistes du Haut-Canada entreprennent de rédiger quelque chose comme leurs 92 Résolutions. Et c'est pour s'en prendre non seulement aux abus du régime, mais au régime lui-même. Ils réclament la réforme du fonctionnarisme, de l'administration des « Réserves du clergé », le vote de tous les revenus publics par l'Assemblée législative, puis la responsabilité ministérielle comme en Angleterre, et même un Conseil législatif électif.

Vers 1834 un vent d'insurrection paraissait donc en train d'ébranler les quatre provinces de l'Amérique du Nord. Effervescence qui aide à comprendre les craintes de Londres et les hésitations de sa politique coloniale. Mais aussi, ce concert des colonies voisines dans l'expression des mêmes griefs et dans les mêmes revendications, comme il fait comprendre l'état d'esprit des libéraux du Bas-Canada. Et qui trouvera à s'étonner qu'un moment ils aient pu se croire les porte-voix de la cause commune, et que la possibilité leur soit apparue de dresser contre la métropole une ligue des quatre provinces ? Avec quel accent de triomphe, Louis-Joseph Papineau caresse, exalte cet espoir dans son discours déjà cité de 1836: « ...Nous sommes appelés à défendre la cause et les droits de toutes les colonies anglaises... Nous devons nous sentir encouragés à continuer notre résistance, à repousser les sophismes et la flatterie, en réfléchissant que nous défendons les droits de toutes les colonies... »

Et encore: « L'effet de leurs instructions (il s'agit des instructions dont était chargée la commission Gosford-Grey-Gipps) a été de nous faire les alliés de toutes les colonies... nous avons pour nous l'opinion publique. » La même année, dans une « adresse » aux Communes anglaises, la Chambre du Bas-Canada fait écho à la parole de Papineau: « Nous nous réjouissons d'avoir dans nos justes demandes, l'appui de nos frères du Haut-Canada. Cet appui servira à faire voir à Votre Honorable Chambre et à nos co-sujets de toutes les parties de l'empire, que nous avons été sincères dans nos déclarations, qu'en effet les circonstances et les besoins des deux Provinces du Canada, réclament un gouvernement responsable et populaire, et que nous n'avons été mus par aucunes vues étroites de parti ou d'origine... »

Le péril d'une ligue n'était pas imaginaire. Londres prit peur. Obligé de faire face à l'opposition des Chambres des trois provinces, avouait lord Glenelg, le gouvernement n'aurait eu qu'un parti à prendre: « céder à leurs demandes... M. Papineau, avant un an, serait devenu le président d'une nouvelle république, et il n'aurait pas fallu longtemps pour qu'il en prît le titre. » Le ministre se hâta de manœuvrer pour rompre l'alliance en train de s'ébaucher. Le Nouveau-Brunswick, la Nouvelle-Ecosse reçurent une part généreuse de concessions. Dans le Haut-Canada, Sir Francis Bond Head recourut à la manière forte; il prorogea les Chambres et, par des élections frauduleuses, fit battre les réformistes. Glenelg put alors respirer. Des quatre grandes provinces, « trois — du moins, il s'en flattait — coopéreraient avec le Gouvernement Royal contre le parti français du Bas-Canada ».

Tant d'influences conjuguées: celle de la France de 1830, celle des Etats-Unis, celle de l'Angleterre, des whigs et des radicaux, celle des provinces anglo-canadiennes, et toutes quatre s'échauffant et se multipliant l'une par l'autre, c'en est assez pour faire voir dans quelle atmosphère trouble ont alors vécu les chefs politiques du Bas-Canada. Une crise paraît inévitable. Gardons-nous de la juger sans recomposer cette atmosphère, sans nous mettre à ce solide point de vue critique. Les idées ne germent ni ne vivent toutes nues dans le cerveau des hommes ou dans l'esprit d'un peuple. Elles portent les frémissements et les alliages de leur temps.

CHAPITRE DEUXIÈME

Réformes tardives

Propositions Goderich. — Rejet des propositions Goderich. —
Vers les solutions intransigeantes. — Maladresses de
la politique anglaise.

Propositions Goderich

L'Angleterre où passe un vent de réforme, saura-t-elle réformer à temps sa politique coloniale en Amérique du Nord ? « Il ne saurait être question de dormir sur les rames, lorsque l'embarcation est dans un rapide courant qui charriera tout sur son passage, si l'on ne parvient à le remonter ou à l'endiguer, » peut-on lire dans un document officiel de 1836. En temps de crise, l'inaction a, pour suite ordinaire, la catastrophe. Les gouvernants de Londres se décideront-ils à agir ? Un ministère tory, cramponné au vieux système oligarchique, y détient le pouvoir depuis près de cinquante ans. Au département des colonies, des figurants plus que des ministres passent comme des fantômes. De 1791 à 1839, pas moins de 16 titulaires s'y succèdent. Exception faite de Bathurst qui occupe le poste quinze ans (1812-1827), les autres s'y arrêtent à peine un an, deux ans, jamais plus de trois ans. Entre 1834 et 1835, soit en moins de 11 mois, quatre ont l'air de se bousculer l'un l'autre: Stanley, Spring Rice, Aberdeen, Glenelg. Grave inconvénient déjà noté en son temps par lord Dorchester. Toute leur attention d'ailleurs tournée vers les vastes problèmes du royaume, où ces hommes de passage auraient-ils trouvé le temps de se bien renseigner sur les affaires de leur département ? On peut méditer au besoin ce mot de critique de lord Gosford, de retour à Londres, qui écrit à l'évêque de Montréal, Mgr Lartigue (22 août 1839): « L'ignorance qui prévaut ici, au sujet des affaires canadiennes, est quelque chose de lamentable. »

Enfin nous voici en 1830 et à l'avènement des Whigs. Le chef du nouveau ministère, lord Grey, confie les colonies au canningiste lord Goderich. L'homme est assez obscur et borné. Dans le cabinet de 1827 Canning a refusé d'être son second. Premier ministre à la mort de Canning, par caprice du roi, il ne peut se maintenir que quelques mois. Goderich a néanmoins pour lui cet avantage d'avoir été aux colonies deux mois et demi en 1827. Et il y revient à un moment critique. La révolution de juillet sur le continent, les convulsions de l'Irlande secouée par la parole d'O'Connell, l'agitation autour du *Reform Bill,* ont replacé l'Angleterre sur un volcan. Menacée d'une révolution chez elle, a-t-elle les moyens d'en affronter une autre en Amérique du Nord ? Le ministre ne l'a pas caché à Aylmer: le moindre retard dans la solution du problème canadien pourrait mettre en péril le lien colonial.

On tient là l'origine des propositions Goderich de 1831. Le secrétaire des colonies fait des offres apparemment alléchantes: il cédera à la Chambre l'appropriation de tous les revenus perçus dans la province en vertu des lois fiscales impériales, soit environ 38,000 louis; en retour de quoi une liste civile sera votée, réduite à 3 chapitres, comprenant tout au plus les appointements du gouverneur et de son secrétaire, ceux des juges et du procureur général, puis quelques pensions et autres menus crédits pour dépenses contingentes, soit la somme de 19,000 louis. Mal accueilli, en 1831, Goderich renchérit l'année suivante sur ses premières propositions. Cette fois, il offre d'abandonner à la province les revenus des biens des Jésuites; il lui remettra même le Collège de Québec en retour d'une construction de casernes. Puis sur le reste des questions litigieuses: codification des lois civiles sur la propriété, abrogation du *Canada Trade Act,* exclusion des juges de la politique, lois de tenure, régie des terres publiques, « réserves du clergé », institutions municipales, le ministre se dit prêt à tous les accommodements. Pour entrer dans l'esprit de cette politique, lord Aylmer abaisse la liste civile à 5,900 louis, de quoi couvrir tout au plus les appointements du gouverneur et de quatre autres fonctionnaires. Le gouverneur se risque même à d'autres avances. Sur une liste de 11 nouveaux membres proposés au Conseil législatif, il projette d'inscrire 8 Canadiens et d'élever au Conseil législatif, le coadjuteur de l'évêque de Québec.

Rejet des propositions Goderich

Décidément il y avait assaut de conciliation. Le plan oligarchique ne cache plus son émoi. Ses journaux dénoncent ouvertement les libéralités du bureau colonial. Le Conseil législatif fait savoir à Londres l'« inquiétude extrême », produite au Canada par les derniers messages du gouverneur. Maitland à Halifax, Colborne à Toronto, se demandent quel vent étrange souffle tout à coup au Colonial Office. A cette heure assez imprévue, on tourne malgré soi les yeux vers la Chambre du Bas-Canada. Quelle sera sa décision ? Choisit-elle résolument la voie de la conciliation pour mettre à profit l'état de trouble où se débat la métropole ? Tient-elle compte en particulier de l'appréhension trop réelle en Angleterre d'une ligue des quatre provinces anglaises contre un régime colonial démodé ? Pour le

148

Bas-Canada et pour l'émancipation coloniale, ce peut-être le point tournant. Moment historique où tout devient énigme, si l'on ne fait effort, une fois de plus, pour reconstituer l'état d'esprit des parlementaires du Bas-Canada. Ces hommes à qui l'on tend enfin le rameau d'olivier, qui sont-ils, sinon les combattants ou les héritiers d'une lutte politique d'au moins trente ans ? Louis-Joseph Papineau écrira à son père, le 1er janvier 1837: « Il faut pour toucher au but où vous visiez, il y a quarante ans, renouveler vos plaintes et vos demandes... » Voilà vingt ans, dix ans au moins que les aînés parmi eux n'ont cessé de vivre dans l'excitation presque continue des crises politiques. Que de gouverneurs à tempérament de dictateurs ont gouverné la férule à la main. Les coups d'Etat de Dalhousie ont succédé à ceux de Richmond qui avaient succédé à ceux de Craig et de Drummond. Et les coups d'Etat se sont entremêlés d'élections à répétitions, quelques-unes parfois à moins d'une année de distance. Puis ce furent les grandes manifestations collectives, celle de 1822 contre le premier projet d'union des Canadas, puis la pétition monstre de 1827 contre l'autocratie de lord Dalhousie. Trop de fois, disions-nous, les extravagances du régime ont plongé ces hommes dans les effervescences populaires. Trop d'entre eux sont à bout de tension nerveuse. En 1828, doyen de ces lettres, puisque entré à la Chambre en 1808, Papineau fait à son ami Neilson cette confession troublante: « L'injustice faite à mon pays m'agite au point de n'être pas toujours en état de prendre conseil d'un patriotisme éclairé, mais plutôt de la colère et de la haine contre ses oppresseurs. » Le mythe de 1830, ne l'oublions pas non plus, a passé sur cette génération et y a laissé sa semence de chimères. Pour comble, depuis quatre ans, un mauvais génie, dirait-on, a comme à plaisir accumulé les déceptions. Le rapport du Comité du parlement britannique de 1828, rapport resté en plan, avait trop promis pour n'avoir pas l'air d'une duperie. Sir James Kempt est venu, conciliant, les mains pleines des plus fascinantes promesses. Bonne enfant, deux ans de suite, la Chambre vote le budget, selon le mode adopté en 1825. Hélas, après deux ans passés, l'on connaît l'aveu de Kempt: des « circonstances insurmontables » empêcheraient le gouvernement britannique de procéder aux affaires canadiennes. Aussitôt Sir James qui se croit « assis sur un baril de poudre », obtient son rappel. Puis, ce fut le tour de lord Aylmer arrivé, lui aussi, tout ronflant de bonne volonté et de belles paroles. Mais le nouveau gouverneur est-il homme à ranimer une patience si fort éprouvée ? Les longues, les trop longues déceptions rendent les esprits absolus, les font s'enchaîner aux solutions intransigeantes. Au Bas-Canada, la Chambre et l'opinion, il faut bien le dire, accueillent les propositions Goderich comme une immense déception. Dans les circonstances actuelles, lit-on dans la *Minerve*, « ce sont des documents inexplicables et qui ont jeté l'alarme et le découragement dans les cœurs canadiens ». Et le journal de s'exclamer: « Quoi, fallait-il nous bercer d'aussi belles promesses pour en venir à de pareilles ouvertures d'accommodement ! » Les procès-verbaux de la Chambre contiennent une résolution qui exprime « le sentiment bien pénible » éprouvé par le peuple de la province, « lorsqu'il voit que les espérances dont on l'avait flatté après un long cours de souffrances et d'outrages, ont été considérablement diminuées par les délais que l'on a apportés à redresser un grand nombre de sujets de plaintes contenus dans son humble requête au Roi et au Parlement impérial en 1828... » Et le texte de cette résolution est du calme et prudent John Neilson. Goderich a beau venir les mains pleines; il vient trop tard. Papineau écrit le 23 février 1831: « Aujourd'hui nous avons un message sur les finances qui leur déplaira (les bureaucrates) et à nous aussi, quoique, il y a quelques années, nous aurions pu nous en contenter. » Accueil aussi glacial est fait aux quelques réformes relatives aux Conseils. Ces corps politiques se sont tellement abaissés dans l'opinion, et ceux des Canadiens français qui ont accepté d'en faire partie se sont comportés de façon si molle ou si étrange, que nul patriote n'y peut plus entrer sans prendre figure de transfuge.

Vers les solutions intransigeantes

Les revendications ne peuvent maintenant que s'enhardir. Dans les quatre provinces et particulièrement dans le Haut et le Bas-Canada, on ne s'arrête plus à un redressement d'abus. Ce sont des réformes de structure qu'on exige. C'est tout le système politique qu'on déclare foncièrement vicié. « C'est ce système vicieux de gouvernement que le Bureau colonial veut conserver, c'est ce système-là que je dénonce », affirme carrément le jeune Hippolyte LaFontaine en 1836. Et Augustin-Norbert Morin de reprendre: « Tant que ce système de gouvernement colonial durera, inutile d'envoyer des gouverneurs, fût-ce avec les meilleures intentions. » Papineau, comme on peut s'y attendre, y met encore plus de véhémence: « C'est contre un système colonial qui tel qu'il nous est expliqué par lord Glenelg, contient dans son essence les germes de tous les genres de corruption et de désordre, que nous sommes appelés à défendre la cause et les droits de toutes les colonies anglaises. »

L'une des pièces à changer ou à remodeler, c'est, on le sait, le Conseil législatif. Un Conseil législatif électif ! Combien ont reproché aux parlementaires du Bas-Canada de se cramponner à cette réforme illusoire. A quoi bon, disait-on avec Londres, ce simple dédoublement de l'Assemblée législative ? Mais, au vrai, n'était-ce pas simplifier et beaucoup trop une question fort complexe ? Et d'abord le dessein était-il si dépourvu de sens qui eût abouti à dresser contre l'autocratie de l'exécutif deux Chambres au lieu d'une ? D'autant que, par la hausse du cens d'éligibilité et par une élection au suffrage restreint, conditions prévues dans la réforme, la seconde Chambre eût eu quelque chance de représenter les grands intérêts de la province. Dans ses *Premiers Rudiments de la Constitution britannique*, le Dr Jacques Labrie avait dès longtemps préconisé un Conseil de cette sorte: seconde Chambre qui n'eût été ouverte qu'à de grands propriétaires fonciers ou de grands riches, sans emplois salariés, et par conséquent, également indépendants du gouverneur et de l'Assemblée législative. L'excuse valable des parlementaires, c'était d'avoir perdu tout espoir de *libéraliser* le Conseil par la simple introduction d'un plus grand nombre de représentants de la majorité: procédé qui, à l'expérience, s'était démontré cruellement décevant. C'était encore de s'opposer au Conseil existant qui, de l'aveu même de lord Glenelg, ne se fondait sur aucun précédent historique, n'avait nulle part existé dans les anciennes colonies et qui ne pouvait se prévaloir d'aucune ressemblance avec la Chambre des lords. Au surplus le parti de Papineau eût-il erré, combien d'autres ont partagé la même illusion ? Au Canada, un esprit avisé comme John Neilson finira par se résigner à cette réforme comme à un faute de mieux. Et n'est-ce pas un autre fait notoire que, vers 1836, en Nouvelle-Ecosse et dans le Haut-Canada, bon nombre de réformistes se mettent à pencher pour cette panacée ? En Angleterre, un Conseil législatif électif ne répugnait pas, en 1791, à un whig comme Charles Fox, pas plus qu'il ne répugnera en 1838, à lord Brougham qui s'en fera l'avocat. Au moment où nous sommes, O'Connell ne propose-t-il pas de rendre élective la Chambre des lords ? Et comment oublier qu'un premier projet d'union des Canadas préparé par lord John Russell en 1839, prévoyait, pour les deux provinces, un Conseil législatif électif ? Sans doute, la réforme heurtait quand même les conceptions du gouvernement impérial; et il s'y opposera, dans le Bas-Canada, pour cette raison souveraine, que le Conseil législatif tel qu'établi, constituait le bouclier de l'oligarchie coloniale. Mais, à tout prendre, une Chambre haute élective répugnait moins au gouvernement métropolitain que la responsabilité ministérielle jugée alors incompatible avec le maintien du lien colonial.

Au surplus, et il importerait de leur en tenir compte, n'est-ce pas à cette autre et hardie formule d'autonomie politique que reviennent, vers 1832, les chefs du Bas-Canada ? Je dis bien: *qu'ils reviennent*. Responsabilité ministérielle ou « gouvernement responsable », comme on dit dans le temps, la formule, dès les jours de Craig, leur est déjà familière. Le premier, à ce qu'il semble, dans un parlement colonial, Pierre Bédard, en 1808, puis surtout en 1809, énonce la théorie. Bédard repousse « cette maxime qui tend à rendre le représentant du roi responsable de tous les conseils des ministres », maxime « aussi injuste qu'inconstitutionnelle, soutient le député de Northumberland, en ce qu'elle expose le représentant du roi à perdre la confiance du peuple par les fautes des ministres ». L'idée de ministère, professe encore Pierre Bédard, c'est « une idée essentielle » à toute constitution britannique, et qu'on ne peut écarter sans aboutir à des absurdités monstrueuses. Vingt-quatre ans plus tard, c'est dans le *Canadien* du 19 juin et du 7 novembre 1832, et sous la signature d'Etienne Parent que l'idée est reprise, et dans quelle forme ample et précise. « On demande maintenant, écrit Parent, que le Conseil Exécutif soit assimilé autant que possible au Conseil des Ministres en Angleterre... Au lieu d'appeler les membres influents de l'une et de l'autre Chambre pour en faire de simples Conseillers politiques, on voudrait maintenant qu'on en fît des chefs de département responsables solidairement aux Chambres. Le Roi les nommerait...; ils seraient ses Conseillers comme le sont aujourd'hui les Conseillers Exécutifs, mais avec cette grande différence que ce seraient des Conseillers tangibles et auxquels on pourrait faire rendre compte de tous les actes du gouvernement, et non pas des gens invisibles et sans responsabilité aucune, comme c'est le cas aujourd'hui. » « Jamais, continue le journaliste, nous ne pouvons espérer de paix et d'harmonie dans le gouvernement, tant que la constitution n'entourera pas le représentant du Roi d'hommes responsables de tous les actes administratifs et jouissant de la confiance des Chambres, comme c'est le cas dans tout gouvernement représentatif bien organisé. » Papineau lui-même, l'acharné partisan d'un Conseil législatif électif, est gagné à la nouvelle idée. C'est bien lui qui, le 28 janvier 1836, écrit à Mme Papineau que « le seul principe essentiel » qu'il faille appliquer aux colonies, « est le contrôle absolu de la Représentation sur le revenu et son influence prépondérante et directe sur tous les actes de l'Exécutif ». Cette même année, lorsque la Chambre du Bas-Canada passe en revue les principales réformes qu'elle sollicite des Communes anglaises, elle y inscrit un « Conseil Exécutif directement responsable aux Représentants du Peuple conformément aux principes et à la pratique de la Constitution Britannique telle qu'établie dans le Royaume-Uni ». L'année précédente, en 1835, « l'un des premiers députés du parti populaire de la Chambre » fait à Frédéric Elliott cette confidence rapportée par Elliott lui-même: aux droits de la Chambre sur les finances, qu'on ajoute un Conseil exécutif responsable, et, disait ce député, « il ne désirerait rien de plus et se désisterait de tout grief particulier ainsi que de toute demande d'un Conseil législatif électif ». Chose curieuse, un mouvement d'abord parallèle, puis inverse se produit dans le Haut-Canada. Entre les années 1820 et 1829, cette province cristallise ses aspirations politiques autour de la formule du « gouvernement responsable ». En 1836, dans un plaidoyer net et courageux, Robert Baldwin revendique la réforme auprès de lord Glenelg. Mais, cette année-là, au témoignage même de Baldwin, « la majorité des réformistes » du Haut se met à pencher pour un Conseil éligible.

Maladresses de la politique anglaise

Ainsi, en Amérique du Nord, les passions s'agitent et l'agitation s'aigrit. A quel parti s'arrêtent les gouvernants britanniques ? Trois mots définissent leur politique: indécision, atermoiement, imprudente réaction. L'embarcation aura beau courir à l'abîme; longtemps les rames dormiront. On enquête, on retourne en tout sens le problème colonial. On ne se résout à rien, si ce n'est à des expédients: rompre la ligue des provinces, s'attacher ou corrompre quelques chefs du parti populaire par quelque emploi administratif: « méthode, dit-on, trop négligée jusqu'à présent ». Dans le discours de la Couronne en 1836, lord Gosford annonce ou promet des réformes dans les deux Conseils du Bas-Canada. Lord Glenelg y acquiesce et les réformes promettent d'être considérables. Rien ne se précise qu'après la prorogation des Chambres. Encore à la fin d'août 1837, Glenelg se fait on ne peut plus conciliant. Mais s'il admet que tous les partis sont mécontents du fonctionnement du Conseil, « tel qu'il est actuellement... [et qu']ils ont raison de l'être », c'est pour déclarer inadmissible un Conseil législatif électif. Toujours indécis, le ministre ne sait que se dire l'oreille ouverte à toute proposition qui mettrait fin aux maux et aux embarras du système actuel. Le gouvernement britannique serait même « absolument décidé » à faire que les chefs du parti canadien-français, les plus éminents et les plus dignes, aient leur juste part de tous les avantages et de tous les honneurs auxquels peuvent prétendre les hommes politiques dans le Bas-Canada ». Promesses et belles paroles de dernière heure. A ce moment, lord Gosford, trop tôt désemparé, a perdu foi en la conciliation: « Toute mesure qui paraîtrait tendre vers un arrangement, écrit le gouverneur, serait vaine et considérée comme une preuve de faiblesse... Nous ne pouvons plus parlementer avec M. Papineau; il nous faut ou l'abattre ou accepter qu'il nous abatte. » Fatigué du rôle équivoque qu'on lui a fait jouer, Gosford ne cache point qu'on lui a trop lié les bras et qu'on a trop tardé: « C'est un de mes grands regrets, se plaint-il, de n'avoir pas pu donner plus tôt des preuves bien évidentes de mes idées politiques et montrer par des actes, ma détermination de mettre fin à certains abus qui réclamaient mon intervention. Mais il est trop tard maintenant pour parler de ces choses. » Gosford allait trop vite. Ce jour-là, il se laissait aller à beaucoup plus qu'un accès d'humeur; il commettait le faux pas irréparable. Le gouverneur n'ignorait point, et sa correspondance en témoigne, la fissure en train de s'élargir dans le parti de Papineau. Il savait aussi que le prestige du chef était fait, pour une part, des maladresses du gouvernement métropolitain. Il savait encore que, sur la question du Conseil électif, la Chambre se relâchait de son ancienne intransigeance. Elle n'en faisait plus, et un amendement de LaFontaine l'avait démontré, la condition « sine qua non » de sa remise au travail. LaFontaine pourra écrire à E. Ellice (15 mars 1838): « Si Gosford avait modifié le Conseil législatif conformément aux instructions de Glenelg, l'Assemblée se serait mise au travail. »

Quelle politique de conciliation ne se serait, du reste, compromise par le visage qu'elle s'était parfois donné d'une politique résolument réactionnaire ? En l'occurrence on ne dira jamais assez le mal accompli par la commission Gosford-Grey-Gipps. En Angleterre la mode est alors aux grandes commissions d'enquête. De 1831 à 1834 le gouvernement whig qui cherche à placer ses amis, n'en institue pas moins d'une dizaine. En 1835 une de ces commissions s'en vient enquêter au Canada. Elle débute on ne peut plus mal. A la Chambre du Haut-Canada, le lieutenant-gouverneur,

Sir Francis Bond Head, révèle in extenso les instructions des commissaires. Lord Gosford, par diplomatie et lié par le ministre, ne les fait connaître qu'en partie. Cette double façon de faire soulève, dans le Bas-Canada, une incroyable clameur. La Chambre crie à la fourberie. Lord Gosford y gagne de gâcher irrémédiablement son administration. Le choix des commissaires paraissait d'ailleurs assez mal calculé: trois hommes d'opinions politiques divergentes, si bien que l'on pût parler d'un « triumvirat whig-tory-radical ». Dans l'entourage du ministre qui ne tarde pas, du reste, à rappeler ces Messieurs, on leur reprochera bientôt d'avoir « passé leur temps en controverses sur les points qui leur étaient soumis », et de s'être abstenus de recommandations pratiques sur le plus important des sujets: la réforme du Conseil législatif. Mais que penser du rapport de ces enquêteurs déposé en 1837 ? On y put lire quelques concessions de détail sur la composition des Conseils et sur la distribution des emplois publics. Pour le reste, les Commissaires ne trouvaient à conseiller que les mesures les plus rétrogrades: refus hautain d'un Conseil législatif électif; refus surtout du « gouvernement responsable », équivalent d'« une véritable indépendance »; puis venaient trois projets extravagants pour briser l'obstination de la Chambre du Bas-Canada dans l'affaire des subsides: projet d'une union législative des deux Canadas; projet d'une suspension temporaire de la constitution de 1791; projet d'un vote de subsides par le parlement impérial, par-dessus la tête de l'Assemblée. Que l'on était loin des concessions libérales du Comité parlementaire de 1828 !

Au parlement de 1836 Papineau aura beau jeu à dénoncer la continuité malfaisante de la politique coloniale de l'Angleterre. Les Whigs ne faisaient pas mieux, selon Papineau, que les tories. « On vous donne à choisir, disait-il, sur tout ce que vous ne voulez pas, et on vous refuse tout ce que vous voulez. » Et, non sans excès, l'orateur déclarait les dépêches de Glenelg sur les affaires canadiennes « plus iniques et plus illibérales que les plus violentes et les plus insolentes dépêches de M. Stanley ». Depuis le rejet des propositions Goderich, la situation n'a donc plus cessé de se gâter. Et comme chacun a paru s'y appliquer ! D'un côté, une politique qui ne sait que piétiner, qui promet trop pour ce qu'elle veut tenir, et qui, à l'heure de tenir, se dérobe avec roideur. De l'autre, la trop habituelle riposte des grands déçus: à roideur, roideur et demie. Peut-être aussi, du côté des parlementaires canadiens, relèverait-on une erreur ou une confusion de tactiques trop coutumières en ces sortes de luttes, selon qu'il s'agit de droits acquis ou de droits à conquérir. Que, spoliés des premiers, l'on s'arcboute dans l'intransigeance absolue, rien de moins répréhensible. Mais dans le cas de droits en voie de conquête, l'habileté tactique ne commanderait-elle pas de mettre à profit les moindres concessions de l'adversaire, chacun des pouces du terrain cédés par lui, pour le mieux forcer dans ses dernières positions ?

Mais à quoi bon parler de sagesse quand l'insurrection est déjà dans les esprits ?

CHAPITRE TROISIÈME

L'insurrection dans les esprits

*Etat des esprits. — Absence d'influences modératrices. —
L'exaspération.*

Etat des esprits

Les passions populaires, il n'y a guère mérite à le rappeler, ne sauraient longtemps s'échauffer et rester indéfiniment à même température. Quiconque eût pris le pouls du Bas-Canada vers 1834 et surtout après 1836, eût-il pu n'y pas discerner, au moins dans les couches politiques, un véritable climat d'insurrection ? On a vu comment l'effervescence s'est longuement préparée. L'étude resterait quand même passionnante qui ferait voir par quelle suite de désenchantements, ces Canadiens français hier si britanniques de tendances et d'esprit, s'abandonnent tout à coup à un farouche antibritannisme, et, d'abord dégoûtés du gouvernement impérial, se dégoûtent des Communes anglaises, leur dernier espoir, et enveloppent dans la même réprobation le parlement whig après le parlement tory. Ce sont pourtant, dans l'évolution du sentiment public, les étapes faciles à saisir. En 1831, la *Minerve* a rejeté avec dédain les premières propositions Goderich. Cette même année, (7 mars 1831) elle n'en conseille pas moins un nouvel appel au roi: « Nous invitons nos compatriotes à faire un nouvel appel au Roi..., les protestations et les promesses de Sa Majesté au commencement de son règne nous font espérer que nos représentations respectueuses seront favorablement accueillies. » Papineau lui-même, et vers le même temps, le *Canadien* (14 mai 1831), conseillent d'avoir confiance en « une administration éclairée et libérale ». Cinq ans vont passer. Relisons l'*Adresse* de la Chambre du Bas-Canada aux Communes anglaises, lors de sa première session de 1836. La Chambre y parle encore de paix possible: « Dans la position où nous sommes, et quelque injustes que paraissent être les projets du Bureau colonial, nous voulons cependant donner une preuve de notre désir de conciliation et de paix. » La Chambre réédite, il est vrai, la liste de ses revendications. Elle revendique un Conseil législatif électif, un Conseil exécutif « directement responsable aux représentants du Peuple », l'appropriation de tout le revenu de la province, l'égalité de droits et de justice pour « toutes les classes des habitants de cette Province », l'abolition des sinécures et des cumuls d'emplois, le redressement des abus dans l'administration, la régie et l'établissement des terres incultes opérés « pour l'avantage de toutes les classes des Sujets de Sa Majesté, sans distinction » et soumis à un « contrôle » constitutionnel. Ensemble de réformes assurément, dont quelques-unes peuvent paraître prématurées. Mais où y trouver la part de l'excessif ? Pour un redressement politique, Papineau, alors si désabusé, garde encore confiance au parlement britannique. Elle est de lui et de cette même session de 1836, cette profession de foi: « Oui, nous devons montrer de la confiance. Mais en qui ? non pas dans les autorités; mais dans l'honneur anglais, dans les sympathies du peuple anglais, dans le parlement impérial, dont l'influence est si grande, qu'il a arraché aux ministres les réformes parlementaires... C'est donc au parlement anglais qu'il faut s'adresser, pour demander qu'il revise l'état de la colonie. »

A l'encontre de ces professions de foi, l'on pourrait nous rappeler, sans doute, maints gestes et dits qui rendent un autre son. Les hommes qui tiennent ce langage loyal, nous dira-t-on, par exemple, sont les auteurs des 92 Résolutions de 1834. D'autre part, faut-il exagérer la portée ou la signification des fameuses 92 ? Bien entendu, dans le fond comme dans la forme, le pire se mêle à l'excellent. Morceau de romantisme politique, rédigé, en trop de ses parties, dans le galimatias prolixe d'Augustin-Norbert Morin, on y trouverait un exposé assez exact des doctrines politiques des « patriotes ». Ce pourrait être aussi comme le *Cahier* des misères du Bas-Canada vers 1830. L'on y peut lire, en même temps, et en style de Catilinaires, des remontrances et des bravades d'une opportunité discutable, telles la mise en accusation du gouverneur Aylmer, les réprimandes au Secrétaire des colonies, la menace voilée d'une rupture du lien colonial et d'une annexion aux Etats-Unis. Tout pesé, le plus sage ne serait-ce pas d'y voir une pièce volontairement ostentatoire, une de ces manifestations spectaculaires mises alors à la mode par O'Connell, et faites tout autant pour galvaniser la résistance populaire que pour impressionner les autorités ? Mais voici, insistera-t-on, qui est plus grave. Du 31 octobre 1832 à 1837, soit pendant cinq ans, les parlementaires du Bas-Canada ont pratiquement refusé de voter tout crédit pour l'administration de la justice et pour les frais du gouvernement civil. En 1837 les arrérages accumulés s'élèvent à 142,160 louis, 14s. 6d. Usage légitime d'un droit constitutionnel, sans doute, que cette grève des subsides, ultime ressource des Chambres populaires pour mettre à la raison l'Exécutif; mais recours extrême toutefois et qui, prolongé, finit par atteindre gravement l'intérêt commun. Bientôt, pour les mêmes fins, et pour tarir cette fois les revenus du fisc, ce sera, à l'imitation encore d'O'Connell et des Américains du temps de la lutte pour l'indépendance, le boycottage des marchandises de provenance anglaise ou la non-consommation des marchandises britanniques grevées d'impôts douaniers; et, pour parer à la disette de ces articles, ce sera l'encouragement à la contrebande et même à l'établissement d'industries ou de manufactures de remplacement. Enfin viendra l'aboutissant normal de tous les mouvements insurrectionnels: l'organisation au moins embryonnaire d'un Etat dans l'Etat, la fondation à Montréal d'un « Comité central et permanent » avec ramifications à travers la province et jusque dans les provinces-sœurs. L'on agitera même le projet d'une convention générale du peuple du Bas-Canada. Dessein, semble-t-il, d'un gouvernement provisoire, dont l'on essaie d'organiser la police, la magistrature, et même une formation para-militaire: les *Fils de la Liberté.*

On rappellera encore des faits d'une plus considérable gravité. Beaucoup des dirigeants d'alors, dans le Bas-Canada, rêvent tout haut de l'indépendance de leur pays. Lord Gosford l'écrit à Londres: « le but visé par M. Papineau et son parti », c'est « de briser les liens rattachant le Canada à l'Angleterre ». Au surplus, dans ses entretiens avec le gouverneur, Papineau ne se prive pas de lui dévoiler cette ultime ambition. Sur ce point d'histoire, qu'on se reporte, si l'on veut, à notre volume l'*Indépendance du Canada* (p. 24-30). Presque tous les « patriotes » se sont ralliés à l'indépendance comme à l'unique et définitive solution. F.-X. Prieur nous en a laissé l'aveu dans ses *Notes d'un condamné politique:* tous ou à peu près s'imaginaient « que le Canada était en état de conquérir et de maintenir son indépendance ». Espoir qui d'ailleurs allait s'exprimer vibrant, dans la finale du testament politique de Chevalier de Lorimier, écrit dans la prison de Montréal, quelques heures avant la montée du « patriote » sur l'échafaud: « Vive la liberté ! Vive l'indépendance ! »

Absence d'influences modératrices

Autant de faits et gestes qui dénotent une extrême ébullition des esprits, sinon même un peu de confusion. Car enfin, l'année même des 92 Résolutions, ceux que nous appellerons désormais les « Patriotes » et qui désignent les partisans de Papineau, se plaisent encore aux professions de loyauté à la couronne britannique. L'un des doyens de la Chambre, Louis Bourdages, propose, cette année-là, la cessation de tout rapport avec le Conseil législatif, et pour quel motif: « C'est se déshonorer que de correspondre avec un corps qui a ouvertement déclaré que nous voulions établir une république française. » Duplicité que ces propos ? Non pas, mais signe d'esprits tourmentés qui oscillent entre la modération et l'exaspération et qui cèdent peu à peu à l'air du milieu, à ce que nous avons appelé un climat d'insurrection. Qu'ils penchent déjà plus d'un côté que de l'autre, qu'ils ne sachent plus se tenir au point d'équilibre, ne serait-ce point par l'inquiétante absence d'influences modératrices ? A la session de 1832-1833 le parti de Papineau s'est divisé. L'augmentation des collèges électoraux portés, en 1830, de 50 à 84, a déjà rendu plus difficile, dans ce groupe d'hommes, l'unité de vues et d'action. La question du Conseil législatif électif provoque la scission. Une bonne partie du groupe québécois, quelques-uns des meilleurs esprits, se séparent du chef: Austin Cuvillier, Frédéric-Auguste Quesnel et surtout John Neilson, le seul homme peut-être dont Papineau ait subi l'ascendant. Regrettable division. Papineau gardera jusqu'à la fin, sur son entourage, un incroyable prestige. Frederic Elliott écrivait encore en 1835: « C'est vraiment leur maître... Un seul coup d'œil subjuguerait tout son troupeau canadien. » La scission n'allait pas moins affaiblir l'influence des réformistes auprès des autorités impériales. Surtout, et c'était peut-être là le grand malheur, elle ajouterait à la violence des passions par la fatale âcreté dont s'accompagnent toujours les luttes intestines ou fratricides. De part et d'autre on ne saura plus garder de mesure. Un journal « chouayen », tel que le *Populaire,* se laissera emporter jusqu'à dénoncer en Papineau: « l'homme infernal », un « envoyé du démon ».

L'influence modératrice, eût-on pu l'attendre du clergé ? Le clergé rural, du moins celui-là, a longtemps partagé les aspirations des « patriotes ». En 1822, lors du soulèvement populaire contre le premier projet d'union des Canadas, l'on a même vu Papineau et Mgr Plessis marcher côte à côte. Un malencontreux débat de la Chambre, celui de 1830-1831, sur l'admission des notables aux Conseils de fabrique, débat où Papineau et quelques-uns de ses lieutenants ont par trop manifesté leurs sentiments gallicans, a grandement inquiété une partie du clergé. La tiédeur des évêques pour une évolution politique au pas de course, et, plus que tout, des courants d'idées malsaines favorisés par les « patriotes », diffusion des *Paroles d'un croyant* de Lamennais, adhésion à la Déclaration de l'Indépendance américaine, ont éloigné les uns des autres chefs religieux et chefs politiques. Au dernier moment, lorsque pour calmer la fièvre insurrectionnelle, l'évêque de Montréal ose rappeler les prescriptions de la morale civique, orateurs et journaux « patriotes » fulminent contre l'intervention cléricale.

L'apaisement, pouvait-on l'attendre de l'autre côté de la barricade et, d'abord des trois derniers gouverneurs: Kempt, Aylmer, Gosford ? Arrivés tous trois au pays avec des intentions quelque peu naïves de pacificateurs, leur premier malheur sera de ne pas se rendre compte de la gravité du mal. Aylmer, le plus naïf des trois, se compromettra par d'incroyables maladresses. Les nominations et recommandations de ses derniers douze mois « furent impardonnables », déplorait Frederic Elliott. Gosford, nous l'avons dit, perdit la face dès les révélations de Head. Tous ont vu leur bonne volonté compromise par la politique hésitante de Londres ou se sont laissé suborner par la caste oligarchique.

L'oligarchie ! Caste des Conseils ou « parti officiel » ou « parti anglais », composée de presque tous les marchands des villes, de quelques grands propriétaires fonciers et du groupe des jeunes fonctionnaires, autre milieu où la modération est sûrement la dernière vertu que l'on songe à pratiquer. Comment décrire l'état d'esprit du « parti officiel » ? En 1837 voilà cinq ans que la Chambre n'a rien voté de la liste civile. Pendant ce temps, les grands fonctionnaires n'ont touché qu'une minime partie de leurs émoluments. Pour se procurer les choses indispensables à la vie, quelques-uns, au témoignage d'Aylmer, ont vendu leur ameublement et leur argenterie. Les juges, disait John Neilson, sont tombés à la merci de leurs créanciers qui les ont empêchés de crever de faim eux et leurs familles. Aylmer lui-même, pour faire face à certaines dépenses officielles, a dû prélever sur ses biens personnels. La grève des subsides, qui et quelle classe n'a-t-elle pas atteints ? Fred Elliott nous a décrit, en 1835, la gêne où dans les villes, sont tombés nombre de familles à l'aise, nombre de marchands, sans compter les travailleurs dépourvus d'ouvrage, et même les gens de la campagne privés du marché de la capitale. Encore serait-ce peu, pour l'oligarchie, de se sentir prise à la gorge par la famine. Le pire, ce sont ces projets de réformes agités par les réformistes de toutes les provinces. Et c'est, à l'égard de ces projets, la complaisance intermittente des gouverneurs et des ministres de Londres. Pour le parti anglais du Bas-Canada, possédé de « l'ambition de dominer, autant que le parti français », nous dira encore Elliott, et qui, « pour n'avoir point oublié le pouvoir qu'il a perdu, hait son rival comme un usurpateur », quel sujet d'alarme que le chambardement possible du régime. De la masse énorme de mémoires, de plaintes ou résolutions expédiés à Londres, par ce parti, une conviction farouche se dégage comme une sorte de dogme politique, dogme que Durham allait ramasser, et c'est, pour ce groupe oligarchique, l'incompétence d'une majorité française à gouverner la province, incompétence foncière qui procéderait de son esprit et de ses traditions arriérés. Aussi bien, et dès 1834, les chefs du parti à Montréal affirmeront-ils, à l'intention de Londres, leur inflexible volonté de résistance contre les velléités de réforme: « Confiants dans la justice de notre cause, disait l'une de leurs résolutions, convaincus, par une expérience récente, de la force qui est nôtre, nous résisterons à toutes les tentatives, quelles qu'elles soient, pour nous placer sous le joug d'un parti qui, nous en avons la ferme conviction, a résolu notre ruine. » Vers ce même temps, à propos de Conseil législatif électif, n'a-t-on pas entendu un membre du Conseil de Québec menacer les réformateurs d'appeler aux armes tous les Britanniques, depuis le lac Supérieur jusqu'au Cap de Gaspé ? Et ce ne sont pas là paroles en l'air ni paroles isolées. Très inquiet, Aylmer craint tout de bon que le parti anglais ne se fasse justice. Des exaltés parlent d'en appeler aux Etats-Unis si l'on ne se hâte de venir à leur secours et pressent les gouvernements de Londres d'envoyer des troupes au Canada. « Les Anglais, observaient les commissaires-enquêteurs de 1835-1836, loin d'être favorables à l'application du système électif au Conseil législatif, sont prêts à prendre les armes pour prévenir l'adoption de cette mesure. » Gosford se plaint à Glenelg (8 sept. 1837) de « la violence d'un parti anglais ultra, en tout semblable, dit-il, au parti orangiste irlandais », aussi hostile à toute politique libérale, « grand appoint, ajoute Gosford, pour la clique de Papineau, dans son objectif qui est d'exciter le mépris et la haine contre l'autorité de l'Angleterre ». Dispositions assez peu propres, on l'avouera, à éteindre le feu déjà bel et bien allumé.

L'apaisement, pouvait-on enfin l'attendre de l'Angleterre ? La politique coloniale y a paru lente, louvoyante. Un ministre comme lord Glenelg a fait preuve quand même de patience et de souplesse. Là-bas, saurait-on éviter l'irréparable ? Le 2 mars 1837, les commissaires chargés de l'enquête au Canada déposent leur rapport devant la Chambre des Communes. Pour faire suite, a-t-il pu sembler, aux conclusions réactionnaires du rapport, quatre jours plus tard, lord John Russell présente aux Communes s fameuses Résolutions. La 8e décrète ce que l'on sait: les arrérages ur les dépenses de l'administration de la justice et du gouvernement civil dans le Bas-Canada, seront d'abord soldés à même les revenus « héréditaires territoriaux et extraordinaires de Sa Majesté »; le gouverneur comblera lui-même l'excédent à l'aide des autres revenus de Sa Majesté jusqu'à concurrence de la somme totale de 142,160 £, 140s. 6d. Mesure radicale. En termes nets, la résolution Russell autorise le gouverneur à se passer du vote de la Chambre pour l'approbation d'une somme considérable des deniers publics. Le parlement impérial prend sur lui de briser la grève des subsides. Aux Communes anglaises, à l'exception du petit groupe radical, tous se trouvent d'accord pour appuyer ce coup de force. Aux lords, une seule protestation s'élève, celle de lord Brougham. A ce moment, les libéraux anglais se préparent à suspendre la constitution de la Jamaïque. Ils se font la main au Bas-Canada.

L'exaspération

Geste impolitique qui rappelait les plus mauvais jours du temps de lord North. « Résolutions encore plus impolitiques qu'elles n'étaient despotiques », jugera R.-S.-M. Bouchette, l'homme qu'on s'étonne le plus de rencontrer parmi les « patriotes ». Ceux-là mêmes qui blâment l'intransigeance de la Chambre, écrit Gosford à Glenelg (25 mai 1837) ne peuvent cacher leur désapprobation de cette intervention du parlement impérial. L'acte n'étonne qu'à demi, de la part de Russell, « doctrinaire du whiggisme libéral » et sorte de grand-prêtre du rite constitutionnel, mais fort enclin aux attitudes tranchantes. En revanche l'acte étonne tout à fait de la part du parlement impérial. Longtemps, en Angleterre, on s'est donné pour consigne d'éviter l'intervention du parlement dans les conflits coloniaux. On a laissé faire le gouvernement. La « neutralité parlementaire », disait-on, ménageait un suprême recours aux revendications des colonies, et valait à la Chambre des Communes un universel respect en Amérique. Voilà donc le dernier pont rompu. A la dernière heure, le gouvernement britannique aura beau tenter quelques palliatifs, substituer à la menace de la 8e Résolution l'offre ou « la mesure moins brutale », dira Glenelg, d'un prêt consenti par l'Angleterre, et laisser en outre à la Chambre du Bas-Canada l'opportunité de voter elle-même le paiement des arrérages. Parmi les partisans de Papineau, l'émoi, l'exaspération est à son comble. Les Résolutions Russell leur apparaissent comme une « violation du Contrat social » entre la métropole et la colonie, violation qui les délie de leur serment d'obéissance et de loyauté. On pressent la réponse de la Chambre. A sa session de 1837, par les plus grands mots qu'elle puisse trouver, elle flétrit les Résolutions Russell: « violation des droits les plus sacrés et les mieux assurés du peuple canadien » et de sa législature, « destruction des bases fondamentales du gouvernement ». Puis, une fois de plus elle refuse de voter les crédits demandés et déclare avec véhémence que si la métropole donne suite aux « résolutions » Russell, son gouvernement ne « reposera plus sur les sentiments d'affection, de devoir et d'intérêt réciproque qui pourraient le mieux l'assurer, mais sur la force physique et matérielle, élément dangereux pour les gouvernants et pour les gouvernés, soumis dans leur existence et pour leurs plus chers intérêts, à un état d'insécurité qu'on retrouve à peine dans les gouvernements les plus absolus de l'Europe civilisée ».

Les passions se déchaînent non moins vives dans la presse patriote. « Les ressources ne manquent jamais à un peuple placé sur la frontière des Etats-Unis », avertit la *Minerve*. Le *Vindicator,* journal du Dr O'Callaghan, pour qui le Bas-Canada est devenu tout de bon « l'Irlande de l'Amérique », affirme, quant à lui, que le gouvernement britannique apprendra bientôt à ses dépens « qu'il n'en a fait qu'un autre Massachusetts des colonies de l'Amérique du Nord... » Au cours des assemblées de protestation qui se tiennent à travers la province, les chefs eux-mêmes, tout en déconseillant, tel Papineau, le recours aux armes, n'épargnent point les violences verbales et, sans les désavouer, laissent des sous-ordre prêcher « l'usage des balles ». Et voici que dans l'entourage même de Papineau, on se fixe en des résolutions extrêmes qui font pressentir le pire. L'un des lieutenants du chef, Charles-Ovide Perrault, député de Vaudreuil, qui devait tomber à Saint-Denis, écrit aux siens: « ...qu'importe notre vie si nous sommes assurés que notre mort sera vengée... Ayons certains principes fixes, quelques étoiles inamovibles pour nous guider; faisons ensuite notre devoir, advienne que pourra, tel me semble être notre maxime dans ces temps de crise et qui appartiennent à l'histoire. »

L'heure paraît bien passée de la modération.

CHAPITRE QUATRIÈME

L'explosion

L'explosion, caractère précis. — Etendue et profondeur du soulèvement. — Ni luttes de races, ni luttes de classes.

L'explosion, caractère précis

L' « Insurrection armée ». Que de fois n'a-t-on lu, dans les livres, ce titre de chapitre ! Singulière destinée d'un fait historique qu'il a fallu aggraver jusque dans les mots. Longue préparation, plan concerté, descente sur les champs de bataille, recours aux armes pour abattre un régime, ôtons-nous de l'esprit, surtout si l'on se borne à 1837, cette image classique de l'insurrection. Qu'il y ait eu longue et inquiétante fermentation des esprits, nous ne l'avons pas caché. Qu'à la suite des Résolutions Russell, les chefs politiques se soient livrés à une sorte d'insurrection oratoire, sans trop s'inquiéter des effets de ces explosifs sur l'esprit populaire, ni des réactions possibles des autorités, le fait n'est pas niable. Impossible, non plus, de négliger le soulèvement de 1838: « Déclaration d'Indépendance » de Robert Nelson, commencement d'offensive. Le soulèvement paraît, pour ce coup, mieux organisé. Les « patriotes » exilés, exaspérés de rancœurs et de misères, l'ont préparé; il s'appuie sur la société secrète des « Frères Chasseurs », largement ramifiée aux Etats-Unis et de ce côté-ci de la frontière. L'état d'esprit, dans le Bas-Canada, semble plus à point que l'année précédente. Les dures répressions de Colborne ont révolté jusqu'aux modérés. Puis, les premières maladresses de lord Durham, ses imprudences verbales sur le sort réservé aux Canadiens français ont alarmé les plus pacifiques. L'Evêque de Québec, Mgr Turgeon, écrit à lord Gosford en Angleterre: « Tant que ce peuple a cru voir dans lord Durham un ami auquel il pouvait, en toute confiance, exposer ses griefs vrais ou prétendus, les choses allaient bien; mais a-t-il cru apercevoir, soit avec raison, soit à tort, que l'oreille de l'administration n'était point sur lui, il n'en a pas fallu davantage pour nous amener de nouveaux troubles. » Et voilà que, dans le nord de la province, de Lavaltrie aux

Trois-Rivières, et dans les comtés du sud, autour de Verchères, Laprairie, Beauharnois, l'appel des exilés trouve écho. Pour l'approvisionnement d'armes, les chefs paraissent avoir compté sur quelques sympathisants d'outre-frontières; ils font également état d'une coopération active des insurgés du Haut-Canada. C'était là l'apparence, l'espoir. Fortement impressionné et s'appuyant, dira-t-il, « sur les juges les plus compétents », lord Durham écrira que la révolte de 1838 « aurait probablement réussi, même sans le secours des Etats-Unis, si les Canadiens avaient été mieux préparés et s'ils avaient eu à leur tête des chefs plus capables ». Mais, en toute vérité, convient-il de parler de ce second soulèvement autrement que d'un simple épisode, lamentable équipée où tout s'effondre en moins de huit jours ?

Une prise d'armes, réelle, concertée, les chefs politiques, en dépit de leurs imprudences de langage, n'en ont jamais voulu. A Saint-Charles, nous l'avons dit, Papineau a nettement déconseillé cette forme de rébellion, comme il déconseillera la parade des *Fils de la liberté* projetée à Montréal pour le 6 novembre 1837. Il écrit à J. A. Roebuck (17 mai 1838): « Avant l'agression commise par le Gouvernement contre le peuple du Canada, comme le prouvent les papiers saisis chez moi et mes lettres saisies chez mes amis, j'avais uniformément déconseillé le recours à la force, comme ne nous donnant aucune chance de succès. » Le Dr O'Callaghan, journaliste du *Vindicator,* le plus audacieux assurément des partisans de Papineau, a pu écrire pour son compte: « Et si j'étais sur mon lit de mort, je déclarerais encore devant Dieu que je n'avais pas plus l'idée d'un mouvement de résistance lorsque je quittai Montréal pour le Richelieu, avec Papineau, que je n'ai maintenant celle de devenir évêque de Québec. » D'ailleurs, et c'est là la meilleure confirmation de la pensée de fond des chefs du Bas-Canada: on chercherait en vain, dans les documents de l'époque, quelque plan de campagne dûment élaboré. Dans le Haut, Mackenzie avait procédé bien autrement. Il avait songé à brusquer une attaque sur Toronto, à s'emparer des dépôts d'armes, à faire prisonniers le gouverneur et son exécutif, puis à proclamer la république. Rien de tel dans le Bas-Canada. A nul moment, si l'on excepte l'escarmouche de Bonaventure Viger et du Dr Kimber, sur le chemin de Longueuil, où ils arrachent deux prisonniers à un détachement de cavalerie, et si l'on fait encore exception de 1838, nulle part et à aucun moment, les « patriotes » n'ont pris ni n'ont songé à prendre l'offensive. Bien au contraire. Mal enfermés dans des camps improvisés, ils y attendent gauchement l'ennemi, quand ils auraient pu lui faire la petite guerre, le harceler sur les routes. En 1837 des camps ou rassemblements s'organisent sur le Richelieu, à Saint-Denis, à Saint-Charles, puis à Saint-Eustache, dans le nord. Entre ces camps, pas la moindre action concertée, pratiquement point de relations, si ce n'est peut-être, de la part des gens de Saint-Eustache, un vague projet de course sur Montréal pendant que les forces royales combattent au sud du Saint-Laurent. Vainqueurs à Saint-Denis, les « patriotes » n'oseront même pas profiter de leur victoire et donner la chasse aux compagnies de Gore en pleine déroute. C'est que ces pauvres gens, moins des troupes que de simples rassemblements d'hommes, manquent du plus nécessaire qui serait des armes. Pas une de leurs batailles où plus du tiers des combattants ait pu se servir d'un fusil. « Dans ces rassemblements, dira Bouchette, on comptait généralement deux ou trois fourches et autant de faux et de fléaux contre un seul fusil de chasse, la plupart du temps de qualité inférieure. » Misère qui s'explique d'ailleurs par une autre et encore pire: le manque de chefs. Les officiers de quelque expérience ne font pas entièrement défaut parmi ce peuple qui vit encore sur le pied d'une milice organisée. Quelques-uns même, dont Papineau, ont servi pendant la guerre de 1812. Le cri général, pendant ces jours troublés, c'est pourtant: « Les chefs, les chefs, où sont les chefs ? » Personne pour mettre un peu d'ordre ou de discipline dans les camps dont l'on n'imagine guère la confusion. Les quelques hommes qui restent à la tête des bandes « patriotes » pour les commander, ne sont chefs qu'à demi, quand, à l'heure suprême de la bataille, ils ne se transforment pas en fuyards, tels Storrow Brown et Amury Girod. L'amère vérité, c'est qu'à Saint-Denis, à Saint-Charles, à Saint-Eustache, on se bat pour des chefs en fuite qui ont préféré l'exil volontaire au combat et surtout à l'arrestation. Que faut-il de plus pour démontrer, à l'évidence, un manque total d'organisation, et par conséquent, l'absence de préméditation ?

L'explosion en resterait-elle, pour tout cela, un accident spontané ? Le long conflit politique, avec ce qu'il a remué de passions, a préparé de loin l'atmosphère. A la dernière heure, un enchaînement insane de provocations, de faux pas, a tout déclenché. Le 6 novembre 1837, a lieu à Montréal, la rixe des *Fils de la liberté* et du Doric Club. La maison de Papineau a eu ses fenêtres brisées; l'imprimerie du *Vindicator* a été saccagée. L'émoi se répand dans les campagnes. La troupe, disait-on, s'était jointe aux gens du Doric pour fusiller la jeunesse « patriote ». Le 9 novembre, John Colborne transporte ses quartiers généraux de Sorel à Montréal et précipite des mouvements de troupes qui ajoutent à l'émoi général. Puis Colborne presse Gosford de procéder à l'arrestation des principaux agitateurs. Le 16 novembre, le gouverneur qui ne maîtrise pas plus son entourage qu'il ne maîtrise ses nerfs, émet 26 mandats pour crime de haute trahison; Papineau est parmi les inculpés. C'était mener droit à la crise. Trois jours auparavant, dûment averti, le chef patriote a quitté Montréal avec O'Callaghan et pris la route du Richelieu. A cette heure, dans une large partie de l'opinion, toute confiance est perdue en la police et la justice publiques. L'arrestation des chefs, croit-on, ce peut être leur assassinat. M. Quiblier, le supérieur de Saint-Sulpice, en a prévenu Papineau. Se livrer, c'est être massacré, disait un inculpé, William-Henry Scott, député des Deux-Montagnes. Quelques hommes font alors appel au peuple et décident de protéger les chefs qui, non sans quelque raison, pouvaient se croire en état de légitime défense. L'explosion se produit. Et la voilà bien dans sa cause immédiate et en son véritable caractère. Croyons-en Bouchette: le soulèvement de 1837 ne fut rien d'autre qu' « une résistance à l'arrestation ». Simple résistance à une opé-ration policière et qui ne se relie aucunement ou de façon fort indirecte aux luttes politiques des « patriotes ». L'un des esprits les plus modérés du temps, Jean-Joseph Girouard, écrit, de sa prison, le 1er avril 1838, à son ami A.-N. Morin: « Que dirait-on en Angleterre si l'on prouvait qu'il n'y a point eu de révolte, comme on l'a dit partout sur toutes les gazettes, et dans le parlement impérial et dans des actes publics, que le peuple n'a fait que se défendre et n'avait pas l'alternative de l'attaque ? » [1] Au besoin la suite des événements confirmerait ces assertions. Batailles de Saint-Denis, de Saint-Charles, de Saint-Eustache, journées assez peu glorieuses pour les troupes royales qui, avec de l'artillerie, affrontent une chouannerie misérablement armée et plus mal commandée. « A coup sûr, dira Sydenham des échauffourées du Richelieu, ce fut une révolte pitoyable, écrasée le plus facilement du monde par un seul régiment. » Moins d'un mois, en 1837, huit jours au plus en 1838, ont suffi pour tout écraser. Les chefs sont en prison ou en exil; la presse dite « révolution-naire », le *Vindicator*, la *Minerve*, le *Libéral*, a été réduite au silence. Une terreur morne s'étend sur toute la province.

Etendue et profondeur du soulèvement

Ce prompt échec permet-il de conclure à la superficialité du soulève-ment ? Une première constatation nous arrête, et c'est d'avoir affaire à un phénomène rural. Le soulèvement de 1837, tout comme celui de 1838, n'éclate pas dans les villes, milieux de population plus dense, et, par cela même, terreau propice aux ensemencements révolutionnaires. Ils éclatent dans les campagnes et ils n'en sortent point. En choisissant de fuir vers le Richelieu, Papineau a décidé dans une certaine mesure, du lieu de la première explosion. Mais il resterait à expliquer les événements de Saint-Eustache et surtout ceux de 1838, prise d'armes d'ailleurs désa-vouée, celle-là aussi, par le chef « patriote ». Sans doute les agitateurs y ont-ils été pour quelque chose et pouvons-nous les suivre à la trace. La région de Québec n'a guère bougé. La scission du parti de Papineau vers 1834, scission par trop tranchée entre l'équipe montréalaise et la québécoise, y a attiédi les esprits. En revanche, la surexcitation de la grasse vallée du Richelieu et de la région des Deux-Montagnes n'a rien qui étonne. Saint-Denis, Saint-Charles, Saint-Eustache, théâtres favoris, depuis vingt ans, des rassemblements patriotiques et des ardentes mêlées électorales. En effet, dans ces régions, et en particulier sur le Richelieu, on se figure à peine l'exaspération de l'âme populaire. Le désastre de Saint-Charles a répandu la stupeur d'un bout à l'autre de la province.

---

1. Voir le *Canadien*, 28 août 1839. Le journal réduit le tout à « Deux ché-tives tentatives insurrectionnelles qu'en Europe on qualifierait d'émeutes ». Cité par Marcel-Pierre Hamel, *Le Rapport de Durham*, (Québec, 1948), 104.

L'enthousiasme passager suscité par la victoire de Saint-Denis s'est dissipé comme une flamme de bougie balayée par le vent. Cependant, le 28 novembre 1837, Wetherall, en route pour Montréal, se heurte encore, près de Saint-Mathias, à 1,000 ou 1,500 « volontaires canadiens », postés là pour le guetter au passage. Autre rencontre de 300 hommes à la Pointe-Olivier, bien retranchés dans un excellent poste et qui ne se débandent à leur tour, que devant le déploiement des forces anglaises.

Pourtant n'allons pas trop restreindre l'ébranlement de la province. Bien des faits nous le révéleraient profond et étendu. Ce peuple du Bas-Canada qu'on a dit d'éducation politique si arriérée, a entendu plus vite et mieux que celui des autres provinces, l'appel à la liberté et à l'émancipation politique. Mieux que les réformistes du Haut, il a résisté aux intimidations et aux manœuvres corruptrices des gouvernants. En dépit des pressions de Craig, de Richmond, de Dalhousie, on l'a vu garder à ses représentants une inviolable fidélité. Aux élections de 1834, venues à la suite des 92 Résolutions, lord Aylmer a jeté une sorte de défi au parti de Papineau. Le peuple de la province avait trop de bon sens, au dire du gouverneur, pour croire à des maux que nul ne ressentait. Au cours de la bataille électorale, la plupart des *anti-résolutionnaires,* comme on les appelait, jugeront prudent de s'esquiver ou seront battus; 483,639 suffrages aux résolutionnaires, 28,278 aux adversaires. Pendant les années 1837 et 1838, l'agitation a paru vive, surtout dans la région de Montréal. Nulle part ailleurs l'on ne s'en est tenu à la stricte indifférence. Pour son œuvre de répression, le gouvernement du Bas-Canada a levé des compagnies de volontaires: l'une en particulier d'artillerie, dans Québec, et de 3,000 hommes. Parmi ces 3,000, d'après un témoignage fourni par l'historien Robert Christie, pas un seul Canadien français; pas un seul non plus qui ait offert ses services. D'une lettre de l'évêque de Québec à lord Gosford, déjà en partie citée et qui est du 3 décembre 1838, ces autres lignes en disent long: « Je vois un grand nombre qui se prononçaient hautement en faveur de l'autorité, garder aujourd'hui un effrayant silence. » Devant l'état de l'opinion publique, le clergé se sent « désarmé », confesse l'évêque; et « aujourd'hui, ajoute-t-il, je le dis avec peine, nous sommes forcés, par raison de prudence, et pour éviter de plus grands maux à nous en tenir à des avis particuliers. »

Voilà suffisamment pour nous édifier. Robert Shore Milnes, nous l'avons rappelé, voyait, dans les durs paysans du Bas-Canada, « la race la plus indépendante » qu'il connût. Aux heures de 1837, des images chargées de hautes passions et de suprême anxiété ont traversé les esprits. Lord Durham écrivait à lord Glenelg, le 9 août 1839: « ...Avec le progrès de l'intrusion anglaise, ils [les Canadiens] découvrirent que, non seulement l'usage du système représentatif, mais qu'aussi leur nationalité était en danger... » Qu'un jour, au son du tocsin, il se trouve de ces paysans pour se saisir d'un fusil, d'une fourche, d'une faulx, se rendre sur un champ de bataille et accepter d'y mourir, ce fait révèle, en toute sa gravité et profondeur, l'émoi du pays.

Serait-ce à dire, comme l'a soutenu Durham, qu'il faille ramener tout ce drame aux simples excitations d'une lutte de races ? Presque au lendemain de son arrivée au Canada, le haut-commissaire écrivait au ministre: « Le premier point sur lequel je veux attirer votre attention et auquel se rattachent plus ou moins tous les autres, est la violente animosité qui règne entre les Canadiens et les Anglais, non pas en tant que partis... mais comme deux races différentes engagées dans une lutte nationale. » Indéniablement bien des manœuvres, sinon le régime lui-même, ont paru conspirer certains jours pour attiser le feu des passions ethniques. Evoquons, par exemple, à la Chambre du Bas-Canada, les débats de 1792 et de 1793 sur le choix du président et sur les lois fiscales, l'option entre la taxe directe ou indirecte, celle-ci frappant surtout le commerce anglais, celle-là, les propriétaires fonciers ou agricoles, c'est-à-dire les 80 pour cent de la population. Débats qui malheureusement partageraient la Chambre en deux camps tranchés et selon la ligne de la race. Que le régime politique de la colonie tel qu'institué ou faussé, conduisît presque infailliblement à ces heurts, nul ne l'avait mieux démontré que Pierre Bédard en 1807. Rendre les représentants du roi responsables de tous les conseils et actes des ministres, et faire ainsi des ministres et du gouverneur une sorte de parti d'opposition à la majorité de la Chambre, point de régime plus subversif, soutenait le rédacteur du *Canadien,* et non seulement pour le rôle de partisan ainsi assigné au chef du gouvernement, mais pour l'aliment apporté aux rivalités ethniques. « Car, comme tout le ministère est formé d'Anglais, argumentait Bédard, tous les Anglais de la Chambre d'Assemblée se rangent autour d'eux par le préjugé, et la Chambre d'Assemblée se trouve ainsi divisée en Anglais d'un côté et Canadiens de l'autre. »

C'était indiquer nettement la détestable tournure que risquaient de prendre les luttes politiques. Pour jeter les deux races l'une contre l'autre, qui aura plus fait néanmoins que la caste oligarchique, s'efforçant d'abord de donner figure de parti au monde officiel, c'est-à-dire aux deux Conseils, à l'entourage du gouverneur, puis tâchant à identifier ce parti à la population anglaise de la province, celle-ci naturellement élevée à la dignité de « parti loyal », de pilier de la couronne et de l'empire, par opposition à la majorité française de la Chambre, dénoncée dès le temps de Craig, comme le parti de la sédition ?

Sans doute, ce classement politique, les *Family Compact* de toutes les provinces l'ont-ils mis à la mode. Et bien peu, dès ce temps-là, se font illusion sur ce *britishisme* d'apparat ou de paravent. Le secrétaire de la commission Gosford-Grey-Gipps, Frederic Elliott, s'en ouvre sans détours: « ...Comptez que si jamais ces effervescences, dans le Bas-Canada, allaient jusqu'à hasarder le lien qui l'unit à la mère-patrie, les Anglais seraient les premiers à le trancher... » La commission partage le sentiment de son secrétaire. Pendant que lord Gosford, le 25 mai

1837, peut encore écrire à lord Glenelg: « Mais, à mon avis, nulle opinion n'est plus erronée que celle qui prétend que les Canadiens français sont un peuple manquant de loyauté », les commissaires donnent le grave avertissement que la population anglaise du Bas-Canada « n'hésiterait pas à renoncer à son allégeance et à demander le secours des Etats-Unis au cas où la Couronne n'acquiescerait pas à ses désirs. » Lord Durham n'y est pas allé, non plus, de main morte. Le parti anglais, a écrit le haut-commissaire, ne se serait servi de ses « protestations tapageuses d'attache-ment à l'Angleterre... que pour faire partager sa haine contre la majorité canadienne ». Durham dira encore: « Avec moins d'antipathie... faisant preuve de plus de prudence, mais surtout d'outrecuidance, les Anglais sont aussi peu loyaux que les Canadiens... Aucun des deux partis n'a confiance dans le Gouvernement impérial. » Durham a montré, lui aussi, le parti anglais prêt à l'annexion du Bas-Canada aux Etats-Unis plutôt que d'accepter un gouvernement de majorité française et souhaitant même de tout son cœur une guerre entre l'Angleterre et les Etats-Unis, dans l'espoir de parvenir à ses fins.

L'historien pourrait négliger, sans doute, ce *britishisme* machiavélique. Mais la pratique audacieuse de partager les partis selon la diversité ethnique et de les ameuter l'un contre l'autre, par les appels les plus inflammables, quoi de plus propre à transformer les luttes politiques en luttes de races dans le Bas-Canada ? L'oligarchie a-t-elle pour autant réussi dans son dessein ? Il serait injuste assurément de confondre le « parti officiel » avec la population anglaise en son entier. Gosford voyait de ce côté-là, des « ultras », comme il en voyait du côté des Canadiens; il y voyait aussi des « modérés »; et il pouvait compter, disait-il, « comme partisans de *son* administration la majorité des modérés et des hommes à idées libérales de la province ». Charles Buller, dans son *Aperçu sur la Mission de Lord Durham au Canada en 1838*, se refuse, lui aussi, à confondre « parti officiel » et population anglaise. Il dira, sans doute, des hauts fonctionnaires de la province, que « à l'exception de M. Daly, tous avaient été mêlés à l'ancien et odieux système de ce gouvernement de coteries et d'agiotage, et tous s'étaient rendus odieux, soit à un parti, soit à l'autre, quelquefois même aux deux. » Mais il dira aussi: « Le corps officiel qui pouvait encore paraître avoir pour chef M. Sewell, premier juge de la province, était une classe tout à fait à part. Ce corps ne possé-dait la confiance ni des Français, ni des Anglais et n'avait pas la moindre influence sur l'opinion publique. »

L'oligarchie aurait-elle mieux réussi du côté des Canadiens français ? Les aurait-elle roidis en bloc contre la minorité ? Décrire ce qui a pu se passer dans l'esprit simplificateur du peuple n'est pas chose facile. Dans les jours qui ont précédé l'explosion, comment a-t-il réagi devant les attaques parfois furibondes et par trop unanimes de la presse anglaise ? Quelques mois plus tard, quels sentiments ont soulevé en lui les impla-cables répressions des autorités, apparemment poussées à la revanche par les pires éléments ? Il est plus facile de voir clair dans l'esprit des chefs. De ce côté-là, en vain chercherait-on le racisme ou la volonté de la lutte raciale. Les chefs ont toujours refusé de confondre, avec la masse de la population anglaise, la caste des « officiels », « douzaine d'individus » qu'ils appellent la « junte anticanadienne ». « Il n'y a pas deux partis, protestait un jour Papineau, il y a une cabale méprisée contre tout un pays, le plus unanime que l'on puisse concevoir dans ses sentiments de haine contre cette cabale. » Citerons-nous, encore une fois, les 92 Résolutions, en particulier, les 3e, 4e, 5e ? En toute franchise, ces hommes de 1834 pouvaient parler de leur esprit de « libéralité et de fraternité » envers les immigrants britanniques. Autant qu'il avait dépendu d'eux, ils avaient facilité aux nouveaux venus « la participation aux avantages politiques et aux ressources industrielles » de la province. De même pouvaient-ils se targuer d'avoir travaillé à « la prospérité générale du pays, en assurant la paix et le contentement de toutes les classes de ses habitants, sans distinction d'origine ni de croyances ». Cet esprit de générosité ne les a pas quittés en 1836. Quand elle revendique son droit à l'administration des terres publiques, la Chambre déclare le faire pour l'avantage de « toutes les classes des Sujets de Sa Majesté ». Cette année-là, c'est encore Papineau qui s'écrie, les yeux ouverts sur ce qui se passe dans toutes les provinces anglaises: « On feint de croire que nos réclamations sont le fruit de notre différence d'origine et du catholicisme, quand il est constant que les rangs des libéraux comptent une majorité de toute croyance et de toute origine. »

Faut-il conclure ? Bien dégagés, les traits principaux de ces événements de 1837 et de 1838 se ramènent donc à ceux-ci: rien, surtout la première année, rien d'une guerre civile longuement fomentée et organisée; rien de la rébellion au sens juridique du mot. Mouvement improvisé et presque spontané en ses sursauts violents; pour le reste, mouvement populaire, phénomène rural plutôt large et profond; mouvement qu'on ne saurait réduire à une lutte de races, ni même à une lutte de classes sans le rapetisser et sans fausser l'histoire; en son caractère dominant, épisode d'une lutte politique pour un achèvement politique.

CHAPITRE CINQUIÈME

Aperçu sur les événements de 1837-1838

Bilan de 1837-1838. — Responsabilités des chefs patriotes. — Excitations de l'époque et du milieu. — Responsabilités des autorités.

Bilan de 1837-1838

Dans le Bas-Canada le bilan des dommages ou pertes en 1837-1838 pourrait s'établir comme suit: une dizaine de paroisses ravagées par les troupes; seize ans plus tard, au sud du Saint-Laurent, un pays, au dire de l'historien Christie, « à peine refait »; partout, en ces régions, selon le mot de Mgr Bourget, un « pillage affreux »; des pillards de Glengarry, « ministre de l'Evangile à leur tête », s'en étant retournés, « d'infanterie qu'ils étaient, cavalerie montée »; ici et là, églises et objets du culte atrocement profanés; dans les engagements militaires au moins 110 tués; 16 « patriotes », la plupart des chefs, passés outre-frontières; une partie de la presse libérale disparue avec eux; 66 prisonniers déportés, dont 8 aux Bermudes, 58 à la Nouvelle-Galles du sud; 12 exécutés. A Londres, il n'est que juste de lui en savoir gré, lord Glenelg avait conseillé la clémence, et même, si la prudence l'autorisait, l'amnistie générale; aux coupables, il proposait d'appliquer la déportation plutôt que la peine capitale. Au Canada, après l'affaire de Saint-Charles, Gosford tente, lui aussi, l'apaisement. La fougue revancharde des « loyaux » qui « saisiraient avec joie, écrivait le gouverneur, toute occasion favorable d'encourager les émeutiers... » l'emporte. La *Montreal Gazette* (25 et 28 nov. 1837) « ne connaît point de punition humaine qui puisse châtier, comme il convient, pareil crime moral et politique »; ce qui l'amène à fulminer contre les « personnes misérables et pusillanimes qui sont à la direction de nos affaires ». Le *Herald* se montre aussi peu modéré: « Pour avoir la tranquillité, disait-il, il nous faut faire la solitude. Balayons les Canadiens de la surface de la terre ! » Aux dégâts matériels et autres s'ajoutent les haines raciales surexcitées, des inimitiés vivaces même entre Canadiens;

puis, dans les esprits, un poison lent à éliminer, poison des doctrines malsaines répandues par quelques « patriotes »; enfin l'aggravation du mal politique: suspension de la constitution de 1791, dans le Bas-Canada, retour au régime de la *Crown Colony,* sous forme d'un « Conseil spécial », châtiment d'exception qu'on n'ose imposer au Haut-Canada aussi coupable pour le moins que son voisin.

Responsabilités des chefs patriotes

Pour tous ces maux et malheurs, faut-il accabler les seules victimes ? Inutile d'énumérer ici les conditions qui, en saine éthique, légitiment l'insurrection. Trop d'historiens, à notre humble avis, ont mal posé la question. Où il n'eût fallu voir que des formes diverses d'agitation constitutionnelle, si osées qu'elles fussent, on a prêté aux papineautistes, de véritables intentions révolutionnaires. Une résistance de quelques paysans peu ou point armés à une opération policière a été transformée en une prise d'armes pour l'abolition d'un régime politique. Faux point de départ, perspective qui a tout brouillé. Nous croyons l'avoir démontré: le triste et bref épisode de 1838 laissé de côté, c'est improprement qu'on parle de mouvement insurrectionnel organisé ou prémédité. Mutineries, soulèvements, seraient tout au plus les mots justes. Mais même en ces justes proportions, qui tenir responsables des malheureux événements ? Et de quel nom appeler la responsabilité ?

Suspects, les chefs « patriotes » nous le paraissent surtout en ce que nous avons appelé leur « insurrection oratoire », échauffement de l'esprit populaire dont nul ne peut jamais fixer d'avance l'excès possible. Un point resterait pourtant à déterminer: quelles fins se proposaient les agitateurs ? Et, par exemple, dans leurs assemblées de 1837, les plus théâtrales et les plus véhémentes qu'ils aient tenues, à quoi tendent au vrai leurs philippiques ? A un ralliement, à coup sûr, de leurs troupes, pour la session parlementaire qui s'en vient. Mais leur intention dominante vise-t-elle autre chose qu'intimider les gouvernants de la colonie et d'abord le Colonial Office ? C'est un peu l'avis du gouverneur qui écrit à Londres: « Un des buts des meneurs est de créer en Angleterre des craintes aussi grandes qu'ils le pourront. » Colborne n'est pas éloigné de penser comme Gosford, même s'il juge imprudentes ces bravades de husting. Entre le risque d'une réaction violente des autorités et celui de leur acquiescement possible aux vœux des réformistes, Papineau et ses lieutenants ont misé, à tort peut-être, sur l'acquiescement. Mais quelle part, en tout cela, d'un crime politique ou de la simple illégalité ? Gosford qui se fait rapporter discours et autres agissements téméraires, telle la formation du « Comité central », y percevrait volontiers « une idée de trahison », « pas assez clairement marquée [toutefois], note-t-il, pour qu'il soit sage ou prudent d'entreprendre des procédures légales... » Charles Buller tiendra bientôt dans ses mains le dossier de Papineau; « la culpabilité morale » du chef lui paraîtra évidente. Rien pourtant, sera-t-il contraint d'avouer, « n'aurait pu justifier une conviction judiciaire ». D'aucuns pourraient opposer, sans doute, les visées républicaines des « patriotes », leurs prêches intempestifs sur l'indépendance du Bas-Canada ? Mais ce changement de régime, est-il démontré qu'ils l'aient voulu par une prise d'armes plutôt que par l'agitation constitutionnelle ? Personne, dans l'entourage de Papineau, nous rapporte Frederic Elliott, « ne croit ce temps proche » ; et si Papineau est de ceux qui sont d'avis de le hâter, « les plus intelligents des Canadiens français », toujours d'après Elliott, estiment pourtant qu'il y faudra une longue éducation politique. D'autres agissements sont assurément moins défendables, tels l'essai d'un embryon d'Etat dans l'Etat, l'organisation d'une magistrature et d'une milice indépendantes. Mais les visées de quelques écervelés mises à part, est-il interdit de rattacher ces autres témérités à des méthodes d'agitation qui s'inspirent alors des exemples audacieux d'O'Connell et de l'effervescence américaine avant l'Indépendance ?

Faisons un pas de plus. Ce que nous avons appelé l'insurrection oratoire serait-elle de tout point injustifiable ? Convient-il de n'y voir qu'éruptions gratuites de démagogues incurablement exaltés ? Que de censeurs l'ont pensé qui, dans la longue lutte politique d'avant 1837, n'ont vu qu'un drame superficiel, des querelles plus ou moins fastidieuses autour de la réforme des Conseils et de rites parlementaires dans le vote du budget. Faudra-t-il revenir une fois de plus sur les données essentielles de ce drame politique ? En des colonies de structure sociale notablement plus évoluée que celle de l'Angleterre, des sujets britanniques pouvaient-ils trouver normal, et je dirai même tolérable, un régime encore plus oligarchique que celui de la métropole: gouvernement de minorité, et, à vrai dire, de *crown colony* sous le camouflage du parlementarisme ? Robert Baldwin ne le pensait pas qui, le 23 août 1838, écrivait à lord Durham, avec son rude franc-parler: « Votre Seigneurie doit adapter le Gouvernement au caractère de la race, sur laquelle et parmi laquelle il doit agir... Je vous demanderai, Monseigneur, si le peuple anglais supporterait quelque forme de gouvernement exécutif sur lequel il aurait moins d'influence que sur celui qui existe aujourd'hui ? Votre Seigneurie sait bien que non. Pouvez-vous alors penser que le peuple de ces colonies, avec ses sentiments et ses sympathies anglaises, se contentera de moins ? Si votre Seigneurie le croit, elle aura sûrement une désillusion. » Pour la population française du Bas-Canada, cela aussi, nous l'avons vu, ce régime déformé, dévié, s'avérait d'une bien autre malfaisance. Pouvait-elle estimer mal négligeable ce qui lui paraissait une subversion intentionnelle des constitutions impériales de 1774 et de 1791, régime de race et de classe qui, à l'encontre des intentions de lord North et de William Pitt, tendait à frustrer une province française du droit de faire sa propre politique et, en définitive, de vivre sa propre vie ? Durham lui-même l'a bien vu: là réside, débarrassé d'à-côtés ou de griefs secondaires, le fond réel et grave du débat. A ne tenir compte que du malaise économique et social, quel peuple, petit ou grand, aurait pu subir longtemps, sans péril pour son avenir, un système de gouvernement qui réservait à un petit groupe de favoris, et de favoris souvent étrangers à ses idéaux, la plupart des postes de commande dans l'Etat et dans les services administratifs, système qui, par sa seule politique agraire, ne laissait à une population de paysans que l'alternative de sortir de son pays pour vivre, ou d'étouffer dans ses domaines clos ?

Mal tolérable que celui du Bas-Canada ? « Il est étonnant, écrivait Frederic Elliott, en 1835, de voir combien ce pays a été mal gouverné. » Charles Buller ne s'est guère montré plus indulgent quand, pour excuser lord Durham d'avoir refusé sa confiance aux membres des deux Conseils, il écrit qu' « à l'exception de M. Daly tous avaient été mêlés à l'ancien et odieux système de ce gouvernement de coteries et d'agiotages... » Lord Elgin pourra constater, de son temps — c'est en 1855 — que les envoyés du gouvernement impérial au Canada, et Elgin pense à Durham et à d'autres, ont dénoncé les abus d'alors « dans des termes guère moins énergiques que ceux que les mécontents employaient eux-mêmes... » Devant ce régime, voulons-nous comprendre, encore une fois, la génération des parlementaires canadiens-français de 1830 et la vivacité de leurs réactions ? Cessons de nous les représenter sous les traits que l'oligarchie leur a prêtés: hommes attardés dans l'enfance politique, parlementaires d'incompétence notoire, parfaitement incapables de gouverner leur province. Frederic Elliott qui les a vus de près, plus près que Durham, ne peut s'empêcher de noter « combien leurs perceptions en science politique sont supérieures à celles des hommes par qui ils ont été si arrogamment méprisés ». Réexaminons aussi cette pièce du procès que le même régime politique, nulle des provinces anglaises de l'Amérique anglaise, moins gravement atteintes pourtant que le Canada français, n'a accepté de s'y résigner. Que dis-je ? En ce système de gouvernement qu'il déclare « diamétralement opposé à l'opinion publique », un esprit pondéré comme Robert Baldwin n'a-t-il pas vu le pire ferment de révolte ? Le seul retard de Londres à concéder le « gouvernement responsable », avertissait le chef réformiste du Haut-Canada, mettait en péril le lien colonial. Trois ou quatre fois, dans son plaidoyer de 1836, en faveur de la grande réforme, il y revient avec insistance: « Je suis persuadé que nous sommes arrivés à une crise qui décidera des destinées du Haut-Canada en tant que dépendance de la couronne d'Angleterre... Je tremble de crainte que cette conviction n'arrive trop tard pour pouvoir empêcher les événements que je redoute.... Je demeure convaincu qu'à moins qu'on adopte et suive complètement la solution que j'indique plus haut, il sera au-dessus des forces de la mère-patrie de conserver l'affection des populations du Haut-Canada... »

Excitations de l'époque et du milieu

Prévisions ou pressentiments excessifs ou factices, diront peut-être les historiens en chambre qui raisonnent dans l'abstrait et, pour ne remuer jamais que des cendres froides, font bon marché du facteur psychologique dans l'histoire des hommes. Cela encore nous l'avons dit, rien à comprendre dans les événements d'alors, si l'on néglige l'état des esprits dans l'Amérique anglaise, les excitations du milieu, les fièvres du temps. Ces réformistes, redisons-le une dernière fois, appartiennent à la génération de 1830. Ils sont d'une époque et d'un monde en ébullition. Quand ils rêvent de liberté, d'émancipation et même d'indépendance, ils ne chevauchent pas les nuées. Partout les petits peuples s'essaient à secouer les vieilles tutelles. Dans l'Amérique latine, le régime colonial, avec l'encouragement de la puissance anglaise, achève de s'écrouler. L'Angleterre elle-même voit chanceler son antique structure. Là aussi les Chartistes, les catholiques d'Irlande ont mis à la mode l'agitation populaire. On a appris à exploiter « l'émotionnisme des meetings monstres » et pris l'habitude des discours incendiaires. L'année 1829 a enfin décidé de l'émancipation des catholiques. Puis, l'année 1830 a vu l'avènement des Whigs, bientôt suivi de la victoire démocratique du *Reform Bill* et des encouragements des radicaux de la métropole aux idées les plus avancées des réformistes des colonies. Ici même, entre les provinces britanniques, une coalition s'est ébauchée pour la conquête de l'émancipation commune. Bref, peut-on dire, toutes les influences du temps et du milieu ont conspiré à l'exaltation des rêves des démocrates canadiens. Qu'ils aient cru et d'une foi profonde, à la réalisation prochaine de leurs aspirations politiques, faut-il tant s'étonner ? En Angleterre, une large partie de l'opinion, même dans les sphères gouvernementales, paraît résignée à la fatale échéance. Robert Baldwin se plaint à Durham des « allusions », maintes fois faites, « par les fonctionnaires de la couronne eux-mêmes », à la sécession probable des colonies du giron de l'empire britannique. Que d'indices, en effet, pouvaient faire croire l'échéance inévitable ! Que la ligue projetée des provinces anglaises se fût formée et maintenue, et nous savons à quelle capitulation, Londres, de son propre aveu, se serait vu acculé. Rappelons-nous l'appréhension pessimiste de Sir George Gipps, l'un des trois enquêteurs de 1835. Souvenons-nous aussi de l'aveu émané des bureaux de lord Glenelg : « Obligé de faire face à l'opposition des Chambres des trois provinces, le gouvernement n'aurait eu qu'un parti à prendre : céder à leurs demandes. » Au reste, n'est-ce pas un fait bien connu que, dans l'esprit de Melbourne, l'envoi de lord Durham au Canada, envoi projeté dès juillet 1837, pour y remplacer lord Gosford jugé au-dessous de la tâche, avait pour but principal de retarder ou d'empêcher la séparation de l'empire, des colonies anglaises de l'Amérique du Nord ?

Responsabilités des autorités

Pour quiconque prend la peine de se remémorer cette atmosphère de l'époque, de quelles couleurs différentes se revêtent les événements de 1836 et de 1837. Années d'enivrants espoirs, mais aussi années d'effroyables déceptions. Avec quel accent dur, par exemple, a résonné le discours de lord Gosford, à l'ouverture du parlement de 1837. Dans l'attente anxieuse de cette année-là, tous ces refus assénés, l'un après l'autre, comme des coups de massue: refus d'un Conseil législatif électif, refus d'un exécutif responsable aux Chambres, c'est-à-dire rejet des revendications les plus chères des réformistes, puis cette déclaration hautaine de maintenir « inviolable » le titre légal de la *British North American Land Company;* et le tout se terminant par un ultimatum: les terribles Résolutions Russell. Londres pouvait-il plus maladroitement souffler sur le feu ? Sans l'entêtement du gouvernement britannique et sans les « funestes résolutions », opinait Baldwin, « on eût pu éviter la dernière rébellion ». Robert Shore Milnes Bouchette pouvait écrire à son ami, le colonel Dundas: « Croyez-vous que le peuple des îles Britanniques eût vu sans s'émouvoir ses Communes foulées aux pieds... Bolingbroke eût rougi du pays qui, en une telle conjoncture, ne se fût pas soulevé pour défendre sa liberté. » Pour des griefs beaucoup moindres les colonies anglo-américaines s'étaient jetées dans la rébellion ouverte. Le curé de Saint-Charles, M. Magloire Blanchet, l'une des fortes têtes du clergé, futur évêque de l'Orégon et futur prisonnier de Colborne, se croit tenu d'avertir sévèrement lord Gosford: « Ceux qui jusqu'ici ont été tranquilles et modérés, se réunissent à leurs concitoyens qui les avaient devancés, pour dire que si le Gouvernement veut le bonheur du peuple, il doit au plus tôt accéder aux justes demandes du peuple... bientôt il ne sera plus temps. » Nul pourtant n'a peut-être mieux exprimé l'irritation générale que l'un des chefs du parti modéré, Etienne Parent, auteur de ces lignes qu'on peut lire dans le *Canadien* (25 septembre 1839): « La cause des insurrections récentes ne se trouve pas écrite sur le papier, mais gravée dans le cœur d'un peuple exaspéré par ce qu'une caste dominatrice peut employer de plus provocant pour pousser un peuple au désespoir et avoir occasion de l'écraser. »

Fin de phrase qui, à tant d'incitations à la révolte en ajoute une autre et peut-être l'une des plus graves. Les Canadiens, on l'a vu, ne furent pas les premiers à parler de prise d'armes. Dès 1810, sous la plume de Sewell, l'oligarchie en proférait la menace. Et combien de fois, en ces dernières années, n'y est-elle pas revenue ? L'on ne saurait parler, sans doute, d'une volonté expresse d'insurrection. Mais que de discours et de gestes en auraient pu donner le soupçon ! C'était bien le sentiment de lord Durham, dans le cas du Haut-Canada: « On a trop eu l'impression, a-t-il observé et c'est dans son Rapport, que le gouvernement avait machiné exprès la révolte et que les malheureux qui y avaient participé, avaient été délibérément attirés dans un piège par ceux qui ensuite les ont punis avec sévérité de leur erreur. » Dans sa lettre au ministre, lettre du 9 août 1838, Durham s'est montré plus catégorique au sujet des troubles du Bas-Canada. Cette fois, la rébellion y aurait été bel et bien « précipitée par le parti anglais, qui avait un sens instinctif du danger qu'il y avait à laisser plus de temps aux Canadiens pour se préparer... »

Imputations qui imposent d'examiner de nouveau d'autres responsabilités: celles des autorités politiques, coloniales et métropolitaines. Mais d'abord une question vient sous la plume: ces soulèvements étaient-ils inévitables ? Pour les besoins, sans doute, de ses conclusions, Durham a paru pencher pour l'affirmative. On lit dans son Rapport: « Bien que précipitée par le parti anglais », la rébellion « n'aurait peut-être, malgré tout, pas pu être évitée. » Tel n'a pas été l'avis de lord Glenelg qui, jusqu'à la fin d'août 1837, ne cesse de croire au succès possible des voies de conciliation. Tel, non plus, du moins un temps, le sentiment de lord Gosford qui se plaignit, et sur le ton assez amer, de n'avoir pas été libre d'agir à temps. « Le temps est le grand art de l'homme, et ce qui peut se faire telle année, ne peut se faire trois ans plus tôt », aimait à dire Napoléon. A qui fera-t-on croire qu'une plus lucide intelligence des affaires canadiennes à Londres n'eût pas permis d'accorder, en 1837, les réformes qu'on allait accorder en 1842, et nous le savons, qu'on fut même sur le point d'accorder en 1836 ou 1837, pour peu que la ligue des trois provinces n'eût pas été brisée dans l'œuf ? Que seulement les autorités politiques, renonçant à leur inféodation au parti officiel ou au parti anglais, eussent traité tous les partis sur un pied d'égalité, et qui peut dire que la paix ne fût pas devenue chose possible et facile, dans le Bas comme dans le Haut-Canada ? Il y a là-dessus une lettre de Papineau, du 23 décembre 1835, qui contient des vues presque prophétiques. La jeunesse anglaise de Montréal venait de se permettre d'assez graves incartades; quelques-uns inclinaient à ne voir dans l'incident « qu'une étourderie de jeunes gens ». Papineau écrivait à Mme Papineau: « Tout ce que les réformateurs désirent, les changements les plus étendus dans la constitution, pourrait s'obtenir sans violence si le parti anglais pouvait être une fois convaincu qu'il est et ne doit être que sur un pied d'égalité et non de préférence avec nous... Mais la politique d'O'Sullivan prévaudra, celle de temporiser. Il n'y aura pas de carabiniers en jeu, mais à la première occasion, il y aura des manches de haches, des rixes et des meurtres, puis viendra la grande débâcle qu'il eût été si facile de prévenir... »

Dans la malheureuse tournure des événements, Gosford ne saurait être totalement absous. Comme tous les faibles et comme tous les conciliateurs qui croient avoir échoué, le gouverneur se retourna trop subitement et se laissa manœuvrer par les violents du parti anglais. Il aurait pu ne pas ignorer les tiraillements qui commençaient d'affaiblir le parti de Papineau, tiraillements qui, en 1835, n'avaient pas échappé à Frederic Elliott. Quelques-uns des plus fidèles partisans du chef, las des mesures extrêmes, ne suivaient plus son panache qu'avec discrétion. Le 19 novembre 1837, quatre jours avant la bataille de Saint-Denis, l'un de ces partisans, Louis-Hippolyte LaFontaine, sollicitait une convocation immédiate des Chambres. A la même heure, à Québec, le *Canadien* présentait une supplique au gouverneur, pour les mêmes fins. Le 5 décembre, après Saint-Denis et Saint-Charles, LaFontaine, descendu à Québec, renouvelait sa démarche, porteur d'une pétition signée de 14 députés.

176

Gosford se déroba. L'erreur paraît bien incalculable. En novembre, et surtout en décembre, Papineau absent, que n'aurait pu produire le maintien du parlement et de la loi civile, au lieu de la loi martiale et de la suppression de la constitution ?

Voilà donc ces soulèvements de 1837-1838 replacés, en toute objectivité, croyons-nous, dans leur cadre et dans leur moment historique et ramenés à leurs justes proportions. Par bien des côtés, et nous ne l'avons pas caché, ils restent sujets à caution. Lorsque de pauvres gens, sans armes et sans chefs, parurent poussés à d'inutiles effusions de sang, les autorités religieuses eurent, certes, raison de s'interposer. L'on ne saurait, néanmoins, nous semble-t-il, condamner les malheureuses victimes de ces heures d'histoire, avec la sévérité d'autrefois. Ces hommes ont cru, et pour de solides raisons, l'avenir de leur pays et la vie de leur nationalité gravement menacés, et par un régime politique foncièrement perverti. Eussent-ils commis le crime de la déloyauté, qu'il faudrait encore tenir compte des terribles provocations auxquelles ils furent en butte, puis juger leur faute selon l'objectivité de leur temps, et non selon les normes inacceptables du colonialisme ingénu qui, après eux, a si longtemps sévi au Canada. Combien la faute s'amenuisait aux yeux de ces journalistes et parlementaires qui, à trop de signes, avaient conscience de combattre un système colonial en pleine déliquescence, résigné même à s'écrouler ? Y avait-il si grand crime à rêver de la rupture du lien impérial quand une si large portion de l'opinion métropolitaine dissertait sur l'opportunité de maintenir ce lien ? L'on ne saurait d'ailleurs oublier ce que ce mouvement traînait en son fond de sain et d'émouvant. En définitive et en dépit des imprudences et des erreurs commises, qu'est-ce autre chose 1837 et 1838, qu'un épisode tragique dans la longue lutte d'un petit peuple pour un achèvement de ses institutions politiques et pour la conquête de ses essentielles libertés ? L'emploi de moyens plus ou moins discutables ne saurait disqualifier leur cause.

L'ère parlementaire

(1791-1848)

TROISIÈME PARTIE

Après le conflit

CHAPITRE PREMIER

Durham et son rapport

*L'homme et sa mission. — Le rapport. — Cas spécial du
Bas-Canada. — Sources de cette politique.*

L'homme et sa mission

Le rideau est tombé sur les échafauds, sur les déportations, sur tout
le désastre. Lendemains noirs, pays prostré. Combien, parmi les plus
clairvoyants, crurent alors tout perdu et accablèrent les « patriotes »,
responsables de l'affreux dénouement. Si pourtant un autre revirement
providentiel allait se produire et faire surgir de l'affreuse infortune une
nouvelle et vigoureuse poussée autonomiste ?

En Angleterre, avons-nous rappelé, la mode est aux grandes enquêtes.
Le rapport de l'enquête Gosford-Grey-Gipps à peine déposé, le gouvernement de lord Melbourne décide, dès le mois de juillet 1837, d'envoyer
au Canada, un autre enquêteur. L'agitation du Bas et du Haut menace de
se propager. Une sécession des provinces de l'Amérique du Nord porterait
un coup désastreux au prestige de l'empire et au gouvernement qui en
serait responsable. La mission de haut commissaire et de gouverneur
général est donc offerte au Très Honorable John George, earl of Durham,
vicomte Lambton, etc., etc. Après d'assez longues hésitations, Durham
accepte. Quelle est sa mission ? Et d'abord quel est l'homme ? Son
passé et sa haute parentèle font de lui le plus illustre personnage encore
délégué au Canada. Ses opinions politiques pouvaient paraître rassurantes.
Whig fortement teinté de radicalisme, hier parmi les premiers rôles dans
la bataille du *Reform Bill,* ses amis radicaux le saluent comme l'héritier
présomptif de Melbourne. Pour le reste, et c'était là l'inquiétant, le personnage est un autoritaire, un fastueux; c'est aussi un impulsif. Travers
dangereux en cet homme de santé ébranlée, souvent proche des abatte-
ments du névrosé. Bref, au jugement de Colborne, jugement suspect il
est vrai, un personnage capable de susciter les plus graves difficultés. Sa
mission l'expose à bien des aventures. Mission de dictateur à la fois
restreinte et ample, très nette et très imprécise: restaurer, dans la province

du Bas-Canada, un gouvernement régulier, trouver remède au malaise des autres provinces anglaises; pour le reste: conduite de l'enquête, nature des réformes politiques à proposer, absolue liberté.

Au Bas-Canada où Durham arrive fin mai 1838, tout a été ménagé pour lui assurer ses libres mouvements. En janvier 1838 lord John Russell avait obtenu du Parlement anglais la suspension de la Constitution: coup de force renouvelé des mauvais jours de 1774. L'acte paraissait d'une justice assez douteuse. A Russell qui imputait l'insurrection à une poignée de démagogues, exploiteurs d'une ignorante fraction du peuple, Hume a eu beau jeu de rétorquer: « Si tel est le cas, si le mal n'a point d'autre étendue, sous quel prétexte se propose-t-on de punir toute une province ? » Mais il fallait accommoder le dictateur, lui épargner l'embarras d'un parlement. Avec une unanimité aussi parfaite qu'au moment des Résolutions Russell, Whigs et Tories, à quelques exceptions près, ont uni leurs voix pour accabler la malheureuse province. Pour se donner coudées encore plus franches, Durham, aussitôt arrivé, balaie le Conseil spécial de Sir John Colborne, en fait autant du Conseil exécutif dont il ne retient que le secrétaire, M. Daly, et il se compose un Conseil de sa façon, formé uniquement de gens de sa suite. Et pour que rien ne manque à la bonne fortune du dictateur, une grande partie de l'opinion se porte au devant de lui. A vrai dire, le parti des « ultra-tories » a commencé par fulminer contre le choix de la métropole. Pour intimider le gouverneur, il a même tenté ses méthodes coutumières. Mais, habile à manier la verge et la cajolerie, Durham a bientôt fait d'apprivoiser le fauve qu'il met d'ailleurs dans ses confidences. Il n'eut pas à se donner tant de peine avec l'opinion canadienne-française. Durham arrive, précédé de sa réputation de radical, ami des Hume, des MacKintosh, des Roebuck. Chacun se frappe les tempes pour en tirer les poncifs de l'accueil chaleureux. F.-X. Garneau y va de longs alexandrins aussi peu poétiques qu'effroyablement pompeux !

> *Salut à toi, Durham au caractère fort,*
>
> ....
>
> *Toi qui marchas toujours droit dans ta carrière,*
>
> *Qui n'as jamais fléchi, ni regardé derrière.*

Le judicieux *Canadien* (1er juin 1838) qui se flatte de la fin du favoritisme de race, s'accorde cette platitude: « Un nouveau Messie vient donc effacer un nouveau péché originel. » De Paris, Louis-Hippolyte LaFontaine écrit à J. Parkes et à E. Elice, son grand espoir en la mission de Durham. De Philadelphie enfin, Papineau exilé ne peut cacher à Roebuck la même foi. Et le voici qui esquisse à l'ami Roebuck tout un plan de réformes, le plus organique peut-être que le grand homme ait jamais conçu, tant il paraît assuré que le haut-commissaire ne pourra manquer de le faire sien.

La mission de lord Durham s'est condensée dans son Rapport dont le titre se lit comme suit dans l'édition de London (Ridgways, Piccadilly M.DCCC XXXIX): *The Report and Despatches of the Earl of Durham, Her Majesty's High Commissioner and Governor-General of British North America.* Oeuvre conçue et rédigée trop rapidement, a-t-on dit. Durham en jugera de même. Débarqué à Québec le 29 mai 1838, il en repart le 1er novembre suivant. Débarqué à Plymouth le 30 du même mois, il remet son *Rapport* le 31 janvier 1839. Le haut-commissaire, observons-le toutefois, mène son enquête aidé d'un assez bon nombre de collaborateurs et il sut s'en attacher d'excellents, entre autres, les deux Buller et Edward Gibbon Wakefield. Au surplus, dès sa traversée d'Angleterre au Canada, nous le savons par Charles Buller, Durham s'est mis à la tâche, lisant, discutant avec Buller documents publics, dépêches et toutes pièces qui pouvaient se rapporter à sa mission. On peut conjecturer aussi qu'entre juillet 1837, date où la première offre de Melbourne lui a été faite et le départ pour l'Amérique qui n'eut lieu que près d'un an plus tard, Durham a commencé de se renseigner. Le *Rapport* figure comme une pièce maîtresse dans l'histoire de l'empire britannique. Son premier mérite, c'est d'apporter une analyse précise, aiguë, du conflit politique dans les provinces de l'Amérique du Nord et de mettre le doigt sur le vice foncier. Trop souvent incohérent et illogique en d'autres parties de son travail, Durham est ici superbe de logique et de netteté. Essayons d'en résumer les exposés de fond. Au nom de quel principe, se demande l'enquêteur, le gouvernement métropolitain a-t-il pu appeler à collaborer des Chambres populaires toutes-puissantes et des exécutifs totalement indépendants de ces Chambres ? Autant déclencher et perpétuer délibérément, dans les colonies, appuiera-t-il, l'anarchie chronique. Politique irréaliste, funeste, dont le Rapport détaille les illogismes et leurs conséquences: d'une part, au nom d'un loyalisme frelaté, le raidissement entêté du pouvoir exécutif dans l'absolutisme, les Conseils législatifs transformés en fabriques de vetos, l'assujettissement des gouverneurs et voire du Colonial Office aux volontés et caprices du parti réactionnaire; de l'autre, un pouvoir législatif obligé de compter, pour l'exécution des lois sur un personnel systématiquement hostile à ce même pouvoir et donc, en ces Chambres représentatives, frustrées de leur rôle naturel, le rapide acheminement vers tous les excès de la démagogie, la subordination du progrès des provinces à la lutte pour le pouvoir, la désorganisation administrative s'accélérant au pas de course. Au milieu de son analyse, lord Durham se défend mal d'un peu de sarcasme: « Il est difficile de comprendre, déclare-t-il, comment des hommes d'Etat anglais ont pu s'imaginer qu'un gouvernement à la fois représentatif et irresponsable se pût combiner avec succès... On n'a jamais bien clairement expliqué, insiste encore le noble lord, quels intérêts de l'empire exigent cette complète nullification du gouvernement représentatif dans nos dépendances coloniales. Mais si telle nécessité existe, il est parfaitement clair, en ce cas, qu'un gouvernement représentatif ne peut y être qu'une moquerie et une source de désordres. » C'est donc le grand procès de la politique coloniale de l'Angleterre que Durham institue devant son pays et devant le monde, au risque d'y dévoiler une lamentable faillite. Plus osé encore le remède proposé par le haut-commissaire. Selon lui, nul besoin, dans le gouvernement de ces grandes colonies, de révolutionner les principes de la constitution britannique. Y suffirait tout simplement la loyale application des principes qui seuls peuvent faire opérer avec harmonie et efficacité le système représentatif en quelque pays que ce soit. Pour Durham, cela voulait dire: reconnaître, établir, comme en Angleterre, la responsabilité du pouvoir exécutif devant les Chambres. Déclarations dont l'on nous dispensera de souligner l'importance et même la gravité. Reprendre à son compte la théorie du « gouvernement responsable », c'était de la part du haut-commissaire, donner raison aux plus intelligents des réformistes du Haut et du Bas-Canada, sonner le glas du régime antidémocratique tant dénoncé, autrement dit, jeter par-dessus bord l'autocratie des oligarques dans toutes les provinces.

Cas spécial du Bas-Canada

Que le haut-commissaire ne s'est-il montré aussi logique et clairvoyant dans le cas du Bas-Canada ? Le malaise de cette province, il lui a plu de le décrire, non comme une lutte politique, en tout semblable à celle des autres provinces, mais comme une lutte de races; et non pas même comme une lutte politique qui aurait dégénéré en conflit racial; mais, au principe et au fond de tout le mal, il n'a voulu voir que le conflit de deux groupes nationaux, en querelle ouverte pour des enjeux nationaux. Tout le texte serait ici à citer. « Enfin d'une étude minutieuse, écrit par exemple Durham, il ressort que la lutte politique entre ces partis qui se sont institués eux-mêmes le parti loyaliste et le parti populaire, n'a eu pour cause ni la question de l'union avec l'Angleterre, ni la forme de la constitution, ni aucun des abus qui affectaient toutes les classes de la population, mais simplement des institutions, telles que les coutumes et les lois d'origine française que les Anglais voulaient abolir et que les Canadiens voulaient conserver. » Parti de ces fausses prémisses, le « Radical Jack » allait aboutir au pire reniement de tous ses principes. Nous ne reviendrons pas sur cette façon de simplifier l'histoire; nous en avons assez dit la fausseté. Mais, même réduit à un conflit de races, le mal ne se pourrait-il guérir, comme dans les provinces-sœurs, par la pratique du « gouvernement responsable », qui rendrait à qui de droit la suprématie politique ? Qu'à cela ne tienne. De quoi se mêlent les agneaux qui brouillent la boisson du plus fort ? Pour rester quelque peu conséquent avec soi-même, une seule ressource restait à Durham: nier au peuple canadien-français le droit de survivre, et ce, dans son intérêt même, parce qu'impropre à la survie. Aussi est-ce bien ce qu'il va faire. Écoutons-le: « On ne peut concevoir de nationalité plus dénuée de tout ce qui peut donner de la vigueur et de l'élévation à un peuple que la nationalité de ces descendants de Français du Bas-Canada... Ils sont un peuple sans histoire ni littérature... » Toutefois, pour Durham, le Canadien français, c'est surtout l'économiquement inférieur. La majeure partie des travailleurs à gages, a-t-il constaté, « sont des Français à l'emploi de capitalistes anglais ». Et tel lui paraît bien l'avenir de cette triste nationalité que « la masse... soit vouée... dans une certaine mesure, à occuper une position inférieure et à dépendre des Anglais pour se procurer de l'ouvrage ». Aussi l'enquêteur va-t-il conclure froidement: « C'est pour les faire sortir de cette infériorité que je désire donner aux Canadiens notre caractère anglais. » Et le moyen pratique pour parvenir à cette fin, chacun le connaît: unir politiquement les deux Canadas et faire que, dans le parlement du futur Etat, les Canadiens français y soient réduits au rang de minorité. Citons ici les formules mêmes du noble lord: « Le premier et ferme dessein du gouvernement britannique doit être à l'avenir d'établir dans cette province une population anglaise, avec les lois et la langue anglaise et de n'en confier le gouvernement qu'à une législature décidément anglaise. »

Sources de cette politique

Politique aussi décevante qu'extraordinaire. Où en retracer l'inspiration, les raisons déterminantes ? Car enfin si ce petit peuple canadien-français est aussi dénué d'initiative, de culture, d'énergie, de tout ce qui constitue, en somme, une nationalité, pourquoi cet appareil de rigueurs pour le dénationaliser ? Et pourquoi cette obsession du problème du Bas-Canada trop manifeste dans le Rapport ? Enquêteur renseigné à des sources par trop unilatérales, pensera-t-on. Et à vrai dire, les raisons mises de l'avant pour supprimer un peuple de deux cents ans d'histoire: institutions vieillottes, esprit arriéré, résignation à l'indolence et à la médiocrité, tout cela indique assez la source des informations de Durham. D'autre part, le haut-commissaire s'était engagé solennellement, devant la Chambre des Lords, à écarter « toute considération de parti », à ne voir, « dans les hommes ni Français, ni Anglais, ni Canadiens, mais simplement des sujets de Sa Majesté ». Et il a trouvé le moyen de convoquer, auprès de lui, pour se renseigner sur leurs provinces, les chefs politiques, du Nouveau-Brunswick, de la Nouvelle-Ecosse et de l'Ile du Prince-Edouard. A-t-il jamais consulté les véritables chefs religieux ou laïcs du Bas-Canada ? Il ne semble pas. Et l'évêque de Québec le reprochera à l'un des auxiliaires du haut-commissaire. Durham attire, dans une de ses commissions d'enquête, un homme d'une aussi « triste notoriété » — le mot est de Buller — qu'Adam Thom, journaliste du *Herald*. Geste qui a pour conséquence de soulever la presse française de la province et d'entraîner la démission du seul Canadien français qui se fût mêlé aux enquêteurs. Buller nous dit bien que, sur la fin de son séjour au Canada, Durham songea à solliciter les services d'Augustin-Norbert Morin, « Canadien français d'un grand savoir et d'une grande habileté ». Pure manœuvre du dictateur, semble-t-il, pour se faire pardonner, devant le parlement anglais, son étrange partialité.

Peut-être encore invoquera-t-on la philosophie politique du radicalisme ou du whiggisme anglais: parti prussien, dit-on alors en Angleterre, qui prend ses inspirations beaucoup plus en Allemagne que dans les traditions de son pays; parti qui a pour maîtres de pensée les philosophes Ricardo, James Mill, Bentham, école du pragmatisme collectif qui fonde sur l'intérêt du plus grand nombre, sa morale politique. Filiation intellectuelle assez manifeste chez Durham, quand il écrit, par exemple: « La question est de savoir laquelle des deux races est appelée à dominer dans le Continent. Si l'intérieur du pays doit appartenir infailliblement et avant longtemps à une population anglaise, serait-il juste de lui fermer l'accès de la mer et de paralyser son développement par l'obstacle artificiel de lois et d'une civilisation arriérées ? »

Qui ne perçoit tout de suite ce que peut faire éclore une pareille doctrine tombée en une tête d'impérialiste ? Et voilà encore pour éclairer davantage les conclusions de l'enquêteur. Anglais de l'ère victorienne à sa première aube, il appartient au groupe d'hommes qui vont réveiller, dans leur pays, la foi impériale. Entendez lord John Russell, lors de la suspension de la constitution du Bas-Canada, rappelant au parlement britannique, le rôle essentiel des colonies. De la conservation des dépendances d'outre-mer, dépendait, dans une très grande mesure, affirmait Russell, la vie et le progrès de la marine marchande britannique; de cette marine marchande dépendait, à son tour, la puissance navale de la Grande-Bretagne; enfin, de cette puissance navale dépendaient la vigueur et la stabilité de la nation. Durham est bien de cette école. En maintes parties de son Rapport, comme en ses discours adressés dans les deux Canadas à la population anglaise, son thème favori, c'est la glorification de la race, l'appel aux vastes entreprises, aux constructions économiques et politiques grandioses. « Il en appelait hardiment et fortement, nous dit Charles Buller, aux sentiments qu'il savait animer la population anglaise. Il leur parlait toujours de la grandeur de la mère-patrie, de l'importance et des merveilleuses ressources de la colonie. » Plus intelligent et portant plus d'avenir dans l'esprit que Russell, qui ne songe qu'à brider l'émancipation des colonies, au nom de la solidité de l'empire, Durham croit plutôt assurer cette solidité par la concession aux sujets coloniaux des droits et privilèges des sujets métropolitains. L'un des premiers, sinon le premier parmi les hommes d'Etat de l'empire, il a préconisé la formule du consortium britannique qui devait durer presque un siècle: société de dominions ou de « nations-sœurs » évoluant autour de la Grande-Bretagne comme autour de l'axe souverain. Mais alors, à quoi bon chercher davantage l'explication de sa solution radicale à l'égard du Canada français ? Pour Durham, le petit peuple canadien figurait l'obstacle têtu à la création et au développement d'une province qu'il voulait britannique, reliée à l'empire britannique. Une nationalité y mettait en péril le lien colonial. Au nom de l'empire et pour l'avenir de la race anglaise, il fallait écarter l'obstacle. En Durham, du reste, comme en tout impérialiste, il y avait la sorte d'idéologue qui croit peuples et nations matière plastique, de modelage facile à une poigne énergique.

Cette interprétation de l'histoire, aurait-elle besoin d'une confirmation ? Nous en appellerions à l'état d'esprit de l'enquêteur, avant même son départ de l'Angleterre. Sur le cas canadien-français, il arrive au pays, son enquête toute faite et ses plus graves décisions déjà prises. Dès la traversée, à bord du *Hastings,* c'est Buller qui nous le confie, Lord Durham nourrit « des idées trop arrêtées contre les Canadiens français ». Résolu à rendre à chacun « une justice miséricordieuse », il était aussi bien résolu, dit toujours Buller, à « se faire le défenseur des sentiments anglais et à tâcher que le Canada devînt entièrement anglais ». De Buller, nous possédons un témoignage encore plus catégorique et c'est sa lettre à Durham du 7 septembre 1838. La voici. « Je ne doute aucunement de la justice du grand principe dont devaient s'inspirer tous vos actes, *comme vous me l'avez affirmé au début de votre mission* (c'est nous qui soulignons) et qui peut s'énoncer comme suit: faire de cette province une province purement anglaise aussi rapidement que pourront le permettre l'état d'esprit et la situation actuelle des Canadiens français... » Entre les dépêches de Durham adressées à Londres, qu'on se donne maintenant la peine de lire celle du 9 août 1838, celle qui contient, en somme — et encore cette fois, croyons-en Buller — « les idées développées plus en détail par Durham dans son Rapport ». Le haut-commissaire n'est au pays que depuis deux mois et dix jours. Dès lors cependant, il a parfaitement ébauché sa prochaine politique contre la population française. Brider cette population, en briser les aspirations nationales, paraît avoir été son idée obsédante. S'il a songé un moment à une fédération des cinq provinces anglaises, c'est pour cette fin, entre autres, que le régime fédératif mettrait censément « un terme aux prétentions des colons de race française ». S'il a encore songé à un sectionnement des deux Canadas en trois parties, c'est que l'opération ne laisserait subsister qu'une seule section française, celle qui irait de Sorel à l'extrémité orientale de la province, et que, dans la partie centrale, formée d'une portion du Haut-Canada, de la région de Montréal et des Cantons de l'est, « une majorité anglaise y aurait complètement dominé la population de langue française ».

Un incident dramatique allait mettre fin brusquement à la carrière du dictateur. Arrivé ici après le soulèvement de 1838, il eut à disposer du lourd héritage que lui avait légué John Colborne: vider les prisons tout en sauvegardant la justice. Impossible de s'en remettre aux tribunaux réguliers qui, selon la composition du jury, vont ou absoudre ou condamner. Condamner, c'est soulever l'opinion canadienne, peut-être l'opinion américaine; absoudre, c'est s'attirer les foudres du parti anglais. On imagina un compromis. De quelques-uns des principaux incriminés, on obtiendrait un aveu de culpabilité. Contre eux Durham porterait un décret de bannissement; aux exilés volontaires passés aux Etats-Unis, on interdirait la rentrée au pays; le reste des détenus obtiendrait l'élargissement. Dans les circonstances, la solution paraissait habile et même clémente. Elle prit corps dans une ordonnance ou proclamation du 28 juin 1838. Mais, en Angleterre, il fallait compter avec les ennemis du « Radical Jack » qui, depuis son départ, n'avaient cessé de le harceler. Dans le parti whig où les radicaux ne sont que des alliés compromettants quoique nécessaires à la conservation du pouvoir, craignit-on le prestige grandissant d'un candidat possible à la succession de Melbourne ? Prit-on peur de ses principes par trop hardis en politique coloniale ? Dans le parti tory crut-on l'occasion propice de porter le coup fatal à la faible coalition whig-radicale ? Whigs et tories s'accordèrent à dénoncer l'ordonnance du 28 juin 1838, violation flagrante, disaient-ils, des droits fondamentaux de sujets britanniques contraints de s'avouer coupables et condamnés à l'exil sans procès. Durham va succomber à cette intrigue de partis. Lâché par lord Melbourne, il donne sa démission avec éclat. Déjà rongé par la maladie, il s'embarque pour l'Angleterre, le 1er novembre 1838. Moins de deux ans plus tard, il décède le 28 juillet 1840.

L'homme, on le devine, fut peu regretté dans le Canada français. L'Evêque de Montréal parlera de son Rapport comme d'un « Rapport affreux ». Tout y paraissait bien concerté pour l'étranglement d'une race. En serait-il selon que l'avait espéré le lord anglais ?

CHAPITRE DEUXIÈME

Première victoire de l'autonomie sous Bagot

Politique de l'Union. — Chances de succès. — Coalition imprévue. — Coup d'Etat de 1842.

Politique de l'Union

Le parlement britannique va tenter d'appliquer au Bas-Canada la politique anglicisatrice de lord Durham. C'est à l'auteur du *Rapport* que Russell, successeur de Glenelg aux colonies, fait hommage de son projet d'Union des Canadas: « Vous verrez, lui écrivait-il, que tous les principes généraux de votre rapport qui pouvaient être insérés dans le *bill*, l'y ont été. » Cinq jours avant la mort de Durham, le 23 juillet 1840, l'Union des Canadas recevait la sanction royale. Politique intentionnellement punitive. Sur l'opportunité de l'union avec le voisin, le Haut-Canada, cet autre grand coupable, a été bel et bien consulté, et par la voie régulière de son parlement. Avec le Bas-Canada on s'est dispensé de cette formalité. L'avis a été pris, il est vrai, de ce corps politique irresponsable et nullement représentatif qui s'appelle le « Conseil spécial ». Mais que peut avoir de commun avec une consultation normale cette comédie parlementaire montée par le nouveau gouverneur Poulett-Thomson ? Du reste, avec une hautaine franchise, lord Melbourne confesse l'arbitraire. Aucune autorité compétente dans le Bas-Canada, dira-t-il, n'a été appelée à donner son consentement, cette province « par la conduite de sa chambre législative, par ses excès et sa rébellion », s'étant « mise elle-même, d'ailleurs, dans une situation qui nous oblige de légiférer sans son consentement... » Ainsi qu'il l'a fait lors des Résolutions Russell et lors de la suspension de la constitution de l'indigne province, le parlement britannique, avec unanimité — ou peu s'en faut — vote l'union des Canadas. « Acte des plus injustes et des plus tyranniques », s'est pourtant écrié lord Gosford; projet de constitution « le plus impudent, le plus injuste jamais présenté au Parlement », a prononcé lord Ellenborough. La nouvelle constitution règle, par voie statutaire, la question de la liste civile; 75,000 louis y seront appliqués annuellement. Les dettes du Bas et du Haut-Canada diffèrent notablement; la première ne dépasse pas 95,000 louis; celle du Haut s'élève à 1,200,000 louis. Ces dettes deviennent communes: question d'assurer une créance de la maison Baring de Londres. D'où ce mot sévère de lord Gosford qui dénonce, dans l'Union des provinces, une manœuvre de financiers, « le fruit d'une intrigue mercantile ». Deux articles de la constitution en définissent les intentions politiques. Un premier, l'article XLI, décrète l'usage exclusif de la langue anglaise dans tout document écrit ou imprimé émanant de la législature, et autorise tout au plus une traduction française des documents législatifs, traduction dépouillée d'ailleurs de toute valeur officielle. Texte déjà significatif mais qui achève de prendre son impitoyable clarté dans les propos et discours des officiels. Avant de s'embarquer pour le Canada, Poulett-Thomson est allé chercher la bénédiction de lord Durham. Et c'est le nouveau gouverneur qui écrit à John Russell, le 9 mars 1840, trois ou quatre mois avant le vote de l'Union au parlement: « Le grand objet que doit avoir en vue le gouvernement de Sa Majesté et celui que je vise certainement moi-même est de faire cette province essentiellement anglaise... » Avant tous autres, écoutons l'auteur même de la nouvelle constitution. Le crime du Bas-Canada, s'écrie Russell, devant le parlement, reprenant en cela, l'un des reproches de lord Durham, c'est de n'avoir usé de ses institutions parlementaires que pour le triomphe de ses aspirations ethniques. Son châtiment — *For these evils and for this evil spirit* — sera de subir l'annexion au Haut-Canada. Et Russell d'ajouter ce commentaire où l'on retrouve encore un parfait décalque de la pensée de Durham: « C'est mon sentiment que la vraie politique de ce pays, non seulement du point de vue de l'Angleterre et du Parlement impérial, mais aussi des futurs intérêts du Haut-Canada, consiste à donner à toute la province (il s'agit des Canadas-unis) un caractère anglais, de faire en sorte que les lois anglaises et que la législation anglaise s'y implantent dans leur plénitude. » « Sans doute, continue le ministre, faut-il empêcher, par tous les moyens, que la population française ne soit opprimée et n'ait à souffrir d'aucune injustice, mais en même temps, il importe de ne pas tolérer que, par ses jalousies et son attachement à ses propres coutumes, elle se mette en travers de ce grand progrès qui me semble promis au destin du Canada. »

On ne saurait donc reprocher à cette politique de manquer de clarté. Le propos avoué n'est pas seulement d'unir les deux provinces, mais de les unifier, et de les unifier, non pas dans le seul sens politique du mot, mais dans le sens national, culturel, de faire, en d'autres termes, que la partie anglaise assimile la partie française.

Chances de succès

Cette politique avait-elle chance de réussir ? Le malheur veut qu'au succès de ces opérations d'impérialistes, quelques conditions soient requises. L'assimilation suppose l'absorption du faible par le fort, exige, entre les deux, quelque parenté ou affinité, quelques points de contact où faire mordre le ciment. Où sont les affinités entre ces deux portions d'Etat « aussi étrangère l'une à l'autre, observe Poulett-Thomson, que si l'Atlantique les eût séparées »: l'une de foi catholique, de langue, de culture, de droit français, de tenure seigneuriale; l'autre de foi protestante, de langue, de culture, de droit anglais, de tenure en *free and common soccage* ? Où discerner le fort et le faible entre la plus ancienne et la plus organique des provinces, et l'autre, colonie de moins d'un demi-siècle d'existence, de population encore mal unifiée, fruit d'immigrations récentes, elles-mêmes fort mêlées, population inférieure numériquement à celle du voisin, nullement supérieure par la culture, profondément déchirée au surplus par ses querelles religieuses et politiques, « which raged most fiercely », note M. Lower. LaFontaine pourra écrire bientôt à Baldwin, après les élections orageuses de 1844 qui auront révélé une fois de plus le manque de cohésion des réformistes du Haut-Canada: « Nous avons un peuple et vous n'en avez point. » Assimilation impossible, convenait Poulett-Thomson, à moins de courber le Bas-Canada sous un régime despotique de dix années. A ceux qui craignaient un retour offensif des Canadiens français dans le futur parlement de l'Union, Charles Buller, naïvement illusionné, avait riposté devant les Communes britanniques: « J'en appelle à ceux qui connaissent le caractère du Français vivant sous un gouvernement arbitraire; ils diront s'il est un peuple qui succombe plus paisiblement, lorsqu'il se sent le parti le plus faible. » Sombres pronostics que le Canada français, semble-t-il, veuille d'abord encourager. Courbé sous tant de malheurs, le pays traverse une crise d'abattement et connaît toute la gamme des divisions. Des chefs vont jusqu'à prêcher la démission nationale, la résignation défaitiste aux sentences de Durham et de Russell. Et il se trouve des stratèges politiques pour satisfaire les groupes de toutes nuances, depuis les « éternels » protestataires et depuis les partisans de l'*O'Connell-tail-system* jusqu'aux émigrés à l'intérieur, résolus à l'abstentionnisme total.

Coalition imprévue

Les événements vont se précipiter à une allure où se reconnaît, encore une fois, une main plus haute et plus puissante que celle des hommes. Aux élections du printemps de 1841, élections inaugurales du nouveau régime, Poulett-Thomson, devenu lord Sydenham, réussit à obtenir sa majorité. Bouleversement, découpage des collèges électoraux, réduction, déplacement des bureaux de scrutin, hausse du cens d'éligibilité, mobilisation de fiers-à-bras, le politicien retors n'a reculé devant rien. Une désagréable surprise lui est pourtant venue, avant même la campagne électorale; et ce fut la formation d'une coalition qui pouvait faire s'écrouler tous les espoirs des auteurs de l'Union: la coalition des réformistes du Haut et du Bas-Canada: ce qui pouvait arriver de pire et de plus inattendu. Au lieu de partis formés sur la base raciale, un parti s'organisait sur la base politique et qui menaçait d'être le plus puissant. Premier et éclatant démenti à Durham et à tant d'autres qui n'avaient voulu voir, dans les conflits du Bas-Canada, qu'une lutte de races. Plus clairvoyant, George Arthur, lieutenant-gouverneur du Haut-Canada, de 1838 à 1841, en avait prévenu lord Glenelg. Pas de différence essentielle entre les rebelles des deux Canadas, lui avait-il écrit. Dans les deux, la cause profonde des désordres « fut d'ordre politique ». « Dans le Haut-Canada, on prit les armes avec l'intention déclarée d'aller au secours des Canadiens du Bas-Canada et de proclamer que les mêmes principes s'appliquaient à cette colonie. » Mais Durham avait préféré s'en tenir à son irréalisme. Et voilà que, par delà les chefs d'hier pour le moment disparus, des relations s'étaient renouées entre des éléments plus jeunes: Francis Hincks, Robert Baldwin d'un côté; Augustin-Norbert Morin, Louis-Hippolyte LaFontaine de l'autre. Le personnage de premier plan et qui, tout à l'heure, va dominer la situation, c'est LaFontaine. L'homme a trente-trois ans. Mais il a déjà dix ans d'expérience politique. De personnalité vigoureuse, il a pu céder à la violence comme tous les jeunes de son temps, mais sans s'y attarder. Disciple tôt émancipé de Papineau, il s'impose, non par l'éloquence du maître, mais par un esprit réaliste et une haute conscience. Chef, il l'a déjà été par un secret appel, s'efforçant, au Canada et à Londres, de parer les coups de la foudre et jusqu'à s'attirer, de John Colborne, la consécration de la prison. Or un peuple abattu, désuni, attendait une directive, une formule de politique positive, assez fière pour calmer les sensibilités exacerbées, assez prenante et large pour regrouper les forces éparses. La *Lettre aux électeurs de Terrebonne* du 25 août 1840, manifeste électoral de LaFontaine à la veille des premières élections de l'Union, apporte cette formule. Le jeune chef vient de l'élaborer avec ses amis du Haut-Canada. Et que lit-on en ce manifeste ? D'abord une condamnation de l'abstentionnisme; au lieu d'attitudes négatives, l'acceptation résolue de l'Union réprouvée toutefois en son origine immorale comme en ses flagrantes injustices; puis, c'est l'exhortation originale et opportune à ne plus attendre chimériquement la solution des problèmes canadiens de l'Angleterre, mais à la chercher ici même, au Canada, dans l'alliance des réformistes des deux parties de la nouvelle province et par l'application du « gouvernement responsable », vaguement promis par Poulett-Thomson. Formule libératrice que celle-ci, estime LaFontaine, principe et moyen du relèvement du pays, de toutes les réformes et de tous les progrès que détaille nettement le manifeste. Que la *Lettre* répondît à l'attente commune, point de meilleure preuve que le miracle d'union aussitôt opéré parmi les Canadiens français.

Coup d'État de 1842

C'est ce même LaFontaine que, le 8 septembre 1842, on retrouve au parlement de Kingston où la session vient de s'ouvrir. Battu aux élections du printemps de 1841, il a été élu avec éclat, grâce aux bons offices de son ami Baldwin, député de North York (Collège électoral de Toronto). Et sa victoire date du 23 septembre 1841, veille des funérailles de lord Sydenham qui vient de succomber à une chute de cheval. Les libéraux du Bas-Canada ont donc un chef parlementaire. A ce moment, la situation politique est on ne peut plus embrouillée. En Angleterre, le gouvernement whig de Melbourne a dû faire place, en 1841, à celui de Robert Peel. Dans la métropole, malgré les théories libérales de lord Durham et le prestige qu'il leur a donné, le « gouvernement responsable », dans les provinces de l'Amérique du Nord, reste toujours une hérésie politique. Pour Stanley, le nouveau ministre des colonies, transfuge du whiggisme, comme hier pour Russell et de même pour le jeune Gladstone, autant parler d'indépendance. Rêve chimérique que cette divisibilité de la couronne, conseillée d'une façon dans la métropole, conseillée d'une autre dans les gouvernements coloniaux. Au Canada, Sydenham a gouverné en équilibriste. S'il veut bien accepter des ministres élus par le peuple avec sièges à la Chambre basse, il persiste à s'arroger le gouvernement personnel, appuyé, au surplus, par toute la presse tory des colonies. Toutefois, pour gagner le Haut-Canada à l'Union, Poulett-Thomson a dû multiplier à ses débuts les promesses d'un gouvernement plus libéral. Puis, le 4 juin 1841, au parlement de Westminster, à la suite de débats mémorables, Robert Peel a fait voter, à l'état de principe constitutionnel, la démission obligatoire d'un ministère mis en minorité devant les Communes. Trois mois plus tard, le parlement canadien vote des résolutions similaires où s'incorpore la doctrine explicite de la responsabilité ministérielle. Que va faire Sir Charles Bagot, successeur de Sydenham ? De l'ancienne pléiade de Canning, venu de milieux diplomatiques plus que politiques, l'homme est honnête et loyal. Son ministère, le ministère Draper, ne tient plus que sur une pointe d'aiguille. Enfin regroupés dans une coalition solide, réformistes du Bas et du Haut-Canada donnent à l'idée autonomiste une poussée irrésistible. Pour Bagot, point d'autre alternative que celle-ci: ou faire appel à une coalition des tories du Haut-Canada et des libéraux du Bas — eh oui, et recherchée par les tories; — ou s'en remettre à la coalition des réformistes des deux provinces. S'il opte pour la première, dans l'état surchauffé des esprits, Bagot, il le sait, risque de jeter les Anglais du Bas et les réformistes du Haut vers quelque résolution exaspérée: l'annexion aux Etats-Unis ou la rupture du lien colonial. S'il opte pour la seconde, il apporte au nouveau ministère une majorité des cinq huitièmes de la Chambre. Mais voici surgir le formidable obstacle. Faire des Canadiens français un parti de gouvernement, le peut-il sans répudier la pensée fondamentale de l'Union, sans mettre à néant la politique de Durham et de Russell, blesser « au plus sensible, — il l'écrit à Stanley — un sentiment universel en Angleterre » ? D'autre part, et c'est là le fait inéluctable, un seul groupe, selon qu'il se porte d'un côté ou de l'autre, peut constituer un ministère viable: le bloc canadien-français, bloc resté inentamé et rebelle à toute tentative de corruption. « Problème angoissant, infiniment angoissant », se redit l'infortuné Bagot. D'autres solutions se présentent à son esprit: l'appel à la solidarité anglaise, au fanatisme de race, le retour au gouvernement personnel. Solutions qu'il n'examine l'une après l'autre que pour se retrouver plus perplexe. Consulté en toute hâte, Londres n'arrive pas à répondre assez tôt. Un parti, un seul, reste donc à prendre: faire appel au jeune chef des libéraux du Bas-Canada et pratiquement s'abandonner à sa discrétion. Ainsi va procéder Bagot. Il tente d'abord un simple remaniement du ministère, l'offre d'un ou deux portefeuilles aux libéraux du Bas-Canada. LaFontaine exige une reconstruction du ministère et l'obtient. Le 16 septembre 1842, jour de l'avènement au pouvoir de la coalition LaFontaine-Baldwin et jour aussi de la première reconnaissance officielle du « gouvernement responsable », le jeune chef libéral est vraiment le maître de la situation.

Pour le Canada français, quel retournement des choses ! Si Durham avait vécu, le dictateur aurait vu sortir de son Rapport de bien singulières conséquences. Deux ans à peine ont passé. Et voici que le chef de ce peuple, jugé indigne de survivre, se lève de son siège, au parlement des Canadas, pour annoncer, en qualité de chef du gouvernement, la victoire enfin gagnée de l'autonomie coloniale et la réhabilitation politique de ses compatriotes. En appelant LaFontaine à collaborer au gouvernement des Canadas, ce n'est, en effet, ni à un parti, ni à un chef de parti que Bagot s'est adressé. Je me suis tourné vers eux, écrit-il au secrétaire des colonies, répétant presque dans les mêmes termes ce qu'il a écrit au chef canadien-français: « as a Race and as a people rather than a Party ». Une révolution encore plus profonde vient de s'accomplir qui apparaîtra davantage avec le temps; et c'est la transformation du principe même de l'Etat canadien qui, d'unitaire qu'il devait être, s'est mué en Etat fédératif. Chacune des deux parties de la Province du Canada a repris, en fait, son individualité politique. Un ministère s'est formé, qui restera, pendant vingt-cinq ans, un ministère à deux sections: l'une pour le Bas-Canada, l'autre pour le Haut. Une double législation va s'ensuivre qui entraînera à son tour le système appelé « de la double majorité », c'est-à-dire, système d'un parlement dédoublé, la députation de chaque province se réservant de voter, elle seule, les lois de sa province.

Jours de soleil, jours pleins que ces jours de septembre 1842. L'on imagine l'émoi, l'anxiété dans toute la province, et surtout dans le Bas-Canada, pendant que s'est déroulé le drame de Kingston. A l'heure du dénouement quelques-uns des acteurs, LaFontaine, Viger, ont pleuré d'émotion et de joie. Il fallait remonter aux temps lointains de 1774 pour retrouver des jours pareils, intervention aussi éclatante de la Providence de Dieu.

CHAPITRE TROISIÈME

Retour en arrière sous Metcalfe

Responsabilité de Londres. — Responsabilité de Metcalfe. — Crise de 1843

Responsabilité de Londres

Hélas ! ces grands jours vont rester sans lendemain. L'homme qui vient d'inaugurer le nouveau régime, Sir Charles Bagot, décède le 18 mai 1843. D'ailleurs, la théorie du « gouvernement responsable » a pu triompher dans les faits au Canada. Dans l'esprit des gouvernants métropolitains, rien de moins achevé que ce triomphe. Là-bas, gouvernement tory aussi bien que gouvernement whig s'entêtent à ne rien comprendre aux aspirations des colonies. Bagot l'a bien vu, en 1842, alors que, pris de panique, il a sollicité des directives. Que lui a répondu le nouveau ministre des colonies, lord Stanley ? Sans doute, Peel et ses collègues ont bien autre chose à faire que se pencher sur les petits problèmes coloniaux. Des problèmes économiques et sociaux qui ébranlent toute l'île, absorbent le nouveau ministère. Il lui faut affronter l'agitation des Chartistes et des libre-échangistes, mater la grève des charbonnages et celle de la région du coton qui a pris la gravité d'une insurrection ouvrière. Puis, dans le cas de Bagot, il s'agit moins, on l'a vu, de la théorie du « gouvernement responsable » en soi, que de l'application de la théorie par la collaboration des Canadiens français au gouvernement de la province. Grave implication qui fait que Stanley, appuyé par Peel, donne consigne à Bagot de tout tenter avant de céder. A la dictature du *French party* le gouverneur ne devra se résigner qu'à bout de ressources, comme à une solution désespérée. On l'exhorte à pratiquer résolument les achats d'hommes, le *divide et impera*, voire le recours aux mesures extrêmes, y compris la dissolution des Chambres. Stanley fait, du reste, cette confidence à Peel: « L'argument capital pour effectuer l'Union fut l'espoir d'élever la minorité anglaise du Bas-Canada au rang de majorité, en jetant dans le nouvel Etat, la majorité anglaise du Haut-Canada. L'essai n'aura été qu'une lamentable faillite

195

s'il n'aboutit qu'à mettre en minorité les intérêts britanniques dans la législature du Canada-Uni. » Doléances et conseils qui n'auront que le malheur d'arriver trop tard au Canada. Mis en face du fait accompli, Stanley en sera quitte pour tancer généreusement Bagot; et, par crainte des conséquences d'un désaveu, le ministre approuvera ce qu'il n'ose plus désapprouver. Mais c'est aussi, en ces mêmes jours, après avoir mis en garde Bagot contre la tentation d'assimiler le rôle du gouverneur de colonie à celui de souverain en Angleterre, que Stanley lui expose sa conception du « gouvernement responsable ». Le propos est à retenir. « La couronne, écrit donc le ministre, agit ouvertement et exclusivement d'après l'avis de ses ministres et n'a nulle opinion politique qui lui soit propre; vous, vous agissez d'accord avec votre Conseil Exécutif, mais de vous-même dépend l'ultime décision; et il est bien entendu que, non seulement vous avez une opinion, mais qu'en votre qualité de pouvoir exécutif, vous êtes le pouvoir suprême et responsable à personne, si ce n'est au gouvernement de la métropole. » Où l'on voit que le Rapport Durham n'avait qu'assez peu converti les gouvernants britanniques et qu'il conviendrait de ne pas exagérer les conséquences du fameux document.

Responsabilité de Metcalfe

Quel usage ne pourrait faire de pareilles directives, un gouverneur qui n'aurait ni l'esprit de finesse ni le sens politique de l'ancien diplomate Bagot ? Qui sera ce gouverneur ? Il s'appelle Charles Théophilus Metcalfe. Il n'est pas un Anglais d'Angleterre. Anglais des Indes, il y est né en 1785 et, de 16 à 53 ans, y a fait toute sa carrière, atteignant aux hauts emplois. Il appartient donc à cette race de grands Anglais que la péninsule hindoustane, plus que toute autre terre britannique, a donnés à l'empire, impérialistes aux puissances exaltées par l'habitude souveraine de contenir, sous le sceptre d'une poignée d'Européens, 300 millions d'Asiatiques. Conscience, vision orgueilleuse du rôle et de la fortune de son pays que le nouveau venu apporte avec soi. Comme hier en Jamaïque où il a gouverné de 1839 à 1842, rien ne le scandalise tant, à son arrivée, que la prétention des petits politiques coloniaux qui « ne voient point ou ne veulent point voir toute la distance qui sépare un Etat, comme le Royaume-Uni, d'une Colonie telle que le Canada ». Nul n'aura donc à s'étonner que, dans l'entourage du successeur de Bagot, même parmi ses ministres, circulent tout aussitôt les expressions de « Grand Mogol » ou de « Sultan des Indes ».

Dès son arrivée au pays, nous dit son biographe, John William Kaye, deux choses inquiètent et choquent profondément Sir Charles: le rôle effacé qu'on semble lui réserver, et la situation humiliante faite au parti des « britishers ». Sous le régime nouveau institué par Sir Charles Bagot, quelle fonction, à vraiment parler, peut bien encore accomplir le représentant de Sa Majesté ? Que les membres de son cabinet osent s'affubler du titre de « ministre », se dénomment eux-mêmes « l'Administration », le « cabinet », le « gouvernement », paraît à Metcalfe de la dernière extravagance. Et sa suprême stupéfaction, c'est d'apercevoir, à la tête des affaires, le parti des suspects, et le « parti loyal » relégué dans l'opposition. « Ce que je regrette le plus, confie-t-il à Stanley, c'est le mécontentement de ce qu'on peut appeler le parti anglais... C'est dans toute la colonie le seul parti avec lequel je puisse sympathiser. » Attendre d'un pareil homme qu'il tienne entre les groupes adverses, le rôle d'un arbitre, paraît assez illusoire. A la vérité, confesse-t-il encore à Stanley deux ans plus tard, ce rôle est-il possible à « un gouverneur qui a du sang anglais dans les veines, lorsqu'il voit d'un côté presque tous ceux qui ont des sentiments britanniques et de l'autre ceux qui nourrissent des sentiments contraires » ? Metcalfe ne pouvait se définir plus catégoriquement. Qui ne reconnaît en lui le type du gouverneur d'avant 1840, proconsul, gouverneur autocrate qui s'obstinerait à vouloir gouverner, incapable au surplus de se débarrasser de l'esprit de race ?

Ce qu'il entreprendra de ressusciter, ce sera donc le système bâtard de lord Sydenham, système qui n'est autre, on l'a vu, que celui-là même de Stanley: maintenir l'une à côté de l'autre l'autonomie exécutive du gouverneur et l'autonomie du cabinet colonial, sauf à préserver toutefois la suprématie du gouverneur. En d'autres termes, le gouverneur suivrait l'avis de ses conseillers, quand cet avis serait le sien, avec l'opportunité, pour les ministres, dans le cas contraire, d'en passer par l'avis de Son Excellence. Entre les pièces ou rouages du mécanisme politique, à quoi pouvait conduire cette théorie, sinon à changer à peine de place, et pour le rendre plus dangereux, le point de heurt ou le point névralgique ? Au lieu du heurt entre les Chambres et le Conseil Exécutif, le heurt au sein même de l'Exécutif: entre le gouverneur et ses ministres. Le danger de ce système encore arriéré, Metcalfe va se charger de le démontrer lui-même et sans retard. Déjà l'homme est prêt au coup d'Etat. Quelques mois à peine après son arrivée, il s'en ouvre à Stanley: « La différence de vue entre mon Conseil et moi est si grande que je m'en séparerais certainement si je croyais pouvoir faire fonctionner le gouvernement au moyen d'un changement. » Le voici donc qui intervient dans les nominations politiques et dans les plus hautes. De son propre chef, il nomme René-Edouard Caron à la présidence du Conseil législatif. Et il prend encore sur lui de réserver à la sanction royale un projet de loi qui lui a été préalablement soumis, avant d'être voté par les Chambres: législation contre les sociétés secrètes et — le croirait-on ? — destinée à mettre hors la loi l'Association des Orangistes. On aperçoit les principes mis en cause par Metcalfe. Sous le régime inauguré en 1842, le gouverneur continuerait-il à poser des actes dont il ne serait responsable à personne dans la colonie ? Les ministres, de leur côté, se tiendront-ils responsables à la Chambre et au peuple, d'actes de gouverneurs sur lesquels toute prise leur échappe ? Agréer un projet de loi, puis le réserver à la sanction royale, qu'était-ce pour un gouverneur, sinon refuser d'en passer par l'avis de ses ministres ? Sans doute Metcalfe n'a-t-il commis d'autre faute que de suivre les directives de Stanley. Mais si Durham eût vécu, de quel autre sarcasme n'eût-il pas accablé cette nouvelle absurdité constitutionnelle ? Le régime d'avant 1840 impliquait la gageure de faire fonctionner un pouvoir législatif sans lui laisser la moindre prise sur la puissance exécutive: ce qui équivalait à un fonctionnement dans le vide. Le nouveau régime prétend établir la liaison entre deux rouages, tout en maintenant l'indépendance de l'un et de l'autre: ce qui n'est pas si loin d'un autre fonctionnement dans le vide.

Crise de 1843

Le 17 avril 1843, Thomas Cushing Aylwin, solliciteur général pour le Bas-Canada, écrivait à LaFontaine: « Si Sir Charles veut faire le Sultan des Indes, il y aura moyen de l'amener à la raison... Si vous rencontrez quelques désagréments de nature à vous obliger de parler bon Français au nouveau venu, faites-lui comprendre qu'il n'y a pas de dissidence entre les gens du Bas-Canada. » On pouvait parler bon français à Sir Charles; l'amener à la raison serait une autre affaire. Après de vaines explications avec le gouverneur, le 26 novembre 1843, tous les ministres, sauf M. Daly, donnaient leur démission. Le ministère avait duré à peine un an et trois mois. « Un coup de foudre sur Kingston », écrit le correspondant parlementaire de la *Minerve*. Dans le débat qui suit, des majorités considérables, allant parfois jusqu'à 60 voix contre 7, vengent les démissionnaires. Devant le péremptoire désaveu, que fera Sir Charles ? Va-t-il revenir sur ses pas, rappeler ses ministres ou encore en appeler au peuple ? C'était mal le connaître. Surtout qu'on ne l'accuse pas d'avoir foulé aux pieds le « gouvernement responsable ». Jamais gouverneur, rétorque-t-il, ne l'a mieux entendu que lui. Tout au plus a-t-il défendu le prestige et la dignité de la couronne contre des ministres qui eussent voulu « courber le gouverneur sous les roues de leur char ». Et de même a-t-il préservé la suprématie du gouvernement métropolitain contre des hommes qui « par leurs sentiments anti-britanniques ne pouvaient être les aviseurs du gouverneur d'une colonie anglaise ». Car c'est bien ainsi qu'il marque toujours les frontières des partis dans les Chambres: d'un côté les loyaux, partisans de l'ancien régime; de l'autre, les apôtres des idées nouvelles, « factieux », hostiles au lien colonial. Avec un tel homme, où placer l'espoir du moindre accommodement ? Obstiné, farouche, rien au monde, déclare-t-il, ne le fera plier devant cette « oligarchie despotique », cette « démocratie sans frein ». Echoue-t-il devant le peuple, il lui restera encore d'étouffer la voix du peuple et de risquer son rappel en Angleterre. Son entêtement est absolu, frénétique. Tout, médite-t-il parfois, tout jusqu'à l'abandon du Canada, plutôt que de le retenir à des conditions si dégradantes pour la métropole.

Gouverneur de l'espèce d'avant 1840 que ce Metcalfe, disions-nous tout à l'heure. Le mot est-il excessif ? L'histoire de ce gouvernement de deux ans rappelle singulièrement les misères et l'arbitraire de la plus triste époque. Il n'est que de suivre la succession des faits. Par crainte de l'électorat, ni prorogation, ni dissolution violente des Chambres; mais pendant neuf mois, point d'autre administration que celle d'un « Conseil provisoire », triumvirat dont fait partie Denis-Benjamin Viger, seule défection parmi les Canadiens; puis élections de 1844, élections orageuses, à l'ancienne mode, avec gouverneur, troupes et bandes armées dans la mêlée; résultat décevant pour le gouverneur qui n'obtient qu'une infime majorité; décevant aussi pour les libéraux du Bas-Canada, témoins de la défection des réformistes du Haut. Dans cette demi-défaite, un seul homme ne bronche pas: Metcalfe. Et vraiment, c'est un spectacle tragique et qui ne manque pas d'une certaine grandeur, que celui de cet obstiné assailli d'insuccès et de déboires, le visage rongé par un mal inexorable — un chancre apporté des Indes — et cependant toujours emmuré dans son formidable entêtement, rivé à son poste qu'il croit celui de la dernière sentinelle de l'empire. Metcalfe ne s'embarque pour l'Angleterre que le 26 novembre 1845, trahi par son mal. Image inoubliable, dans l'histoire canadienne, du dernier des proconsuls britanniques.

Heureusement, et grâce au bon esprit de l'opposition, tout n'a pas été temps perdu pendant ce singulier régime. Le parlement de 1844-1845, réuni pour la première fois à Montréal, a pu accomplir une valable besogne. Lois d'instruction publique, lois d'institutions municipales, améliorations des voies de communication et de transport, amnistie générale aux inculpés de 1837-1838, requête à Sa Majesté pour le rétablissement des droits officiels de la langue française: bilan assez fourni d'une session laborieuse. Cependant l'on songe au vaste programme de politique constructive et de réfection nationale que s'était fixé le ministère de 1842. L'on songe aussi que, dans le Royaume-Uni, la nouvelle politique tarifaire menace de bouleverser la vie économique des colonies. Et comment ne pas déplorer ces années de luttes stériles pour le pays, ce retour à la politique négative et au réveil des passions de race, tout ce temps perdu en combats désuets ?

Mais en Angleterre, au Bureau colonial où parviennent, se dira-t-on, les échos de ces luttes et les étranges dépêches du proconsul, personne n'a-t-il pris sur soi de le rappeler à la discrétion, sinon à l'ordre ? La question a son importance, quand il s'agit de déterminer le rôle de la métropole dans l'évolution constitutionnelle du Canada. Au Bureau colonial, lord Stanley qui n'a rien trouvé à redire lorsque Metcalfe le mettait dans la confidence de son coup d'Etat, n'a trouvé qu'à lui prodiguer approbations et éloges, le fait accompli. Eloge du parti « digne et modéré », adopté par le gouverneur; exhortation à persévérer dans la même voie, promesses de le soutenir jusqu'au bout dans la « défense de l'autorité de la Reine et de son représentant contre d'irraisonnables et exhorbitantes prétentions ». Directives et approbation dont Metcalfe sera comblé jusqu'à la fin de son administration. Lord Stanley a si bien épousé les passions politiques de son subordonné que, le 18 juin 1845, il le conjure d'empêcher toute division « du parti conservateur actuel au Canada... division qui aurait l'effet de faire remonter au pouvoir des hommes sans scrupules, prêts à sacrifier les intérêts nationaux et, par-dessus tout, les intérêts britanniques, à leurs fins égoïstes et personnelles ». Entre temps Metcalfe avait l'honneur de voir sa cause plaidée et triompher au Parlement impérial. Et pour mettre le sceau suprême à ces distinctions flatteuses, en décembre 1844, Sa Majesté britannique élevait Sir Charles à la Chambre des lords, « comme marque d'estime pour ses services distingués ». Le jeune Gladstone rendrait pourtant un dernier hommage à Metcalfe. Dans un document assez incohérent, il est vrai, il le présenterait à Cathcart, son successeur, comme le type exemplaire du gouverneur de colonie.

CHAPITRE QUATRIÈME

Victoire définitive du "gouvernement responsable" sous Elgin

Confluent historique de 1846-1848 et les colonies. — Londres et l'agitation coloniale. — Victoire définitive du « gouvernement responsable ». — Les véritables vainqueurs.

Entre Metcalfe et Elgin prend place un intérim de quelque treize mois, intérim que vient remplir comme administrateur, puis comme gouverneur général, Charles Murray Cathcart, commandant des forces britanniques au Canada. C'est le temps où les voisins du sud, pour le *rajustement* de leurs frontières, poussent tant qu'ils peuvent, dans le territoire canadien, leurs lignes rentrantes. Subitement la dispute de l'Orégon devient aiguë. Une large tranche de terre, entre les 42e et 44e degré, est mise en contestation. L'élection de James K. Polk à la présidence des Etats-Unis vient de se faire au cri de *Forty four forty or Fight*. Cathcart sera donc l'épée de parade qu'avant de céder devant l'ancien nourrisson, l'Angleterre a pris l'habitude de brandir. Dans la politique canadienne, l'interim ne change rien au régime de Metcalfe. Le ministère Draper a réussi à diviser les réformistes du Haut, sans pouvoir entamer le bloc canadien-français. Il hausse donc quelque peu sa majorité sans hausser son prestige. Homme d'armée avant tout, embarrassé peut-être par les récentes instructions du jeune Gladstone, sur lesquelles il faudra revenir, Cathcart pratique cette sage politique qu'est pour lui l'inaction. Politique d'attente, de piétinement, bien mal accordée aux graves événements qui s'en viennent.

Confluent historique de 1846-1848
Ses effets dans les colonies

Quel confluent historique que ces années 1846-1848 ! L'Angleterre connaît l'une de ses pires tourmentes. Sur sa politique pèse de plus en plus, de tout son poids, une influence débordante, celle du peuple issu de la houille et du machinisme. Pour cette masse de prolétaires affamés, l'année 1846 marque enfin l'avènement du libre-échange, c'est-à-dire la porte ouverte aux viandes et aux blés de l'étranger, la fin, par conséquent, du monopole des producteurs de céréales qui ne représentent plus, dans le royaume, qu'un quart de la nation. Du reste, pays de surproduction industrielle et devenue, par ses Actes de navigation, maîtresse du transport maritime, l'Angleterre a pu se forger cette formidable structure économique qui l'arme pour le commerce international et lui permet de braver, sur ses marchés, la concurrence étrangère. De sa révolution tarifaire, impossible d'exagérer les répercussions dans le monde colonial et dans la structure même de l'empire. Fini, dans l'organisme économique de la Grande-Bretagne, le rôle de la pièce maîtresse tenu jusqu'alors par les colonies. L'industrie anglaise ne dédaigne en rien, assurément, le marché colonial ni comme marché de consommation ni comme source d'approvisionnement en matières premières. Pour une industrie qui prétend affronter la concurrence universelle et s'élancer à la conquête du monde, qu'était-ce toutefois que le petit monde clos des possessions d'outre-mer ? D'autre part, pour ces possessions elles-mêmes, quel bouleversement dans leur vie économique que la perte de leurs privilèges sur le marché métropolitain, privilèges qui conféraient, en définitive, à leurs exportations, une sorte de monopole. Pays jeunes, encore à demi-outillés, les voici contraints tout à coup à cette dure alternative: ou se trouver d'autres marchés, ou tenter de concurrencer, sur le marché anglais, les plus redoutables rivaux. Par exemple, les sucres de la Jamaïque, production de main-d'œuvre libre, auront à lutter contre les sucres de Cuba, production de planteurs esclavagistes. Les bois du lointain Canada auront à disputer la clientèle anglaise aux bois plus rapprochés des pays de la Baltique ou de la Norvège. Le Canada sera encore plus gravement atteint dans un autre article de son commerce. En raison des privilèges consentis aux farines et aux blés canadiens, par la loi Stanley de 1843, privilèges qui lui permettaient de transporter aussi en Angleterre les blés américains convertis en farines, le Canada a engagé, en ces derniers temps, des capitaux considérables dans la construction de moulins et meuneries et dans l'aménagement de ses voies fluviales. Le Saint-Laurent est devenu la grande route des exportations de farines de provenance canadienne et américaine vers la Grande-Bretagne. Soudain survient le libre-échange qui fait le vide dans les moulins et voies d'eau du Canada; les blés américains refluent vers les canaux de l'État de New-York; les banqueroutes se multiplient, le crédit des Canadas s'en trouve ébranlé. Quoi de surprenant qu'aussitôt l'on se mette à s'interroger sur la valeur du lien impérial ? Les réactions les plus vives, pour ne pas dire les plus violentes, viennent des milieux anglo-canadiens, milieux de commerce et de finance. Ceux-là seuls encore s'en étonneront qui auraient oublié, en ce monde-là, la superficialité du sentiment britannique. Lord Durham, et avant lui, on se rappelle, les enquêteurs Gosford, Grey et Gipps, nous ont dit ce qu'il fallait penser de ce « britishisme » ostentatoire. « Britishisme » qui se découvre à nu après les catastrophes de 1846-1848. « La liberté du commerce et les colonies ne peuvent aller ensemble », peut-on lire dans le *Montreal Times*. Tranchant davantage dans le vif, le *Morning Courier* ne voit d'autre solution que l'indépendance des colonies: « Le temps n'est plus où une nation peut tenir des possessions dans l'esclavage par le seul charme du mot loyauté... » Le *Herald*, moins habitué à la mesure, n'est pas « sans appréhender que d'associés, nous devenions rivaux, en formant société avec le magasin voisin ». Moins extrémistes, les milieux politiques ne se défendent pourtant pas d'inquiétude. Là aussi, entre la métropole et ses colonies, chacun le sent, un rajustement de relations s'impose. Nulle part peut-être ne le sentirait-on plus vivement que dans le Bas-Canada où va bientôt passer la terrible influence de 1848 ? En France, 1848 c'est la chute de la Monarchie de Juillet. Coup de vent ou coup de foudre qui rappelle, quoique en plus fort, celui de 1830. Le choc électrique secoue de nouveau le monde des deux hémisphères. En Amérique latine, nous dit Adolphe-W. Roberts, dans *Les Français aux Indes occidentales*, Lamartine parut un demi-dieu, « un deuxième Moïse ». N'avait-il pas dit qu'« en principe », la démocratie — entendons par là le dogme de la souveraineté populaire — « c'est le règne direct de Dieu » ? Au Canada, toute une jeunesse, et des hommes comme Papineau, ne sont pas loin de partager cet emballement.

Londres et l'agitation coloniale

À Londres, de quel œil suit-on ces agitations des colonies ? Le libre-échange devenu imminent, il semble qu'on ait voulu calmer les premiers émois du parlement canadien. En reprenant pour soi-même la liberté de son commerce, la Grande-Bretagne, a fait savoir le jeune Gladstone, entend laisser la même liberté à ses possessions coloniales. Mais le ministre allait-il assez loin ? Qu'était-ce que la liberté économique sans la liberté politique ? Organiser leur commerce intérieur et extérieur à leur convenance, les colonies le peuvent-elles sans être maîtresses de leur législation commerciale et fiscale ? Et cette liberté, l'Angleterre est-elle prête à l'accorder ? À ce moment critique, un double mouvement se dessine qui ne laisse pas d'alarmer beaucoup d'esprits: du côté des colonies, une mauvaise humeur qui tend à les séparer de la métropole; du côté de la métropole, un détachement qui l'incline à se débarrasser des colonies, fardeau inutile, « meule au cou de l'Angleterre », dira Cobden; luxe inutile en temps de paix, cause d'embarras en temps de guerre, pomme de discorde entre les partis au parlement, disaient d'autres. Des revues, des journaux qui commandent l'opinion en Angleterre, tels que l'*Edinburg Review*, le *London Times*, les chefs des divers groupes politiques, des hommes comme Peel, Graham, Gladstone, inclinent par trop manifestement vers la solution de Cobden. Entre les deux tendances, y aurait-il place pour une solution moins radicale ? En d'autres termes, l'empire britannique se peut-il encore reconstruire sur d'autres bases ? Quelques politiques le croient. C'est le 3 février 1846, neuf mois avant la dépêche restée fameuse de Henry-George Grey à Sir John Harvey, lieutenant-gouverneur de la Nouvelle-Ecosse, que Gladstone, successeur de Stanley aux colonies, dans un cabinet Peel, expédie à Cathcart des consignes comme celles-ci: entre l'exécutif colonial et la Chambre populaire, ménager désormais l'accord, se proposer cette fin comme un « objet de première importance »; entre les partis, ne plus pratiquer que la stricte neutralité, accorder confiance à tous, sans égard aux distinctions de races ou de croyances; au surplus, ajoutait le ministre, renoncer à retenir les colonies canadiennes par un autre lien que celui d'un libre et loyal attachement. Que de nouveau, quel revirement en ces directives ! Et comment n'y pas voir un brouillon de la charte du « gouvernement responsable », enfin compris et concédé par la Grande-Bretagne ? Le 3 juin de la même année, voici, en effet, que l'homme d'Etat anglais apporte un complément notable à sa pensée. En dépit du libre-échange, Gladstone exprime sa foi dans une reconstitution de l'empire sur une base plus large et plus ferme, reconstitution fondée, espère-t-il, sur la communauté des traditions, de l'origine raciale, des lois et des coutumes: toutes choses qui ont coutume de lier les hommes et les sociétés et dont la force ne peut que s'accroître, dit-il, sous l'actif ferment de la prospérité commune et de la liberté commerciale.

Il ne restait plus qu'à transporter dans les faits cette politique. Ce serait l'œuvre de deux Anglais éminents. Henry-George Grey, troisième comte de ce nom, ministre des colonies dans le cabinet Russell de 1846, a déjà occupé ce poste de 1830 à 1833. Il est de ceux, comme son prédécesseur Gladstone, qui croient en l'avenir de l'empire britannique. Il y croit, selon qu'il s'en expliquera en son *Colonial Policy*, dans l'intérêt d'abord de la Grande-Bretagne, pour la possession profitable à une grande nation, de larges dépendances coloniales réparties sur les divers points du globe et formant avec elle communauté plus unie que toute alliance politique; il y croit aussi dans l'intérêt même des colonies, pour la sécurité et le prestige que ne peut manquer de leur valoir l'appartenance à l'un des Etats les plus puissants du monde. Avant même lord Durham, nous l'avons dit, le 8 mars 1837, Grey avait déjà jugé, comme il convient, le régime colonial alors en vigueur, le déclarant « essentielle absurdité ». Plus tard, il ne se fera pas faute de l'écrire: la méthode de gouvernement à la Metcalfe n'a jamais reçu son approbation. La dépêche de Grey à Sir John Harvey, lieutenant-gouverneur de la Nouvelle-Ecosse, dépêche du 3 novembre 1846, s'insère donc dans un contexte historique qui éclaire tout. Harvey remplace, dans la petite province maritime, lord Falkland qui y a été, rencontre singulière, une réplique de Metcalfe. La dépêche de Grey est postérieure de neuf mois à celle de Gladstone à Cathcart. Elle formule les mêmes directives, mais combien plus précises: ne garder en place un Conseil exécutif qu'autant qu'il possède la confiance de la législature; faire voir que le passage du pouvoir politique d'un parti à un autre est le résultat, non d'un acte du gouverneur, mais des vœux du peuple lui-même; ne s'identifier avec aucun parti, mais tenir le rôle de médiateur et de modérateur entre les membres influents de tous les partis; reconnaître — et on ne saurait s'y appliquer trop clairement, insistait le ministre — « qu'il n'est ni possible ni désirable de gouverner aucune des provinces anglaises de l'Amérique du Nord contrairement aux vœux et aux désirs de leurs habitants ». Enfin serait-ce la fin ? Serions-nous au dernier stade de l'évolution ? Les gouvernants de Londres se donnent l'air d'accepter la doctrine intégrale de l'autonomie coloniale telle que l'entendent les politiques canadiens. En feront-ils autre chose qu'une théorie ?

Lord Grey saura se trouver par bonheur un excellent exécutant de sa pensée politique: le jeune James Bruce, huitième comte d'Elgin. Gendre de Durham, condisciple de Gladstone, ce comte d'Elgin, qui est de la galerie des Murray, des Dorchester, des Sherbrooke, des Bagot, laissera le souvenir du plus brillant et du plus habile des gouverneurs du Canada. Avant son départ d'Angleterre, son ministre lui a mis sous les yeux la dépêche à Sir John Harvey. Dans les Canadas-Unis, un héritage reste pourtant à liquider, celui de Sir Charles Metcalfe: ce ministère boiteux, branlant, qui se cramponne au pouvoir. Comme Bagot, Elgin aura à faire face au bloc canadien-français qu'une discipline merveilleuse, écrit-il à Grey, « fait se mouvoir... comme un seul homme ». Fractionner ce bloc, entreprise aussi chimérique que gouverner sans lui. Cependant jamais les Canadas n'ont eu besoin si urgent d'un gouverneur fort. La crise commerciale de 1846 ne cesse de s'aggraver. La famine irlandaise, l'exode massif déchaîné par elle, ces 100,000 Irlandais jetés sur les rives canadiennes et, avec eux, la foudroyante propagation du typhus, les frais d'hôpitaux, d'hospices, frais énormes qui, non seulement épuisent la charité publique, mais entament les maigres réserves de l'Etat, tous ces maux conjugués soulèvent contre la métropole, une incroyable animosité. A pareils malheurs, note le gouverneur effrayé, l'opinion presque unanime ne voit plus qu'un remède: l'annexion à la république américaine.

Victoire définitive du gouvernement responsable

En cette atmosphère enfiévrée ont lieu les élections de janvier 1848. Elections libres, celles-ci, et, pour la première fois depuis si longtemps. Un ministère réformiste, le ministère Baldwin-LaFontaine ressaisit le pouvoir. Victoire du 11 mars 1848, autre date tournante dans l'histoire canadienne. Le lien ombilical tient toujours, plus étiré que tranché. Cette fois pourtant, c'est bien la victoire définitive du « gouvernement responsable ». L'autonomie ne s'affirme pas moins considérable dans le domaine exécutif que dans le législatif. Le gouverneur reste toujours le représentant de la couronne, le canal des relations entre le Canada et le Royaume-Uni. Il reçoit sa nomination, ses lettres patentes, sa commission, du pouvoir britannique. Mais ramené à son rôle constitutionnel, il sera désormais le gouverneur qui ne gouverne plus. Pour cela seul, lord Elgin est au faîte d'une époque. De même qu'en Angleterre, dirions-nous avec Erskine May, l'avènement de la responsabilité ministérielle « a pratiquement transposé l'autorité de l'Etat, de la couronne au parlement et au peuple, ainsi, dans les colonies [ce nouveau régime] a-t-il enlevé au gouverneur et à l'Etat métropolitain, la direction des affaires coloniales ». En d'autres termes, le pôle politique est passé de Londres aux petites capitales des provinces de l'Amérique du Nord. Gains non moindres dans le domaine législatif. Là encore quelques entraves subsistent. Les colonies autonomes ne pourront négocier leurs traités de commerce avec les pouvoirs étrangers que chaperonnées par la diplomatie britannique qui se réserve au surplus la direction des négociations. En outre les statuts de ces colonies demeurent sujets à la sanction ou au désaveu du gouvernement britannique; réserve et désaveu qui restent toutefois d'ordre théorique plutôt que pratique. En 1849 lord Elgin l'allait d'ailleurs démontrer aux émeutiers de Montréal: l'ère était révolue où les gouverneurs pouvaient passer outre aux volontés de leur cabinet ou du parlement. D'autres précisions ou corrections ne tarderont pas à venir. Le 8 février 1850, à propos d'un projet de loi sur l'Australie, lord John Russell ramène à deux principes nettement exprimés la nouvelle politique de l'Angleterre, à l'égard de ses colonies adultes: maintien de la tutelle impériale dans leur politique extérieure, fin de la tutelle dans leur politique intérieure. En conséquence logique de ces principes, lord John Russell s'incline devant une loi des Canadas-Unis qui, en 1847, a supprimé tout tarif de faveur à l'égard des produits de la Grande-Bretagne. L'année d'avant, le parlement impérial avait abrogé ses *Actes de navigation*, ce qui signifiait, pour les colonies, un autre accroissement de leur liberté commerciale. Vers le même temps, Sa Majesté rendait à ses provinces de l'Amérique du Nord l'administration de leurs Postes et leur abandonnait le droit de légiférer sur la propriété littéraire.

Les véritables vainqueurs

Nouvelle et considérable étape dans l'évolution constitutionnelle des provinces britanniques de l'Amérique du Nord. A qui en faire hommage ? Nous n'avons pas dissimulé, encore cette fois, la part du synchronisme historique, ce confluent de courants d'idées et de révolutions qui ont secoué le monde sans épargner la métropole anglaise et ses colonies. Faudra-t-il pour autant nous représenter l'émancipation coloniale comme le fruit naturel ou fatal de l'évolution économique de la Grande-Bretagne ? Ou encore et selon une légende qui a la vie dure, y verrons-nous une concession généreuse et spontanée des hommes d'Etat britanniques ? Ou enfin, accepterons-nous cette autre formule de M. Henri Bourassa, à savoir que l'Angleterre a « admirablement gouverné ses colonies, surtout lorsqu'elle s'est décidée à ne plus les gouverner » ? Rien ne serait plus injuste, sans nul doute, que de minimiser le rôle de quelques esprits d'avant-garde en Angleterre, rôle des radicaux, rôle de Durham, rôle de Gladstone, rôle de Henry-George Grey surtout qui, avant même Durham — dont, à notre avis, l'on a largement surfait le rôle — avait jugé impolitique et absurde le parlementarisme bâtard des colonies nord-américaines. D'autre part, l'historien devra-t-il oublier qu'en son évolution démocratique, pendant tout le 18e siècle et dans la première moitié du 19e, l'Angleterre est restée en retard sur ses colonies et que rien n'est entré plus difficilement dans l'esprit des maîtres de l'empire, que la notion de la *self governing colony* ? Le long malentendu entre la métropole et ses dépendances d'outre-mer, nous croyons l'avoir assez démontré, a eu pour cause principale la différence des structures sociales entre celles-ci et celle-là, structure démocratique d'un côté, structure oligarchique de l'autre. Puis, le libre-échangisme est venu qui a fait voler en éclats le vieux système du pacte colonial. En même temps qu'il réduisait à presque rien le rôle des colonies dans l'économie métropolitaine, il réduisait presque à néant le rôle de la métropole dans l'économie coloniale. Les politiques anglais pouvaient-ils s'entêter plus longtemps dans une politique dépourvue de toute base et de toute justification ? Rappelons-nous ces deux mots de la dépêche de lord Grey à Sir John Harvey: « Il n'est ni *possible*, ni *désirable* de gouverner aucune des provinces anglaises de l'Amérique du Nord contrairement aux vœux et aux désirs de leurs habitants. » Personne, en effet, un tant soit peu au courant de l'état des esprits en Amérique du Nord vers 1846, n'osera nier qu'à prolonger plus longtemps son ancienne tutelle, l'Angleterre eût risqué une catastrophe semblable à celle de 1776. De telle sorte que le gouvernement britannique, et la vérité historique ne souffre pas d'autre conclusion, n'a donné la liberté à ses colonies d'outre-mer que le jour où il n'était plus ni profitable ni possible pour elle de la leur refuser.

En bonne justice, le premier mérite de la victoire de 1848 revient aux réformistes de toutes les provinces. Les premiers, et bien avant Durham et Grey, ils ont mis de l'avant la formule de la *self governing colony* ou de ce qu'ils appellent le « gouvernement responsable », formule que, pendant près de vingt ans, ils se sont obstinés à prôner dans les milieux politiques de la métropole. L'Union des deux Canadas eut en particulier cette conséquence imprévue des politiques impériaux, de rapprocher les réformistes du Haut et du Bas-Canada et de fortifier d'autant la poussée autonomiste. Parvenues, du reste, à l'âge de majorité, toutes les provinces s'agitaient et requéraient un surplus d'autonomie. Et c'est ainsi qu'avant même l'avènement du libre-échange, le jour était venu où, pour reprendre l'expression de lord Grey, il « n'était plus ni possible ni désirable » de maintenir l'ancien régime colonial.

Dans ce mérite, ferons-nous leur part aux réformistes du Bas-Canada ? Pour eux, la pleine liberté politique impliquait des enjeux d'un ordre supérieur à ceux des réformistes des autres provinces: enjeux d'ordre culturel et moral. Aussi, avant tous, et dès le temps de Craig, on les a entendus énoncer la théorie de la responsabilité ministérielle. A cette théorie, ils sont revenus après 1830. En même temps, plus que d'autres réformistes peut-être, ils ont combattu l'oligarchie coloniale, ont mis à nu les vices du système. En 1842, sous Bagot, c'est leur bloc intangible qui a rendu possible la première victoire du « gouvernement responsable ». Quand leurs alliés, les réformistes du Haut-Canada, plus versatiles, acceptaient sous Sydenham, puis sous Metcalfe, une formule frelatée de responsabilité ministérielle, les libéraux du Bas-Canada, en dépit de quelques misères intérieures et de quelques rares défections, restaient rivés à la formule orthodoxe et pleine de la *self governing colony*. A René-Edouard Caron, négociateur délégué par le ministre Draper, LaFontaine répondait, en 1845: « Ce que l'on vous propose est une répudiation du principe de la responsabilité, en tant qu'il s'agit de son application au Bas-Canada... en fait d'administration le Bas-Canada doit avoir ce qui est accordé au Haut-Canada; rien de plus, mais aussi rien de moins. » Deux ans plus tard, Augustin-Norbert Morin répondrait à son tour aux premières avances de lord Elgin: « L'idée d'un Conseil Exécutif où ne règneraient une parfaite confiance et une entière unité de Sentimens et d'action, Serait Contraire à celle d'un Gouvernement fondé sur l'opinion publique... »

Cohésion, fermeté d'idéal qui, en ces jours de 1848, a valu aux Canadiens français une seconde réhabilitation politique que nous ne pouvons pas ne pas souligner. En 1847 lord Elgin a négocié leur collaboration à un nouveau ministère. En termes presque identiques à ceux de Bagot s'adressant à LaFontaine, il écrit à A.-N. Morin « son désir sincère que, dans l'administration des affaires de la province, les intérêts et les sentiments de l'importante partie des habitants d'origine française, reçoivent l'attention et la considération la plus entière. » Par deux actes d'importance le gouverneur va d'ailleurs mettre le sceau à cette réhabilitation. Sur les instances de LaFontaine et pour faire suite à une supplique unanime du parlement des Canadas, il obtient du gouvernement britannique, l'abrogation de l'article LXI de la constitution de 1841, article qui dépouillait de ses droits officiels la langue française. A l'ouverture du nouveau parlement à Montréal, le 18 janvier 1849, le gouverneur fait encore mieux. Le premier des gouverneurs anglais à poser ce geste, Elgin prononce, dans les deux langues, la lecture du discours de la couronne: affirmation péremptoire de l'égalité politique des deux races.

CHAPITRE CINQUIÈME

Le Canada français vers 1850

*Situation économique. — Population. — Agriculture. — Industrie.
— Commerce: aménagement de la voie d'eau. — Exportations et
importations. — Part des Canadiens français.*

Situation économique

Les luttes constitutionnelles en voie de se terminer, les Canadas se
sont-ils enfin orientés vers une politique réaliste, positive ? La révolution
tarifaire en Angleterre les y contraint impérieusement, et tout autant les
malaises intérieurs, d'une gravité qu'on peut dire angoissante. A parler
vrai, la plupart des chefs en sentent le besoin urgent. Et quelques-uns
d'entre eux n'ont pas attendu jusque-là pour élaborer des programmes
de restauration économique. Papineau qu'on a dit si souvent d'esprit
irréaliste, mais qui, dans une lettre à Roebuck du 17 mai 1838, trace à
Durham, un plan de réformes et d'action, n'y oublie pas la part de
l'économie: rachat et extinction des droits seigneuriaux, creusage ou
amélioration de canaux. Dans son manifeste électoral de 1840, LaFontaine
embrasse plus largement le problème: « développement de nos vastes
ressources intérieures », aménagement du Saint-Laurent, « canal naturel
d'une grande partie des produits de l'ouest », « ouverture d'une navigation
facile depuis la mer jusqu'aux lacs », entreprises qui, d'après le jeune
chef, devraient être les premiers soucis d'une « législation régulière et
constitutionnelle ». A la veille des élections de 1848, l'*Association constitutionnelle de la réforme et du progrès*, ligue fondée à Québec pour fins
électorales, a ressaisi quelques-uns de ces projets: liberté accrue du commerce, libre navigation du Saint-Laurent, amortissement progressif de la
dette publique, concession des terres de la couronne en petits lots et
directement aux colons.

Peut-être sera-t-il bon de nous demander, en tout premier lieu, où en est, à l'époque, la première richesse du pays: sa population. Le recensement de 1851-1852 donne au Bas-Canada 890,261 âmes, dont 695,945 d'origine française. Accroissement fort honnête sur le recensement de 1831 qui donnait 553,134 âmes dont près de 400,000 de descendance française. La population du Bas-Canada reste toujours sainement équilibrée selon les sexes et les conditions sociales: 449,967 hommes, 440,294 femmes; 78,427 familles agricoles, 26,273 de la classe industrielle, 8,831 de la classe commerciale, 4,780 des professions libérales. Le fait tragique, c'est que le Bas-Canada a perdu sa supériorité numérique sur le Haut-Canada, lequel atteint en 1851, 952,004 âmes. Déséquilibre, on le verra, qui emportera les plus graves conséquences. Depuis 1837 la jeune nationalité avait vu fondre sur elle bien des malheurs. Une force lui était restée intacte, avait continué sa marche ascensionnelle, et, à défaut d'autres appuis, lui avait assuré la puissance du nombre: sa forte natalité. Voici que, depuis quelque temps cette force est mise en échec. Chaque année, de 1840 à 1850, une moyenne de 30,000 immigrants ont déferlé, par vagues presque régulières, sur les rives de l'Amérique britannique. Beaucoup sont passés aux Etats-Unis; quelques milliers se sont arrêtés en route, dans les provinces du golfe, dans le Bas-Canada. Le Haut-Canada a absorbé la grosse part. En vingt ans sa population s'est triplée et presque doublée en six ans, passant de 500,000 en 1844 à 952,004 en 1851. Pendant ce même temps une effroyable hémorragie a vidé de son meilleur sang le Bas-Canada. Les premiers symptômes du mal se manifestent dans les années 1837-1841. A partir de 1844 le mal tourne à la catastrophe. Limité d'abord à la région de Montréal, région la plus peuplée et la plus établie, où par conséquent se faisaient sentir plus fortement la pression du nombre et la raréfaction de l'espace, l'exode massif s'étend à la province entière. C'est par groupes de 200, de 300 qu'on quitte certaines paroisses. Où s'en vont ces malheureux: ouvriers, cultivateurs indigents, mais aussi cultivateurs à l'aise, émigrants de jeunesse masculine surtout, et pour les neuf dixièmes d'origine française ? Tous ne passent pas la frontière américaine. L'exode rural vers les villes canadiennes serait égal à l'émigration aux Etats-Unis. En 1850, 20,000 jeunes gens auraient pris le chemin des chantiers forestiers; un autre millier serait parti aux pêcheries. D'autres s'en vont vers le Haut-Canada. Ceux qui se dirigent vers les Etats-Unis, chercheurs de terres ou simples chercheurs de travail, se partagent en contingents presque égaux entre les Etats de l'est et ceux de l'ouest: usines de la Nouvelle-Angleterre ou plaines et forêts du Michigan, du Minnesota, des Illinois, du Wisconsin, de l'Ohio où semblaient les convier les appels d'autrefois. D'autres enfin, comme l'herbe folle emportée par le vent, se ruent vers les mines d'or de la Californie et jusqu'en Australie. Pendant au moins trente ans, cette tragique coulée va se prolonger. Combien sont partis ? Des statistiques existent et très minutieuses pour ceux qui entrent au pays, mais aucunes pour ceux qui le quittent. D'aucuns ont estimé à 40,000 le nombre des Canadiens enrôlés dans l'armée des nordistes, lors de la guerre américaine de « sécession ». Devant un comité parlementaire de 1849, l'abbé J.-B.-A. Ferland, écho de l'alarme générale, osait dire, y mettant la pointe: « Si vous manquez de courage et d'adresse, dans cinquante ans, vous ne trouverez plus de Canadiens français que sur les rives du Missouri et du Mississipi. » A défaut de statistiques précises, les recensements nous révèlent une trouée béante. Depuis la conquête, invariablement, par sa seule natalité ou peu s'en faut — d'après J.-C. Taché, la province n'aurait pas reçu 50 familles parlant le français depuis 1760 — la population du Bas-Canada s'est doublée tous les vingt ans. De 890,261 âmes en 1851, normalement elle aurait dû s'élever en 1871, à 1,780,522; elle ne sera que de 1,191,576. Et encore ces chiffres ne rendent-ils nul compte des pertes d'ordre économique, social, et voire des irréparables conséquences d'ordre politique et national qu'entraîne avec soi le terrible fléau.

Agriculture

Des maladies de cette espèce indiquent dans le corps d'une nation quelque profond désordre. Ce désordre quel est-il ? et combien de contemporains l'ont aperçu ? Aucune des explications classiques de ces mouvements migratoires et propres aux pays vieillis et surpeuplés ne saurait s'appliquer au cas présent. « De l'émigration parmi la population agricole d'un pays nouveau, qui possède des millions d'excellente terre inculte, est-ce croyable ? » se demandait Etienne Parent. Fait croyable puisque irrécusable. La terre existe, mais trop souvent inaccessible. Inaccessible dans les vieilles seigneuries, largement occupées en leurs régions fertiles. Inaccessible dans les domaines des grands propriétaires, nouveaux féodaux du temps de Robert Shore Milnes, où sévit la rapacité des spéculateurs. Inaccessible enfin dans les domaines incultes de la couronne, trop éloignés des seigneuries, terres en grande partie non arpentées, dépourvues de chemins, où seuls s'enfoncent, au prix de misères infinies, les héros du défrichement.

A la terre inaccessible venait se joindre, du reste, la terre improductive ou réputée telle dans les parties de vieille colonisation. Terre qui ne rendrait plus qu'un tiers ou un quart de sa production normale. Terre devenue improductive par l'esprit routinier de l'habitant, comme toute technique, du reste, restée stationnaire, insuffisamment secouée ou renouvelée par des débouchés alléchants et par un enseignement approprié, victime aussi de la parcimonie et de l'imprévoyance des pouvoirs publics trop accaparés par les soucis du commerce et de son outillage et qui ne songeront qu'en 1862 à doter enfin l'agriculture canadienne d'un service administratif quelque peu efficace. Une brochure répandue à 50,000 exemplaires en 1851 peut encore parler de l' « état primitif de notre agriculture ». En 1840 Sydenham qui n'a d'yeux, il est vrai, que pour le florissant Haut-Canada, nous fait la « peinture mélancolique » de la vallée du Richelieu, autrefois le « jardin du Bas-Canada » et tombée à bas « par l'abominable méthode de culture des *habitants* », — et peut-être aussi, Sydenham l'oubliait trop — par les ravages de Colborne. Le Bas-Canada ne réussirait même pas à se fournir de pain. Tandis, en effet, qu'en 1847, la récolte de blé dans le Haut-Canada s'élève à 3,544,190 boisseaux, celle du Bas ne dépasse pas 1,015,577 boisseaux. La pauvreté paraît bien un mal généralisé dans les milieux ruraux. Nous en avons dit un mot dans le premier tome de Notre *Enseignement français au Canada* (p. 238). Etienne Parent, le Dr Meilleur attestent cette indigence. « C'est un fait reçu, déposait en 1849 l'abbé J.-B.-A. Ferland devant un Comité de l'Assemblée législative, que le Bas-Canada, depuis deux ou trois ans, est plus pauvre qu'il ne l'avait été depuis un demi-siècle. »

Ce sombre tableau autorise-t-il à nous figurer une agriculture irrémédiablement décadente ? M. Esdras Minville écrit dans l'*Actualité économique* (juin-juillet 1940): « Le niveau de vie dans la plupart de nos régions rurales a presque toujours été inférieur aux besoins élémentaires de la population, si l'on entend par là, outre la subsistance quotidienne, la nécessité de pourvoir à l'établissement des jeunes générations. » L'économiste a sans doute raison. Les recensements révèlent pourtant autre chose qu'un arrêt dans la conquête du sol et autre chose aussi qu'une agriculture stationnaire. Les arpents en culture qui, en 1844, n'étaient, dans le Bas-Canada, que de 2,671,768 passent, sept ans plus tard, à 3,605,167. Dans les mêmes années, la récolte de blé s'accroît de 942,829 boisseaux à 3,073,943. Les autres céréales, le cheptel accusent moins de progrès, sans pourtant rester au même point, encore que l'industrie laitière du Bas-Canada, reste inférieure à celle du Haut-Canada, même si c'est plutôt affaire de climat et de races bovines. Dans les derniers temps, des Sociétés d'agriculture se sont fondées; 21 au moins du Bas-Canada font rapport officiel en 1846; 53 existent en 1854; ces Sociétés ont organisé des concours de labour, des expositions régionales. Un enseignement professionnel agricole a été ébauché, enseignement greffé, de façon assez bizarre, il est vrai, sur l'enseignement classique. Puis, le gouvernement a ouvert des chemins à travers les terres publiques. Le long des routes nouvelles, il a pratiqué la distribution gratuite des lots, distribution qui est allée, en 1846, jusqu'à 130,000 acres. Et nous dirons, dans notre prochain volume, les admirables conquêtes des défricheurs.

Mais ce réveil, stimulé récemment par la disette d'Irlande et, en dépit de maintes fluctuations, par les hauts prix des céréales sur le marché anglais, ce réveil est-il venu assez tôt ? Et suffisait-il à corriger cette économie paysanne trop exclusive et trop fermée pour satisfaire aux aspirations diverses des générations ? La Nouvelle-France avait souffert de ce même mal qui lui avait valu, pour une grande part, l'évasion de sa jeunesse vers la course des bois. Le mal persistant pouvait-il empêcher l'évasion vers les frontières ou, ce qui ne vaudrait guère mieux, vers le prolétariat des villes et des forêts canadiennes ?

Industrie

Où trouver alors d'autres déversoirs ? Personne, pas plus à cette époque que dans les précédentes, ne les voudra chercher dans l'industrie. Sous le système du pacte colonial en vigueur jusqu'en ces derniers temps peu d'industries trouvaient à se développer dans une colonie anglaise, ou celles-là seules, avons-nous dit, qui n'entraient pas en concurrence avec les industries métropolitaines. Ce fut la chance récente des farines canadiennes, supplément d'alimentation pour la population des îles Britanniques. Et ce fut la chance plus ancienne du bois de charpente exporté en assez grande quantité pour constituer un monopole sur le marché anglais et y être dénoncé par les whigs avec autant de réprobation que le monopole métropolitain des céréales et le monopole des sucres des Antilles. Force est bien de laisser de côté les pêcheries, tombées presque entièrement aux mains des Anglais, des Français et des Américains. Source de richesses trop négligée et trop peu protégée, elle ne livre à l'exportation en 1850 que pour 36,512 louis de poisson et d'huiles. Jusque dans le golfe, la sécurité manque au pêcheur canadien. En 1853, le Canada n'exportera que pour 1,700,000 francs de produits de ses pêcheries, alors que, dans les années réunies de 1847 et 1848, pour le seul maquereau, 522,711 barils en avaient été reçus dans les ports du Massachusetts, la presque totalité pêchée dans le golfe Saint-Laurent. Négligeons également les industries minières dont les produits ne comptent toujours que pour une fraction dans l'exportation. D'ailleurs, c'est bien de 1842 que date la première étude géologique du territoire canadien. Au surplus, et il faut bien l'avouer, ces industries, exploitations primaires des ressources du pays, échappent depuis la conquête aux prises des Canadiens français, à titre d'entreprises patronales et pour la raison que nous avons déjà donnée: impuissance de l'économie paysanne à fournir les capitaux requis. De la maigre part des autochtones dans le développement industriel de leur pays, faudrait-il aussi tenir responsable, comme d'aucuns le voudraient, leur manque de préparation intellectuelle, le défaut d'écoles commerciales et techniques ? Et faudrait-il aussi s'en prendre au régime seigneurial, entendons l'obstacle constitué par les lods et vente aux transactions immobilières ? Questions que nous examinerons, le temps venu. Quoi qu'il en soit, les recensements ne nous révèlent, dans le Bas-Canada de 1850, qu'un essor industriel assez pauvre. On y relève bien quelque 541 « moulins à farine », 1,065 « moulins à scie », 193 « moulins à carder », 38 fonderies, 12 chantiers de construction navale, 18 fabriques de drap. Mais, en tout cela, quelle part assigner à l'industrie canadienne-française ? Nous la présumerons, sans doute, en quelques formes d'industries mineures comme celles-ci: 186 potasseries, 204 tanneries; puis, en d'autres produits qui figurent sous l'étiquette de « fabrication domestique »: 9,610,036 livres de beurre, 764,304 de fromage, 6,057,532 livres de sucre d'érable; et toujours de même fabrication: 734,533 verges de drap, 929,048 de toile, 856,445 de flanelle, tirées de 1,428,783 livres de laine. Les productions domestiques figurent aux expositions régionales. Et l'art du tissage y trouve à se perfectionner. On exhibe, nous dit-on, de « jolis échantillons » de châles, de caleçons et voire de « chapeaux de paille fabriqués par les femmes ». Et l'on accorde des primes. Le Bas-Canada reste malgré tout tributaire du Haut pour un trop grand nombre d'articles d'usage journalier. « Nos seaux, nos balais et mille autres articles d'usage domestique, gémissait Etienne Parent, nous viennent du Haut-Canada. » En revanche, et c'est Etienne Parent qui l'a noté, quelques industriels canadiens-français présentent de leurs produits à la grande Exposition de l'Industrie tenue à Londres en 1851. Il se trouve même un seigneur, Barthélemy Joliette, pour susciter, dans sa seigneurie, un véritable centre industriel. Mais qu'était-ce que cette industrie embryonnaire pour absorber le surplus de population des campagnes et empêcher la fuite vers les factoreries américaines ?

Commerce: aménagement de la voie d'eau

Agriculture, industrie, ces deux facteurs de production — la question se pose toujours — sont-ils suffisamment aidés, stimulés par le commerce ? Un premier fait impressionne favorablement: l'effort accompli, dès le lendemain de l'Union, pour articuler la vie commerciale des deux parties de la province. Que de sommes dépensées pour l'amélioration des voies de transport ! Une voie, entre autres, appelle l'aménagement, la voie d'eau, voie incomparable dans le Canada de l'est, voie du Saint-Laurent, route à la fois de la navigation intérieure et de la navigation océanique, voie royale et unique sous l'ancien régime et qui, même après l'apparition des chemins de fer, gardera encore longtemps son insigne primauté. D. G. Creighton a pu intituler l'une de ses grandes études: *The Commercial Empire of the St. Lawrence 1760-1850*. L'aménagement de la grande voie s'impose plus que jamais depuis l'Union. Quoique entouré de chemins d'eau et bordé au sud de ses magnifiques bassins lacustres, le Haut-Canada, par suite du relief terrestre, n'en demeure pas moins économiquement une province « embouteillée ». Les quarante sauts de l'Outaouais, les chutes Niagara, les rapides des Mille-Iles et ceux qui s'enchaînaient jusqu'à Montréal, le coupent de tous débouchés vers le bas Saint-Laurent et vers la mer. Sous le régime français l'obstacle a entravé, pour une grande part, l'essor de la colonisation vers l'ouest. Un motif aussi urgent que l'orientation du commerce canadien par voies canadiennes et même du commerce des Etats du centre et de l'ouest américains, exige une correction de cette défectuosité géographique. Le canal de Lachine a été complété en 1828, puis recreusé en 1840; mais entre

Lachine et les Mille-Iles, le Saint-Laurent reste toujours fermé aux vaisseaux de quelque tonnage. Le Canal Welland qui permet d'éviter les Chutes Niagara est ouvert depuis 1829; le commerce riverain des grands lacs peut aboutir au lac Ontario. Mais, parvenu à ce point, quelle route prendra-t-il ? Celle du Canada ou celle des Etats-Unis ? Le problème intéresse le Bas-Canada autant que son voisin, puisque tout l'avenir du Saint-Laurent, comme route de commerce, y est engagé. Et il s'agit de savoir si le Bas-Canada prendra sa part de l'activité lucrative qu'entraîne tout courant commercial. En moins de dix ans, par les canaux de Sainte-Anne-de-Bellevue, de Grenville, de Rideau (celui-ci commencé pendant la guerre de 1812), l'Outaouais était relié au Saint-Laurent; un autre chapelet de canaux, Beauharnois, Cornwall, Williambury, faisant la jonction entre Lachine et Welland, permettait aux vaisseaux de remonter le fleuve jusqu'aux grands lacs. L'ensemble pouvait défier la concurrence du canal américain, l'Erié qui, par la vallée de la Mohawk, atteignait l'Hudson, et par l'Hudson, l'Atlantique.

Exportations et importations

Quelques faits et statistiques nous donneront un aperçu de l'activité commerciale dans les ports et canaux. Et à défaut de statistiques plus rapprochées, prenons celles de l'année 1853 qui nous en fournit d'assez précises. Québec, port de la navigation océanique, absorbe le plus gros de ce commerce. Sur le 1,798 vaisseaux qui entrent dans le fleuve, Québec en reçoit 1,300, pendant que Montréal s'arrête au modeste chiffre de 218, d'ailleurs dépassé par les 280 de Gaspé. Notons, en passant, que 66 seulement de ces vaisseaux n'appartiennent pas à la flotte marchande anglaise. Dans les canaux canadiens, 20,406 vaisseaux, d'un tonnage global de 2,138,654 tonneaux, ont circulé, allant « soit aval, soit amont ». La valeur totale des importations canadiennes, pour la même année, s'est élevée à 159,907,180 francs; les exportations à 118,915,140 francs. Augmentation notable sur l'année 1850 qui donnait pour les mêmes échanges: 84,910,340 francs et 79,808,560 francs. Dans les principaux produits importés — et nous donnons ces chiffres pour ce qu'ils révèlent — figure en tête et de haut, le coton, pour 26,313,700 francs, puis viennent les fers manufacturés, pour à peu près la moitié de cette somme, puis le thé pour 7,802,100 francs; puis le sucre brut, pour 5,298,380 francs. A l'exportation figure, en première place, le bois, pour 47,105,100 francs, suivi d'assez près par les produits agricoles: 39,901,880 francs. Le commerce du bois, si florissant dans les années 1835-1838, qu'il fournissait les trois quarts des exportations par le Saint-Laurent, subit alors quelques fluctuations, comme le commerce du blé. Il en était passé pour 37,300,643 pieds cubes au port de Québec en 1846; ce chiffre tombé à 14,027,859 pieds en 1848, se relève lentement, dans les huit années suivantes, sans atteindre pourtant le niveau de 1846.

En ce commerce, tenterons-nous de fixer la part des Canadiens français ? L'on nous en dispensera, tant les données sont incertaines. Une compilation de J.-C. Taché, dans *Le Canada et l'Exposition universelle de 1855,* nous donne bien, pour le Bas-Canada de 1851, 51 commerçants, 2,000 marchands et 589 négociants; 20 commerçants, 2,000 marchands et 155 négociants dans le Haut. J.-C. Taché a négligé de préciser quelle catégorie d'hommes d'affaires il a voulu ranger sous ces diverses étiquettes; et encore ignorons-nous à quel groupe ethnique ces gens appartenaient. Cependant Etienne Parent peut constater en 1852 qu'après avoir été longtemps condamnés « à ne pas dépasser les limites du petit commerce », c'est maintenant pour les Canadiens français, « un sujet d'orgueil et de contentement que de pouvoir compter des maisons canadiennes à la tête de plusieurs branches importantes de notre commerce ». Déjà, en 1833, lors de son séjour à Londres, F.-X. Garneau voyait arriver dans la métropole anglaise quelques marchands canadiens-français « passés en Europe pour leurs affaires »: MM. Masson, Larocque, J.-F. Parent, Rodier, DeLagrave, Bernard. Trop peu pour beaucoup compter. La conquête anglaise, ce qu'on a appelé dans le temps au Canada, la « révolution » de 1760, n'aurait donc pas fini de produire ses conséquences. Non, certes, qu'il faille toujours accuser la mauvaise volonté ou le parti pris du conquérant. Mais ce malheur subsiste qu'un peuple enfermé dans le champ clos de sa paysannerie ne trouve guère à se préparer aux formes compliquées et coûteuses de l'économie commerciale ou industrielle.

CHAPITRE SIXIÈME

Le Canada français vers 1850

(suite)

*Etat social. — Vie intellectuelle. — Lettres et arts. —
Vie nationale. — Vie religieuse.*

Etat social

La situation économique avait-elle assez évolué pour modifier considérablement l'état social du Bas-Canada ? Il semble que les principaux cadres sociaux aient échappé aux graves altérations. La famille tient encore solidement. L'on a vu plus haut, au recensement de 1851, la confortable prédominance de la famille agricole. C'est dire en même temps la large proportion de la population rurale dans une province où des villes comme Montréal et Québec, les seules agglomérations vraiment urbaines, ne comptent respectivement que 57,715 et 42,052 habitants. Le péril de la famille pourrait venir de l'amoindrissement de ses ressources ou revenus, amoindrissement qui ne peut que faire suite à un prolétariat d'une poussée rapide ainsi qu'à la pléthore des petits ateliers de village: boulangerie, ferblanterie, carrosserie, charpenterie, menuiserie, cordonnerie, forge, etc. Régime de propriété et de travail qui, dans un cas comme dans l'autre, impuissant à satisfaire aux besoins de la famille nombreuse, y introduit l'individualisme et l'incite à la dispersion. La paroisse, en revanche, paraît avoir fortifié son armature. Deux nouvelles institutions y ont pris place: une corporation municipale et une corporation scolaire. La première date en réalité de 1845. Correction du système des municipalités établies en 1840 dans le Bas-Canada, par le Conseil spécial — système qui concentrait pratiquement les pouvoirs entre les mains du gouverneur — une loi de 1845 a érigé, dans chaque paroisse ou township, un conseil municipal de sept membres élu par les contribuables, avec pouvoir de choisir lui-même son président ou maire. Vers le même temps, une loi, elle aussi de 1845 mais surtout une loi de 1846, que viendra compléter une autre de 1849, établit, dans le cadre paroissial, une municipalité scolaire autonome. Organisme déjà puissant par le rôle de la fabrique et de l'autorité religieuse, la paroisse voyait s'accroître, par ces structures nouvelles, son efficacité de gouvernement local.

Dans la composition sociale du peuple, d'assez notables changements paraissent imminents. Deux types de l'ancien régime sont en train de disparaître: le voyageur et le seigneur. Le voyageur succombe au progrès moderne: substitution du bateau à vapeur à l'antique canot d'écorce. John Henry Lefroy, physicien envoyé dans l'ouest en mission scientifique, écrit du Lac Athabasca (25 décembre 1843): « L'ancienne race des voyageurs, aux traits si caractéristiques, est éteinte ou peu s'en faut, et avec elle a disparu le goût de l'aventure. » Avec cette race d'aventuriers, c'est en effet tout un aspect de l'histoire canadienne, toute une poésie qui s'envole. Avec la disparition du seigneur, c'est la hiérarchie sociale du Canada français qui est quelque peu ébranlée, et c'est le nivellement démocratique qui s'accentue. Disparition mélancolique d'une institution qui, pendant si longtemps, a tenu dans la vie du Canada français, un rôle apparemment irremplaçable. Déjà, sous l'ancien régime, nous l'avons vu, des organes de remplacement, la paroisse, le curé, le capitaine de milice, se sont graduellement substitués à la fonction du seigneur et de la seigneurie. Dans les quatre-vingts ans qui ont suivi la conquête, le régime seigneurial n'a pas laissé, toutefois, de prolonger sa bienfaisance. L'immigrant des îles anglaises répugnait d'instinct à la tenure féodale. En l'empêchant de prendre des terres dans les domaines seigneuriaux, la seigneurie a préservé la cohésion canadienne-française. Vers 1850, à peine pourront-on recenser 60,000 Britanniques en dehors des villes du Bas-Canada. Pour ce seul service M. Maurice Séguin a raison de voir, dans la seigneurie, le « bouclier de la nation canadienne ». N'acceptons pas non plus, sans les discuter, les clameurs du temps contre les exactions des seigneurs, percepteurs de cens et rentes indûment haussés et surtout vendeurs de terres en violation de la loi. Ce fait demeure que le colon ou le fils d'habitant trouvaient à s'établir dans les seigneuries à moins de frais que sur les terres des grands propriétaires ou celles de la couronne. Où donc aurait pris origine ce courant d'impopularité qui, après 1850, finit par emporter l'institution ? Dans un pays qui s'ouvre de plus en plus aux entreprises industrielles et commerciales, la seigneurie constitue, il faut l'admettre, une gêne réelle par l'exigence de ses lods et vente, taxe indéfinie sur toute transaction immobilière. Obstacle apparemment grossi par la propagande des Britanniques qui n'ont jamais vu dans la tenure seigneuriale qu'un reste de servage, vestige d'une époque révolue. Des griefs plus réels et plus vifs ont travaillé dans le même sens. En maintes parties de la province, il paraît trop évident qu'il y a, à l'égard des seigneurs, désaffection populaire. Où il n'y avait auparavant que distinction de classes, peu à peu s'est creusée une séparation. Les services rendus par la tenure depuis la conquête sont des services de la seigneurie et pas assez du seigneur. Aux yeux du peuple le personnage fait par trop figure de simple collecteur de taxes, pour ne pas dire de parasite. Sans qu'il y eût toujours de sa faute, on l'a vu pratiquer résolument l'émigration à l'intérieur.

Il n'a pas réussi à renouveler son rôle, son utilité. Quelques réformes auraient pu sauver l'institution; il n'a pas su prendre les devants. Victime, sans doute, de la démocratie montante, pas plus qu'il n'a rempli son rôle économique, il n'a trouvé moyen de se donner quelque rôle politique. Homme d'ancien régime, souvent il s'est même montré indifférent à la conquête des libertés publiques, quand il n'est pas passé carrément de l'autre côté de la barricade, trop habitué, du reste, à frayer avec la haute société anglaise à qui, dans sa fringale des beaux et riches mariages, il livre volontiers ses fils et ses filles. Le peuple ne prise guère d'ordinaire les classes privilégiées qui ne rachètent point leurs privilèges par des services à la collectivité. Le peuple se désintéressa de ces aristocrates qui paraissaient ne plus s'intéresser à lui. Vers 1850 et même avant, l'impopularité du seigneur est un fait incontestable, d'autant qu'une large portion des seigneuries les plus importantes est passée entre des mains étrangères. Et les Britanniques ne sont pas seuls à crier contre l'institution. LaFontaine, encore jeune député, eût voulu faire, de son abolition, l'un des articles du programme des libéraux du Bas-Canada. Louis-Joseph Papineau lui-même, ce qui est plus étonnant puisqu'il est seigneur, dans le programme qu'il traçait en 1838 à lord Durham, inscrivait « le rachat et l'extinction des droits seigneuriaux ». L'impopularité du seigneur, les esprits les plus modérés l'ont notée. Le jeune Garneau, dans son *Voyage en Angleterre et en France, dans les années 1831, 1832, et 1833,* et qui a pu observer, en pays britannique, le rôle « dominateur » de l'aristocratie, laisse tomber cette observation: « Rien n'est moins influent que la classe de nos seigneurs qui devaient, dans l'esprit de Louis XIV, servir de germe à une aristocratie féodale... » Etienne Parent, plus sévère, déclare sa foi perdue dans les seigneurs canadiens: « Mais les uns, dira-t-il, ont été si indifférents au sort de leurs censitaires, les autres si ardents à les pressurer de toutes manières, que je désespère absolument d'eux, les croyant tous destinés à mourir dans l'impénitence finale. » Le seigneur avait préparé lui-même, peut-on dire, le sort qui allait lui échoir. La loi prochaine de 1854 ne fera qu'entériner une déchéance déjà consommée.

L'aristocrate a d'ailleurs vu poindre son remplaçant: le bourgeois des professions libérales. Ces petits bourgeois figurent en nombre assez considérable au recensement de 1850: 273 avocats et procureurs, 410 médecins et chirurgiens, 538 notaires. De quoi suréquiper la province en « professionnels ». Durham qui ne se trompait qu'à demi, croyait avoir discerné, dans ce surplus d'avocats, de notaires et de médecins dont regorgeaient les villages du Bas-Canada, jeunes hommes aigris par leur médiocre fortune, le bouillon démagogique d'où avait jailli l'insurrection. L'encombrement des professions libérales, c'est à qui le dénoncerait à l'époque où nous sommes. Dans sa conférence de 1847: *De la position et des besoins de la jeunesse canadienne-française,* le jeune J. Huston dit ces professions « singulièrement encombrées ». « On est avocat, notaire, médecin, pour avoir un parchemin dans sa poche », disait de son côté Etienne Parent qui abominait ces « frelons sociaux ». Aussi les voit-on se tourner en trop grand nombre vers des carrières plus ou moins improductives: le fonctionnarisme et la politique. Et comment ne seraient-ils pas allés à la politique depuis si longtemps que le peuple a pris l'habitude d'aller chercher parmi eux ses guides et ses chefs et qu'il les entoure de prestige ? Amateur de tournois oratoires, on a vu l'électeur du Bas-Canada, dès les premières élections de 1792, s'éprendre jusqu'à la griserie pour les duels de husting. Que sera-ce lorsque ces parlementaires auront pris à ses yeux figures de libérateurs ? L'idolâtrie du peuple pour l'homme politique — je ne dis pas encore du politicien — trait de mœurs authentique de l'époque. Le correspondant parlementaire du *Canadien,* lors de la réunion du parlement à Toronto en 1850, ne peut cacher son étonnement scandalisé devant la tiédeur ou l'indifférence du « Torontouan » pour les « héros du jour ». Personne qui ne se dérange pour regarder passer, note-t-il naïvement, « nos Webster et... nos Clay ». « A Montréal... on cherche des yeux, on se montre du doigt l'homme qui perce la foule, l'homme qui conduit la barque de l'Etat... » !

Pour ce qui est de la course au fonctionnarisme, il faut reconnaître qu'elle n'est pas exclusive au Bas-Canada. Dans les deux sections de la province, Bagot observe, en 1842, « une soif universelle pour les places ». Soif quelque peu légitime. Pendant un demi-siècle, dans le Haut comme dans le Bas, le fonctionnarisme d'Etat est resté la chasse-gardée de l'oligarchie. Dans le partage du butin, le Bas-Canada ne péchait pas, du reste, par excès. En 1845, alors qu'ils forment la moitié de la population des Canadas-Unis, les Canadiens français ne détiennent encore que 78 emplois contre 200 en possession de fonctionnaires d'origine britannique. Et les salaires sont loin de rétablir l'égalité, quand les premiers émargent au budget pour 18,000 louis, et les seconds pour 72,348 louis. Le malheur est que, dans le Bas-Canada, la « course aux places tourne à la frénésie ». Maladie sociale qui empoisonnera les dernières années de la vie politique de LaFontaine, lequel avouait n'avoir pas assez de mémoire pour retenir le nom des « solliciteurs d'emplois ». Maladie aussi d'une classe de « professionnels » sans assez de débouchements. L'avènement du « gouvernement responsable » a pu abattre l'oligarchie politique. Une oligarchie industrielle ou financière ne se détrône pas aussi facilement.

Des mêmes malaises politiques et économiques proviennent, au moins pour une part, l'apparition déjà massive d'un prolétariat. Nous relevions plus haut le chiffre de 20,000 jeunes gens, partis pour les chantiers de la forêt en 1850. « Plusieurs milliers d'hommes sont ainsi employés durant l'hiver dans ces forêts éloignés », note Elgin en 1853. En 1850 Mgr Bourget établit à plus de 15,000 les jeunes gens répandus dans les bois. Le recensement de la même année permet d'établir également à 20,000 le nombre des « manœuvres et employés non classés ». Mal, et l'on peut même dire abcès du corps social qui n'a pas fini d'opérer ses ravages. Etait-ce manque d'écoles spécialisées, incurie des gouvernants, orientation économique trop lente d'une province dont les grandes ressources naturelles — ainsi l'a voulu sa prédestination géographique — sont moins la terre arable que la forêt, l'eau, le sous-sol ? Déjà les bons esprits s'inquiètent; et comme leurs doléances gardent un accent de modernité. Je lis ces lignes dans la conférence du jeune Huston citée plus haut: « Les ouvriers canadiens-français sont, de l'aveu de tout le monde, les meilleurs et les plus habiles travailleurs que l'on puisse trouver en Amérique. Ils sont très recherchés par les entrepreneurs... mais ils sont presque toujours des travailleurs à la journée, et deviennent très rarement des entrepreneurs d'industrie. » Ces lignes sont précédées de ces autres qui nous peignent une misère trop connue: « Partout la jeunesse des classes ouvrières est honteusement abandonnée et impitoyablement exploitée, et en Canada plus qu'ailleurs. » Et Huston de s'en prendre « aux classes élevées » et aux politiques qui laissent ces jeunes gens « plongés dans la plus affreuse ignorance et les abandonnent sans souci à l'ignominieuse cupidité des maîtres ».

Vie intellectuelle

Huston, comme bien d'autres, eût voulu plus d'écoles spécialisées. La plainte est-elle justifiée ? Et quel tableau peut-on tracer de l'enseignement et de la vie intellectuelle dans les premiers dix ans de l'Union ? Dans le domaine scolaire, peu d'époques auront tant accompli. Après l'écroulement de 1836, l'enseignement primaire requérait une reconstruction. En 1841, il fallait s'y attendre, on tenta de reconstruire selon la pensée anglicisatrice de l'Union, ce qui voulait dire une école d'Etat, commune aux deux provinces, fortement rattachée à la municipalité civile, elle-même en dépendance étroite du gouvernement exécutif. La liberté scolaire suivit l'essor rapide de la liberté politique. En 1846 le Bas-Canada possédait sa loi scolaire organique, loi distincte pour cette partie de la province, avec surintendant distinct, organismes distincts, le tout affranchi de la tutelle de la municipalité civile et aussi de la politique. Restait une dernière liberté à conquérir, celle qui s'incarne dans la confessionnalité. Dès 1845, ce sera chose faite, au moins en pratique. Victoire des évêques qui, à l'encontre des parlementaires catholiques trop favorables à l'école commune, n'ont rien épargné: mandements, décrets de synodes, de conciles provinciaux, pressions sur l'opinion, sur les législateurs, sur les parents, ne reculant même pas devant la menace des peines canoniques, pour acheter cette suprême liberté. Il sortira de là, pour employer une expression du Dr Meilleur: « un système d'enseignement où le clergé, le peuple et le gouvernement avaient chacun sa part légitime de pouvoirs et de coopération ».

L'essor de l'enseignement irait-il de pair avec cette législation progressiste ? On hésite à donner une réponse affirmative. Non, certes, que les impulsions aient manqué par en haut. Rarement chefs de peuples, laïcs, religieux, se seront montrés aussi passionnés — c'est le mot — pour l'instruction publique. Le jeune LaFontaine du manifeste électoral de

1840 tient l'éducation pour le « premier bienfait qu'un gouvernement puisse conférer à un peuple ». Le surintendant Meilleur laissera la réputation d'un véritable apôtre de l'instruction populaire. En 1839 Mgr Lartigue, l'évêque de Montréal, l'a rappelé à ses prêtres: l'œuvre de l'éducation est « au-dessus de toutes les autres »; elle doit même leur paraître plus urgente « que la décoration des églises, pourvues d'un nécessaire décent ». L'obstacle vient pour ce coup du peuple, résistance étrange à qui ne manquent point toutefois quelques valables excuses: trop large impopularité de la loi dictatoriale de 1841, dénoncée par tous, maigre prestige des maîtres, maîtres d'une incompétence notoire; pauvreté des écoles aussi mal équipées que possible; pauvreté aussi de l'habitant, pauvreté qui nous est déjà connue; et donc, épouvantail de la taxe scolaire, première taxe directe imposée au pays; surtout, dans les milieux populaires, trop longue désaccoutumance de l'école et de l'instruction pour en saisir le prix. « Comment les descendants de quatre générations d'hommes tenus dans l'ignorance, dira Denis-Benjamin Papineau, peuvent-ils connaître les avantages de l'instruction ? » Le Bas-Canada aura donc sa « guerre des éteignoirs », insurrection violente contre l'exécution des lois scolaires et surtout contre la perception de la taxe. Crise passablement généralisée à travers la province et non limitée aux milieux catholiques et canadiens-français. Heureusement la coalition des journaux, des autorités politiques et religieuses aura tôt raison de cette singulière chouannerie. L'enseignement public n'allait pas se guérir du coup de tous ses maux: maigres budgets, instituteurs mal payés, et plus simplement manque d'instituteurs, inadaptation des manuels scolaires: manuels américains ou manuels des écoles nationales d'Irlande, trop longtemps en usage. En dépit de tout, quelques faits et statistiques tendent à rassurer. En 1836, lors de l'effondrement du premier système scolaire du Bas-Canada, l'on recensait 1,202 écoles fréquentées par 38,377 écoliers. En 1843 à peine a-t-on pu rattraper ces chiffres. Mais en 1844, voici 1,832 écoles avec 61,030 écoliers, soit une augmentation de 500 écoles et de 21,633 élèves sur l'année précédente. En 1851, nouvelle avance: fréquentation scolaire qui se chiffre à 79,284 enfants, organisation d'un inspectorat officiel, et, depuis quelques années pour remplacer celles qu'avait emportées la tourmente de 1837, ébauche ici et là de quelques écoles normales. Progrès qui, pour l'enseignement populaire, mettent la province au-dessus de grands pays tels que la France et l'Angleterre, mais qui la laissent en arrière de ses voisins du Haut-Canada, du Nouveau-Brunswick et de la Nouvelle-Ecosse. Le service insigne sera rendu à l'enseignement, après 1840, par ce clairvoyant de génie que fut l'évêque de Montréal, Mgr Ignace Bourget. Pour le règlement des affaires religieuses, l'autonomie politique des Canadas l'a libéré de l'ennuyeux circuit par la métropole anglaise. En l'espace de dix ans, l'évêque attire dans son diocèse cinq congrégations enseignantes d'hommes: Frères des Ecoles chrétiennes, Frères de la Charité, Jésuites, Clercs de Saint-Viateur, Religieux de Sainte-Croix; deux congrégations enseignantes de femmes: Sœurs du Sacré-Cœur, Sœurs de Sainte-Croix; et il favorise la naissance au Canada de deux congrégations enseignantes de femmes: les Sœurs des Saints Noms de Jésus et de Marie et les Sœurs de Sainte-Anne.

Cet enseignement enfin réorganisé s'est-il, avec le temps, convenablement diversifié ? S'est-il donné les compléments désirables ? L'école élémentaire ne s'arrête pas au type de l'école de rang. Celle-ci peut déboucher à deux intermédiaires entre elle et le collège d'enseignement secondaire, l'école modèle, puis, à un palier supérieur, l'académie. En 1849 l'on relève déjà 64 écoles modèles et 44 académies de filles. L'enseignement spécialisé, c'est-à-dire agricole ou commercial, se greffe encore sur l'école modèle, l'académie, l'école normale, le collège classique. Il ne fait pourtant pas entièrement défaut. Des collèges se sont même fondés sous la désignation de « collèges industriels » — ils sont déjà 4 en 1850 et ils seront 14 ou 15 en 1856 — qui sont en réalité des collèges commerciaux. Une école des Arts et manufactures est projetée. Les collèges classiques, tenus responsables de l'encombrement des professions libérales et fort critiqués à l'époque, comme toujours, du reste, pour leur enseignement spéculatif, ces collèges ne se sont pourtant augmentés que d'une seule unité depuis 1840: le Collège Sainte-Marie fondé en 1848; et il s'en faut que la majorité de leurs élèves s'oriente vers les vieilles professions. Ce qui manque plutôt à la jeunesse qu'on voudrait armée pour les carrières scientifiques, et pour la grande lutte industrielle et commerciale, c'est un enseignement supérieur, une université. Aux pages 269-271 de l'*Enseignement français au Canada* (tome 1er), j'ai déjà dit l'ancienneté de ce rêve dans l'esprit des Canadiens, rêve qui remonte jusqu'à 1770, moins de dix ans après la cession du pays. Rêve refoulé par le vainqueur, mais qui revient en 1790, en 1831, en 1836, en 1837, que ressaisissent les évêques en 1845, puis le Séminaire de Saint-Hyacinthe en 1848. Mais enfin les temps sont proches où le rêve va prendre corps et où l'université viendra cimer l'enseignement public au Canada français.

Lettres et arts

En dépit de ses déficiences, l'enseignement a-t-il soutenu, fait avancer le mouvement intellectuel au Canada français ? A-t-il réparé l'arrêt et le recul de 1837-1838 ? Quelques conditions sont indispensables à tout grand essor artistique ou littéraire. Il y faut quelque maturité politique et nationale, puisqu'avant d'exprimer son verbe intérieur, il importe que la nation soit. Pour sa vie de l'esprit, un peuple colonial ne saurait se passer, non plus, de l'alimentation aux sources originelles de sa culture. Politiquement, le Canada français est loin d'avoir reconquis son individualité. Sa vie intellectuelle est-elle mieux assurée ? Le commerce de librairie, « à peu près nul, il y a trente ans, s'est augmenté avec une rapidité vraiment étonnante », lisons-nous dans la *Minerve* (7 nov. 1844). L'achat des livres de France, assure le journal, peut se faire en bonne quantité et à des prix abordables. Mais en raison même de son immaturité intellectuelle, le

Canada français est-il toujours en état de s'alimenter profitablement ? Qu'on relise, si l'on veut, ce que j'ai écrit dans *Notre Maître, le Passé* (tome 2e), d'un « mouvement de jeunesse vers 1850 ». L'idéologie du 48 Français passionnait alors presque tous les pays du monde. Au Canada une jeunesse était là pour l'accueillir, jeunesse généreuse, impatiente, qui a vu la main de fer de Metcalfe rabrouer ses rêves, ses ambitions, et qui trouve tout à coup à se libérer dans la capiteuse mystique de la démocratie, « aurore d'une humanité nouvelle ». On se figure à peine le naïf et impétueux enthousiasme de cette jeune pléiade, groupée autour de son journal l'*Avenir*, — nom emprunté à Lamennais et déjà fort significatif — jeunesse d'ailleurs inspirée et entraînée par Louis-Joseph Papineau, plus emballé que ses juvéniles disciples. La désespérance de 1840, P.-J.-O. Chauveau, un contemporain, nous l'a appris dans sa *Notice biographique sur Garneau*, avait déjà fait se tourner la jeune génération vers l'ancienne mère-patrie. L'idéologie de 48, filtrée par des esprits plus vigoureux, plus critiques, aurait pu produire quelques effets heureux. La jeunesse intellectuelle de ce temps-là, jeunesse animée du feu sacré, secoua louablement la léthargie canadienne. On lui doit la fondation de journaux, de sociétés d'étude, et en particulier, d'une dizaine d'instituts à travers la province, instituts destinés à stimuler l'étude des problèmes nationaux. Pourquoi faut-il que, par manque de virilité d'esprit, elle n'ait pas su se protéger contre les utopies de l'époque, ni même s'épargner une crise d'anticléricalisme, ajoutant ainsi, à un peuple qui pouvait s'en passer, d'autres sujets de discordes ?

L'on date assez communément néanmoins des années 1840-1860, le premier essor de la littérature canadienne-française. Date justifiable d'un début modeste. Beaucoup de productions de ces années-là intéressent l'histoire des idées au Canada. Combien méritent de figurer dans une histoire de la littérature ? Ce sera le cas, par exemple, des journaux et de quelques revues et recueils où s'exprime le plus ordinairement la pensée canadienne-française. Il en faut dire autant de l'éloquence académique ou politique, parfois convenable, le plus souvent lourde et pâteuse, avare de morceaux finis. En vérité, la pensée canadienne ne touche qu'un sommet, et c'est avec l'*Histoire du Canada* de François-Xavier Garneau. Après les petits manuels squelettiques de Jos. Perrault, simples copies ou décalques de Charlevoix et de W. Smith; après l'histoire bureaucratique de Michel Bibaud, si largement empruntée celle-là aussi à Charlevoix, l'*Histoire* de Garneau, publiée de 1845 à 1848, est une sorte de miracle. On comprend l'émotion des contemporains. Même après 1842 le désarroi était resté grand dans les esprits. Un peuple désemparé cherchait des points d'appui, sa ligne de vie, son être historique. Voici qu'un historien de race les lui dévoilait dans une impressionnante majesté. L'œuvre était, en outre, de solide architecture et d'une perfection de forme encore jamais atteinte au Canada.

On ne trouve point pareille réussite dans l'histoire des arts, bien qu'en général s'y soient conservés une technique, un métier plus fermes, un plus vif souci d'élégance, une fidélité plus parfaite à l'esprit français. Les peintres, formés parfois en France, manquent de puissance, d'originalité, innovent peu, restent par trop des copistes ou des pasticheurs. Rarement dépassent-ils le succès modeste. Les sculpteurs, ceux de l'Ecole de Louis Quevillon, en particulier, travaillent mieux. On leur doit de remarquables sculptures d'église. Où les artistes de l'époque excellent vraiment, c'est dans l'orfèvrerie qui nous a laissé de petits chefs-d'œuvre d'habileté et d'élégance. Et c'est aussi dans l'architecture. Cet art n'a pas encore subi les déplorables déviations que vont lui infliger ce que M. Gérard Morisset appelle l'esprit archéologique et le romantisme. Les meilleurs monuments que nous gardions de l'architecture de cette époque sont nos anciens clochers d'église avec leur galbe si pur et l'élancement symbolique de leurs lignes. Oeuvres qui procèdent, et c'est le fait intéressant, non d'une tradition savante ou du livresque, mais d'une tradition populaire, si l'on peut dire, que se sont transmise d'humbles constructeurs menuisiers et charpentiers de village.

Vie nationale

Autant de faits, à notre avis, qui témoignent de quelque intensité de la vie française au lendemain de 1840. Le Rapport Durham, suivi de l'Union des Canadas, avait entraîné quelques esprits pratiques ou défaitistes à prêcher la démission politique et culturelle. Plus rien à faire, disait-on, que supprimer les « distinctions nationales... distinctions impies, absurdes et pernicieuses »; changer lois et usages, « vestiges du passé », « pour des institutions plus en harmonie avec les besoins de la société moderne ». Voix promptement étouffées. « Le Rapport Durham et l'union qui s'ensuivit, observe l'historien anglo-canadien Edgar McInnis, avaient en fait contribué à revigorer le nationalisme français. » Autre observation et aussi significative du même historien, à propos de l'*Histoire* de Garneau et de son influence: « Au moment où la poignée des écrivains du Canada de langue anglaise cherchaient encore à tâtons une expression nationale qui leur fût propre, le nationalisme canadien-français florissait dans un mouvement littéraire et historique, avec le dessein de fond de maintenir et de renforcer un esprit de séparatisme racial. » Etienne Parent, celui-là même, semble-t-il, qui, en 1839, avait le plus fortement invité ses compatriotes à jeter par-dessus bord tout espoir de survivance française, prêche plus que personne, quelques années plus tard, la foi en la nationalité et en son avenir: « Or, qui niera que nous, Canadiens français, ayons une nationalité, lorsqu'on en trouve la reconnaissance dans un acte législatif même du Parlement Britannique, la 14e Geo. III, ch. 83, passé à la veille de la déclaration d'indépendance des Etats-Unis... » Le témoignage éloquent, sur ce point, nous est fourni par la bataille persévérante menée au parlement de l'Union contre l'article LXI de la constitution: bataille conduite avec stratégie et qui, par gains progressifs, rétablit peu à peu la langue française dans ses droits officiels, obtient même qu'un vote unanime du Parlement de l'Union sollicite du Parlement britannique l'abrogation d'un texte devenu désuet.

Il semble aussi que, le sentiment national de nouveau polarisé, l'on assiste à un repliement décisif sur soi, sur son pays. Le loyalisme à l'autorité britannique reste toujours correct. Loyalisme d'esprit où le cœur n'entre guère. Un texte de J. Huston, extrait du *Répertoire national*, texte dont nous ne voulons pas surfaire l'importance, pourrait projeter néanmoins quelque jour sur l'état d'esprit de la jeunesse du temps: « Traités en peuple vaincu, écrit le jeune auteur, et non comme faisant partie du peuple anglais, nous voyons presque sans joie les victoires remportées par les soldats et les matelots de la Grande-Bretagne, et nous n'éprouvons pas une douleur bien vive lorsqu'ils essuient des défaites. » Le Canada français ne mord guère, non plus, à l'annexionnisme américain, panacée alors offerte à la crise économique des Canadas. La séduction n'agit pas malgré l'emballement de la population anglo-canadienne, malgré Louis-Joseph Papineau qui jette de ce côté-là son immense prestige, malgré aussi la jeunesse démocratique qui à décidé de suivre le panache du chef. Parmi les signataires du manifeste annexionniste de Montréal de 1849, à peine les Canadiens français figurent-ils pour un septième. Elgin peut écrire à lord Grey: « Le mouvement annexionniste ne paraît pas avoir eu de prise sur eux » (les Canadiens français). Et Roebuck aura beau jeu à déclarer, devant le parlement anglais: « Ce ne fut pas le peuple du Canada, celui que les hommes de ce parti [oligarchique] avaient spolié de tout ce qu'il avait de plus cher — ce ne fut pas la population française du Bas-Canada qui parla d'annexion... ce furent les marchands anglais, écossais, irlandais, qui avaient engagé leurs capitaux dans un commerce privilégié... » Un idéal politique ressaisit alors sa puissance de séduction: le rêve de l'indépendance, rêve d'ailleurs ressuscité par Papineau, dont la suprême espérance serait de voir « la patrie consolée et prospère... républicaine un jour ». Cet avenir, disait-il, « vous le verrez, vous, jeunesse canadienne, si moi-même et les autres vieux athlètes descendons à la tombe avant l'aurore de ce grand et glorieux jour. » Pour le moment, c'est à la conquête d'une pleine autonomie du Bas-Canada, à la reprise de son individualité politique d'avant 1840, qu'avant de verser dans l'annexionnisme, une portion influente de la jeunesse entend se donner. « Rappel de l'Union », Haut et Bas-Canada retournant chacun à son autonomie d'hier, dans ses frontières d'hier, réforme radicale, dont les jeunes démocrates de l'*Avenir* se font, en 1848, un drapeau. Il fait bon noter, en même temps, que, ni pour cette jeunesse ni pour ses aînés, le problème national ne se ramène au seul problème politique. Peu de générations l'ont aperçu dans une vue aussi synthétique. Quel cas l'on fait de l'instruction publique, nous n'avons plus à le rappeler. « Pour notre nationalité, dira J. Crémazie, l'instruction... est la foi suprême, car sans elle, l'avenir nous réserve le sort des ilotes... » C'est en ce temps-là que, pour orienter ses com-

patriotes vers l'industrie, Etienne Parent lance ce mot quelque peu empha-
tique: « L'industriel, c'est le noble de l'Amérique. » Le même traçait à
la jeunesse ce programme d'étude: « Etudiez 1. l'économie politique;
2. l'économie politique; 3. l'économie politique. » J. Huston, dans son
exposé des « besoins de la jeunesse canadienne-française », se rencontre
avec les jeunes de l'*Avenir,* pour une œuvre de reconquête, dans tous
les domaines: fonctionnarisme, arts, métiers, littérature, industrie, agriculture, commerce. Dans chaque comté et paroisse, ces jeunes souhaiteraient établir des fermes-écoles, fonder des sociétés en commandite pour
achat et revente de terres de la couronne aux fils des cultivateurs, lancer
les enfants du sol vers la chasse-gardée des cantons de l'est.

Vie religieuse

Autre page d'histoire bien remplie, où l'on voit une fois de plus la
grande Ouvrière continuer sans relâche la réfection de ses structures,
puis stimuler et coordonner toutes les forces de la jeune nation. Le domaine
de l'Eglise québécoise reste toujours immense. Même après l'érection
des provinces maritimes, du Haut-Canada et du district de Montréal en
évêchés, le diocèse de Québec garde pour bornes, au sud les Etats-Unis,
au nord le pôle artique, à l'ouest, l'Océan Pacifique. Pour desservir ces
3,000,000 de milles carrés et une population catholique de 500,000 âmes
en 1840, la plus grande partie dans le Bas-Canada, le personnel ecclésiastique se réduit alors à deux évêques, deux coadjuteurs, un vicaire-
apostolique à la Rivière-Rouge (Manitoba), à 300 prêtres environ, à 6
instituts de femmes. Nul ordre religieux d'hommes n'a encore fait sa
réapparition, sauf l'Institut des Frères des Ecoles chrétiennes à peine
installé. Le mal si ordinaire au Canada français persiste toujours: trop
peu d'hommes pour trop de tâches. Par malheur, ce clergé, par la pauvreté
de sa formation théologique et ascétique, et même par manque de temps
à donner aux études, n'est pas toujours égal à sa tâche ni d'esprit sain.
Il mord volontiers aux nouveautés et même aux vieilleries doctrinales:
gallicanisme, jansénisme, mennaisianisme. Dans la nomination de ses
évêques, dans la division des diocèses, dans l'érection des paroisses,
l'Eglise canadienne n'a pas fini, non plus, de surmonter tous les obstacles
ou embarras, contrariétés qui lui viennent tantôt des gouverneurs, tantôt
des ministres des colonies. Heures critiques où les périls se font pourtant
nombreux dans la vie de la jeune Eglise: péril de l'Union des Canadas et
du « rapport affreux » de Durham, offensives de ministres d'autres religions venus « de tous les coins du monde pour travailler ici », se plaint
le supérieur de Saint-Sulpice, M. Quiblier, état religieux déplorable du
troupeau catholique, rongé par le fléau de l'alcoolisme, privé de prêtres
dans les pays de colonisation, en train même de retourner à la sauvagerie,
d'esprit souvent contaminé dans les milieux bourgeois et même ruraux
par les idéologies étrangères et par les mauvaises survivances de 1837.

En ces heures de misères va pourtant poindre un renouveau. Renouveau qui se fait d'abord sentir dans le clergé. Les grands séminaires, dont l'un, celui de Montréal fondé en 1840, recrutent un bon nombre de séminaristes. Ce sont aussi les années où un homme d'action incomparable, Mgr Bourget, devenu évêque en titre de Montréal en 1840, va chercher du renfort en Europe, ouvre son diocèse aux ordres religieux d'hommes. Oblats, Jésuites, Clercs de Saint-Viateur, religieux de Sainte-Croix, font leur entrée au pays. Par méthodes appropriées, en particulier par les retraites, un renouveau spirituel s'accomplit dans le clergé et dans le peuple. La propagande protestante, l'alcoolisme sont bientôt enrayés. La foi populaire, plus somnolente qu'éteinte, retrouve sa vivacité. Et le catholicisme canadien se livre à son esprit expansionniste qu'il n'a, du reste, jamais perdu. Missions blanches dans le Bas-Canada, parmi les pauvres populations des pays récemment colonisés; missions indiennes au Témiscamingue, sur le Haut Saint-Maurice, sur la Côte-Nord; missions à l'extérieur, dans les provinces maritimes, parmi les récents expatriés aux Etats-Unis, dans les pays de l'ouest, dans la lointaine Colombie. La petite Eglise trouve le moyen de faire face à tout. Une œuvre, du reste, fondée à Québec par Mgr Signay en 1836, l'Oeuvre de la Propagation de la Foi et qui a pour chefs des laïcs éminents, aide généreusement le clergé. C'est aussi l'époque où la liberté religieuse, aidée de l'autonomie politique enfin conquise, n'est pas loin d'enregistrer ses ultimes conquêtes. En 1839, sous le Conseil spécial, l'évêché de Montréal a été érigé en corporation sous le sceau de la province et l'évêque y a pris le titre « d'évêque catholique romain ». Des lettres patentes de 1845, confirmées par une loi de 1849, étendent ces droits aux autres évêchés catholiques des deux Canadas. Jusqu'à cette époque les évêques n'ont pu se dispenser de l'approbation du gouvernement pour prendre possession de leur siège. Il leur a fallu chaque fois prêter le serment de fidélité. Le gouvernement impérial s'est toujours opposé à reconnaître l'érection de nouveaux diocèses par la seule autorité du pontife romain. Le 12 juillet 1844 il acquiesce à l'établissement de la première province ecclésiastique canadienne, avec Québec pour siège métropolitain et reconnaît que « L'Acte de cession oblige le gouvernement britannique à reconnaître la hiérarchie catholique au Canada. » Par d'autres ordonnances du Conseil spécial les Sociétés ou congrégations religieuses ont vu s'améliorer leur statut ou personnalité juridique; l'érection civile des paroisses, la construction ou réparation des églises, presbytères et cimetières ont été grandement facilitées. Enfin une loi de 1851, sanctionnée par Sa Majesté britannique en 1852, a proclamé, dans les deux Canadas, « le libre exercice et la jouissance de la profession et du culte religieux sans distinction ni préférence... »

A la veille des jours où allaient se poser tant de graves et épineux problèmes, le Canada français connaissait quelques heures de détente.

Deuxième partie

DE L'AUTONOMIE
À L'INDÉPENDANCE

Le Régime britannique au Canada

Avertissement

Avec cette deuxième et dernière partie se terminera l'histoire du Canada français. Tranche d'un siècle où la synthèse, obligée de se resserrer, prendra forcément plus de densité. Trois faits majeurs dominent ces cent ans de vie canadienne: la dissolution de l'Union des Canadas, l'avènement de la Confédération, la transition de l'époque coloniale à l'époque de l'indépendance.

La fin brusque de l'Union des Canadas n'a pas de quoi surprendre. Echec ordinaire de toute politique irréaliste, artificielle, qui tente de concilier les inconciliables. Devenu, par la force des choses, un premier essai, une ébauche de fédéralisme, l'Union de 1841 aboutirait au fédéralisme plus précis et plus large de 1867, inscrit de quelque façon, semble-t-il, au front de l'immense terre qui s'appelle aujourd'hui le Canada. Singulier retour d'histoire, en tout cas, qui, cent ans après la conquête anglaise, contraint à réarticuler, et pour une part, contre le même voisinage géographique, les débris de l'ancien empire de la Nouvelle-France. Evénement où l'on retrouve aussi l'une des plus vigoureuses constantes de l'histoire du Canada français: besoin impérieux de se dégager, de vivre sa vie propre dans la plus large autonomie possible. Constante que nous retrouverons jusque dans la lutte pour l'indépendance canadienne qui mettra fin à l'époque coloniale: besoin plus vif, dans le Québec que dans les autres provinces, de vivre dans un pays libre, dans une patrie à soi, débarrassé de l'étreinte de l'impérialisme britannique.

C'est cette histoire abondante et drue qu'il nous faut embrasser et expliquer en quelque trois cents pages. Il faudra donc s'attendre à d'inévitables et plus fréquents raccourcis. Notre tâche nous fait d'ailleurs aboutir à l'histoire contemporaine, celle où l'historien se sent le plus dépourvu de ses moyens. Insuffisance de documentation, insuffisance de recul, impossibilité de prendre l'exacte mesure des hommes et des événements, pour toutes ces raisons, c'est encore son temps que l'on connaît le moins. Embarras de l'homme à qui les arbres, pour l'environner de trop près, cachent la forêt. Faut-il aussi l'ajouter ? Trop de mouvements politiques, économiques, sociaux, à leur début ou en pleine route, empêchent par leur part d'inachevé qu'on en saisisse l'importance ou le retentissement. On nous saura donc gré de nous en tenir, par souci de probité, à ces projections ou lignes d'histoire dont le point de départ est déjà fortement engagé dans le passé et qui, pour cela même, permettent de suivre, avec quelque sécurité, la courbe de leur déroulement.

PREMIÈRE PÉRIODE

De 1848 à la Confédération, ou la dissolution de l'Union

Premiers craquements

Malaise des tories

Les premiers craquements de l'Union, il semble qu'on les entende au lendemain même de 1848. La lutte pour un grand idéal politique, la conquête de l'autonomie, avaient pu faire oublier, en quelques milieux, les vices fonciers du régime. La victoire aussitôt remportée, avec quelle promptitude se réveille le démon de la querelle. Un groupe n'a jamais désarmé: les tories du Haut et du Bas-Canada. Et se peut-il état d'esprit plus trouble que le leur ? La révolution économique et fiscale de la Grande-Bretagne leur avait apporté la ruine financière. On peut se demander si la politique coloniale de lord Grey et de lord Elgin ne les a pas atteints plus au vif. Quelques lignes de lord Grey en son *Colonial Policy* nous peignent l'accablement profond de la caste « défenestrée » et bel et bien dépossédée après un règne de plus de cinquante ans: « Cette caste qui se croyait née pour gouverner et qui, avec l'aide du gouvernement de la mère-patrie, avait pendant si longtemps détenu le pouvoir, avait désormais sous les yeux l'amer spectacle du pouvoir et de l'influence passés aux mains d'hommes que, pour leurs sentiments démocratiques et leur origine nationale, elle regarde comme les ennemis naturels de la Couronne britannique. » Crise de loyauté que la crise des tories et qui va se compliquer d'une crise de francophobie. Elgin nous les a montrés relevant avec amertume, dans le nouveau parlement, ce qu'ils appellent la prépondérance française, pour dénoncer de là les agenouillements du monde officiel devant les vainqueurs. Un jour, une vignette du journal humoristique, le *Punch,* qui représente Monkland, pose, au fronton de la résidence vice-royale, cet écriteau: *Ici on parlent français (sic).* Pour une récente loi qui vient de placer les cantons de l'est sous le droit commun de la province, loi d'ailleurs votée sans grande opposition, un journal anglais de Montréal ose écrire: « Le jour où la tyrannie française sera devenue insupportable, nous trouverons notre Cromwell. »

Etat d'esprit que nous explique déjà l'extraordinaire surexcitation provoquée, en 1849, par la fameuse loi d'indemnité en faveur des victimes des soulèvements de 1837-1838. Et voilà aussi pour atténuer singulièrement la prétendue malfaisance de cette loi, dénoncée par le *Morning Courier* comme « une iniquité atroce et monstrueuse ». En vérité, loi de simple justice qui ne faisait qu'appliquer au Bas-Canada une mesure déjà votée en faveur du Haut, et qui, pour se montrer plus lésineuse que celle-ci, aurait à subir les violentes attaques de Papineau et du journal l'*Avenir*. Et pourtant la loi d'indemnité n'aura été qu'une goutte d'huile sur une mèche déjà bien allumée. Aussitôt la loi sanctionnée par lord Elgin, quelle manifestation d'anarchie que l'émeute de Montréal, au printemps de 1849: l'appel des journaux tories à la guerre civile, le gouverneur hué, poursuivi à travers les rues, criblé de projectiles par une populace frénétique; le soir, aux applaudissements d'une foule en délire, l'incendie des édifices du parlement, et pendant trois à quatre mois, au nez de l'autorité interdite et à demi désarmée, un régime de terreur abattu sur la capitale. De nouveau les tories se mettent à brandir, contre la métropole, la menace de la révolte et du séparatisme. En plein parlement, le colonel Gugy vocifère: « Si cette loi d'indemnité reçoit, telle que votée, l'assentiment de Sa Majesté, elle aura pour conséquence de délier les sujets des colonies de leur serment d'allégeance. » La grave et orthodoxe *Montreal Gazette,* ponctuant le mot de Gugy, déclare les Canadiens déliés de leur serment de fidélité. Et, pour mettre le point final, « le cri de ralliement de la population anglaise, clame le *Courier,* doit être l'indépendance canadienne... »

Cri défendable. L'est-elle autant cette autre solution ou consigne presque aussitôt mise de l'avant et qui va connaître, en quelques jours, une stupéfiante popularité ? L'indépendance, c'était à tout prendre, l'exaltation de la patrie, la foi souveraine en ses destinées. L'annexion aux Etats-Unis peut-elle bien signifier autre chose que la défaillance de l'esprit sur l'une des idées les plus chères à l'homme et à un peuple, le renoncement aux destinées naturelles du pays natal ? Symptôme aggravant, l'annexionnisme ne prend pas origine dans les nouvelles couches du peuple, dans le monde des immigrants encore mal fixés au sol. Il naît dans les plus anciennes couches britanniques, et voire dans les milieux sociaux et politiques réputés jusque-là pour leur attachement ostentatoire à la Grande-Bretagne. Et si l'on soupèse les motifs qui vont susciter et animer le mouvement, apparaissent-ils d'un poids si imposant ? Lors des débats sur la loi d'indemnité, le *New York Herald* avait osé une prédiction. La sanction d'une loi de cette espèce et d'une autre mesure du ministère pour l'accroissement de la représentation parlementaire, prétendait le journal, ferait flotter en « l'année 1850 les *Stars and Stripes* sur les créneaux du Gibraltar du Nouveau Monde: Québec ». Qu'entre la loi d'indemnité et l'annexionnisme des tories, il y eut quelque liaison, la chose ne semble pas douteuse. Mais l'accès de francophobie des annexionnistes provient aussi d'autres inquiétudes. Persuadés, l'on ne sait par quelle illusion, de la fin prochaine d'une immigration intensive des îles britanniques vers le Canada et par conséquent de l'inévitable prépondérance numérique de la race française dans la colonie, « plus d'un loyal Britannique, écrivent les historiens Allin et Jones, acceptait l'annexion aux Etats-Unis, comme le seul moyen de garder à sa race la suprématie. » Dans cette aberration du patriotisme, force est bien néanmoins de discerner avant tout et par-dessus tout, une déception d'hommes d'affaires et de boutiquiers. Certes, l'on ne saurait se masquer la gravité de la crise économique: ces trois ans de dépression commerciale; les trois quarts des hommes d'affaires en péril de banqueroute; le blocage des vaisseaux canadiens dans leurs ports, par la tardive abrogation des Actes de navigation; enfin la frontière américaine fermée à l'exportation comme une infranchissable muraille de Chine. Néanmoins le *Punch* exagérait-il plus qu'à demi quand il imaginait ce baromètre de la loyauté des commerçants:

Farine à 33 chelins la barrique: loyauté à la hausse.
Farine à 26 chelins la barrique: nuageux.
Farine à 22 chelins la barrique: annexion.

Autre symptôme encore plus inquiétant. Dans le mouvement annexionniste, ce sont les tories qui font le nombre. Encore s'en faut-il qu'ils soient seuls à y donner. Tous les partis, conservateurs, libéraux, rouges, et parmi eux des dirigeants du monde politique et financier, fournissent leur part de prosélytes. Le Haut-Canada, les provinces maritimes, quoique avec plus de réserve, se laissent prendre à la propagande. En quelques mois l'idée lancée à Montréal en octobre 1849 a pu courir des grands lacs à Halifax. Fièvre étrange, folie de suicide qui, bien au delà des malaises déjà énumérés, laissent soupçonner, dans le corps d'un jeune Etat, d'autres maux encore plus profonds: des carences essentielles, quelque vice incurable de structure.

Malaise des Canadiens français

A ces passions d'anarchie, les Canadiens français auraient-ils, eux aussi, succombé ? Le malaise économique, quoique par un autre biais, n'a pas laissé de les atteindre. Il suffit de se rappeler l'affreuse coulée de leur jeunesse vers les Etats-Unis, déplacement de population resté sans précédent dans l'histoire des Amériques et qui laisse loin derrière soi et le dérangement acadien et l'émigration des loyalistes américains. Pendant ce temps-là, l'annexionnisme a été présenté à la population française par de redoutables propagandistes, parmi lesquels un vétéran des luttes nationales: Louis-Joseph Papineau. En dépit de tout, au bas du

« Manifeste annexionniste » de 49, à peine relèverait-on un septième de noms d'allure française. La plupart de ces signataires appartiennent, il faut l'avouer, à la jeune génération: jeunes professionnels, jeunes républicains et radicaux qui évoluent autour de l'Institut canadien de Montréal et du journal l'*Avenir*. Dans son emballement démocratique, la jeunesse nationaliste de 1847 se flatte naïvement de mieux préserver l'héritage culturel des ancêtres en le confiant à la suprême incarnation de la démocratie moderne. Elle n'empêchera point qu'en son ensemble la population française du Bas-Canada, plus racinée que tout autre, ne prête qu'une oreille sourde ou amusée aux appels des annexionnistes.

Ce peuple serait-il indemne pour autant de toute maladie ? Hélas, la vérité veut qu'il ait fourni sa bonne part aux troubles de son temps. L'esprit de division et de querelle sévit à l'état aigu, dans ce milieu si propre à le fomenter: le milieu politique. Deux maladies, ou si l'on veut, deux formes de radicalisme rongent, vers 1850, le parti libéral-réformiste: le « clear-gritisme » dans le Haut-Canada, le démocratisme dans le Bas, ce dernier, enfant choyé de Papineau et du jeune groupe de l'*Avenir*. Un terrible esprit d'intrigue, de faction, d'insubordination contre les chefs se donne libre jeu. C'est qu'à la passion politique se joint, avec une violence inouïe, le heurt des générations. Effet naturel, semble-t-il, de toute période de tâtonnement ou d'inaction, où la patience ou ce que l'on pourrait appeler l'attente messianique trouvent à se lasser. Peu de jeunesses, en tout cas, auront pratiqué à l'égard de leurs aînés, la réprobation tranchante de celle de 1848 au Canada. Relisez la philippique de J. Huston devant l'Institut canadien de Montréal en 1847: « Et où sont les actions de tous ces grands patriotes, à discours interminables, que nous voyons se débattre avec tant de fracas dans les rangs ministériels, dans le juste milieu et dans l'opposition ? Quelles institutions ont-ils créées ? Quelles sociétés ont-ils fondées ? Qu'ont-ils entrepris pour l'avantage de la jeunesse canadienne ? Rien, messieurs, rien. » Les jeunes de l'*Avenir* ne sont guère plus indulgents quand, en LaFontaine, Baldwin et leurs collègues, conquérants de l'autonomie politique, ils ne voient que des « ministres liliputs qui donnent en ce moment le spectacle d'un gouvernement aux mains de Bohémiens et de Savoyards qui n'ont plus que la prestidigitation et le tour de gobelet pour gagner leur vie. » Fièvre d'impatience et d'indiscipline qui allait bientôt orienter les jeunes démocrates vers l'organisation et les cadres d'un nouveau parti, parti d'opposition systématique. Et c'en serait fini pour jamais du bloc canadien-français reconstitué, depuis à peine dix ans, par LaFontaine. Par fol individualisme et déviation d'esprit, ce groupe qui devait à sa cohésion sa force et ses récentes victoires, s'en irait de soi-même où Elgin, après Bagot et Metcalfe, l'aurait tant voulu conduire: à la substitution de l'esprit politique à l'esprit national, et par là, au fractionnement et à sa fusion dans les divers partis de la Chambre. Les Canadiens français donnaient ainsi à leurs adversaires le spectacle de cette « plasticité psychologique » qu'un jour l'historien anglais Toynbee leur tournerait en éloge. Heure fatale que celle où un peuple fait subir à sa politique traditionnelle cette grave évolution qui s'appelle un changement d'axe. Peu à peu, au Canada français, l'on verra les passions de parti, l'idolâtrie du parti et des chefs de partis éclipser les intérêts supérieurs de la nationalité. Le souci ou l'esprit national ne domineront plus, et encore sans parfaite unanimité, qu'aux heures de crise, sous la secousse de vigoureux mouvements d'opinion ou sous l'empire de chefs à puissante personnalité.

Conséquences pour l'Union des Canadas

En attendant, et pour en revenir encore une fois aux symptômes de tout à l'heure, c'est, au premier chef, sur la question de l'Union que s'opère la division. C'est même le régime de 1841 que les démocrates tiennent responsable des malheurs de l'époque. « L'Union a tué parmi nous les principes », opinent les jeunes journalistes de l'*Avenir*. Et Louis-Joseph Papineau, leur faisant écho, reprendra: « Hors le rappel de l'Union, il n'y a pas de chance à trouver la moindre intégrité politique. » Ce sera donc à cette réforme radicale et alors diviseuse entre toutes, le Rappel de l'Union, que va s'adonner la jeunesse démocratique, orientée, dirigée, du reste, de ce côté-là, par nul autre que Papineau. En 1849, lors de son duel oratoire avec LaFontaine, l'ancien chef s'engage à fond: « Cette Union, dira-t-il, entre autres choses, nous met vis-à-vis du Haut-Canada dans la même position qu'est l'Irlande vis-à-vis de l'Angleterre... Tant que nous serons soumis comme nous le sommes à la domination du Haut-Canada, nous ne pourrons rien espérer de mieux... » Souligner la gravité de ce débat serait superflu. C'est la constitution du pays, c'est tout le régime politique qui sont mis en question. La jeunesse démocratique avait déjà fourni à l'annexionnisme son meilleur centre de recrutement parmi les Canadiens français. Par sa lutte pour le Rappel de l'Union, cette fois encore ayant à sa tête Louis-Joseph Papineau, elle n'ajoutait pas légèrement à l'agitation et à la confusion des esprits.

Quel sort promettre désormais à l'Union des Canadas ? Quelque apprenti-sorcier pouvait-il encore réparer l'irréparable ? Hégel comparait les groupes ou collectivités dont se composait l'Allemagne de son temps à des « pierres rondes », impuissantes à s'adapter les unes aux autres, et à s'agréger en un solide appareil. Les « pierres rondes », comme elles foisonnent dans le Canada de 1850 ! L'expérience semblait démontrer une fois de plus que l'unité politique et territoriale ne supprime pas, entre groupes nationaux, les divergences de sentiments ou d'idéaux, mais que le rapprochement politique risque plutôt de faire saillir ces divergences quand il ne va pas jusqu'à les envenimer. Après dix ans de vie en commun la disparité et même les oppositions entre les deux sections de la province persévèrent aussi radicales qu'avant l'Union. En vain, au-dessus de la réalité géographique, chercherait-on, à cette époque, la moindre ébauche d'une fusion politique ou culturelle, l'ébauche même de l'idée de patrie ou de nation. Mais où en sera l'utopie de 1840 lorsque auront surgi tant d'autres problèmes irritants: le choix de la capitale, la question des écoles séparées, la sécularisation des biens du clergé protestant, et surtout la *Rep by Pop*, comme on dit déjà, en ce style abréviatif à la fois moderne et barbare, et par quoi il faut entendre la représentation parlementaire selon la population ? Une question se pose, sur laquelle il faudra revenir: les partisans du Rappel avaient-ils entièrement tort ? Le grand enjeu des luttes constitutionnelles une fois acquis, l'Union n'a-t-elle pas donné ce qu'il était possible d'en attendre ? Et n'eût-ce pas été sagesse d'en finir avec ce régime dès après 1850, quitte à le reconstruire sur des bases plus larges et plus appropriées ? Quelques-uns le pensent qui ne sont pas du groupe des violents. En 1851, au lendemain du vote sur la cour de chancellerie, vote qui va entraîner la sortie de Baldwin du ministère, le correspondant parlementaire du *Canadien*, Jean-Charles Taché, écrit dans son journal (9 juillet 1851): « Il vaudrait mieux pour tout le monde, extirper la cause de tous ces maux en demandant le Rappel de l'Union et en donnant à chaque section de la province... une constitution adaptée à ses besoins particuliers... » Dès 1849, lord John Russell, peu enthousiaste, sans doute, de l'échec retentissant de sa politique, songe lui-même à une rupture de l'Union des Canadas pour la reprendre sur la base élargie d'une fédération de toutes les provinces britanniques de l'Amérique du Nord.

Mais avait-on épuisé les remèdes ? Et n'y avait-il place que pour une solution extrême ?

CHAPITRE DEUXIÈME

Essai de consolidation

a) Par le principe du fédéralisme

Enoncé et acceptation du principe. — Mise en pratique du principe. — Succès et inquiétude.

Enoncé et acceptation du principe

Le remède, un essai de consolidation de l'Union des Canadas, un homme l'a tenté qui n'avait rien de l'apprenti-sorcier, mais qui était, sans doute, l'homme d'Etat le plus étoffé de son temps: Louis-Hippolyte LaFontaine. Trop clairvoyant pour ne pas déceler, dès le début, le caractère irrationnel de la politique de Durham et de Russell, cette union contre nature de deux provinces que tout divisait: la race, la langue, la foi, le droit, les mœurs, les traditions, l'histoire, un seul correctif apparut possible au jeune chef de 1841: substituer au principe rigide de l'unitarisme, le principe plus souple du fédéralisme. En d'autres termes, ne pas tenter d'unifier ce qui n'était pas unifiable, mais, au lieu de l'utopique fusion, essayer de la collaboration. Pensée, théorie politique assurément la plus importante de l'époque en ce qu'elle vaudra à un régime mort-né de se prolonger un quart de siècle. Comment LaFontaine y est-il venu ? Par la réaction traditionnelle de sa race, peut-on penser, toujours prête à toute forme honnête de collaboration. Mais l'homme d'Etat s'en est expliqué de façon plus expresse dans sa riposte de 1849 à Papineau. Et voici son propos. Le premier parlement de 1841 à peine ouvert, à Kingston, rappelait-il, les députés du Bas-Canada avaient tout aussitôt revendiqué une rectification de la représentation parlementaire conformément à la population de chacune des sections de la province. A cette requête gouvernement et majorité avaient opposé un énergique refus. Refus qui impliquait, entre le Haut et le Bas-Canada, le maintien d'une inégalité de traitement et donc une distinction réelle et voulue entre les deux sections de la province. « Ce refus, argumentait subtilement LaFontaine contre Papineau, a établi en fait et en droit que l'Acte d'Union n'avait pas fait des deux Canadas une seule et même province, mais qu'il n'avait fait que réunir, sous l'action d'une seule et même législature, deux provinces jusqu'alors distinctes et séparées et qui devaient continuer de l'être... » Poussant plus loin son argumentation, l'orateur concluait: « C'est en me fondant sur le principe de ne voir dans l'Acte d'Union qu'une confédération de deux provinces, comme le Haut-Canada l'a déclaré lui-même en 1841, que je déclare ici hautement que jamais je ne consentirai à ce que l'une des sections de la province ait, dans cette Chambre, un nombre de membres plus considérable que celui de l'autre, quel que soit le chiffre de sa population. » Certes, c'était mettre assez lestement au rancart le dessein impérial de 1840. Mais, en cet appareil politique qui ressemblait fort à une camisole de force, par quel autre expédient eût-on pu donner à la Province du Canada, quelque liberté de mouvement ? LaFontaine a bientôt fait, du reste, de gagner à sa formule d'importantes adhésions. Un large esprit comme Francis Hincks ne tarde pas à s'y rallier. John A. MacDonald, l'heure passée pour lui de la fronde, y viendra à son tour. Pour MacDonald comme pour Hincks, l'Union des Canadas participe même d'une sorte de traité ou de pacte entre les deux provinces, — *agreement, distinct bargain* — qui ne peut être modifié sans le consentement de chacune des parties contractantes. En 1865, lors des débats sur la Confédération, MacDonald dira encore en termes plus exprès: « Nous savons, par expérience, que depuis l'Union, nous avons eu une union fédérative. » Vérité de fait. Le principe unitaire a été si bien écarté, refoulé, qu'en 1857 George Brown en proférait sa plainte: « Nous avons un gouvernement pour le Haut-Canada, et un autre pour le Bas-Canada. »

Mise en pratique du principe

Pour achever de nous éclairer, si nécessaire, observons, dans le nouvel Etat, le fonctionnement de la machine gouvernementale. Dès son avènement au pouvoir, en 1842, le premier souci de LaFontaine est d'y renforcer la formule du ministère à double section. Chaque section y sera composée d'un nombre équivalent de chefs de département, les uns chargés de services spéciaux au Bas-Canada, les autres, de pareils services pour le Haut. Le dédoublement s'accomplit, par suite logique, dans la législation, c'est-à-dire jusqu'au parlement, tant il s'avère absurde qu'un parlement unique légifère pour deux peuples si distincts. Et c'est ainsi qu'on en arrive au système si discuté de la « double majorité ». Système assez confus, multiforme, qui prétend s'appliquer tantôt au cabinet, et tantôt au parlement. Dans le premier cas, chaque moitié du cabinet ne relève que de la députation de sa section de province; dans le second — et ce sera la forme la plus généralement appliquée, — un projet de loi destiné à n'affecter qu'une section de la province n'obtient validité que par le vote de la majorité des députés de ladite section. Système capricieux, compliqué, répéterons-nous, où P.-J.-O. Chauveau verra un jour la démonstration « la plus mathématique... de l'absurdité de l'Union des Canadas ». Système aussi, il faut le dire, contesté, rejeté par les chefs politiques qui pourtant négligent rarement de s'y soumettre, tant il est manifeste que le régime ne retrouve un peu de logique qu'au prix de ces déconcertants illogismes. Francis Hincks, Allan McNab, John A. MacDonald, Georges-Etienne Cartier et combien d'autres quitteront le ministère, plutôt que d'y rester contre le gré de leurs mandataires. L'une des premières et des plus illustres victimes du système ne sera nul autre que Robert Baldwin, lâché, en 1851, sur la question d'une cour de chancellerie, par la députation du Haut-Canada. Graves désagréments, sans doute. Mais comment y obvier si la meilleure volonté du monde ne saurait changer les deux entités historiques et sociales qui s'affrontent ? Passe-t-on en revue, en effet, les grands objets de la législation de l'époque: établissement des terres, immigration, abolition de la tenure seigneuriale, sécularisation des réserves du clergé, enseignement public, affaires religieuses, affaires municipales, codification des lois, où se dissimuler, entre le Haut et le Bas-Canada, la dualité de fond, sinon même le dualisme irréconciliable ? Personne d'ailleurs ne pouvait faire que l'une ou l'autre partie de la députation qui se fût avisée de délibérer ou de voter sur autre chose que les affaires de sa section, l'eût pu faire sans ingérence intolérable. Si paradoxe que la chose paraisse, rien, faut-il le dire, n'a rendu possible le fonctionnement de l'Union, autant que l'absurde système de la double majorité. Telle fut bien, en tout cas et surtout dans les derniers temps du régime, la pratique parlementaire. Autre vérité de fait qu'en 1865, encore à l'occasion des débats sur la Confédération, John A. MacDonald se plaisait à reconnaître: « Nous avons de fait une union fédérale, quoique cette union soit nominale; et nous savons que, dans les contestations vives qui ont surgi dans ces dernières années, si, en quelque occasion, une mesure affectant l'une des sections était combattue par les membres de l'autre section... — ou si une mesure affectant les intérêts régionaux du Haut-Canada était votée ou rejetée contre les vœux de sa majorité par les votes du Bas-Canada — mon hon. ami le président du Conseil (George Brown) et ses partisans, dénonçaient avec la plus grande habileté et la plus grande énergie, ce mode de législation comme une violation des droits du Haut-Canada. Et, de même pour le Bas-Canada, si un projet de loi devenait loi contre les vœux de sa majorité, ses représentants, se levant comme un seul homme, protestaient contre la violation de leurs droits. »

Succès et inquiétude

A ce prix, branlante et cahotante, la machine de l'Union put aller son chemin et même accomplir, en dépit de tout, quelque bon travail. Se représenter, en effet, cette période sous l'aspect d'une foire d'empoigne ou de querelles chroniques, serait s'en fabriquer une fausse image. Comment oublier, par exemple, les derniers mois de l'administration Bagot, cette euphorie, on voudrait presque dire cette idylle politique qui marque la trop courte inauguration du « gouvernement responsable » ? L'histoire ne saurait négliger davantage l'étonnant mouvement de 1845, alors qu'une Chambre unanime votait, avec un apparent enthousiasme, la réhabilitation de la langue française en sa dignité de langue officielle. Le contact plus intime entre les deux races, les rencontres, les collaborations de la vie parlementaire, n'ont pas été sans produire de bons résultats. Dans les esprits droits bien des préjugés ont disparu et, pour l'avenir, d'utiles rapprochements se sont préparés. Les Canadiens français ne possèdent encore, semble-t-il, ni une culture intellectuelle d'assez d'envergure, ni la solide formation religieuse qui leur eussent permis de faire bénéficier le parlement mixte des idéaux ou de l'esprit de leur civilisation catholique et française. Peut-être néanmoins certaines législations et quelques généreux compromis de l'époque donnent-ils lieu de penser que, par leur notion de la famille et de ses droits, par leur notion aussi de l'Etat et de ses limites, et par celle encore de la tolérance religieuse, et surtout de la liberté, les parlementaires canadiens-français auraient heureusement influé sur l'esprit de leurs associés politiques. Dans une notion de la liberté, par exemple, qui est avant tout, pour l'Anglo-saxon, *sa* liberté, pur concept d'utilitarisme social, et qui, pour être faite principalement du refus de toute contrainte extérieure, induit à tenir assez peu compte de la liberté d'autrui, n'y avait-il pas eu profit à faire entrer quelque chose d'une notion de liberté avant tout attribut et privilège de la personne humaine, et qui, pour cela même, incline davantage à faire cas de la liberté des autres ? Quoi qu'il en soit, et malgré bien des misères, tous ne trouvent pas uniquement à se plaindre du régime. John A. MacDonald, par exemple, n'entrevoit qu'avec appréhension, en 1857, la séparation des provinces. La vallée de l'Outaouais et une partie de la région à l'est de Kingston lui paraissent liées par leur commerce au Bas-Canada. Ce « Canada central » trouve, en effet, ses marchés à Montréal et à Québec. Or, dans le cas d'une dissolution de l'Union, ce magnifique pays, se demandait MacDonald, n'aurait-il pas inclination à se détacher du Haut-Canada ? Bien assagi, du reste, depuis 1849, le même MacDonald refuse de se laisser prendre à la légende ou à la terreur blanche de la *French domination*, fantôme, dira-t-il en Chambre, fabriqué par des démagogues ambitieux. Vers le même temps, la pensée de Cartier se rapproche singulièrement de celle de MacDonald. Passée l'alerte de l'orageuse session de 1858, alors que l'épineux débat de la *Rep by Pop* avait montré l'extrême fragilité du régime, Cartier, et pour des raisons fort semblables à celles de MacDonald, se convertit de nouveau aux avantages et à la durée possible de l'Union, au moins pour « dix ans ». « J'en verrais avec peine la dissolution », déclarait, en 1861, l'homme d'Etat canadien-français. « Le Bas-Canada a besoin du

Haut-Canada comme arrière-garde, et le Haut-Canada a besoin du Bas-Canada comme port de mer. » En 1862, deux ans avant la conférence de Québec, Cartier dira encore: « Depuis que le Bas-Canada a été uni au Haut-Canada, ma politique a toujours été de faire fonctionner l'*Acte d'Union*. Et je poursuivrai le même but, aussi longtemps que le Haut-Canada ne rendra point ce fonctionnement impossible par d'injustes demandes. »

Mais voilà bien la question. Le Haut-Canada se voudrait-il prêter à cette modération ? Les institutions elles-mêmes, au surplus, autorisaient-elles ce modeste espoir d'un minimum de sagesse politique ? Avait-on poussé assez loin le fédéralisme pour faire de l'Union un régime acceptable aux deux associés ? Sir Wilfrid Laurier devait dire un jour: « Le vice profond de ce régime, ce fut de n'être ni franchement fédératif, ni franchement unitaire. » Hélas, quoi de plus fréquent, vers 1850, sur les tribunes publiques et dans les Chambres, que les dénonciations des empiétements du Bas-Canada sur les droits ou privilèges du Haut-Canada, ou inversement de ce dernier sur les droits du Bas. Et ce n'est point aux fougueuses déclamations de George Brown et du Dr Ryerson que je pense en ce moment, non plus qu'aux philippiques de Papineau qui reproche aux ministres canadiens-français d'être « à la remorque du Haut-Canada » et de se soumettre « à tous ses caprices »; je pense plutôt à tant de plaintes sévères des partisans de LaFontaine, puis bientôt de Morin et de Cartier, à telle brochure, par exemple, d'un député marquant de l'Union, Ovide Leblanc, qui, avec la dernière violence, accuse ses chefs politiques de sacrifier sans relâche leurs compatriotes, et ce, non proprement par volonté d'injustice, mais par crainte du Haut-Canada, et voire par complaisance excessive envers la population anglaise du Bas. A propos du mariage forcé des provinces belges à la Hollande en 1815, M. Pierre de La Gorce fait ce commentaire en son *Louis-Philippe*: « En dépit de toutes les précautions contraires, l'arrangement laissait aux Hollandais un arrière-aspect de domination, aux Belges, un arrière-aspect d'annexés. Un tact exquis chez les premiers, une résignation tranquille chez les seconds eussent seuls prévenu ou adouci les heurts. Par malheur la souplesse n'était point la vertu des Hollandais, pas plus que l'endurance n'était celle des Belges. » En cette fine analyse, qui ne reconnaîtrait le tableau presque fidèle de la vie canadienne à l'époque où nous sommes, tant il est vrai que l'histoire reste partout chose humaine ? Un durable équilibre démographique entre le Haut et le Bas-Canada eût peut-être enseigné la sagesse au premier et procuré quelque sérénité à l'autre. Mais lorsque avec l'année 1852 le Haut-Canada l'emportera sur son rival, par un excédent de 60,000 âmes, se tiendra-t-il pour satisfait de sa représentation au parlement des Canadas-Unis ? Jugera-t-il, selon les mêmes normes, l'article de la constitution estimé par lui justice impeccable, pendant les dix ans où cet article avait joué contre le Bas-Canada ? Et s'il en jugeait autrement et allait se prévaloir de sa supériorité numérique pour exiger un amendement à la constitution de la province, le régime pourrait-il alors échapper au dénouement fatal ? Le triomphe de la *Rep by Pop*, que serait-ce, en effet, sinon l'ébranlement du fédéralisme, au moins sur les bases imaginées par LaFontaine pour assurer quelque fonctionnement de l'Union ? Ce jour-là, d'autres procédés ou expédients pourraient-ils encore sauver le régime ou simplement le prolonger ?

CHAPITRE TROISIÈME

Essai de consolidation

(suite)

b) Par diverses coalitions de groupes politiques

*Echec de la coalition Hincks-Morin-Brown. — Echec de la
coalition libérale-tory. — Fin de l'Union.*

Echec de la coalition Hincks-Morin-Brown

L'Union des Canadas ne peut se prolonger, disions-nous, que par fidélité au principe du fédéralisme. Mais où trouver le démiurge qui, pour assurer cette fidélité, saura contenir les antagonismes croissants ? Avec la retraite de Baldwin et de LaFontaine en 1851, l'alliance libérale-réformiste a paru sombrer dans une faillite définitive. Vers quelle autre combinaison ou alliance politique se tourner, non pour fortifier un régime décidément valétudinaire, mais pour assurer à tout le moins le fonctionnement de la machine gouvernementale ?

Le ministère Baldwin-LaFontaine, appelé le « grand ministère », prend fin le 27 octobre 1851. Le lendemain le ministère Hincks-Morin assume la succession. Enthousiaste, le gouverneur Elgin y voit « pour l'habileté pratique », le gouvernement le plus fort qui ait « jamais existé au Canada ». Eloge mérité ? Nous connaissons déjà Francis Hincks, journaliste de carrière qui a fait un temps, de l'*Examiner* de Toronto, une puissance politique. D'une habileté proche du génie en affaires, selon John A. MacDonald, Hincks a, du grand financier, les qualités et les défauts et jusqu'au respect plutôt léger pour l'argent des autres. Augustin-Norbert Morin nous est bien connu, lui aussi. Orateur et écrivain assez médiocre, bien qu'il ait passé, avant 1840, pour la plume du parti national, le personnage est en revanche tout en hauteur morale. L'extraordinaire, c'est qu'il ait séduit, non seulement ses contemporains canadiens-français, ses jeunes amis de la première période de Papineau, qui l'ont admiré pour ses convictions enthousiastes, son tempérament d'apôtre, mais que cette séduction se soit étendue jusqu'aux milieux anglais et jusqu'aux gouverneurs de l'époque. Gosford, Durham, Metcalfe eussent voulu se l'attacher; Bagot, pour le talent et les qualités naturelles, mettait Morin au-dessus de LaFontaine. Jugements flatteurs qui ne sauraient changer toutefois ni la valeur ni le rôle de ces épigones du réformisme, encore à leur rang légitime dans celui de disciples de leurs prédécesseurs.

Hincks et Morin vont tenter l'entreprise la plus téméraire de l'époque: ressusciter de ses débris l'alliance libérale-réformiste, mais en y intégrant, dans l'espoir de l'apprivoiser ou de l'absorber, la phalange des frondeurs du Haut-Canada. Ceux-ci s'appellent les clear-grits. Et qui donc s'est venu loger sous cette étiquette ? Des radicaux à l'anglaise, mâtinés de démocratie à l'américaine et de fanatisme protestant. Clear-grit, désignation propagée par George Brown, étranger d'abord à la faction et qui n'y voulait voir qu'une « misérable clique de chercheurs de places, un chœur de cormorans bavards, un cartel d'intérêts personnels » (*Bumkum talking cormorants*). Le clear-grit conçoit le « gouvernement responsable » comme une simple halte vers l'émancipation totale du Canada, d'où les premiers fleuretages de la faction avec les hérauts de l'annexionnisme et de l'indépendance. En politique intérieure, à l'exemple des jeunes gens de l'*Avenir*, ces frondeurs se passionnent pour la démocratie élective à l'américaine, démocratie qu'ils étendraient volontiers jusqu'à la magistrature. Hostiles surtout à tout régime de privilège, à toute église d'Etat, courtisans avisés des réformes qui passionnent les masses de leur section de province, les clear-grits ont accroché leur avenir à la sécularisation des biens du clergé et à la dangereuse *Rep by Pop*. Au surplus, ces enfants perdus et indisciplinés du réformisme du Haut-Canada n'en font pas mystère: s'ils se sont cramponnés au flanc du parti, c'est pour y servir de ferment et d'aiguillon. Ainsi peut-on définir le clan suspect à qui ne manquent plus pour devenir un facteur redoutable dans la politique canadienne, qu'un journal et un chef puissants. Ces deux bonheurs lui viendront à la fois et s'incarneront dans le même homme, George Brown, journaliste du *Globe*. D'abord adversaire, avons-nous dit, de la faction clear-grit, Brown sera bientôt entraîné vers elle par tout ce qu'il y a en lui de radicalisme et de francophobie. Elgin définit le *Globe* comme un journal « radical et anticlérical » (*anti-church Radical*). George Brown entre au parlement, tout juste aux élections de 1851, après s'être fait précéder d'une sorte de *pronunciamiento*, qualifié encore par Elgin de pièce « la plus violemment antiépiscopale, anticatholique et anti-Eglise d'Etat » de toute la campagne électorale. L'année précédente, on se le rappellera, Rome avait restauré, en Grande-Bretagne, la hiérarchie catholique, non sans provoquer, dans le

Royaume-Uni, une extraordinaire émotion. L'émotion, un homme entreprend de la propager au Canada comme une traînée de feu: le journaliste du *Globe*. Jusque-là, peut-on dire, le fanatisme antipapiste ne sévissait dans le Haut qu'à l'état passager et sporadique. George Brown lui donna forme de secte, lui insuffla une âme et lui fournit une stratégie.

Avec de pareils associés, quel peut bien être l'avenir de la nouvelle coalition ministérielle ? Greffer sur un tronc à demi vermoulu un rameau de sève révolutionnaire, c'était plus que tentative osée. Il arriva ce qui devait arriver: le ferment se fit explosif. Les clear-grits n'épargnèrent ni les indiscrétions ni les coups de tête, surtout George Brown qui parlait au parlement comme il écrivait dans le *Globe*, sans égards ni ménagements pour les catholiques du parti réformiste. Un jour que des institutions d'enseignement et de charité sollicitent la personnalité civile, le fougueux orateur se lance en des diatribes effrénées contre le rôle de l'Eglise et contre le régime monastique, flétrit celui-ci comme le « fléau de tous les pays où il existe », et dénonce l'autre comme une indigne institutrice, dont l'enseignement conduirait au « rétrécissement de l'esprit et à l'athéisme ». Entre ministres réformistes et ministres clear-grits, des querelles éclatent au sein même du cabinet; d'aucuns se donnent la riposte en public. La question des réserves du clergé protestant achève de tout gâcher. Hincks l'avait abordée maladroitement, comme un navire aborde un écueil. Autorisé par le parlement impérial à légiférer en la matière, il refuse d'agir, gêné, au vrai, par ses collègues canadiens-français qui redoutent l'application d'une pareille mesure aux biens du clergé catholique. De ce jour, George Brown déchaîne la guerre sans merci contre ce ministère aux genoux de la papauté, soumis servilement au despotisme de l'Eglise romaine. Autour de Hincks flottent, au surplus, des relents de malversations financières. En 1850, au lendemain de leurs premiers succès électoraux, lord Grey voyait poindre dans les clear-grits, « le parti de beaucoup le plus dangereux au Canada ». Dès les premières épreuves de la nouvelle coalition, l'on imagine sans effort les sentiments des Canadiens français. Qu'un honnête homme comme Morin se soit prêté à la duperie d'une pareille alliance, paraît mystère. Le correspondant parlementaire du *Canadien* écrit dans son journal: ces clear-grits « n'ont pas même la conscience du prodigieux dégoût qu'ils inspirent à tous les hommes sensés et honnêtes ». Après les élections de 1854, le ministère Hincks-Morin, défait dans le Haut-Canada, quitte le pouvoir. Cette fois, c'est plus qu'un ministère qui s'en va; l'alliance libérale-réformiste, la grande alliance de LaFontaine et de Baldwin, se dénoue pour jamais. Elle s'écroule, sans doute, sous les coups de bélier des clear-grits. Par leur incessante versatilité, ses anciens partisans du Haut lui ont aussi porté le coup mortel, politiciens d'une faiblesse déconcertante devant les séductions du pouvoir et qui semblaient avoir pour blason la rose des vents.

Il fallut tenter une autre combinaison. Quelle serait-elle ? La plus inattendue, à certains égards, comme s'il eût fallu démontrer qu'en politique l'imprévu ne l'est jamais qu'à demi. La nouvelle coalition verrait se joindre, comme dans le classique panier de crabes, les pires ennemis d'hier: les libéraux du Bas-Canada et les tories ou conservateurs. Prodige qui a besoin d'explication. Le désenchantement des Canadiens français en donne raison pour une bonne part. A jamais déçus de leurs alliés d'hier, que leur reste-t-il à faire sinon se tourner vers d'autres parages ? Ces libéraux du Bas, les voilà devenus, du reste, par dégoût du radicalisme, et Elgin n'a pas manqué de le noter, l'élément le plus conservateur du pays. A retenir aussi que la récente évolution constitutionnelle du Canada, en même temps qu'elle a désempanaché le parti tory de son rôle de parti privilégié, lui a ravi du même coup, son aspect odieux d'hier, sa mine de croquemitaine. Dans l'esprit même de ces tories, une évolution considérable s'est produite. La date de 1849, écrit justement un historien anglo-canadien, L. J. Morrison, marque la mort de l'ancien et extravagant parti tory. Déclassé, cette année-là, comme parti d'avenir, la loi de la vie lui a imposé d'évoluer. Puis la sécularisation des biens du clergé protestant a rapproché opportunément des libéraux du Bas, ces piliers de la Haute Eglise. Certes, il arrive et il arrivera encore au volcan de fumer; ses éruptions de francophobie se feront plus rares. Quant aux tories du Haut, ceux-là beaucoup plus étrangers aux querelles de races, on comprendra qu'ils inclinent plus facilement vers la nouvelle coalition. Un seul obstacle paraît se dresser: la présence, à la tête du parti, d'Allan McNab, francophobe exalté, l'un des coryphées des émeutes de 1849. Par bonheur encore, l'apaisement des passions venu avec l'âge, puis la crainte d'un jeune compétiteur plein d'audace et d'habileté et qui n'est autre que John A. MacDonald, puis enfin la plasticité de caractère et d'opinion d'un homme dont Sydenham disait qu'il « l'eût bien acheté, s'il n'eût fallu le racheter tous les lundis matin », autant de bonnes raisons qui vont aplanir les dernières difficultés. Le 11 septembre 1854, naissait donc le ministère McNab-Morin, coalition de conservateurs, de libéraux et de deux représentants d'un petit groupe de réformistes restés fidèles. En face ne se dressent plus que les radicaux des deux sections de la province, les clear-grits et les rouges.

Pour un demi-siècle tout près, les partis politiques au Canada ont pratiquement pris leur assiette. Le pays serait-il enfin guéri de son mal suprême, que nous pourrions appeler le *mal de l'Union* ? Hélas, tant s'en faut. En dépit du caractère tranché de ces formations politiques et de leur apparente solidité, les Canadas vont connaître, pendant les prochains vingt ans, et à l'état chronique, la pire instabilité gouvernementale. Au reste, que de problèmes litigieux soulèvent de part et d'autre les passions. La question des écoles séparées, que nous retrouverons plus loin, fera s'affronter les particularismes religieux. Le simple choix d'une capitale, on le croirait à peine, va mettre aux prises les particularismes politiques et nationaux. Rarement fixer l'ombilic d'un pays parut entreprise aussi laborieuse. Kingston, rejeté après un premier essai, Montréal abandonné après les émeutes de 1849, le système d'alternance entre Québec et Toronto jugé intolérable, la question d'un choix définitif devint, pour les parlements canadiens, l'un des sujets les plus inflammables. Le débat allait occasionner quatre ou cinq crises ministérielles. Si bien qu'en désespoir de cause, il faudrait s'en remettre à l'arbitrage de la Reine qui choisit Ottawa. Une question néanmoins met en jeu plus que toute autre, le principe fédératif du régime, la *Rep by Pop*. D'abord préconisée par Papineau qui, dans l'accroissement rapide de la population du Haut-Canada, a cru voir un sûr moyen de hâter la rupture de l'Union, la réforme parlementaire se découvre bientôt un autre champion dans la personne de George Brown. Le principe de la *Rep by Pop* n'était pas entièrement faux. « Présentée à la façon des hommes d'Etat... avec calme et logique, observait le *Commercial Advertiser* (21 sept. 1855) de Montréal, plutôt que jetée dans le public avec la violence de la bigoterie sectaire... tout autre, sans doute, eût été l'accueil que lui aurait fait (à la *Rep by Pop*) le Canada. » Le fougueux tribun clear-grit choisirait de s'en faire, dans le Haut-Canada, un drapeau politique, en même temps qu'une arme naturellement dirigée contre l'influence occulte de la « hiérarchie » et de la « *french domination* ». Papineau avait trouvé, en face de lui, LaFontaine. Brown aurait à faire front contre les deux jouteurs les plus redoutables de l'époque: Georges-Etienne Cartier et John A. MacDonald. Deux hommes dont il faut esquisser au moins un bref portrait, pour leur rôle dans les événements qui s'en viennent. Le premier, Georges-Etienne Cartier, ancien « fils de la liberté » qui se souvient d'avoir fait le coup de feu à Saint-Denis, est député depuis 1848, a été ministre pour la première fois en 1855, dans le cabinet McNab-Taché. Plus riche de bon sens et de sens pratique que Papineau, moins haut en dignité morale que LaFontaine, ce petit homme de volonté dynamique se distingue surtout par sa vigueur combative, une combativité de mousquetaire, jamais plus à l'aise que dans les luttes de tribune. Cartier n'a rien du grand orateur; ses discours sont ceux d'un avocat et d'un homme d'affaires. Il mène foule et partisans plus par force que par art; il a pourtant de l'habileté autant que de la force. Ce fils de marchand de grain de l'opulente région du Richelieu est en outre un des rares politiques canadiens-français qui aient possédé, et de façon presque éminente, le sens de la finance et des affaires, qualité qui ne le grandit pas légèrement aux yeux de ses compatriotes et l'impose aux milieux anglo-canadiens. L'habileté, la finesse politique, qualité également de l'émule de Cartier, John A. MacDonald, mais en celui-ci qualité maîtresse. Si, pour commander, dominer, Cartier compte d'abord sur son impérieuse volonté,

MacDonald s'en rapporte davantage à son intelligente souplesse, souplesse qu'on pourrait dire de grand félin. Nul, parmi les hommes politiques de son temps, n'aura possédé à un égal degré l'art subtil et souverain du chef de parti et du manœuvrier parlementaire. Pas plus que Cartier, il n'est véritablement orateur; il brille par l'étendue de son esprit, un verbe persuasif, souvent irrésistible par la bonne humeur, ses impayables réparties autant que par une rare puissance de dialectique et de sarcasme. MacDonald, tout comme Cartier, est venu de loin au conservatisme modéré. D'abord tory très orthodoxe aux jours de '49, le jeune Ecossais, trop habile et trop ambitieux pour accrocher son char à un parti en train de se suicider, se retrouvera quatre ans plus tard, aux côtés de Morin, puis de Taché, puis de Cartier.

Avec de tels hommes, qui ne pressent le caractère des luttes prochaines ? D'un côté comme de l'autre, on sera moins préoccupé de gazer ses opinions que de les exprimer tranchantes, catégoriques. Cartier qui ne peut souffrir le langage provocateur de George Brown, lui criera un jour: « Le Haut-Canada a-t-il conquis le Bas-Canada ? Sinon, en vertu de quel droit peut-il demander la représentation basée sur la population dans le but de nous gouverner ? » Mais c'est surtout à la session de 1861, alors qu'il agit comme chef de cabinet, que Cartier saisit le monstre de la *Rep by Pop* corps à corps et entreprend de le terrasser. Il assaille George Brown de cette question assez embarrassante: « L'Union aurait-elle été possible, quand elle fut sanctionnée en 1840, si l'on avait pris pour base de la représentation, la population respective du Haut et du Bas-Canada ? » Le discours de Cartier s'émaillait de formules volontiers absolues. La *Rep by Pop*, disait-il encore, « je ne la repousse point ici au nom des Canadiens-Français; mais au nom de tous les habitants du Bas-Canada... Les membres de cette Chambre doivent être convaincus que jamais le Bas-Canada ne consentira à une pareille proposition. » Mais Brown a vu grandir chaque jour son influence. Son journal, le *Globe,* après absorption de l'*Examiner* et du *North American,* atteint au tirage considérable pour l'époque de 16,000 exemplaires. Dans le Haut-Canada, où son opposition tapageuse aux écoles séparées a fait du chef clear-grit, le champion du protestantisme, nulle popularité n'égale la sienne. Cartier a dressé le Bas-Canada contre la *Rep by Pop*. Pour la *Rep by Pop*, le Haut-Canada, soulevé aux cris de *No Popery, No french domination,* fait bloc autour de son agitateur. Toute l'habileté, tout le magnétisme de John A. MacDonald ne pourront rien contre cette frénésie. Pour garder son siège, dans le cabinet, MacDonald, en violation du principe de la « double majorité », sera contraint de s'appuyer sur la majorité du Bas-Canada. Situation intolérable. Rien, à coup sûr, ne fera davantage pour précipiter la fin du régime, que la rencontre de ces trois adversaires puissants, retranchés de part et d'autre en des positions irréductibles. Une fois les deux sections de la province dressées dans une opposition presque farouche, comment y trouver, en effet, des majorités de même idéal politique, aptes à collaborer, à maintenir quelque gouvernement stable ?

Fin de l'Union

L'instabilité gouvernementale devient chronique. Dans les derniers dix ans de l'Union, quelle combinaison, quel mariage de factions ou de nuances n'a-t-on pas tenté qui n'ait invariablement échoué ? Relisons la simple énumération des ministères qui se succèdent ou se culbutent dans une incessante dégringolade. Ce serait à se croire en pleine histoire de la Troisième ou Quatrième République française:

```
1854: ministère McNab-Morin,
1855: ministère McNab-Taché,
1856: ministère Taché-MacDonald,
1857: ministère MacDonald-Cartier,
1858: ministère Brown-Dorion,
1858: ministère Cartier-MacDonald,
1862: ministère Sandfield-MacDonald-Sicotte,
1862: ministère Sandfield-MacDonald-Dorion,
1864: ministère Taché-MacDonald,
1864: ministère Taché-MacDonald-Brown.
```

Dix en dix ans. Spasmes d'agonie. Ordinaire aventure des régimes en décomposition. Tous ces ministères ne sont pas morts de mort violente. Mais un seul a pu durer quatre ans, tenu en équilibre par les fortes personnalités de Cartier et de MacDonald.

Pareil état d'anarchie ne pouvait durer. Mais à quel remède s'arrêter ? Au cours et sur la fin de la crise annexionniste, puis un peu plus tard, l'on a songé à l'indépendance sous la forme d'une monarchie tempérée, qui aurait eu, pour fondateur, un membre de la famille royale d'Angleterre. D'autres ont préconisé une république indépendante. Solutions dont l'on a discuté non seulement dans le Bas-Canada et dans les milieux de Papineau et de l'*Avenir,* mais tout autant dans le Haut et dans le monde du britannisme le plus chevronné. Entre l'annexionnisme et l'indépendance, la *Montreal Gazette* déclarait préférer l'indépendance. Le *Mirror,* journal catholique irlandais, préférait, lui aussi, « voir notre pays le plus humble des Etats-indépendants, plutôt que le laquais en livrée du plus grand empire de la terre ». Un vieux projet a aussi conquis quelque faveur: celui d'une fédération de toutes les provinces britanniques de l'Amérique du Nord. En Angleterre, vers 1850, lord Grey, lord John Russell caressent l'idée. Elle fait le sujet d'un débat, en 1851, au parlement des Canadas. En 1858, alors que la *Rep by Pop* secoue l'Union à la jeter par terre, des délégués du gouvernement canadien se rendent à Londres en délibérer avec les autorités britanniques. A ce moment toutes les opinions s'accordent à rejeter une séparation absolue du Haut et du Bas-Canada. Les deux sections sont trop liées économiquement. L'aménagement commercial du territoire commun a coûté des sommes considérables. La séparation exigerait au préalable des ajustements financiers, des conventions douanières et, sans doute aussi, un statut des minorités raciales et religieuses. Elle ne pouvait non plus s'effectuer, semblait-il, sans le maintien entre les deux Canadas, d'un lien fédératif d'une certaine espèce, ce que George Brown appellera en 1859 « a joint authority ». En 1864, un gouvernement de coalition se forme pour résoudre l'épineux problème.

C'en est fait de l'Union des Canadas, politique avortée en tous ses objets principaux. Le régime va mourir de ses antagonismes irréductibles, de ce que nous pourrions appeler ses illogismes congénitaux. Le pire jugement que l'on puisse porter sur l'œuvre chimérique de 1840, c'est qu'elle n'avait pu se prolonger vingt-cinq ans, qu'en se pliant à des principes contraires aux fins de ses auteurs: je veux dire, le dédoublement administratif et législatif. Sans jeu de mots, l'Union n'avait pu durer qu'en s'appliquant à la désunion.

CHAPITRE QUATRIÈME

Accomplissements sous l'Union

Vie économique. — Chemins de fer. — Traité de commerce de 1854. — Développement industriel. — Agriculture. — Colonisation.

Vie économique

Le pays vient de vivre une période creuse, période vide d'ordinaire, inféconde en histoire. Ce serait pourtant s'abuser que de faire trop large place aux agitations politiques du temps. Sous les remous de surface, qui ne sait qu'une vie s'en va que rien ne peut empêcher d'aller ? De 1848 à 1867 beaucoup s'est fait au Canada, tant il y avait à faire. Un pays jeune s'était vu soudainement affranchi de ses tutelles économiques. Il venait, en même temps, de conquérir son autonomie politique. La sévère réalité prenait les gouvernants à la gorge. Quelques-uns entreprirent de faire face aux exigences de l'époque.

Chemins de fer

Nous sommes à l'ère des premiers chemins de fer au Canada. Besoins intérieurs et pressions extérieures y ont déterminé. Les Etats-Unis qui viennent de développer, avec leur fougue coutumière, leurs voies ferrées, ne tardent pas à rattraper la supériorité temporaire des canaux canadiens sur les leurs. En quelques années, New-York, Boston paraissent plus proches du Haut-Canada que ne l'est Montréal. A l'intérieur les Canadas ont besoin de s'articuler davantage et de raccourcir entre eux les distances. A l'époque des mauvais chemins, de la prise des glaces ou des débâcles, la nécessité s'impose de parer à l'isolement des populations, aux arrêts de la poste, de la circulation des journaux et surtout des vivres. Le printemps et l'automne, l'insulaire métropole du Bas-Canada se voit coupée, pendant des semaines, de ses communications avec la terre ferme, et comme soumise, par les glaces, à une sorte de blocus. La construction des chemins de fer n'en pose pas moins un grave problème de finance. A peine les Canadas ont-ils complété et à grand prix leur système de canaux que pour n'en pas perdre le profit et rivaliser avec le rail américain, force leur est de s'imposer de nouvelles et plus lourdes charges. D'autre part, pour le moment à tout le moins, rien n'est à espérer du capital anglais d'Angleterre. Dans l'appréhension d'une rupture prochaine entre la colonie et sa métropole, les capitalistes d'outre-mer n'éprouvent qu'indifférence pour les entreprises canadiennes. Le gouvernement de la province n'a pas d'autre issue que d'y aller de sa propre finance. On le verra donc prodiguer à la Compagnie du Grand-Tronc, formée en 1852, subsides sur subsides. De 3,000 livres sterling d'abord pour chaque mille de chemin construit, ces subsides se doubleront de garanties supplémentaires qui iront jusqu'à 4,211,500 livres. Le gouvernement canadien inaugurait cette politique hasardeuse et ruineuse dont la suite presque inévitable serait l'agiotage et l'enrichissement scandaleux de quelques brasseurs d'affaires du Canada et bientôt de Grande-Bretagne. Cependant, au prix que l'on y met, la construction de la voie ferrée marche rondement. De 250 milles en 1853, elle passe en 1860 à 1,894 milles. Les trains du Grand-Tronc circulent de la Rivière-du-Loup à l'est, à Sarnia et à Windsor à l'ouest. Un double réseau se dessine: l'un nord-sud, qui s'en va à la rencontre des chemins de fer américains et aussi vers la mer la plus proche qui, en ce temps-là, pendant les six mois de l'hiver, n'est pas la mer à Saint-Jean du Nouveau-Brunswick ni la mer à Halifax, mais la mer à Portland; le second, le réseau est-ouest, déterminé celui-ci par le donné longitudinal du territoire des Canadas-Unis, vise à ramener en terre canadienne le courant commercial de l'ouest. Méritoire effort. Il n'aurait de comparable que les entreprises d'après 1867, destinées à rassembler le formidable squelette de la Confédération. Effort qui se terminerait pourtant par un désastre dont on saisit bien les causes: trop forte concurrence des voies d'eau pendant l'été, banqueroute des municipalités par emballement et spéculations effrénées sur ces travaux publics, krach financier qui suit la guerre de Crimée. Ainsi, en l'année 1860, faut-il ajourner les projets déjà lancés d'un intercolonial vers Halifax et d'un transcontinental vers les côtes du Pacifique.

Traité de commerce de 1854

Pour dénouer la crise économique, l'espoir suprême des politiques et des hommes d'affaires ne réside pourtant pas, à l'époque, dans le chemin de fer, mais dans un traité de commerce avec les Etats-Unis. Tant se révèle extraordinaire la séduction qu'exerce alors sur l'esprit d'un peuple à peine sorti de l'enfance politique et économique, la jeune et florissante république d'outre-quarante-cinq. Vers 1848 — on l'a bien vu à l'heure de l'annexionnisme — le pays américain, c'est l'Eldorado où s'épanouissent comme naturellement les grandes fleurs merveilleuses que sont la richesse et le bonheur humain. « Inutile, dira Elgin, de prêcher la patience aux Canadiens. Dans le domaine du commerce, vous devez les mettre en d'aussi bonnes conditions que leurs voisins, ou vous résigner à les perdre. » Quelques mois plus tard, le gouverneur écrit encore à lord Grey: « Je vous le répète en toute solennité: le Canada ne peut pas être sauvé, à moins que vous ne forciez ces égoïstes d'intrigants Yankees à nous concéder la réciprocité. » L'économie canadienne souffre alors d'un mal profond qui est sa dépendance absolue de l'étranger, suspendue incurablement aux caprices ou oscillations des marchés britanniques et américains. Incapables, par leur industrie à peine née, de subvenir à leurs besoins croissants, les Canadas sont dans la double obligation d'importer quantité de produits manufacturés et d'obtenir en échange, pour leurs produits naturels, des marchés accommodants. Or, depuis l'évolution ou la fuite du marché anglais, qu'ont-ils d'autre à conquérir que le marché voisin ? Mais ce voisin se montre-t-il d'accès facile ? Avec lui, les négociations, fort laborieuses, traînent en longueur. Toujours soumis, pour leurs traités de commerce, à la tutelle anglaise, les Canadas doivent s'en remettre, au surplus, aux bons offices des diplomates métropolitains. Puis, un peu novices en ces sortes d'affaires, les gouvernants canadiens se montrent pressés de conclure, sans trop s'aviser, qu'en leur condition de banqueroutiers, cette hâte n'est peut-être pas le dernier mot de la finesse diplomatique. De leur côté, fort intéressés aux pêcheries du golfe, les Américains souhaiteraient traiter du même coup avec les provinces maritimes. Entre temps, à Washington, deux fois les crises de l'esclavagisme forcent à suspendre les négociations. Enfin, pour achever de tout gâter, l'esquisse d'une politique de représailles, de la part de Hincks dépité de ses échecs, déclenche un branle-bas de guerre et fait se rencontrer, dans le golfe, frégates anglaises et américaines. Fort heureusement les diplomates, et parmi eux lord Elgin, interviennent et conjurent l'orage. Le 5 juin 1854, le traité est sanctionné. On en connaît en gros les stipulations: échange mutuel de produits de ferme; droit de pêche aux américains sur les rives des provinces maritimes et des Canadas, en deçà des trois milles fixés par le traité de 1818; droit aussi de libre navigation sur le Saint-Laurent et dans les canaux canadiens, sans autres droits de péage que ceux des sujets anglais; en retour, droit de pêche identique aux sujets britanniques dans les eaux des Etats-Unis et libre navigation sur le lac Michigan. La durée du traité était fixée à dix ans, chaque partie contractante se réservant après quoi le droit de dénonciation, à un an d'avis.

Ce traité tant désiré, qu'apporterait-il à chacune des parties ? Plus de déceptions qu'autre chose. Un début d'abord assez profitable aux Etats-Unis, mais plutôt inquiétant pour les Canadas dont les importations se chiffrent à $36,086,169. contre $16,737,277. seulement d'exportations. Activité commerciale redevable, du reste, à une cause fortuite: la guerre de Crimée qui ferme à la Grande Bretagne quelques-unes de ses importantes sources d'approvisionnement. Soudain, par un renversement assez coutumier, la même cause entraîne en Grande-Bretagne une crise financière qui se répercute durement en Amérique. Pour comble, en 1857 et 1858, deux années de mauvaises récoltes accablent les Canadas déjà fort mal en point par suite de leur désastreuse politique de chemins de fer. Effrayé, le gouvernement de la province relève son tarif pour se jeter dans une politique de nationalisme économique. Le traité prend fin en avril 1866.

Développement industriel

Une des grandes faiblesses de l'économie canadienne, sinon la plus accusée, provient, ainsi qu'on l'a pu voir et qu'on le verra davantage, de sa production déficitaire, production industrielle et production agricole. Qu'a-t-on fait pour relever l'une et l'autre ? Pas plus qu'avant 1848 n'y a-t-il lieu de parler de quelque essor industriel. Au besoin, un rapide coup d'œil sur les importations en avertirait: les Canadas restent tributaires de la Grande-Bretagne pour la plupart des tissus à vêtement: coton, laine, soie; pour un grand nombre de marchandises de luxe: poterie, faïence, verrerie; pour le fer et objets de quincaillerie, pendant qu'ils importent des Etats-Unis, outre les tabacs, les meubles, les chaussures, et autres articles de cuir et de quincaillerie, une grande quantité de vivres: sucre, café, thé, mélasses, épiceries, et voire des céréales. Les petites industries régionales de 1850, tanneries, fonderies, moulins à farine, à scie, à carder et à filer, n'ont à vraiment parler que très peu progressé en nombre, quand elles n'ont pas décliné. Fallait-il donc désespérer de l'avenir industriel des Canadas ? Indéniablement l'évolution politique et fiscale de l'Angleterre a fouetté l'esprit d'initiative. Les esprits avertis de ce temps-là s'en rendent compte: pas de plus vain mot que l'autonomie politique sans le corollaire de l'autonomie économique. Deux fois au moins après 1850, inquiétés par les agissements et par la puissance économique des Etats-Unis, des hommes d'Etat canadiens ont projeté un vaste mouvement d'industries nationales. Deux obstacles, en particulier, empêchent ce mouvement de réussir: le manque de capitaux et les difficultés d'une politique de protection. Les capitalistes anglais, note Francis Hincks, lorgnent plus volontiers vers des placements aux Etats-Unis. Le protectionnisme, politique obligatoire pour toute industrie naissante, soulève les véhémentes protestations des Britanniques et des Américains.

Réussirait-on mieux en la production agricole ? Un effort valable s'est accompli pour étendre les emblavures, rendre la terre plus accessible au colon. Depuis longtemps, à cette fin, l'agitation populaire s'acharne à deux réformes: la sécularisation des biens du clergé protestant, l'abolition de la tenure seigneuriale. On sait ce qu'il faut entendre par ces biens du clergé protestant: un septième des terres vacantes devenu, par l'Acte de 1791, dotation d'Etat pour l'église établie d'Angleterre. En 1854, l'étendue de ces terres s'établit à 2,395,687 acres dans le Haut, et à 934,052, dans le Bas-Canada, ceux-ci répartis dans les Iles-de-la-Madeleine et dans les cantons de l'est. Vaste patrimoine qui a permis à l'église d'Angleterre et d'Ecosse, église minoritaire par le nombre de ses fidèles, de se forger une sorte d'omnipotence politique et de s'attribuer, dans le Haut-Canada, le monopole du haut enseignement. Ce patrimoine, les sectes dissidentes, devenues prépondérantes par l'immigration, ne tardent pas à le disputer à l'église privilégiée. Une lutte passionnée s'engage qui rebondit sur les champs de bataille de 1837-1838. Dans les premiers temps, on ne parlait que du partage de ces biens d'église; dans l'emportement de la lutte, on en vint à exiger la sécularisation. Ni continues ni compactes, distribuées par petites portions à tous les septièmes lots, peu recherchées en outre par les défricheurs, pour leur coût plus élevé et autres embarras, ces enclaves constituaient de graves ennuis à la colonisation. Le 23 novembre 1854, après des débats violents, le parlement votait la sécularisation.

Nous ne reviendrons pas sur l'impopularité des seigneurs dans le Bas-Canada, impopularité, avons-nous observé, qui rejaillit sur le principe même de la tenure. Les passions de l'époque ont-elles surfait les griefs des censitaires ? N'y avait-il pas quelque excès à représenter l'habitant réduit, par les roueries et les exactions des seigneurs, à la condition de simple tenancier à bail ? Les petits féodaux du Bas-Canada, il semble qu'on l'ait trop oublié, avaient malheureusement devant eux l'exemple des « grands propriétaires » anglais, aussi rapaces que tous les féodaux des temps passés et qui pouvaient disposer de leurs domaines à leur gré. Quelques statistiques judiciaires ne laissent pas, sans doute, de se faire inquiétantes. Dans les années 1840, les réclamations seigneuriales pour droits et redevances et pour ventes de petites propriétés, encombrent les rôles des tribunaux. Il y a aussi les plaintes peu suspectes des missionnaires-colonisateurs du temps contre un régime trop dur pour le colon. Puis vinrent la construction des canaux et des chemins de fer, et le premier essor industriel qui firent saillir les multiples embarras d'un sol soumis, en chacune de ses parcelles, aux exigences des lods et ventes. L'institution seigneuriale en devenait-elle pour autant irréformable ? Débarrassée de ses éléments désuets, mise en opération par de vrais chefs d'équipe, n'aurait-elle pu fournir, même à l'époque, une active méthode de défrichement et d'établissement agricole et suppléer avec avantage la somnolence traditionnelle des gouvernements ? Dans notre précédent volume nous nous sommes posé la question. Mais, vers 1850, l'heure est aux réformes radicales. Le même jour où le parlement des Canadas se prononçait pour la sécularisation des biens du clergé protestant, il votait l'abolition de la tenure seigneuriale. Toutefois, comme il l'avait fait dans le cas des biens du clergé, le législateur sut écarter les solutions outrées qui poussaient à la confiscation pure et simple. Il choisit de n'abolir qu'en indemnisant. Faculté fut laissée au censitaire, ou de payer l'intérêt annuel sur sa rente capitalisée, ou de s'en décharger, d'un seul coup, par remboursement du capital.

Ces réformes donneraient-elles ce qu'on en avait tant espéré ? Réformes purement négatives, elles ne pouvaient dispenser l'Etat de son concours supplétif, le mal étant de ceux qui ne se passent point de l'aide officielle. Mais l'Etat saurait-il comprendre son rôle et l'accomplir ? L'historien a peine à ne pas juger sévèrement l'incurie gouvernementale du temps. Pendant trois quarts de siècle, sans doute, la vie économique du pays a été dominée, dirigée par des commerçants. Et c'est un fait dont il faut tenir compte. Même sous l'Union, on l'aura retenu, l'économie qui prévaut, vise beaucoup plus le commerce, son outillage ou son équipement, que les moyens de production. Tendance prolongée et funeste dont les suites sur le développement agricole n'ont pas échappé aux contemporains. Relisons, entre autres, ces lignes de Boucher de La Bruère, inspecteur des agences des terres en 1864: « La classe commerciale, quoique bien moins nombreuse, a, dans plusieurs occasions, été favorisée au détriment même de la colonisation de nos terres natales. » La Bruère aurait pu s'en prendre, avec non moins de raison, à une autre orientation de la politique canadienne, et qui fut dans l'esprit des gouvernants, une sorte de suprématie trop gratuitement accordée au Haut-Canada. L'on n'a pas oublié l'extraordinaire friabilité du parti réformiste. Que de fois, pour permettre à leurs collègues du Haut de rallier leurs partisans et obtenir ainsi quelque stabilité gouvernementale, que de fois LaFontaine, Morin, Taché, puis Cartier ont compromis et même sacrifié les intérêts de la section française. Longtemps ce malheureux préjugé a pareillement trop prévalu d'un Bas-Canada pays établi ou tout fait, alors que le Haut-Canada, pays d'établissement récent et pays à faire, aurait requis davantage les faveurs de l'Etat. On ne s'explique pas autrement l'importance excessive accordée à l'immigration qui ne profite, à vraiment parler, qu'au Canada occidental. Ce « pays à faire » aura beau, vers 1852, l'emporter en population sur le « pays tout fait », n'avoir plus, vers 1860, de terres colonisables que 2,129,023 acres contre 5,397,191 acres encore incultes dans le Bas-Canada, $46,000. ne sont pas moins affectés annuellement au Bureau de l'immigration. De la publicité et de la littérature de ce Bureau, destinées à l'Angleterre, à l'Irlande et à l'Allemagne, rien n'apparaît naturellement en langue française, ni ne prend le chemin des pays francophones d'Europe. Ce n'est qu'en 1861 qu'un M. A.-H. Verret figure dans les comptes publics, comme agent d'immigration pour l'Europe occidentale.

Qui peut s'étonner, après cela, de la parcimonie des gouvernements de l'Union envers l'agriculture ? En 1850, la part faite, dans les crédits officiels à ce « facteur considérable de l'économie publique », ne dépasse pas $21,557. Pourvu dès 1842 d'un commissaire des terres de la couronne, le Canada n'aura de service spécial de l'agriculture qu'en 1853. Et quel service que celui-là ? Aussi tard qu'en 1862, F. Evanturel, ministre de l'agriculture, ne peut taire l'état d' « inefficacité » où il a trouvé ses bureaux. Critique que, du reste, lui renverra généreusement son successeur, L. Letellier, qui, à son tour, s'en verra combler par son propre successeur, D'Arcy McGee. « Je suis certain, dira celui-ci, en 1864, qu'aucun des chefs politiques qui ont présidé à ce département, ne s'est jamais formé une idée complète de l'état de désorganisation qui s'y trouvait. » Peu développé, l'enseignement agricole reste toujours au-dessous des besoins. Des particuliers publient à leurs frais quelques revues ou journaux agricoles. Mais à peine retrace-t-on, dans la province, quatre ou cinq fermes-écoles ou écoles spécialisées d'agriculture, dont la plus importante, celle de Ste-Anne-de-la-Pocatière. L'enseignement supérieur reste à fonder. La Chambre d'agriculture du Haut-Canada organise alors, chaque année, un enseignement agricole d'hiver; la Chambre du Bas-Canada n'a que la ressource de gémir sur l'insuffisance de ses revenus. En ces conditions, les progrès plus que modestes de l'agriculture dans le Bas-Canada comparés à ceux du Haut, ont-ils rien de mystérieux ? Voici d'abord pour le nombre des « occupants de terre »: recensement de 1851, 95,823 « occupants de terre » dans le Bas, 99,890 dans le Haut; recensement de 1861, 106,671 dans le Bas, 131,893 dans le Haut. En dix ans, le Bas-Canada n'a pu atteindre que le misérable gain de 9,858 nouveaux occupants, pendant que le Haut, aidé, il est vrai, de l'immigration, en gagnait 40,000. Pendant le même temps, le Haut a doublé son étendue en cultures, tandis que le Bas passait à grand'peine de 3,605,076 acres à 4,804,235 acres. Mêmes statistiques défavorables au Bas-Canada pour ce qui est des grains, du cheptel, de la fabrication du beurre, du fromage dont la qualité et la valeur se doublent, il est vrai, mais qui, de l'une à l'autre section de la province, se distancent quantitativement en proportions équivalentes.

Colonisation

Trouverons-nous spectacle plus réjouissant dans la conquête des terres neuves ? En ce domaine comme ailleurs n'ont pas manqué d'agir les partiales orientations de la politique des Canadas-Unis. Pour les fins de colonisation, point de publications en langue française imprimées aux frais de l'Etat, se plaint amèrement, en 1864, un contemporain, Stanislas Drapeau, auteur des *Etudes sur les développements de la Colonisation du Bas-Canada depuis dix ans (1851-1861).* « Dans un cas — il s'agit du Haut-Canada — note le même Drapeau, c'est l'Etat qui paie les renseignements offerts au public, tandis que dans l'autre tout est laissé à la charge des particuliers. » L'incurie administrative n'est pas moindre, hélas, dans les affaires de la colonisation qu'en celles de l'agriculture. Dans la bousculade des ministères qui sévit à l'époque, les titulaires du commissariat des terres défilent comme autant d'ombres fugitives. Dès lors la colonisation dans le Bas-Canada prend l'allure qu'elle gardera longtemps: celle du char mérovingien dont l'on ne sait jamais s'il avance ou recule. Se peut-il, par exemple, plus fâcheux malheur que l'ignorance des sphères officielles sur le Bas-Canada colonisable ? En 1861, l'on évalue à 111,749,309 acres, soit aux trois quarts de sa superficie présumée, la partie encore non arpentée du Canada oriental. L'on continue de juger la région du Saint-Maurice sur la foi d'une expédition géologique de 1830 qui l'a déclarée « stérile, impropre au défrichement et dénuée de bon bois ». « A-t-on jamais su, gémit en 1848 Mgr Turgeon, qu'au bord du Saguenay, il y a des milliers d'arpents d'un sol dont la fertilité est à peine croyable ? » Le jour viendra, sans doute, d'un premier réveil. Mais il y aura fallu le terrible fléau, nous dirions le coup de tocsin de l'émigration aux Etats-Unis. Le tocsin, les courageux missionnaires des cantons de l'est l'ont aussi sonné, qui n'ont épargné ni les appels à l'opinion ni les remontrances aux gouvernants. D'actives sociétés de colonisation ont secondé les missionnaires. Enfin on se prend à souhaiter un Office de colonisation distinct pour le Bas-Canada. Un missionnaire en vient même à émettre l'audacieuse prétention qu'on pourrait offrir au colon canadien les mêmes avantages qu'à l'immigrant. Jusqu'en 1862 le crédit annuel accordé à la colonisation se réduit encore à $50,000. Somme dérisoire pour une province d'un revenu de 9 à 10 millions et qui trouve le moyen d'attribuer à des lignes de vapeurs océaniques des octrois de $300,000. à $400,000. Mais cette année-là même, le crédit de la colonisation est porté à $200,000. Il semble donc que l'élan décisif soit donné. La conquête des terres neuves va désormais s'imposer comme une des grandes tâches nationales. Des légions de défricheurs s'enfoncent dans la forêt. En dix ans, de 1851 à 1861, — nous reviendrons plus loin sur ce mémorable fait d'histoire — 1,199,068 acres de terre sont déjà conquises. La poussée s'est faite dans le bas Saint-Laurent, en Gaspésie, au Madawaska, dans la région du Saint-Maurice, et plus encore dans les régions de l'Outaouais, du Saguenay et des cantons de l'est. Bref, en ces derniers dix ans de l'Union, un progrès du défrichement s'est accompli comme il ne s'en était pas vu depuis le régime français. Le grand méritant, en cette conquête, c'est, sans conteste, le colon canadien-français. De 1854 à 1861, 1,634 milles de chemin de colonisation ont été ouverts dans le Bas-Canada. Ces routes devancent à grand'peine la marche des pionniers. Pour surmonter les vexations des spéculateurs, l'inertie des gouvernements et parfois aussi les rudesses de la tâche, « obstacles à décourager toute autre race d'hommes », a-t-on dit, il a fallu souvent au défricheur canadien, surtout dans les cantons de l'est, beaucoup plus que son amour passionné de la terre et son endurance coutumière, mais un courage qui tenait proprement de l'héroïsme. En présence de ce poème émouvant mais sombre, Etienne Parent pouvait s'écrier: « C'est à fendre le cœur, mais aussi à exciter l'admiration et l'orgueil national... »

CHAPITRE CINQUIÈME

Accomplissements sous l'Union
(suite)

Vie sociale et nationale. — Vie intellectuelle, — enseignement.
Vie littéraire et artistique. — Vie religieuse.

Vie sociale et nationale

Peu à dire de l'évolution sociale à cette période de l'Union. La suppression du régime seigneurial s'est opérée sans secousse, pour ne pas dire dans l'indifférence absolue. Preuve que l'institution, quelque peu anachronique, n'était pas si oppressive. Le progrès de la colonisation n'a pas fermé la frontière américaine; il a du moins ralenti la course effrénée vers le prolétariat. La classe dite « domestique » en reste pratiquement à son effectif de 1851. La population rurale garde encore sa prépondérance numérique et ses fortes positions: 951,000 âmes au recensement de 1861, contre 160,000 de population urbaine, soit 85 pour cent de la population totale. On dit cette population des campagnes notablement appauvrie. Et il semble qu'on ait raison. Cet appauvrissement, les missionnaires colonisateurs, l'abbé Ferland, entre autres, l'attribuent à des excès de luxe introduits chez l'habitant. Peut-être faudrait-il s'en prendre davantage à l'agriculture routinière et surtout, en certaines régions, à la plaie trop réelle de la division des terres. Les autres classes, commerciales, industrielles, libérales ou professionnelles, ont augmenté en nombre, mais selon l'accroissement démographique.

Rien de notable non plus dans le comportement du sentiment national. Se gouverner soi-même autant que faire se peut et y tendre en plénitude, telle a été, depuis la conquête, avons-nous souvent rappelé, la ligne de force où le vaincu de 1760 n'a cessé de se cramponner. Souci assez évident dans la première période de l'Union où l'on s'est appliqué à neutraliser puis à rompre la politique antifrançaise et unitariste de 1840. La période de 1848 à 1864 a continué l'œuvre commencée. En réalité c'est l'irrédentisme canadien-français autant que le fanatisme des *clear-grits* qui a précipité la rupture de l'Union. Un symptôme regrettable, ce pourrait être l'excès de vie politique qui sévit après 1848. On peut imputer le malheur aux luttes prolongées, luttes d'un demi-siècle qu'aura coûtées la conquête de l'autonomie coloniale. Il n'en a pas moins produit ses funestes effets. Il a détourné trop d'énergies des œuvres positives; il a jeté les Canadiens français tout comme leurs associés dans les jeux stériles des factions et dans les querelles bavardes. Les chefs du Bas-Canada ont heureusement préservé l'essentiel. Lors de la coalition de 1854 qui a amené l'étonnant rapprochement des libéraux et des tories, Cartier en peut donner l'assurance à ses compatriotes: « Dans l'alliance que nous avons faite, c'est Sir Allan McNab qui est venu à la majorité bas-canadienne. La majorité bas-canadienne n'a aucunement abandonné son ancienne position. »

De la vivacité persistante du sentiment national, l'histoire peut fournir de multiples témoignages. En premier lieu l'importance attribuée, dans les derniers temps, à l'œuvre de la colonisation et surtout les motifs mis de l'avant, même si on y limite par trop les données d'une économie rationnelle. « L'immutabilité du sol et sa valeur intrinsèque constituent la seule et véritable richesse nationale... », écrit, par exemple, dans son Rapport de 1862, F. Evanturel, ministre de l'agriculture et des statistiques. « Si les Canadiens Français veulent donc devenir une nation florissante et indépendante, continue le ministre, il leur est absolument nécessaire qu'ils se hâtent de s'emparer de nos terres incultes et de les défricher le plus tôt possible, avant qu'une autre main ne vienne exploiter avant eux cet héritage immuable que leur ont légué leurs ancêtres. » Papineau, LaFontaine, René-Edouard Caron, la presse canadienne-française, en particulier le *Courrier du Canada,* et surtout le clergé, ont entretenu les mêmes pensées. Ne citons plus que ces lignes d'un jeune du temps, Joseph Royal, qui adjure ainsi ses compatriotes: « Nous qui devons nous multiplier et nous serrer sur le champ de bataille éternel où notre race doit grandir et vaincre, ce n'est pas pour ce moment dans tel chemin de fer, dans telle négociation postale, dans le développement de telle industrie nationale que nous devons mettre notre énergie. Non, c'est dans la colonisation. » Deux événements de l'époque témoignent dans le même sens. En Europe la guerre de Crimée a rapproché les deux puissances britannique et française. En 1855 a lieu l'exposition universelle de Paris; après invitation le Bas-Canada accepte d'y figurer. Sur ce, l'empereur Napoléon III croit l'heure opportune d'envoyer une mission vers l'ancienne colonie de la France. La mission est censée être de caractère strictement commercial: « Absente depuis un siècle du fleuve Saint-Laurent, la marine française, dira le commandant de la *Capricieuse,* y revient pour renouer des relations commerciales longtemps interrompues... » On sait à quelle explosion de sentiment donna lieu ce retour de l'ancienne mère-patrie. La mission commerciale se transforma en mission d'amitié française. Autre fait. Vers 1858, le projet d'une fédération de toutes les provinces britanniques s'agite fortement. Sans doute importerait-il, et au plus haut point, qu'en prévision de la grave éventualité, le Bas-Canada pût se donner un corps de lois bien défini. En 1857 Cartier obtient l'introduction des lois françaises dans les cantons de l'est, unifiant ainsi l'organisation judiciaire du Bas-Canada. La même année Cartier fait décider par le parlement la codification des lois civiles et de la procédure civile du Canada de l'est. L'œuvre est terminée en 1866. Un canoniste romain de grande réputation, Mgr de Angelis, tout en faisant quelques réserves, placera le code civil canadien au-dessus des codes modernes des pays d'Europe et d'ailleurs:

> *Codex civilis canadensis non debet illis modernis aequiparari penes diversos Europae populos et alibi vigentibus, qui Napoleonicum imitati sunt, imo fere exscripserunt. In multis siquidem differt ab iis novissimae civilitatis codicibus, meliorem formam exhibet et plures cavet errores.*

En présentant les deux codes, Cartier prononcera ces paroles significatives: « Si le Bas-Canada désire grandir, s'il veut conserver sa nationalité et son individualité, rien ne pourrait mieux l'aider à réaliser ces espérances que l'adoption d'un code de lois... Dans quelques semaines nous allons entrer dans la Confédération. Eh bien, nous y entrerons avec tout un ensemble de lois, classées et codifiées dans les deux langues. »

Vie intellectuelle — enseignement

En dépit de l'énergique démarrage des lendemains de l'Union, l'on se rappelle que l'enseignement public laissait encore à désirer. Même après 1848 des points faibles persistent. Dans le budget de l'Etat, la surintendance des écoles et ses services auxiliaires reçoivent toujours la part de l'indigent. Cette part a même tendance à s'abaisser alors que les besoins se haussent. L'équipement scolaire reste pitoyable. On manque de cartes géographiques; on manque de manuels au point de recourir aux manuels d'Irlande ou des Etats-Unis. En 1855 d'opportunes interventions législatives facilitent l'entrée au Canada des manuels de France. Toutefois ce ne sera pas beaucoup avant 1860 qu'on entreprendra la nationalisation des livres scolaires. Une autre plainte, assez étonnante et d'un singulier accent de modernité, s'élève contre les programmes trop surchargés par un détestable utilitarisme. Où le véritable progrès s'accuse, c'est d'abord dans la compétence rehaussée des maîtres. L'inspectorat a été rétabli en 1851; les écoles normales, disparues dans la tourmente de 1837, renaissent en 1856. La fréquentation scolaire, tout en restant au-dessous de celle des autres provinces, progresse constamment. En 1855, 100,168 écoliers fréquentent 2,513 écoles; en 1866, ce sont 178,961 écoliers qui fréquentent 3,589 écoles primaires. Ces écoles sont bien restées confessionnelles et nationales. « L'instruction religieuse est le premier objet de la sollicitude des maîtresses. » Témoignage des Ursulines que toutes les écoles se pourraient décerner. L'enseignement de l'histoire canadienne commence à pénétrer ici et là. En dépit de quelques essais aventureux d'un bilinguisme enclin à faire la part trop large à l'anglais, — essais qui ont tôt fait de soulever l'opinion saine, celle qui reste toujours éveillée dans le sommeil universel — la langue française garde sa primauté. Le surintendant Meilleur s'en tient à cette consigne qu'il énonce lui-même: « Notre langue avant tout, parce qu'elle est l'idiome de notre origine, le symbole de notre foi, le médium de nos plus nobles affections, et l'un des éléments essentiels de notre nationalité. » Le débat se poursuit pour un meilleur équilibre de l'enseignement. On voudrait moins de collèges classiques et plus d'instruction « professionnelle »; et, par instruction « professionnelle », Chauveau entend celle qui prépare « aux carrières ordinaires de la vie », par opposition aux « professions libérales ». Après Etienne Parent, Chauveau et bien d'autres, y compris l'abbé J.-B. Ferland, discernent nettement, dès cette époque, la vocation industrielle du Bas-Canada dont « la nature elle-même a voulu qu'il fût un pays aussi manufacturier qu'agricole ». « Les rivières vous offrent des forces motrices, à un montant incalculable, disait l'abbé Ferland; emparez-vous de ces forces; employez-les dans les fabriques...; l'eau vous aura ainsi fourni les moyens d'occuper utilement la moitié des bras maintenant condamnés à l'oisiveté. » Meilleur — autre souci resté d'actualité — souhaiterait plus d'instruction pratique pour diminuer le nombre des « prolétaires exclus des meilleurs emplois ».

A la préparation de cet avenir, serait-ce encore le type d'écoles qui ferait obstacle plutôt que les programmes et les maîtres ? En 1849 les écoles modèles figurent au nombre de 64 et les académies de filles au nombre de 44. En 1866, ce que l'on appelle désormais les écoles primaires supérieures, atteignent pour les garçons le nombre de 220, de 70 pour les filles, sans compter 83 académies. De 1840 à 1866, deux collèges classiques seulement, le Collège Sainte-Marie et le Collège des Trois-Rivières, se sont ajoutés à la liste de ces institutions, cependant que la population de la province s'est plus que doublée. Les collèges classiques n'abritent d'ailleurs en 1866 qu'une population de 2,586 écoliers contre 2,175 dans les « collèges industriels ». Accordons également au programme des collèges d'enseignement classique, qu'il se montre fort hospitalier et jusqu'à prétendre suppléer, semble-t-il, certaines écoles d'enseignement supérieur — ou spécial — toujours absentes. Au grec, au latin, au français, se joignent l'anglais continuellement en faveur, puis l'histoire du Canada, celle des Etats-Unis, puis, en dix collèges, des éléments de jurisprudence et de droit constitutionnel; puis encore, les sciences naturelles: physique, chimie, astronomie, levée de plans, arpentage, tenue des livres, sciences mathématiques (algèbre, géométrie, trigonométrie, sections coniques, calcul différentiel et intégral); puis encore, l'enseignement des beaux-arts, musique, dessin linéaire, pastel, aquarelle, architecture. Décidément, par ses antennes, ce système scolaire appelle un couronnement. L'obtiendra-t-il ? Des écoles de médecine existent déjà à Montréal et à Québec; une école de droit a été fondée en 1852 au Collège Sainte-Marie de Montréal. Enfin, en cette même année 1852, sur les instances de l'épiscopat, alerté par Mgr Bourget, le Séminaire de Québec fonde la première université canadienne-française et catholique. L'Université reçoit pouvoir d'organiser quatre facultés: celles de théologie, de droit, de médecine, des arts. « Notre noble Université Laval ! » Mot de Mgr Baillargeon, administrateur de l'archidiocèse de Québec, en 1866. Mot de fierté bien justifiable. L'Université, c'était enfin, pour l'enseignement dans le Bas-Canada, la clé de voûte si longtemps rêvée, attendue. Méritoire aboutissant de l'effort d'un siècle, mené infatigablement, le plus souvent contre vents et marées, par le seul dévouement du peuple et de l'Eglise.

Vie littéraire et artistique

Au risque de nous répéter, dirons-nous que l'historien n'échappe pas à la déception devant la production intellectuelle de la fin de l'Union des Canadas ? Qu'à pas de tortue l'on paraît avancer. Et comme le progrès sur la période antérieure se révèle plutôt mince. N'allons pas juger, sans doute, des progrès intellectuels d'un peuple colonial et d'un million d'âmes au plus, comme on le ferait de pays adultes et de vieille formation historique. Injustice trop commune au Canada. La vie intellectuelle au Brésil, il y aurait lieu de s'en souvenir, date d'à peine cent ans. Seul ou à peu près, parmi les grandes colonies des Amériques, autre fait à ne pas oublier, le Canada français a subi l'épreuve de la conquête; ce qui équivalait à le rejeter hors de son axe culturel. Coupé de ses sources de vie, ou forcé de s'y alimenter par des moyens de fortune, l'esprit au Canada français aurait déjà eu quelque mérite à ne pas totalement s'anémier. A quels moments de son existence, du reste, et depuis cent ans, la colonie a-t-elle connu ces périodes de paix, de labeur serein et joyeux, propices à la naissance des grandes œuvres ? Pour toutes ces raisons, la production intellectuelle de 1860 garde encore beaucoup des qualités modestes de la période antérieure. Les talents ne manquent point; ils se font plus nombreux. La faveur intellectuelle ne leur fait pas défaut; la langue, restée pauvre, les laisse à court de moyens. Il ne dépend pas toujours du seul talent de l'écrivain qu'il atteigne à l'expression du grand art. Encore faut-il qu'assez souples et riches, l'outil et la technique s'y prêtent avec grâce. Indigence de la forme, même s'il y a léger progrès, telle nous paraît encore la faiblesse des écrivains de la génération de 1860. Comme leurs prédécesseurs, ils ont manqué d'un milieu approprié et plus encore, d'une grande école et de vrais maîtres. Plusieurs ont laissé des travaux. Combien ont laissé une œuvre ? Deux influences paraissent les avoir stimulés et marqués: celle de Garneau et celle du romantisme français.

L'influence de Garneau est évidente, n'en croirait-on que les confessions enthousiastes de l'abbé Raymond Casgrain et de Philippe-Aubert de Gaspé. Au besoin le caractère nationaliste de cette littérature révélerait son origine, expression d'un peuple encore tout à la joie de s'être retrouvé dans son passé historique et de se savoir de bonne naissance. Ces littérateurs offrent cette autre particularité d'avoir su se grouper pour s'entraîner au travail. Et les noms des revues où se centre leur groupement, noms de fort accent régionaliste, sont encore révélateurs: *Soirées canadiennes*, *Foyer canadien*. L'influence du romantisme se fait surtout sentir dans la poésie. Influence qui sera ce qu'elle devait être sur des esprits d'insuffisante maturité pour y trouver la secousse créatrice. Un seul nom, semble-t-il, à retenir: celui d'Octave Crémazie, qui avait peut-être l'esprit poétique, mais dont la poésie, par impuissance elle aussi d'expression, reste un mélange assez mal fondu de romantisme et de classicisme dix-huitième siècle. Parmi les romans, font assez bonne figure, les *Anciens Canadiens* de Philippe-Aubert de Gaspé, vrai roman pour être lu en « soirée canadienne ». A retenir également le *Jean Rivard* d'Antoine Gérin-Lajoie où l'on a voulu voir un roman à thèse, mais qui mérite de vivre comme roman de mœurs, image, tableau d'une époque où le défricheur s'impose comme l'une des figures dominantes et des plus pittoresques. Nous retiendrons aussi *Une de perdue, deux de trouvées*, de Georges Boucher de Boucherville, roman peu écrit, mais roman d'aventure qui mérite de compter dans une littérature qui en compte si peu de cette espèce. Les œuvres les plus marquantes, il faut l'avouer, restent encore les œuvres d'histoire. La documentation s'est accrue; la méthode s'est raffermie. Une correspondance telle que celle de Jacques Viger et de G.-B. Faribault et même tels essais de Bibaud Le Jeune indiquent un esprit de recherches et de critique notablement éveillé. Inférieur par la construction et par la forme à l'*Histoire du Canada* de Garneau, le *Cours d'Histoire du Canada* de l'abbé J.-B.-A. Ferland, qui s'arrête à la fin du régime français, marque un progrès dans la méthode et l'élargissement des sources. Une auréole s'attache à l'abbé Ferland. Le premier, de 1856 à 1862, il aura occupé la chaire d'Histoire canadienne à l'Université Laval, chaire qui, après lui, allait tomber en déshérence pour plus d'un demi-siècle. Si l'on néglige l'œuvre historique de l'abbé Henri-Raymond Casgrain qui, à ce moment, en est encore à ses débuts, œuvre, du reste, tout aussi superficielle que brillante, l'on ne saurait en faire autant de *Dix ans d'Histoire du Canada, 1840-1850,* d'Antoine Gérin-Lajoie, ouvrage publié après la mort de l'auteur, mais qui paraît avoir été conçu et ébauché à l'époque où nous sommes. Gérin-Lajoie a écrit une tranche de l'histoire de son temps, la période majeure de l'Union; mais il l'a écrite en contemporain d'esprit libre et lucide et qui s'est documenté aux sources officielles.

Rien à relever non plus d'un progrès qui vaille dans les beaux-arts. Chacun pourra relire là-dessus les ouvrages de M. Gérard Morrisset. En architecture, si l'on remarque quelques survivances de la tradition française, quoique à l'état archéologique, en revanche l'on assiste à la première invasion des traditions étrangères: colonial américain, style Napoléon III. La peinture nous révèle une amélioration de la technique ou de l'habileté. Il est à regretter qu'en visant au style les artistes atteignent trop souvent à la grandiloquence. Ils excellent dans le portrait dont ils vivent. La sculpture est trop souvent l'œuvre d'étrangers, surtout de sculpteurs français comblés de travaux. Deux figures d'artistes se détachent pourtant sur ce fond gris: celle de Napoléon Bourassa, meilleur sculpteur que peintre, et qui, avec un peu plus d'imagination eût pu produire de belles œuvres; et celle d'Anatole Parthenais, mort trop jeune, mais qui avait du métier et le sens de la vie.

Vie religieuse

L'élan, le dynamisme, serait-ce tant exagérer que de l'apercevoir, à cette époque, du côté de l'Eglise ? Une loi de 1851, dernier legs du ministère Baldwin-LaFontaine, on s'en souvient, a raffermi la liberté religieuse au Canada. Une précision législative du temps de Cartier permet aux paroisses érigées canoniquement par l'évêque d'obtenir leur existence légale par le fait même de leur érection. L'Eglise a donc pu parfaire ses cadres dans le Bas-Canada. Pour plus d'efficacité, les grands diocèses se démembrent. En 1852 naissent les diocèses des Trois-Rivières et de Saint-Hyacinthe, en 1867 celui de Rimouski. L'Eglise s'applique toujours à la formation théologique et ascétique du clergé. Aux retraites annuelles se joint la reprise des conférences ecclésiastiques, réunions trimestrielles pour études de théologie, abandonnées depuis le temps de Mgr de Saint-Vallier. Pour l'approfondissement des problèmes religieux du pays et pour la discipline des mœurs, les évêques du Bas-Canada ont inauguré les conciles provinciaux. Pas moins de quatre sont tenus dans les années 1851, 1854, 1863, 1868. L'Eglise a bien encore ses misères intestines, au premier rang desquelles s'inscrivent des querelles dont il sera question plus loin. Deux luttes longues et tenaces ont mobilisé particulièrement l'énergie des évêques: l'une contre l'alcoolisme, l'autre contre l'anticléricalisme. Un fait tristement établi au Canada veut que l'alcoolisme y réapparaisse à l'état de fléau ou de plaie sociale, à peu près tous les trente ou cinquante ans. Contre ce qu'il appelle le « monstre infernal », l'épiscopat poursuit sans relâche un combat engagé depuis 1840 et qui ne prendra fin qu'après 1854. Lettres pastorales, prédications, pétitions aux gouvernements pour une plus sévère observation des lois, tout est mis à contribution. Pour atteindre les coupables, ivrognes habitudinaires, cabaretiers violateurs des lois, distributeurs trop complaisants de « licences », en un mot tous les coopérateurs à la vente ou à l'usage illicite de l'alcool, les évêques, en accord avec la sévérité du temps, n'hésitent pas à brandir le refus de l'absolution. Pour frapper les esprits et lier les volontés ils font pourtant mieux. Ils instituent une sorte de chevalerie populaire, la *Société de la Croix,* « croix de la Tempérance ». Bénite et distribuée à l'église, remise au chef de famille, puis installée à la place d'honneur au foyer, la croix sera impitoyablement enlevée au prévaricateur, mais déposée sur le cercueil du tempérant fidèle, pour être reprise, au bord de la tombe, par le fils, futur chef familial. L'on a pu estimer à plus de 100,000 les adhérents à la *Société de la Croix.*

L'anticléricalisme, autre mal du temps, provient de deux sources parfois combinées: le démocratisme de 1848, le clear-gritisme du Haut-Canada. Dans son emballement pour la démocratie « quarantehuitarde », panacée souveraine et divine, la jeunesse démocratique du Bas-Canada finit par se jeter dans la franche impiété. « Une république démocratique n'a pas besoin de prêtres », déclare-t-elle dogmatiquement. L'histoire de la papauté devient, pour elle, « l'histoire de tous les crimes qui déshonorent l'humanité ». Du haut de la tribune de l'Institut canadien, l'un de ses coryphées range le « roi de Rome, le chef visible du catholicisme » parmi les pires despotes du siècle, entre l'empereur d'Autriche et le czar de Russie. Pénible déviation d'esprit qui laissera, dans la vie du pays, des traces désastreuses lentes à s'effacer et qui va d'abord conduire cette école au heurt violent de 1866 entre l'Institut canadien et l'archevêque de Montréal. « Chaque jour, gémissaient les Pères du quatrième concile provincial, les colonnes de ces journaux (« impies ou obscènes ») sont souillées par des insultes à l'Eglise, à son Chef, à ses ministres, à ses sacrements, à ses dogmes, à ses pratiques les plus autorisées. » Pour protéger les fidèles contre ces propagandes, les évêques insistent sur l'enseignement de la religion, enseignement du catéchisme qu'ils veulent, dans les familles, dans les écoles et dans les paroisses et missions, « tous les dimanches et fêtes de l'année » à l'usage des parents, des maîtres et des enfants. Ils préconisent les « Bibliothèques de Paroisse », « complément des écoles ». Ils préconisent aussi la fondation du journal catholique; et, ce journal, chose à noter, ils le préfèrent « rédigé par des laïques instruits et chrétiens..., parce qu'il rencontrerait moins de préjugés que s'il était sous l'entière direction du clergé ».

Une autre forme d'anticléricalisme, celui de George Brown et de son parti, déborde, à ce moment-là, les frontières du Haut-Canada et trouve un trop facile écho dans la presse « rouge » du Bas. Le Haut fournit alors un terroir on ne peut plus propice à ces explosions de passions. A la masse des immigrants britanniques, habitués en leur pays d'origine à la vie en communautés protestantes homogènes, quelle excitation n'apporte point le brusque mélange des races et des croyances et surtout le voisinage inaccoutumé de l'élément papiste ? Le moindre incident fait sursauter les esprits. En 1853, à l'occasion du passage au Canada du moine italien, Alessandro Gavazzi, moine défroqué, venu en Amérique mener campagne contre la papauté. des rixes sanglantes éclatent à Québec et à Montréal. Aussitôt les clear-grits s'emportent furieusement contre « la violente intolérance des catholiques romains ». Plus que toute autre, une question politico-religieuse soulève les clameurs: la question des écoles séparées. Le séparatisme scolaire s'est inscrit dans la loi de 1841, et chose singulière, à la demande principalement des confessions protestantes. Première réaction de l'élément religieux contre l'unitarisme de l'Etat, réaction bientôt suivie d'autres qui vont brusquer, deux ans plus tard, une législation scolaire distincte pour chaque section de la province. Dans le Haut, par timidité ou par contentement à bon marché de ses soutenants, l'école séparée catholique n'en vivote pas moins péniblement. Un réveil se produit vers 1850. L'immigration européenne et canadienne-française a notablement accru, dans cette partie de la province, la population catholique alors passée à 150,000 âmes. De nouveaux diocèses se sont fondés, celui de London s'ajoutant en 1856 à ceux d'Ottawa et de Kingston. En Irlande, l'épiscopat, primat en tête, vient de condamner solennellement le système des écoles nationales. Dans le Haut-Canada même, les Anglicans sont partis en guerre contre le système scolaire. Enfin l'exemple du Bas-Canada qui accorde pleine liberté à sa minorité religieuse, ne peut qu'exercer une influence contagieuse. Droits égaux ! telle sera, en effet, la revendication sommaire des catholiques du Haut-Canada. Et ils entendent, par là, mêmes droits juridiques et politiques pour eux que pour les protestants dans le Bas. Campagnes de presse, de brochures, pétitions, démarches personnelles auprès des gouvernements, la minorité catholique du Haut met tout en œuvre avec une admirable ténacité. Deux hommes surtout se prodiguent en cette lutte, Mgr Armand-François-Marie de Charbonnel, évêque de Toronto, et Richard W. Scott, député d'Ottawa. En face de ces deux hommes ne manquent pas de se dresser, comme bien l'on pense, l'inévitable George Brown et le surintendant de l'enseignement public dans le Haut-Canada, Adolphus Egerton Ryerson. Commencée en 1850, la bataille durera treize ans. Brown s'y est jeté avec sa fougue sans retenue. Alarmé, éploré devant un Canada « en train de devenir un fief de Rome, autant que la Toscane ou Naples », il voit, dans la querelle des écoles séparées, « une bataille décisive entre catholiques et protestants ». Au procureur général, John A. MacDonald qui lui paraît trop docile aux revendications des évêques catholiques, Brown décoche en particulier ce trait pittoresque: « Aucun nègre tapi dans les champs de coton, ne s'est jamais courbé plus abjectement devant son maître... » Plus encore que le chef clear-grit, Ryerson s'est constitué l'adversaire du séparatisme scolaire. Petit homme combatif et puissant, il a réussi à s'imposer comme l'incarnation du système d'enseignement du Haut-Canada, système de l'école publique et unique, non spécifiquement neutre, mais acceptable à toutes les confessions religieuses puisque acceptable aux protestants. Système surtout intouchable. Ryerson veut bien tolérer l'école séparée, mais à la façon d'une épidémie dont on s'efforce de restreindre la contagion. Avec la *Rep by Pop,* la question des écoles séparées devient l'une des questions dominantes de la politique canadienne, la plus enfiévrée de passions. Les catholiques auront pourtant raison d'une opposition chaque année plus furieuse. Après des gains successifs, ils l'emportent définitivement en 1863, par un vote qui laisse toutefois le ministère en minorité dans le Haut-Canada.

Les catholiques du Bas-Canada pouvaient prendre leur part de ce succès. Par leurs dénonciations multipliées de l'école mixte ou neutre, les évêques ont fortement ébranlé la minorité voisine. D'ailleurs quel stimulant ne fournissait pas à cette minorité l'œuvre scolaire accomplie dans le Bas ? Et, par exemple, quel prix les évêques du temps de l'Union attachent à la formation culturelle de la jeunesse catholique ? Ils la veulent cette jeunesse, — et ce sont les Pères du deuxième concile provincial qui parlent, — « en état de marcher sur un pied d'égalité, pour ses connaissances et ses lumières, avec ceux de nos frères qui n'ont pas le bonheur de professer notre sainte religion. » En dix ans, onze congrégations enseignantes, dont huit de femmes, ont été disséminées au milieu de la population. C'est dire l'aide puissante fournie à l'enseignement public. En 1853 Jacques Viger évalue déjà à 10,429 le nombre des jeunes filles qui s'instruisent dans les couvents. Les évêques s'intéressent toujours à la compétence des maîtres. Et certes, le fait est à souligner, ce sont encore les Pères du deuxième concile provincial qui déclarent en état de péché contre la justice et voire indignes de l'absolution, maîtres et maîtresses qui enseignent sans « la capacité requise », tout comme les commissaires « qui les engagent malgré leur incapacité notoire ». D'une vue claire, les mêmes évêques discernent fort bien la vogue déraisonnable des études classiques. Et l'archevêque de Québec invite les curés à orienter convenablement la jeunesse. Une œuvre exalte, à juste titre, la fierté de ces hommes: la fondation de l'Université Laval. Pour Mgr Bourget, le 8 décembre 1853, date de naissance de l'institution, « doit faire époque dans notre histoire ». Et il saluait un peu pompeusement en la jeune université, la future « Sorbonne de la Nouvelle-France ».

Du côté de l'Eglise est le dynamisme, disions-nous tout à l'heure. Ce dynamisme, il trouve à s'exercer jusque dans le temporel. Le « temporel » de leurs diocésains, les évêques le réclament d'ailleurs comme partie de leur champ d'action. « Ne vous étonnez pas de nous entendre vous donner des avis même sur vos affaires temporelles, diront-ils lors de leur Concile de 1866. La religion et la charité ne sont étrangères nulle part, et notre charge pastorale, qui vous rend chers à nos cœurs, nous fait partager toutes vos peines et vos embarras, aussi bien que vos joies et vos prospérités. Ce n'est pas pour nous que nous sommes pasteurs, mais pour vous. » Paroles émouvantes, et qui seront autre chose que des paroles. Ces prélats n'estiment pas au-dessous de leur fonction de s'occuper de la diffusion d'un traité d'agriculture — ainsi qu'ils font en 1851 pour le petit traité de lord Elgin. On les voit même intervenir auprès de leurs curés pour sauver de la disparition un périodique agricole.

Les écoles d'agriculture, Mgr Turgeon, l'archevêque de Québec, eût voulu les multiplier dans les campagnes pour y enseigner à la jeunesse « le premier des arts ». N'est-ce pas un prêtre, l'abbé Pilote, qui ouvre en 1859, à Sainte-Anne-de-la-Pocatière, la première école d'agriculture vraiment effective au Canada, école gratifiée à ses débuts d'un crédit officiel d'à peine 50 louis ? L'abbé J.-B.-A. Ferland exhortait, lui aussi, les gouvernants à multiplier les « fermes-modèles ». Ce zèle pour l'agriculture, le clergé ne l'a peut-être dépassé qu'à l'égard de la colonisation. Les premiers à secouer l'indifférence du public et l'inertie des gouvernants, chacun le sait et nous l'avons dit, ce furent, à l'époque, les missionnaires colonisateurs, et en particulier les 12 missionnaires des Cantons de l'est. Ces prêtres n'ont pas eu peur de la hardiesse des mots pour éveiller, comme ils disent, « les amateurs de la tranquillité et de la réserve, qui s'occupent bien plus de ce qui se passe aux Indes ou aux bords de l'Eldorado qu'à trente lieues dans leur pays... » Surtout après l'abolition du régime seigneurial, c'est le prêtre catholique qui devient le patron du défrichement, le guide, l'animateur, l'avocat du colon, celui qui va porter les plaintes, plaider la cause de l'infortuné, jusques à la barre du parlement. Ce sont encore des prêtres qui, à la tête de sociétés de colonisation, soutiennent les colons des cantons de l'est, entraînent ceux du Saguenay; ce sont des Oblats qui, dans la région de l'Outaouais, fixent les bûcherons sur leurs lots de défrichement. Ces hommes se sentent d'ailleurs inspirés, soutenus, par leurs chefs ecclésiastiques qui, pour le zèle en ce domaine, ne le cèdent en rien à leurs subordonnés. En 1848, c'est bien l'épiscopat qui présente au clergé l'*Association des Townships* et qui le prie d'organiser l'Association dans toutes les paroisses, puis de solliciter pour elle la générosité publique. Chaque diocèse a voulu avoir un prêtre chargé « plus particulièrement de propager le zèle pour la colonisation ». C'est que, pour les évêques de ce temps-là, la colonisation est « une œuvre aussi religieuse que patriotique ». « Le vrai patriotisme, rappellent-ils aux fidèles, est inséparable de la vraie foi. » Et il faut lire en quels termes ils justifient cette autre intervention dans le profane: « Gardien de la propriété du peuple qui lui est confié, diront-ils, c'est au clergé à le diriger dans les voies qui le puissent mener au bonheur temporel; et c'est un devoir doublement sacré que nous remplissons, en lui procurant sur le sol natal l'abondance des biens terrestres, en même temps que toutes les consolations du culte de ses pères. » A Montréal, Mgr Bourget entend que l'*Association de la Propagation de la Foi* qui a « la même fin » que celle des « Etablissements des Canadiens des Townships », collabore à celle-ci « afin de parvenir au but si noble qu'elles se proposent toutes deux ». Pour appuyer cette décision d'un geste symbolique et pittoresque, l'évêque souhaite abattre lui-même l'arbre destiné à façonner la croix qui marquera l'emplacement de la première chapelle de l'*Association*.

DEUXIÈME PÉRIODE

(1867-1931)

Pour fins de clarté, nous diviserons cette deuxième période de « l'autonomie à l'indépendance », en trois séries de chapitres ou parties que nous intitulerons:

Confédération et Canada français
Problèmes de vie en fédération
Problèmes de vie intérieure

PREMIÈRE PARTIE

CONFÉDÉRATION ET CANADA FRANÇAIS

CHAPITRE PREMIER

Origines et causes de la Fédération

Appels lointains. — *Convergence d'intérêts.* — *Cause décisive.*

1867 ! Date majeure dans l'histoire canadienne et américaine. Une deuxième puissance surgit en Amérique du Nord, au-dessus des Etats-Unis, agrégeant comme le voisin un vaste et riche territoire, et appelée comme lui, semble-t-il, à un grand destin. Où retracer les origines de l'événement ?

Appels lointains

En sa naissance, la Confédération canadienne ne laisse pas de présenter quelques aspects contradictoires. D'une part un ensemble impressionnant de causes, de circonstances, de pressions qui paraissent appeler le fait historique, sinon même l'imposer; de l'autre, entre les parties composantes de la future fédération, des tiraillements, des résistances opiniâtres qui ne s'apaisent, dans la plupart des cas, que par le *compelle intrare*. L'histoire n'est jamais un commencement absolu; le projet est ancien. Lancée pour la première fois, en 1783, par le colonel Morse de la Nouvelle-Ecosse, reprise un jour dans un document aussi retentissant que le Rapport Durham, peu d'années se passent, dans l'une ou l'autre des provinces britanniques et même dans la métropole, où l'idée ne rebondisse. En 1864, l'Amérique britannique contient déjà une population de 4,000,000 d'âmes. Son commerce s'élève à $137,000,000; son revenu excède $14,000,000. Bien proche déjà de la puissance américaine de l'heure de l'Indépendance, il semble naturel qu'elle sente en soi les mêmes poussées ambitieuses. Quatre au moins des cinq provinces britanniques ont tendance à se rapprocher par leurs similitudes ethniques, politiques, culturelles: même fond radical, même régime politique, même droit, même langue, et, dans une grande mesure, même foi. Un postulat géographique nulle-ment négligeable opère dans le même sens: échelonnement parallèle et continu au-dessus de la frontière américaine, surtout liaison commune par l'axe du Saint-Laurent.

Convergence d'intérêts

Appels assez vagues et lointains, mais que vient fortifier, pour l'heure, une singulière convergence d'intérêts. En tête se place, pour ces jeunes Etats, l'intérêt de la défense commune contre le péril américain. Et ce péril, vers 1860, n'est plus seulement l'attraction ou la succion presque irrésistible d'un pays indépendant et d'un extraordinaire allant sur un pays pauvre ou qui se croit tel et resté attardé au stade colonial. Le péril prend un aspect plus redoutable par l'expansion inquiétante, agressive du voisin. Au temps du régime français, nous ne l'avons pas oublié, les colonies anglo-américaines rêvent déjà d'impérialisme continental. L'ère de l'indé-pendance n'a refroidi en rien l'ancienne fièvre. Dans son petit livre sur *La Politique étrangère des Etats-Unis,* Walter Lipman partage en six étapes la conquête, par son pays, de ses frontières actuelles. L'on remar-quera que les quatre dernières étapes correspondent à la période de l'Union des Canadas. Dans le bref espace de trois ans, de 1845 à 1848, par le traité de l'Orégon, par l'annexion du Texas d'alors, par l'annexion de la Californie et autres territoires arrachés au Mexique vaincu, les Etats-Unis ont plus que doublé leur superficie de l'époque du traité de 1783. Expansion d'une rapidité inouïe. René Grousset y a vu, dans son *Bilan de l'histoire,* « la première conquête vraiment massive et durable réalisée par les races européennes depuis plus de deux millénaires. » Expansion agressive, faudrait-il ajouter, et souvent accomplie aux dépens du Canada qui a pu apprendre, par sa propre histoire, comment se solde d'ordinaire pour les petits peuples la proximité des forts. La mode prévaut d'évoquer le siècle de paix entre les deux grands pays de l'Amé-rique du Nord et l'exemple donné au monde de leur bon voisinage. Que ne s'arrête-t-on à calculer parfois le prix dont le Canada aurait payé cet exemple et cette paix: *Peace with friction for a century,* selon le titre d'un ouvrage de John W. Dafoe ? L'histoire de la plupart des traités canado-américains, pour ne parler que de ceux de 1783, de 1842, de 1846, pourrait fort bien s'intituler l'histoire du grugement du territoire canadien par le vorace voisin. Aux approches de 1866 les intrigues de Napoléon III au Mexique inquiètent fort Washington. Que Napoléon reconnaisse l'indépendance des Etats du sud et que son protégé, Maximi-lien d'Autriche, réussisse à se faire accepter par les Mexicains, et quel serait le sort des Etats antiesclavagistes, réduits à une modeste enclave dans l'Amérique du Nord ? Des pressions se seraient alors exercées sur Lincoln pour une prompte conclusion de la paix avec les Etats du sud et pour une diversion des armées du nord vers le Canada. Rumeurs fondées ou non, l'affaire du *Trent* va leur donner quelque consistance et faire de nouveau réfléchir les petites provinces britanniques sur les périls de leur isolement. D'autant que la métropole anglaise, sur la foi ou prétention que le *self government* entraîne comme suite logique la *self defence*, menace de retirer ses garnisons de l'Amérique du Nord.

Opportune occasion, au surplus, pour les gouvernants de la métropole, de se convertir au projet de fédération alors agité au Canada et dans les provinces du golfe. La délégation canadienne, celle de Cartier, Galt et Ross, venue à Londres en discuter en 1858, n'avait reçu, cette année-là, de la part des hommes d'État britannique, qu'un accueil plutôt glacial. C'était le temps où paraissaient l'emporter dans l'opinion les « Little Englanders » du type Cobden, prophètes d'une Angleterre délestée du lourd boulet de ses colonies et jouant son destin dans son « splendide isolement ». L'école impérialiste ne tarderait pas à prendre sa revanche. Voici, au reste, que se produit l'affaire du *Trent*, arrestation par les Américains, sur un vapeur britannique, de deux commissaires sudistes en route pour l'Europe. En toute hâte l'Angleterre a dû transporter en Amérique du Nord 12,000 hommes de ses meilleures troupes. En fallait-il davantage pour lui révéler, une fois de plus, l'extrême vulnérabilité de cette partie de son empire, en même temps que l'opportunité d'une fédération coloniale et d'une force militaire qui soulagerait le Titan d'une part de son fardeau ? Au sentiment des meilleurs experts militaires, le duc de Newcastle vient d'ailleurs de l'écrire au gouverneur, lord Monck, « aucun corps de troupes que l'Angleterre pourrait envoyer ne serait en état, sans l'aide efficace des Canadiens, d'assurer la sécurité du Canada ». A ces premiers calculs, d'autres se seraient-ils joints d'ordre financier ? Rien n'empêche de le penser. Un moment la banqueroute de la compagnie des chemins de fer du Grand-Tronc a paru imminente. Des projets d'un intercolonial et d'un transcontinental sont quand même dans l'air. Est-ce pure coïncidence si, quatre ans précisément avant la Confédération, par l'intermédiaire de l'*International Financial Society Limited,* le Grand-Tronc et la Compagnie de la Baie d'Hudson s'unissent sous un même directorat ? Serait-ce encore pure rencontre du hasard que, vers le même temps, la question se soit agitée d'une vente à bon prix des territoires de l'ouest, au gouvernement du Canada, occasion opportune, sans doute, pour les magnats de la Compagnie de la Baie d'Hudson, devenus solidaires des finances du Grand-Tronc, de s'offrir une solide garantie de leur créance ? Quoi qu'il en soit, c'est bien à partir de cette époque, que, dans les milieux financiers et politiques de Londres, s'observe un revirement subit au sujet d'une fédération des provinces britanniques. Revirement qui, pour briser la résistance des petites provinces du golfe au projet, prendra même, à certaines heures, la forme d'une indiscrète pression.

Ces petites provinces seraient-elles d'ailleurs aussi indifférentes à une fédération qu'elles s'en donnent l'air ? Elles souffrent d'un mal profond qui est, pour elles, l'absence d'un pôle politique et économique. Elles vivent, à vrai dire, entre deux solitudes : à l'est, la mer; à l'ouest, le barrage de forêts qui les sépare du Canada central. La proximité de la mer est d'ordinaire un avantage appréciable. Mais si la mer est vaste, sans être le déversoir naturel d'un riche et vaste estuaire, ou le débouché d'un arrière-pays de grande capacité économique, qu'est-ce autre chose, la mer, qu'un facteur d'isolement ? Or telle est bien l'Atlantique pour les provinces du golfe. L'été, le commerce du Canada s'en va par le Saint-Laurent, sans relâcher dans les ports du Nouveau-Brunswick ni dans ceux de la Nouvelle-Ecosse. L'hiver, puisque le chemin de fer du Grand-Tronc ne dépasse pas encore la Rivière-du-Loup, point de voies commerciales plus accommodantes pour les provinces maritimes, que les voies américaines, voies irrésistibles qui les mettent plus proche de Boston que de Québec et les entraînent, malgré qu'elles en aient, dans l'orbite du voisin. Elles ont bien tenté de s'édifier un commerce maritime par voiliers. Le bateau à vapeur américain a supplanté le voilier. L'avenir, dans cette conjonction de misères, où ces petites colonies le peuvent-elles chercher, si ce n'est dans l'arrière-continent ? Que, par le rail, elles obtiennent de drainer vers leurs ports le commerce des Canadas, et ne serait-ce pas la solution par où sortir de leur marasme sans cesser d'être britanniques ? Ainsi rêvent chez elles quelques esprits d'avant-garde. Rêve encouragé, au surplus, en 1851, par Francis Hincks qui leur parlait déjà de la construction de l'Intercolonial et de relations commerciales plus actives. Et voilà encore pour orienter vers la fédération, un autre groupe d'intérêts.

Trouverions-nous pareilles inclinations dans l'un et l'autre Canada ? Dans les milieux d'affaires de Montréal et de Toronto, le projet de fédération recrute, depuis quelques années, nombre d'adeptes. Dégoûtés du marché américain autant que du marché britannique, privés sur celui-ci, de la préférence impériale, menacés sur celui-là, d'une répudiation prochaine du traité de 1854, certains de ces hommes de commerce et de finances se tournent vers l'ouest encore vide, comme vers le pays des généreuses compensations. Les Américains n'ont-ils pas tout récemment démontré, par leur expérience du rail, la possibilité d'une mise en valeur de ces vastes domaines ? En ces derniers temps, pour le compte du gouvernement canadien, des explorateurs et des ingénieurs ont pratiqué des sondages du côté des prairies occidentales. En 1855, Thomas Rawling publiait à Londres, *Confederation of B.N.A. Provinces With British Columbia and Hudson Bay Territory — Proposed Routes Atlantic to Pacific.* Deux ans plus tard paraissait à Toronto, le *Preliminary Report on the North-West Railway of Canada...* de Sandford Fleming. De plus, certaine urgence paraît s'imposer de barrer la route au plus tôt aux Américains qui, dès ce temps-là, songent à se tailler un long corridor à travers les prairies vers l'Alaska.

Arrivons pourtant à la cause décisive, celle où Goldwin Smith a vu le véritable auteur (the « parent ») de la Confédération de 1867 et qui est bel et bien l'impasse politique de l'Union des Canadas. Nous n'avons plus seulement affaire, et il faut y revenir, à une machine politique en parfait détraquement. Poussées au paroxysme, les passions raciales et religieuses font craindre le pire. On dirait une course à l'abîme. Pour arracher le Haut-Canada à ce qu'il appelle « la domination d'une race étrangère et d'une religion qui n'est pas la religion de l'empire », n'a-t-on pas entendu, en 1861, William MacDougall menacer en pleine Chambre d'en appeler à une coalition des Anglais du Haut et du Bas ? Pis encore. MacDougall se disait prêt à porter la cause au parlement impérial et, en cas d'insuccès, à « tourner les yeux vers Washington ». Les Canadiens français sentent eux-mêmes toute sécurité leur échapper. Un article de la constitution de 1840 requérait le vote des deux tiers de la Chambre pour la modification de l'égalité représentative au parlement des Canadas-Unis. Le Bas-Canada s'était fait un bouclier de cet article contre la *Rep by Pop*. En 1854, passant outre à une opposition maintes fois manifestée, le parlement impérial abrogeait l'article protecteur. Nombre d'esprits dirigeants, dans le Canada oriental, n'entrevoient plus l'avenir que sous les couleurs les plus sombres. Ces pressentiments trouveront à s'exprimer dans les prochaines lettres pastorales des évêques sur la Confédération. L'évêque des Trois-Rivières, Mgr Thomas Cooke, représente les deux Canadas dressés l'un contre l'autre « presque sur le pied de deux camps ennemis ». Etat de chose, disait-il, qui, « de l'aveu de tout le monde... ne pouvait se prolonger sans danger pour la paix... » Pour le même évêque, la lutte véritable, évidente, s'est livrée pour l'une ou l'autre de ces solutions: *Confédération* ou *annexion*. Pour l'évêque de Rimouski, c'était la menace de « l'anarchie complète ». Le *Courrier du Canada,* journal patronné par les évêques, croit sentir le pays « à la veille d'une guerre de races, guerre dans laquelle le Bas-Canada aurait eu infailliblement le dessous ».

Comment sortir de l'impasse ? Toutes les issues possibles, avons-nous dit, ont été explorées, discutées. Une seule a paru acceptable. Et c'est ainsi que, le 30 juin 1864, les Canadas apprenaient la formation d'une coalition entre les libéraux-conservateurs et le groupe de George Brown. Coalition stupéfiante pour un pays qui pourtant en a vu bien d'autres. La coalition se formait pour une fin restreinte et bien définie: chercher remède « aux difficultés actuelles », par le moyen d'une fédération qui engloberait, si possible, les provinces maritimes et les Territoires de l'ouest.

La Confédération canadienne va naître. Elle surgit d'une convergence d'intérêts qui, à première vue, paraît étonnante et puissante. Pour considérables qu'ils soient, ces intérêts en restent-ils moins et presque uniquement d'ordre économique et politique ? On se défend mal de penser à quelque construction artificielle. Comme nous sommes loin, en tout cas, des mobiles souverains qui ont présidé à la naissance des Etats-Unis: ébranlement profond, coalition de jeunes Etats dressés contre ce qu'ils appellent le despotisme de la métropole et qui, pour le gain de leur indépendance, acceptent l'épreuve suprême de la guerre. Au Canada, rien de si décisif; point d'entraînement irrésistible des masses, rien d'une vague de fond. Et voilà peut-être pour expliquer des événements très prochains, sinon même une longue histoire.

CHAPITRE DEUXIÈME

La constitution fédérative

Triomphe du fédéralisme. — Partage des pouvoirs. — Fédération de nationalités. — Pacte ou loi ?

L'élaboration de la constitution canadienne requerra quelque deux ans et trois mois. Trois étapes sont à franchir ou trois opérations s'imposent: rallier au projet l'ensemble des provinces de l'Amérique du Nord britannique; déterminer la nature du nouveau régime; obtenir la sanction du gouvernement impérial. Ce sera l'œuvre respective de trois constituantes ou conférences: la première tenue à Charlottetown (1er-8 septembre 1864), reprise à Halifax (10-12 septembre), puis à Saint-Jean, Nouveau-Brunswick (16 septembre); la deuxième, à Québec (10-23 octobre 1864); la troisième à Londres, (4-24 décembre 1866).

Triomphe du fédéralisme

C'est à la Conférence de Québec, véritable constituante, que la nouvelle constitution prend forme et figure. En dépit de penchants non déguisés de la part du Haut-Canada et de quelques délégués des provinces du golfe pour la formule de l'Etat unitaire, ou de ce que l'on appelle alors l' « union législative », le fédéralisme l'emporte. Rien d'autre ne convient au régionalisme déjà prononcé des provinces maritimes, ni ne peut accommoder le Bas-Canada. On nous dispensera de faire l'éloge de ce système politique, le plus sage, le plus humain auquel les pays ou les Etats composites puissent confier leur destinée. Forme de gouvernement la mieux adaptée, à coup sûr, aux petits peuples trop divers pour se fusionner, et qui, bien qu'alliés pour la sauvegarde d'intérêts communs, entendent se réserver la plus large autonomie possible. Toute la tradition politique du Bas-Canada, son aspiration persévérante à se gouverner soi-même, aspiration fortifiée pendant l'époque orageuse de l'Union, tout l'inclinait, le poussait vers cette solution. En 1864, a-t-on constaté plus haut, quelques similitudes semblaient préparer les voies à un rapprochement de la plupart des provinces; de vigoureuses dissemblances ont imposé ce rapprochement selon la formule fédéraliste. John A. MacDonald définira comme suit, lors des débats de 1865, le résultat des conférences: « Je suis heureux de croire que nous avons trouvé un plan de gouvernement qui possède le double avantage de nous donner la puissance d'une union législative et la liberté d'une union fédérale. » Mais à quelle forme de fédéralisme allait-on s'arrêter ? Les constituants avaient sous les yeux deux types de constitutions fédératives: le type britannique et le type américain. On s'étonnerait qu'ils n'aient pas emprunté à l'un et à l'autre. Les provinces-mères de la Confédération possèdent déjà des constitutions calquées sur le modèle britannique. En outre elles ne rédigent pas leur nouveau contrat politique comme l'ont pu faire les Américains, en 1777, puis en 1787, dans un état d'indépendance. Elles relèvent de l'empire britannique; et c'est au siège de l'empire qu'en 1866 elles s'en vont rédiger les derniers ajustements de leur constitution, en même temps qu'y chercher la sanction suprême. Vers le même temps, les contituants canadiens ont devant eux le spectacle de la guerre de sécession chez le voisin, déchirement tragique qu'ils imputent à un pouvoir central trop faible en face d'Etats trop libres. De là une tendance compréhensible à fortifier, dans le futur Etat canadien, le pouvoir central. « Un gouvernement central fort est indispensable au succès de l'expérience que nous tentons », opine MacDonald, d'accord avec Cartier et Charles Tupper de la Nouvelle-Ecosse. Toujours imagé et pittoresque en ses discours, D'Arcy McGee souhaite « un solide édifice constitutionnel, sur de la bonne et solide maçonnerie anglaise, solide comme les fondations du phare d'Eddystone, capable de résister à la fureur des tempêtes et des vagues et à l'action corrosive de l'atmosphère politique du Nouveau-Monde ». Mais les provincialistes veillent aussi de leur côté et n'ont pas désarmé. Pendant la conférence de Québec, M. Chandler du Nouveau-Brunswick ne se retient pas de protester: « Vous êtes en train d'adopter une union législative au lieu d'une fédérative. » Dans le Bas-Canada où l'on assume le plus de risques en l'aventure, l'inquiétude grandit. Courants et contre-courants d'opinions qui appellent forcément des solutions de compromis.

Partage des pouvoirs

L'Etat canadien surgit, Etat fédératif composé d'un gouvernement central et de gouvernements provinciaux, ces derniers au nombre de quatre, l'Ontario, le Québec, la Nouvelle-Ecosse, le Nouveau-Brunswick. L'Ile-du-Prince-Edouard et Terre-Neuve se sont dérobés dès après la conférence de Québec. Le pouvoir exécutif réservé aux Etats-Unis, au président, sans autre frein qu'une opposition possible des deux tiers des deux Chambres du Congrès, appartiendra, au Canada, après le roi, au conseil des ministres, ministres de l'Etat fédéral, ou ministres des Etats provinciaux, les uns et les autres responsables, selon le mode britannique, aux Chambres électives. Les mêmes Etats se partagent les pouvoirs législatifs conformément aux articles 91 et 92, le premier intitulé: *Pouvoirs du parlement;* le second: *Pouvoirs exclusifs des législatures provinciales.* Articles, hélas, litigieux qui feront que, par l'imprécision des textes constitutionnels et par un partage discutable, les « pouvoirs exclusifs » n'auront rien d'absolument exclusif. Trop de juridictions concurrentes trouvent à s'affronter. Le préambule de l'article 91, par exemple, qui définit les pouvoirs du parlement fédéral (faire des lois pour la paix, l'ordre et le bon gouvernement du Canada), interdit bien à ce parlement toute compétence législative dans les « catégories de sujets... exclusivement assignés aux législatures des provinces », mais pour ajouter aussitôt: « sans toutefois restreindre la généralité des termes ci-haut employés ». Selon le texte du paragraphe 13 de l'article 92, « la propriété et les droits civils dans la province » paraissent ressortir aux parlements provinciaux. Termes encore trop élastiques pour empêcher tout empiètement possible du parlement fédéral. Le même parlement possède le droit exclusif de légiférer en matière de « mariage et divorce », tandis que les lois se rapportant à « la célébration du mariage », sont du domaine exclusif des parlements provinciaux. Enfin, par l'article 90, la constitution réserve au gouverneur général du Canada un droit de désaveu sur toute loi provinciale, dans l'année qui en suit l'adoption. Droit resté sujet, en son exercice, à quelques formalités, sans doute, et dont il sera usé, en général, avec discrétion, mais qui ne laisse pas d'insinuer quelque dépendance des provinces canadiennes à l'égard du gouvernement fédéral. Et ne serait-ce pas le lieu de discerner ici quelques autres traces de l'influence américaine ? En son *Canada's Federal System,* Lefroy (Augustin Henry Frazer), a d'ailleurs vu, dans l'article 90, « un des points marquants de la Constitution du Canada et qui la distingue de celle des Etats-Unis ». Devant l'opposition des provincialistes, les constituants de 1864 et de 1866 n'osèrent outrer les prérogatives du pouvoir central. Chaque Etat américain ne l'emporte pas moins en droits et pouvoirs sur la province canadienne. Question que nous examinerons davantage, dans un autre chapitre. Revenons à l'examen du fédéralisme élaboré au Canada.

Fédération de nationalités

Est-il permis d'y voir, outre une fédération de provinces, une fédération de nationalités et de croyances ? Quelques articles de la constitution y paraissent bien autoriser, surtout si l'on y joint les causes déterminantes du nouveau régime. Lesquels des quatre Etats constituants portent, au premier chef, la responsabilité de la construction politique de 1867, si ce ne sont le Haut et le Bas-Canada ? Et pour quels motifs ces deux Etats ont-ils dissous leur union de 1840, si ce n'est encore pour mettre fin à un conflit que l'on sait avant tout de caractère national et religieux ? Lequel des deux enfin, et plus que tout autre, a voulu, a imposé au nouvel Etat canadien, la forme fédéraliste, si ce n'est le Bas-Canada, et pour une raison dont il n'a nullement fait mystère: sauvegarder par-dessus toute chose son particularisme culturel et religieux ? Deux articles de la constitution portent les traces non équivoques de ces soucis ou intentions des deux principaux contractants. Par l'article 133, la nationalité anglaise et la française se consentent manifestement des droits d'ordre linguistique ou culturel. Dans les Chambres du parlement fédéral et du parlement provincial du Québec, y est-il dit, et de même dans les tribunaux établis par le pouvoir central ou par le Québec, l'usage de la langue française ou anglaise sera facultatif; mais le même usage deviendra obligatoire « dans la rédaction des archives, procès-verbaux et journaux respectifs du parlement fédéral et du parlement de Québec ». Non moins significatif l'article 93 qui édicte des concessions religieuses. Les premières lignes de l'article, l'un des plus importants de la constitution, décrètent en effet l'autonomie des provinces en matière scolaire: « Dans chaque province, la législature pourra exclusivement décréter des lois relatives à l'éducation... » Et c'était là une garantie de conséquence pour le Québec catholique et français. Une seule restriction limite l'autonomie provinciale en matière scolaire. Et encore ne vient-elle là que pour sauvegarder une liberté et des droits d'une importance souveraine, ceux de l'école confessionnelle, catholique ou protestante. Ces droits, le premier paragraphe de l'article 93 les déclare proprement intangibles lorsque en possession de titres juridiques ou constitutionnels antérieurs à la Confédération. Et voilà encore où le Bas et le Haut-Canada s'accordent de nouvelles concessions, par la garantie aux écoles dissidentes, catholiques ou protestantes de la province de Québec, des droits et devoirs des écoles catholiques du Haut-Canada. L'école confessionnelle, les paragraphes 3 et 4 de l'article 93 prétendent même la gratifier d'un supplément de protection en pourvoyant à une intervention du gouvernement fédéral et même du parlement d'Ottawa, dans le cas d'une législation abusive de la part de quelque autorité provinciale.

Certes, nous voulons bien qu'on s'interroge sur la valeur effective de ces articles 133 et 93. Le premier reconnaît-il, établit-il assez nettement la dualité linguistique et nationale du futur Etat ? S'il n'affirme en rien, — du moins le peut-on soutenir — la primauté de la langue anglaise, affirme-t-il, sans ambiguïté possible, l'égalité de droits des deux langues et en tous domaines ? Interprété sans étroitesse de vue, l'article 133, soutient M. Antonio Perrault, « sauvegarde le français partout au Canada et dans tous les domaines de notre activité ». Quelques déclarations des chefs politiques du temps autoriseraient cette opinion. Cartier écarte, à sa façon tranchante, la crainte d'une fusion possible des nationalités dans la prochaine fédération. « On a fait objection à notre projet, disait-il, à cause des mots « nouvelle nationalité »; si nous nous unissons, nous formerons une nationalité *politique*, indépendante de l'origine nationale, et de la religion des individus. » Pour ponctuer plus fortement cet énoncé, Cartier reprenait: « La fusion des races est une utopie; c'est une impossibilité. » John A. MacDonald s'est montré apparemment plus explicite. Au cours des débats de 1865, il jette cette déclaration qui, loyalement interprétée, elle aussi, irait très loin: « ...les délégués de toutes les provinces ont consenti à ce que l'usage de la langue française formât l'un des principes sur lesquels serait basée la Confédération, et que son usage tel qu'il existe aujourd'hui, fût garanti par l'acte impérial. » Au sujet de l'article 93, les déclarations officielles n'ont pas fait moindre effort pour paraître rassurantes. De ce texte constitutionnel, de rédaction si laborieuse, comment ne pas espérer une interprétation généreusement extensible, après les nobles paroles de lord Carnarvon au parlement impérial en 1867: « L'objet de cet article (art. 93) ...a été de placer toutes les minorités, à quelque religion qu'elles appartiennent, dans une parfaite égalité de situation, que ces minorités soient in *esse* ou in *posse*. » L'avenir, hélas, apporterait les plus cruels désenchantements. Les articles 93 et 133, dans la lettre et dans l'esprit des textes, n'en impriment pas moins à la constitution canadienne, le caractère d'une entente contractuelle entre deux croyances et deux nationalités.

Pacte ou loi ?

Toute inquiétude renaît cependant s'il arrive que l'essence même de l'*Acte de l'Amérique du Nord britannique* tienne tout au plus à ce point d'interrogation: pacte ou loi ? Ne serait-il qu'une loi du parlement impérial qui, de sa seule et pleine autorité, aurait donné naissance à la Confédération canadienne ? Serait-il plutôt, en bonne et due forme, la législation d'un contrat ou d'un pacte validement conclu entre les provinces ? Question d'actualité depuis l'offensive centralisatrice toute récente du gouvernement d'Ottawa. Question capitale, qui met en jeu les principes fondamentaux, sinon même l'avenir de la Confédération. Dans le cas d'un pacte, rien n'en peut être amendé ni modifié sans le consentement des parties contractantes; dans le cas d'une loi, le pouvoir législatif d'où émane la constitution canadienne, a pouvoir d'amender, de modifier et même à la rigueur, de défaire ce qu'il a fait. Ou encore, et selon la thèse des centralistes canadiens, le pouvoir constituant pourrait-il agir à la seule requête du gouvernement d'Ottawa, chaque fois que ce gouvernement se prévaudrait des prérogatives de la souveraineté nationale et du soin de l'intérêt public. Notre dessein, on s'en doute bien, ne prétend à traiter cette grave question qu'en historien. Pour l'aspect juridique et même historique, le lecteur pourra s'en rapporter à la brochure: *La Confédération: Pacte ou loi ?* du Père Richard Arès, s.j., docteur en droit international de l'Université de Paris, brochure parue aux Editions de l'*Action Nationale* (Montréal, 1949).

La théorie « loi », aussi bien le dire tout de suite, ne résiste pas à une revue objective de l'histoire. Un fait nous retient d'abord et c'est l'importante innovation à laquelle se livrent les colonies britanniques de l'Amérique du Nord dans les années 1864-1867. Jusqu'à cette époque, leurs constitutions diverses, celles de 1763, 1774, 1791, 1840, précédées, si l'on veut, de quelque vague consultation des colonies, leur ont été quand même imposées de haut, par le parlement impérial. Pour la première fois, en 1864, les colories qui, depuis 1848, sont devenues des *self governing colonies,* s'approprient le rôle de constituantes et rédigent elles-mêmes leur propre constitution politique. Leur initiative a d'ailleurs obtenu l'autorisation du gouvernement britannique. « Nous sommes un peuple dépendant, déclarait le 6 février 1865, John A. Macdonald... mais auquel on permet sans restriction de légiférer même sur la destinée future de l'Amérique du Nord britannique. » Et George Brown de confirmer: « Nous avons pleins pouvoirs pour signer ce contrat. » Ce rôle de constituants, notons-le en deuxième lieu, à aucun moment les Pères de la Confédération ne l'ont abdiqué. Rien de plus net sur ce point que le témoignage de Cartier qui définissait, du même coup, le rôle restreint du parlement anglais:« Les Canadiens, ont dit les ministres anglais, viennent nous trouver avec une constitution toute faite... Ne changeons point ce qu'ils ont fait, sanctionnons leur Confédération... Nous avions besoin de sa sanction (celle de l'Angleterre) elle l'a donnée sans hésiter, sans vouloir intervenir dans notre œuvre. » Ce jour-là, Cartier, revenu récemment de Londres, faisait écho à des paroles précises de lord Carnarvon, à la Chambre des Lords: « Les résolutions de Québec, avec quelques légères modifications, forment la base d'une mesure que j'ai maintenant l'honneur de soumettre au Parlement. A ces résolutions, toutes les Provinces de l'Amérique du Nord britannique ont apporté leur consentement et la mesure fondée sur ces résolutions doit être acceptée comme un traité d'union. » Au surplus la théorie du « pacte », pouvons-nous ajouter, n'est-elle pas restée jusqu'à vingt-cinq ans tout près, l'opinion traditionnelle et presque unanime des juristes canadiens, anglo-canadiens aussi bien que canadiens-français ? Je me borne à citer l'opinion de l'un des plus remarquables, P.-B. Mignault, devenu plus tard juge de la Cour suprême: « L'Acte de l'Amérique britannique du Nord n'est que la législation d'un pacte conclu entre les provinces. Il est fondé sur le désir qu'elles « ont exprimé de fonder une union fédérale ». Qui ne sait encore que les mots « traité », « contrat », se rencontrent constamment sur les lèvres des Pères de la Confédération ? « Traité entre les différentes colonies », affirmation, entre bien d'autres, de John A. MacDonald; « traités solennels », mot d'Etienne-Pascal Taché; « notre pacte », dira George Brown; « traité... conclu et signé par nous tous », prononce

D'Arcy McGee. A ces déclarations, rien de plus facile que d'en joindre nombre d'autres dont on trouvera le texte dans la brochure du Père Arès: déclarations des hommes d'Etat britanniques, depuis Carnarvon et Adderley jusqu'à Winston Churchill, puis du Conseil Privé d'Angleterre, puis des premiers ministres du Canada, de John A. MacDonald à Mackenzie King. Une seule et dernière citation confirmera l'opinion traditionnelle: les paroles prononcées en 1924, au parlement d'Ottawa, par M. Ernest Lapointe, alors ministre de la justice: « Nombre d'autorités en droit constitutionnel maintiennent que ce *traité* ne peut être modifié, et il me semble qu'en justice aucune modification n'y devrait être acceptée sans le consentement préalable de tous les signataires. Cette convention est sacrée, comme tout autre traité; ce n'est pas un « chiffon de papier. »

CHAPITRE TROISIÈME

Position du Québec devant l'A.B.N.A.

Le Québec et le fédéralisme. — Position constitutionnelle du Québec. — Légitimes appréhensions.

Le Québec et le fédéralisme

Une province plus que toute autre jouait son avenir dans l'aventure de la Confédération. Qu'à la conférence de Québec elle s'applique avec tant d'énergie à faire triompher le fédéralisme en sa plus ample formule, c'est qu'il y va pour elle d'une exigence vitale, exigence qui provient de tout son être historique, original, de toutes ses notes constitutives, culturelles, religieuses. Les partisans de l'Etat unitaire, c'est fait reconnu, sont puissants. Lors des débats de 1865, John A. MacDonald n'a point caché sa préférence pour cette forme d'association. Il jugeait le système « moins dispendieux », plus « vigoureux ». A la conférence de 1864, MM. Fisher du Nouveau-Brunswick et Whelan de l'Ile-du-Prince-Edouard, expriment la même opinion. Charles Tupper, de la Nouvelle-Ecosse, penche de ce même côté. D'où vient surtout l'opposition ? Entendons MacDonald. S'agit-il des petites provinces maritimes, de même langue et de mêmes lois que le Haut-Canada, il dira: elles ne ressentent « aucun désir de perdre leur individualité comme nation », mais pour ajouter aussitôt — et la nuance n'est pas légère —: l'union législative « ne saurait rencontrer l'assentiment du peuple du Bas-Canada ». Et les motifs du Bas-Canada, MacDonald n'en dissimule pas la gravité: « dans la position où il se trouve comme minorité parlant un langage différent, et professant une foi différente de la majorité... ses institutions, ses lois, ses associations nationales qu'il estime hautement, pourraient avoir à en souffrir ». Tupper, tout en regrettant l'impossibilité d'une « union législative », affirme encore plus carrément: « La chose est impossible à cause du Bas-Canada. » Donc impossible d'éluder la vérité: c'est au Bas-Canada que le nouveau pays sera redevable, au premier chef, de son régime politique, régime non seulement le plus favorable à la liberté humaine, avons-nous déjà fait observer, mais le seul à la convenance d'une entité politique et géographique aussi vaste et d'aspects si divers que sera la Confédération canadienne.

Position constitutionnelle du Québec

Mais son individualité nationale ou culturelle, le Bas-Canada l'a-t-il suffisamment préservée en 1867 ? Les adversaires de Cartier ont alors facilement à la bouche le mot « trahison ». Pour un jeune avocat d'Arthabaska, Wilfrid Laurier, la Confédération serait « la tombe de la race française et la ruine du Bas-Canada ». Un contemporain du jeune Laurier. Honoré Mercier, partage ou peu s'en faut ce pessimisme. Le député conservateur Henri-E. Taschereau y voit « le coup de mort à notre nationalité qui commençait à prendre racine sur cette terre de l'Amérique du Nord ». Qui avait raison ? Les « Pères » du Canada français ont-ils réservé, mis sous bonne garde les biens essentiels à la survie de leur nationalité ? Réexaminons de plus près la situation faite à l'entité composante qu'est la province dans la Confédération canadienne. Les meilleurs juristes n'ont cessé de le redire: la province au Canada est proprement un Etat, un type supérieur de personne juridique et morale. Aux termes exprès de l'article 109 de la Constitution, la province reste propriétaire de son territoire. Tout autant que l'Etat central, elle possède une autorité organique, avec pouvoirs exécutifs, législatifs et judiciaires. Tout comme les Etats américains, elle a plein pouvoir sur sa constitution; elle peut la modifier à son gré, à la seule condition de ne pas supprimer la fonction de lieutenant-gouverneur. A l'encontre d'opinions trop communes, dans le grand public, nous rappellerons que, dans les limites de l'article 92, la province canadienne est un Etat souverain, nullement subordonné à l'autorité centrale, aussi indépendant en sa sphère que le pouvoir fédéral peut l'être dans la sienne. Maintes fois en a décidé ainsi le Conseil privé d'Angleterre. La nomination du lieutenant-gouverneur des provinces par l'organe du gouvernement central n'infirme en rien ce point de droit constitutionnel. Le même roi qui détient le pouvoir exécutif à Ottawa, le détient en chacune des provinces. Et le lieutenant-gouverneur promu à sa fonction sous le grand sceau du Canada, tient ses pouvoirs, non du gouvernement d'Ottawa, mais du Souverain. La position constitutionnelle de la province canadienne, un homme, entre autres, l'a nettement précisée: l'ancien ministre de la justice, Ernest Lapointe: « D'abord la loi de l'Amérique du Nord britannique, disait-il dans un débat aux Communes d'Ottawa en 1925, n'est pas seulement la charte du Dominion du Canada; elle est tout autant celle des provinces du Canada. Nos pouvoirs nous viennent de la loi de l'Amérique du Nord; de même en est-il pour les provinces... Dans les limites de leur sphère propre les provinces jouissent des pouvoirs du gouvernement autonome, tout autant que le Parlement du Dominion... » Et M. Lapointe jetait dans le débat cette formule lapidaire que est à la fois un rappel d'histoire et un fait juridique: « Le pouvoir fédéral est l'enfant des provinces; il n'en est pas le père. »

Qui n'aperçoit déjà les prérogatives enviables dont pouvait se targuer le Bas-Canada ? Au-dessus de tout, la Confédération lui restituait le suprême privilège de l'individualité politique. Fini l'accouplement contre nature de 1840. Dès la Conférence de Québec, la séparation ou le dédoublement a commencé d'entrer dans les faits. Au cours de cette délibération entre provinces, Bas-Canada et Haut-Canada disposent déjà chacun d'une voix. L'article 5 de la constitution fédérative consomme la séparation: « Le Canada sera divisé en quatre provinces dénommées: Ontario, Québec, Nouvelle-Ecosse et Nouveau-Brunswick. » Se pouvait-il, pour le Canada français, gain plus substantiel ? A défaut de l'impossible indépendance, il ressaisissait son état civil de 1791, mais en pleine possession, cette fois, du *self-government*, au niveau de l'Etat autonome. A la vérité, pour quel autre enjeu les parlementaires du Bas-Canada avaient-ils livré leur lutte de plus d'un demi-siècle et les victimes de 1837-1838 gravi l'échafaud ? Aboutissant de conséquence où l'Evêque de Saint-Hyacinthe n'avait pas tort d'apercevoir « la position la plus belle et la plus pleine d'avenir dont nous ayons joui, depuis que nous sommes devenus sujets britanniques ». Dans le nouvel Etat canadien, la province de Québec n'aurait-elle pas quelque raison de s'attribuer même une situation privilégiée, au moins quant à son droit civil ? Elle n'y est pas entrée sans y mettre ses propres conditions, sans assurer, autant qu'un texte de loi le peut faire, son héritage culturel. En 1867, lord Carnarvon en avertira de façon formelle la Chambre des Lords: « Le Bas-Canada est jaloux et fier à bon droit de ses coutumes et de ses traditions ancestrales et n'entrera dans l'union qu'avec la claire entente qu'il les conservera. » L'attachement des Canadiens français à la Coutume de Paris, « fondement reconnu de leur code civil », est inaltérable, rappelait encore l'homme d'Etat britannique; puis il insistait: « Et c'est avec ces sentiments et à ces conditions que le Bas-Canada consent maintenant à entrer dans la Confédération. » Contexte où se doit lire le paragraphe 13 de l'article 92 de la Constitution, paragraphe qui réserve à la compétence législative des provinces « la propriété et les droits civils ». Au jugement du Conseil privé d'Angleterre, ce paragraphe prend le même sens qu'en l'article 8 de l'*Acte de Québec*. Ce qui veut dire que le droit civil français, placé sous l'égide d'une loi impériale, et tout autant sous la garde de la constitution canadienne, échappe à toutes prises du parlement d'Ottawa. Ce droit recevrait d'ailleurs un supplément de garantie constitutionnelle. L'article 94 qui accorde au parlement fédéral la faculté d'uniformiser le droit civil de l'Ontario, de la Nouvelle-Ecosse et du Nouveau-Brunswick, fait exception pour le droit de la province de Québec. Enfin, pour compléter cette démonstration, a-t-on remarqué que la langue, le droit civil, la justice, l'enseignement, la colonisation, le mariage, les institutions familiales, municipales, sociales, tout cet ensemble de biens ou de réalités sociologiques et culturelles qui constituent l'essence d'une nation et l'armature d'un Etat, les Pères de la Confédération, non sans calcul assurément, l'ont abandonné à la compétence et à la garde des provinces ?

Légitimes appréhensions

Rien de tout cela, nous le voulons bien, ne libérait l'avenir de toute inquiétude. Mais où sont les constitutions politiques qui dispensent de toute vigilance ? Et où trouver, dans l'histoire du monde, les petits peuples ou les peuples minoritaires dispensés de la lutte pour la vie ? Aux jours mêmes de 1867, quelques esprits clairvoyants ne se le cachent point: la constitution canadienne, en son entier comme en ses articles 91, 92, 93, 133, articles essentiels à la vie d'une province comme le Québec, restera par trop sujette à l'interprétation du parlement fédéral, c'est-à-dire d'une majorité anglo-canadienne et protestante. Antoine-Aimé Dorion qui, comme bien d'autres, vient de vivre la période de l'Union, confesse ses appréhensions: « L'expérience démontre, ose-t-il risquer devant le parlement de 1865, que les majorités sont toujours agressives et il n'en saurait être non plus autrement dans le cas actuel. » Etait-ce danger illusoire ? Les règles, les normes de la jurisprudence constitutionnelle, — question que nous nous sommes souvent posée — seraient-elles les mêmes et pouvaient-elles l'être entre les deux principaux associés: entre juristes latins, logiciens impénitents, enclins à s'accrocher au droit écrit d'une foi absolue aux textes, aux principes et aux déductions logiques, et juristes anglo-saxons, réfractaires aux théories, inhabitués au droit constitutionnel écrit, ne s'en référant qu'à la coutume, aux usages et précédents, n'accordant confiance qu'à leur empirisme résolu, connaturel, et par-dessus tout, ne confondant jamais *legal powers* et *constitutional rights* ? C'est André Siegfried, nullement suspect d'anglophobie, qui, dans *l'Ame des peuples*, ne peut s'empêcher de souligner les contrastes de ces deux formes d'esprit: « Or rien, ni dans notre tempérament ni dans notre histoire, écrit Siegfried, ne nous facilite la compréhension de ces voisins, si proches et pourtant si lointains. Quand, ayant traversé le Pas de Calais, je débarque à Londres, j'ai régulièrement l'impression de tomber dans une autre planète... je ne connais pas de peuples plus impénétrables l'un à l'autre. » Ces deux esprits, impossible de n'en pas discerner les oppositions foncières et voire les premiers conflits, à la naissance même de la Confédération. Quelle différence de ton et de pensée dans les discours de quelques-uns au moins des futurs associés. Tant d'aveugle générosité, tant de naïf optimisme, en face d'un réalisme si froid, si calculateur, si obstiné. D'un côté une franche volonté d'égalitarisme juridique, le « respect des droits de tous », comme disait Cartier, une confiance ingénue dans les hommes et dans l'avenir. Et Cartier encore, esprit pourtant averti, bien convaincu que la moindre atteinte aux droits des minorités s'attirerait l'invariable censure de « la masse du peuple »; et cette persuasion non moins puérile d'un Hector Langevin et d'un D'Arcy McGee que la moindre violation du pacte constitutionnel ferait « s'abattre avec colère... sur la tête des persécuteurs... le bras justicier » du pouvoir fédéral. De l'autre côté, et nous voulons dire ici les associés du Haut-Canada, que de réticences, que de marchandages, quel penchant aux concessions plus unilatérales que mutuelles, et quelle conception de la liberté des autres ! Quand, par exemple, il semblait d'élémentaire justice d'accorder égalité de droits scolaires à chacune des minorités du Haut et du Bas-Canada, et par conséquent d'étendre à la minorité catholique du Haut, le traitement de faveur déjà accordé à la minorité protestante du Bas, quelle opiniâtre résistance aussitôt déclenchée dans le Haut, résistance qui, à la fin, laisse la minorité catholique à la discrétion de la majorité protestante.

Quiconque eût alors observé les choses d'un peu plus haut et d'un peu plus loin, que de mécomptes lui aurait fait appréhender le seul et laborieux enfantement de la fédération. Où placer l'espoir d'un généreux esprit d'entente, de solidarité ou de fraternité, entre ces jeunes Etats pour la plupart si étrangers les uns aux autres, dont la majorité n'accepte de se fédérer que faute de mieux, pour éviter le pire et qui, à la fin, ne se rendent qu'à bout de résistance ? En la naissance de la Confédération canadienne, nous le disions plus haut, c'est le fait tragique. Un historien anglo-canadien, M. Reginald George Trotter, a pu intituler un chapitre de son ouvrage « Canadian Federation »: *Battle for acceptance*. Le projet rencontre si peu la sympathie populaire qu'en aucune province les gouvernants n'osent se risquer à un plébiscite, non plus qu'à une consultation régulière de l'électorat. Un seul des futurs associés se déclare satisfait: le Haut-Canada. Partout ailleurs et dès les premières heures, l'opposition s'élève décidée, ferme, parfois même bruyante. Et la vigueur s'en mesure à la faiblesse ou à la petitesse des provinces et à leur éloignement du centre de la future confédération, c'est-à-dire en raison de l'intensité du sentiment régionaliste et du danger d'absorption pour chaque unité. L'Ile-du-Prince-Edouard, Terre-Neuve, s'écartent dès les premières délibérations. Les répugnances assez vives du Bas-Canada nous sont connues. La résistance s'affirme orageuse dans le Nouveau-Brunswick, la Nouvelle-Ecosse, et quelques années plus tard, dans la Colombie. La Nouvelle-Ecosse se cabre avec des accents de révolte. Le chef des résistants, Joseph Howe, se laisse aller jusqu'à écrire à Edward Cardwell, secrétaire des colonies: « L'on ne voit nulle part, dans l'histoire, qu'on ait pu supprimer, par une mesure aussi révolutionnaire, la constitution de quatre Etats libres, sans qu'il y ait eu effusion de sang. » D'énergiques interventions pourront seules mater ces oppositions acharnées. Les Etats-Unis y contribuent par d'imprudents incidents de frontières et voire par quelques velléités d'invasion plutôt verbales, mais non sans effet sur l'opinion canadienne. Dans le Bas-Canada, « sans l'appui de la hiérarchie », a écrit, non sans vérité, un historien anglo-canadien, la Confédération aurait échoué. Ailleurs, au Nouveau-Brunswick, en Nouvelle-Ecosse, en Colombie, dans l'Ile-du-Prince-Edouard, le gouvernement impérial, en collusion souvent avec les autorités canadiennes, se chargera de mettre à la raison les récalcitrants, déplaçant, cassant au besoin les lieutenants-gouverneurs trop tièdes ou trop indiscrets.

Ainsi, à la naissance de la fédération, ne cherchons nulle part le remous puissant qui aurait soulevé, poussé les uns vers les autres, les provinces et leurs peuples. On dirait un édifice bâti en arrière-plans. Le ciment moral n'y est pas. C'est pourtant dans la compagnie de ces jeunes Etats, la plupart rassemblés de force, que le Canada français devra se tailler sa place, vivre désormais sa vie. Que de problèmes et que de heurts en perspective ! Et comme la vigilance restera consigne vitale !

DEUXIÈME PARTIE

PROBLÈMES DE VIE
EN FÉDÉRATION

CHAPITRE PREMIER

L'étreinte du pays
ou l'expansion géographique

Le grand pays. — Le Québec.

Les sept chapitres qui vont suivre pourraient s'intituler: *Le Canada français face au Canada*. Une autre révolution, le mot n'est pas excessif, vient de s'accomplir dans la vie du Canada français. La Confédération a singulièrement élargi ses relations politiques et ses horizons géographiques. A la « Province du Canada » d'hier, vaste mais resserrée entre le golfe Saint-Laurent et les grands lacs, l'année 1867 a soudainement substitué un consortium de quatre provinces, consortium bientôt porté à cinq et à six, ce qui, avec la rallonge de l'ouest, étendrait le territoire d'un rivage à l'autre de l'Amérique septentrionale. Placé presque au centre de la jeune fédération, le Québec ne peut manquer de sentir sur soi, une autre étreinte encore plus lourde que celle d'hier, l'étreinte de l'immense pays où il devient une enclave. Ce pays, quel est-il géographiquement ? Quelle figure y pourra faire le Canada français ? Quels problèmes vont se poser pour lui ?

Le grand pays

On ne saurait reprocher aux « Pères » d'avoir manqué de confiance ou de fierté en leur œuvre. Pour décrire le grand pays qu'ils viennent de jeter dans l'histoire, ils ne reculent point devant les comparaisons grandiloquentes. Etienne-Pascal Taché n'a pas « le moindre doute qu'en moins d'un demi-siècle le Canada comprendra une population égale à celle des plus grands empires de l'ancien monde ». On voit même lord Carnarvon rivaliser avec Taché en pronostics et hyperboles. « Nous jetons les bases d'un grand Etat, dira-t-il au parlement anglais, peut-être l'un de ceux qui, dans un avenir prochain, pourront rejeter dans l'ombre

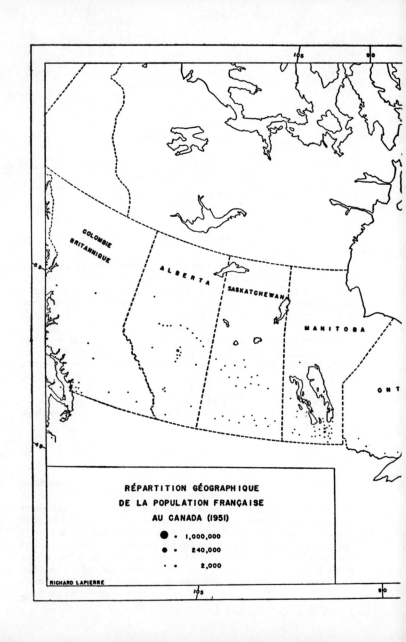

RÉPARTITION GÉOGRAPHIQUE
DE LA POPULATION FRANÇAISE
AU CANADA (1951)

● · 1,000,000
● · 240,000
· · 2,000

RICHARD LAPIERRE

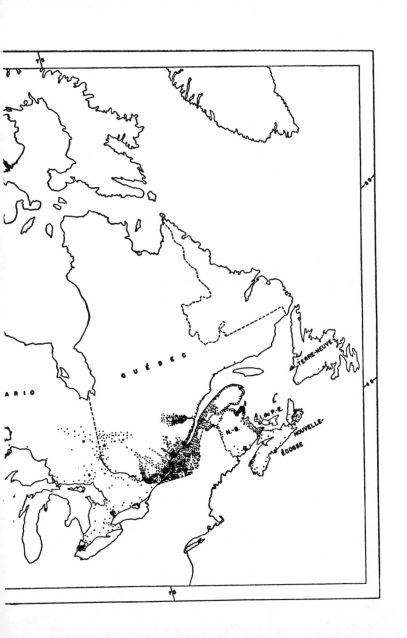

même ce pays. » Les soudains et vastes agrandissements du territoire canadien donneront, semble-t-il, quelque peu raison aux prophètes. En 1870 le gouvernement fédéral acquérait, de la Compagnie de la Baie d'Hudson, pour 300,000 louis, la terre de Rupert et les territoires du Nord-Ouest, soit l'étendue qui va de la frontière occidentale de l'Ontario d'aujourd'hui aux Montagnes Rocheuses: au bas mot environ 357,000,000 d'acres de terre arable. L'année suivante, la Colombie entrait dans la Confédération, reportant du coup les frontières canadiennes aux rivages du Pacifique. Deux ans plus tard, l'Ile-du-Prince-Edouard, après une hésitation de neuf ans, opérait sa courbe rentrante. En l'espace de six ans au plus, par achat ou annexions pacifiques, le Canada aura renouvelé l'expansion au pas de course des Etats-Unis, la dépassant même en rapidité. Ce qui fait de lui l'un des grands pays du monde, plus étendu que l'Europe, et, par ses terres immenses du nord polaire, plus étendu même que son voisin du sud. Ou encore, et si l'on veut des mesures comparatives, qu'on se représente 30 fois la superficie des Iles britanniques et 27 pour cent des territoires de l'empire anglais à son apogée.

Vertigineuse extension qui porte sans doute avec soi sa rançon. Les membres du vaste corps sont mal joints. On pense malgré soi à un squelette mi-rassemblé plutôt qu'à un organisme vivant. Pour en coudre, vaille que vaille, les parties éparses, on ne trouvera à jeter, entre l'est et l'ouest, que ces ligaments ou muscles artificiels que seront les rubans d'acier des chemins de fer transcontinentaux. Aura-t-on supprimé pour autant les solutions de continuité ou régions inhabitées: l'arrière-pays des provinces maritimes, le plateau du nord du lac Supérieur, la plus grande partie des prairies, la chaîne des Rocheuses ? Par suite au surplus de son axe est-ouest et de la minceur de sa zone de peuplement, le pays a perdu l'unité relative du Canada à quatre provinces de 1867 qui, celui-là, gardait du moins, pour axe le Saint-Laurent. Où fixer, en effet, à la Confédération agrandie, un centre de gravité ? Où loger le cœur du colosse ? Ottawa, jeune capitale, encore sans beaucoup de prestige, et située dans l'est plus qu'au centre du pays, figure moins un pôle national qu'un simple pôle politique. Et avec quelle désinvolte, dirait-on, la géographie de l'Amérique vient encore accentuer ces déficiences. Chacune des zones de cette immensité à peu près dépourvue de frontières naturelles en sa partie méridionale, correspond à une région des Etats-Unis de même formation géographique, au point de n'en être que le prolongement et de favoriser ainsi l'attraction du puissant voisin.

Désavantages trop réels que contrebalancent heureusement de solides compensations. Pays à larges contrastes, pays de montagnes et de steppes, de lacs et de fleuves, pays baigné par trois océans, pays de presque tous les climats, le Canada laisse déjà deviner la variété de ses ressources naturelles. Variées autant que prodigieuses en terres arables, en mines, en forêts, en forces hydrauliques, en pêcheries. Chaque province possède la somme de richesses naturelles qui ont coutume de donner naissance aux grands Etats. Et, d'une province à l'autre, ces richesses se révèlent assez diverses pour faire circuler entre les extrémités un actif courant d'échanges économiques. Grand et beau pays qui, avant même d'être né, passionne déjà les Pères de la Confédération. Le discours de la couronne à l'ouverture de la session de 1865 contient ces lignes d'une fierté non équivoque: « Il reste maintenant à décider, avec les hommes publics de l'Amérique du Nord britannique, si la vaste étendue de terre qu'ils habitent sera unie dans un seul Etat, comprenant tous les éléments de la grandeur nationale. » Deux ans plus tard, quand le rêve sera devenu réalité et qu'ils chercheront un nom qui lui convienne, expression à la fois de l'aspect majestueux du nouvel Etat et de son émancipation qu'ils eussent voulue plus complète, les Pères préconiseront plus que tout autre celui de « Royaume du Canada », *Kingdom of Canada*.

Le Québec

Voilà bien en quelle entité géographique et politique, le Québec vient de faire son entrée. L'une des quatre portions du pays en 1867, il deviendra, avec le temps, par l'extension continue de la Confédération, l'une des dix portions ou provinces. Seul Etat catholique et français, quelle résistance saura-t-il opposer à la redoutable étreinte ? Par la seule loi du nombre, des forces d'unification vont agir sur lui, le solliciter. Comment saura-t-il s'en défendre ? Province à multiples frontières, dont l'une américaine au sud, et deux autres anglo-canadiennes à l'est et à l'ouest, puis deux autres océaniques, à l'est et au nord, armée d'antennes puissamment aimantées vers l'Europe, on peut la dire perméable à triple et même quadruple influence.

Position difficile dont beaucoup, à l'époque, on se le rappelle, ont senti le péril. Les évêques catholiques, si accueillants au nouveau régime, n'en appréhendent pas moins l'avenir. « Notre position exceptionnelle, à cause de notre croyance et de nos mœurs, avoue l'évêque de Saint-Hyacinthe, est bien un peu perplexe et grosse de difficultés. » En revanche, la province française ne manque pas de valables ressources. Elle possède, à l'égal de ses associés, toutes celles qui font le puissant Etat. Sa superficie la place en tête des provinces canadiennes: plus de 700,000 milles carrés ou 335 millions d'acres; soit la superficie réunie de la France, de l'Espagne et de l'Allemagne de naguère. Son sol arable s'évalue à une quarantaine de millions d'acres. Ses principales richesses matérielles sont pourtant ailleurs, dans sa forêt, sa houille blanche, ses mines: sa forêt, sylve somptueuse, la plus étendue du Canada, fixée en 1942 à 423,534 milles carrés, soit 71.3 pour cent des forêts canadiennes; ses forces hydrauliques, du total approximatif de 17,000,000 chevaux-vapeur, c'est-à-dire 39 pour cent des forces de tout le Canada; ses mines, encore à peu près inconnues en 1867, — si bien qu'on pourra écrire du Québec et en

1942, qu'il « vient à peine de naître à l'extraction des métaux » — mais à la suite de la prospection de l'Abitibi et surtout du Nouveau-Québec, révélées d'un accroissement possible presque indéfini. Et nous pourrions accorder quelques lignes à deux richesses secondaires: celles de la chasse et de la pêche, richesses encore d'une certaine importance si l'on songe à l'étendue de la forêt et aux étendues d'eau de la province: eaux de l'intérieur, (fleuve, lacs, rivières), et tout près de 200,000 milles carrés d'eau maritime. Et nous n'avons rien dit de la richesse qu'il faut placer au-dessus de toutes les ressources de la terre et de l'eau: celle du type humain. Nous en mesurerons, dans le chapitre prochain, les forces et les faiblesses. Retenous, pour le moment, qu'en 1867, pour sa puissance de renouvellement et son équilibre social, le peuple canadien-français n'est encore dépassé par nul autre au Canada. De tous les groupes ethniques du pays, c'est encore lui qui possède les plus solides structures, y compris les éléments constitutifs de la nationalité: l'unité de foi, de langue, de culture, de traditions, la plus longue histoire, le plus profond enracinement dans la terre américaine. Les épreuves et les chocs ne lui ont pas été épargnés non plus qui d'ordinaire éveillent et fortifient la conscience nationale. Enfin, d'ores et déjà, entre toutes les provinces fédérées, la province de Québec peut se dire la plus intégralement canadienne.

Mais la question revient: quel usage fera-t-elle de ses magnifiques ressources ? Quel parti voudra-t-elle tirer de son autonomie reconquise ? Mettra-t-elle au premier rang de ses soucis, l'achèvement du *self government* dans tous les secteurs de la vie normale d'un Etat, secteurs économique, social, culturel, hiérarchie des valeurs et des intérêts, synthèse vitale sans quoi l'autonomie politique n'est qu'un vain mot ? Et d'abord comment le Québec saura-t-il résister à l'étreinte de l'espace et du nombre ? Entre lui et le pouvoir central, saura-t-il tracer les inviolables frontières ? Et plutôt que le rôle de brillant satellite dans l'orbite d'Ottawa, choisira-t-il la noble aventure de son vieux destin ?

Le 27 décembre 1867, le *Courrier du Canada* annonçait pour le lendemain l'ouverture du parlement de Québec. On y lisait: « Il ne dépendra que de nos députés que la province de Québec prospère socialement, moralement et matériellement. » Eh quoi ! Serait-ce déjà la politique organique indispensable au jeune Etat, la marche hâtive et ferme vers la pleine libération ? Le lendemain, c'était la lecture du discours de la couronne. Dès cette première heure, hélas, Chambre et discours évoquent les graves et longues maladies de la politique québécoise: sur les banquettes, en vertu du double mandat parlementaire, la collusion des partis provinciaux et fédéraux, et l'on peut même dire les premiers à la remorque des seconds; puis, un programme assez bien ordonné, vaste à tout couvrir, mais où la pompe des mots trahit trop d'impuissance; du reste, l'aveu immédiat et piteux de trop peu de finance pour soumettre à la législature « aucune mesure importante et entraînant des dépenses considérables ».

Ainsi se révèlent, dès les premières heures, les faiblesses congénitales de la jeune fédération. En face de l'Etat central, accapareur des principales sources de revenus, des Etats provinciaux décidément trop pauvres, bien incapables de satisfaire à leurs obligations, en perpétuel danger de tomber sous la tutelle d'Ottawa. Un subside fédéral, sans doute, mais toujours inadéquat à des besoins grandissants. Une seule ressource: la taxe directe, mais taxe la plus impopulaire. Dans le Québec en particulier, les hommes d'Etat vont trop manquer pour corriger à temps ces déficiences. Résultat: on politique plus qu'on ne fait de politique. On administre; on gouverne trop peu.

CHAPITRE DEUXIÈME

L'étreinte du pays
ou l'évolution démographique

Evolution démographique. — Effets généraux. — Effets
particuliers sur le Canada français.

Pour le Québec, c'était déjà un lourd poids que celui du grand Canada
en sa massivité continentale. A cette pression, une autre n'allait-elle pas
se joindre, encore plus lourde, celle du nombre, je veux dire l'écart
démographique considérablement aggravé entre les deux groupes ethniques
de la fédération ?

Evolution démographique

Prenons, pour point de départ, le recensement décennal de 1871. La
population de l'Ontario et du Québec se chiffre alors à 2,812,367 âmes,
dont 1,191,576 pour le Québec. La contribution de la Nouvelle-Ecosse
et du Nouveau-Brunswick à la population totale du Canada ne dépasse
que pour un peu le demi-million d'âmes: 673,394. Ces chiffres ne tardent
pas à grossir. De 3,486,000 âmes en 1871, la population canadienne
s'élève à 5,371,315 âmes en 1901, à 11,506,655 en 1941, puis à
14,090,429 en 1951. Les naissances n'ont pas été seules à gonfler ces
accroissements. L'immigration y a fourni la part la plus considérable.
Pays riche et à demi désert, le Canada ne pouvait pas ne pas se ressentir
des extraordinaires déplacements humains des 19e et 20e siècles, « un
des événements fondamentaux de l'histoire », a dit André Siegfried.
Débordements des flots humains de la vieille Europe vers les jeunes pays
d'outre-atlantique et qui n'ont eu de pareils que les raz de marée de
jadis par-dessus les frontières de l'empire romain. Famines, révolutions,
persécutions, appas de l'aventure, quête de la liberté, d'une vie neuve,
sollicitations de compagnies de navigation ou d'agents d'immigration,

autant de propagandes qui opèrent dans tous les pays européens. Rien qu'en Amérique du Nord, au delà de trente millions d'hommes s'en viendront fonder « une nouvelle section de la race blanche ». En ce flot, le Canada reçoit plus que sa large part. L'immigration vers les rives canadiennes pourrait se partager en quatre phases: une première de 1881 à 1902, une deuxième de 1903 à 1914, une troisième de 1920 à 1934; une quatrième de 1945 à 1952. Les deux dernières s'apparentent aux mêmes causes: malheurs du vieux monde au lendemain des deux guerres, déplacements de populations par suite des partages de territoires, fièvre d'évasion, de fuite, devant la menace affolante de nouvelles catastrophes, en particulier devant l'invasion possible du communisme russe. A ces contagions et calamités, sont venues se joindre les sollicitations du gouvernement central au Canada et celles d'un gouvernement provincial au moins, appels à l'immigrant dont nous aurons peut-être l'occasion de définir les motifs. Les deux premières phases, époque de l'immigration sollicitée, stimulée en particulier par le gouvernement Laurier, correspondent aussi à l'appel de l'Ouest canadien ouvert par le rail. Les quatre phases ont ceci de commun que l'on y voit fonctionner une méthode d'immigration massive, parfaitement désordonnée. De 1881 à 1902, 1,320,000 immigrants entrent au pays, soit une moyenne de 60,000 par année. Quantité qui se double dans la phase suivante: 2,667,000 arrivants, soit, pour ce coup, une moyenne annuelle de 223,000. La troisième phase offre des statistiques à peine moins inquiétantes avec deux millions tout près d'immigrants (1,868,088) et une moyenne annuelle de 102,000. Immigration désordonnée, disions-nous, qui dépasse audacieusement tout ce que le Brésil, l'Argentine, les Etats-Unis eux-mêmes, à quelque moment que ce soit de leur histoire, aient osé se permettre. Alors, par exemple, qu'en 1911, les Etats-Unis ouvrent leurs portes aux immigrants dans une proportion de 9.5 par 1,000 habitants, le Canada, lui, en accueille 43.5 pour le même nombre d'habitants. Alors que dans la période de 1901 à 1911, les Etats-Unis en reçoivent pour un onzième de leur population, le Canada en reçoit pour un peu plus d'un quart. Dans le même temps (1907-1912) le Brésil et l'Argentine, l'un de 21 millions et demi d'habitants, l'autre, d'un peu plus de 7 millions, accueillent moins de la moitié d'immigrants qu'il n'en vient au Canada. « A l'heure présente, pouvait écrire Georges Pelletier, dans sa brochure, *L'Immigration Canadienne,* parue en 1913, plus d'un quart de la population canadienne est entrée au pays depuis moins de quinze ans. » Interrompu pendant la crise de 1929, puis dans les premières années de la seconde Grande Guerre, le mouvement a repris de plus belle. De la fin de la dernière année à 1951 le nombre des immigrants s'est élevé à 630,754 et le flot continue de déferler. Il apportait 79,194 expatriés en 1947-1948; il en apporte 125,603 en 1949; 194,131 en 1951. Tous ces nouveaux venus, les recensements décennaux ne le démontrent que trop, ne restent pas au Canada. Le coulage traditionnel vers les Etats-Unis se poursuit. De 1891 à 1941, par exemple,

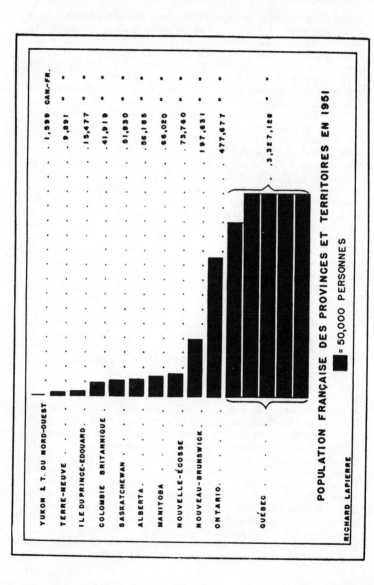

	CAN.-FR.
YUKON & T. DU NORD-OUEST	1,599
TERRE-NEUVE	9,091
ILE DU PRINCE-EDOUARD	15,477
COLOMBIE BRITANNIQUE	41,919
SASKATCHEWAN	51,930
ALBERTA	56,185
MANITOBA	66,020
NOUVELLE-ÉCOSSE	73,760
NOUVEAU-BRUNSWICK	197,631
ONTARIO	477,677
QUÉBEC	3,327,128

POPULATION FRANÇAISE DES PROVINCES ET TERRITOIRES EN 1951

■ = 50,000 PERSONNES

RICHARD LAPIERRE

le Canada est censé avoir reçu au moins cinq millions d'immigrants. Sa population de 5,371,315 à la première date, en demeure cependant à 11,506,655 à la seconde. Autant dire que le pays ne s'est guère peuplé qu'au taux habituel de ses naissances.

Effets généraux de cette révolution

Un premier effet de ces migrations aura été de modifier notablement la composition ethnique du Canada, et tout ensemble le rapport démographique entre les deux races fondatrices. Au recensement de 1871 les rapports entre le groupe anglais et les autres groupes s'établissent comme suit: 60.55 pour cent de Britanniques, 31.07 pour cent de Français, 8.39 pour cent d'autres races. En 1931 les Britanniques, en dépit de l'immigration, sont descendus à 51.86 pour cent; les Français à 28.22 pour cent, cependant que les autres races — ceux qu'on appellera désormais les Néo-Canadiens: Allemands, Scandinaves, Slaves, Méditerranéens et même Américains qui figurent pour 31 pour cent dans la deuxième phase de l'immigration et pour 22 pour cent dans la troisième — atteignent à 19.93 pour cent de la population canadienne. En 1941 les Britanniques seront descendus au-dessous de 49 pour cent. En ces dernières années toutefois, grâce au gouvernement d'Ottawa qui favorise ostensiblement l'immigration britannique, les Anglo-Canadiens tentent de regagner le terrain perdu. En 1847-1848, sur 79,194 immigrants, les Britanniques comptent pour 44,788. En gros, de 1941 à 1950, sur un total de 430,000 immigrants, les Britanniques occupent une tranche de 228,000. Trop manifeste dessein, en dépit des déclarations officielles, de contrecarrer la progression de l'élément français.

Non moins inquiétante a pu paraître la distribution des immigrants de la première et de la seconde phase. Encore sur ce point le Canada s'est affranchi résolument de la sage pratique des Etats-Unis. Le peuplement du territoire américain, mené de l'est à l'ouest, s'est accompli par tranches successives et contiguës. En chacune de ces tranches, des noyaux de la population des vieux Etats avaient précédé les immigrants en vue de les encadrer et de les « américaniser ». Au Canada, l'on se dispensera de cette prudence. On ne tiendra nul compte, non plus, de la loi formulée par Disraeli, au sujet de l'expansion de l'empire britannique et qui voulait que « le cadre commercial et politique fût chaque fois préparé par un contenu idéologique ». La vague des immigrants ne touche qu'à demi les anciennes provinces canadiennes. C'est dans les prairies, en des espaces presque déserts, que le flot va s'abattre. Des 2,521,000 immigrés jetés au pays de 1900 à 1913, « plus de la moitié », nous dit encore Georges Pelletier, « se sont établis dans le Manitoba, le Saskatchewan, l'Alberta et la Colombie ». Les bonds prodigieux qu'on relève alors dans le peuplement de deux de ces provinces, indiquent, à eux seuls, la part excessive que leur a fournie l'immigration. Ainsi, de 1901 à 1911, la

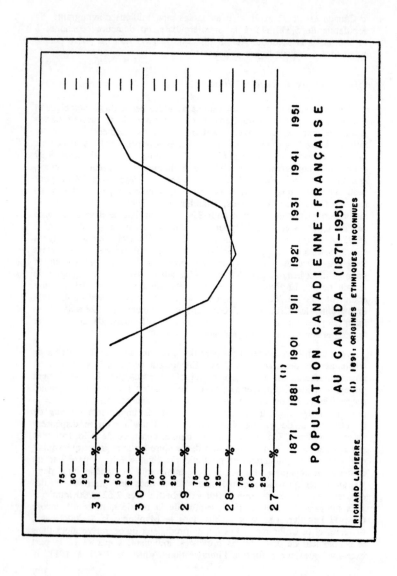

POPULATION CANADIENNE-FRANÇAISE
AU CANADA (1871-1951)

(1) 1891: ORIGINES ETHNIQUES INCONNUES

RICHARD LAPIERRE

population du Saskatchewan passe de 91,279 à 492,432; celle de l'Alberta, de 73,022 à 374,295. On nous dispensera de souligner les soucis et embarras que pouvaient préparer à la jeune Confédération de pareilles méthodes de peuplement. Enclins, comme un peu tous les émigrants, à faire bon marché de ce que les hommes appellent un passé, des traditions, bagage superflu dont ces déracinés se sont délestés en route, par quel miracle se feraient-ils à l'air de ce pays où ils ne se superposent à rien, à demi perdus en ces jeunes provinces peu ou mal fournies d'armatures politiques et sociales ? Les inconvénients prochains ne s'annoncent que trop: danger pour la cohésion politique d'un pays qui, bâti lui-même trop vite et de pièces trop mal soudées, garde l'apparence d'un corps sans âme; danger pour l'opportune intelligence des lois fondamentales d'un Etat fédératif; danger pour l'acceptation loyale de la dualité constitutionnelle, dualité de nationalités, dualité de croyances, qui sont le fond même du pacte social au Canada et qui exigent tant d'esprit de souplesse et de généreuse tolérance.

Effets particuliers sur le Canada français

N'y avait-il de quoi révolutionner la position et la vie même du Canada français ? L'immigration n'a pas sensiblement affecté la position démographique du Québec. Leur taux de naissances, « le plus élevé du monde blanc », selon M. Georges Langlois, a permis aux Canadiens français de se multiplier « avec une rapidité sans exemple dans aucune histoire contemporaine à la leur », tout comme elle leur a permis de tenir tête à la politique d'immigration d'Ottawa. Ils restent la première des nationalités au pays pour la puissance de renouvellement, la première pour le nombre d'enfants de 0 à 9 ans, la première aussi et l'une des premières du monde pour l'équilibre des sexes. Le taux de fécondité des femmes d'origine française qui s'évalue à 200 par mille, alors que celui des femmes d'origine britannique en reste à 100 par mille, laisse apercevoir les ressources du premier potentiel de vie.

Grâce à ces avantages naturels, les Canadiens français, peu ou point favorisés par l'immigration, ne s'en tiennent pas moins, sans variations notables, à la proportion d'un tiers environ de la population canadienne. Pour eux le problème démographique se pose d'autre façon. Depuis longtemps et surtout depuis la Confédération, le Canada français ne se confond plus avec le Québec. Il a cessé d'être une entité géographique, pour devenir une entité nationale, culturelle, répartie à travers tout le Canada. Et voilà autant de groupes minoritaires, plus de 30 pour cent de la population française globale, contraints à se réaliser en d'autres structures politiques et culturelles que celles du Québec. Dans l'histoire de la race française en Amérique, c'est l'un des faits dominants que sa dispersion depuis le milieu du 19e siècle. En 1871, 85.8 pour cent des Canadiens français vivent encore au vieux foyer; en 1931 ce pourcentage descend à 77.5; en 1951 il en reste à peine aux deux tiers. En 1871 la diaspora de la population d'origine française se distribue comme suit: 10,000 à l'Ile-du-Prince-Edouard, 31,000 en Nouvelle-Ecosse, 44,000 au Nouveau-Brunswick; à l'ouest du Québec, dans les comtés limitrophes du Haut-Canada, 10,248; un groupe plus considérable, une quinzaine de mille peut-être, dans la région de Kent et d'Essex; puis quelques petits groupes disséminés dans les régions de Kingston, Toronto, Hamilton. Plus au loin, aux portes du grand-Ouest, le Manitoba qui vient de naître en 1870 se prévaut déjà d'une population française d'environ 6,000 âmes, la plupart Métis français. Plus à l'ouest encore, s'égrènent jusqu'au Pacifique, quelques maigres essaims de population. Mais, par leur croissance naturelle dans les provinces maritimes, par la même croissance, aidée d'incessantes migrations parties de la vieille province, ces groupes vont rapidement grossir. En 1941 — nous donnerons plus loin les statistiques de 1951 — la population française hors du Québec s'élève au chiffre de 788,006 dont 163,934 dans le Nouveau-Brunswick, et 373,990 dans l'Ontario. A ces chiffres ajoutons-nous 2,000,000 environ de Franco-Américains, fils, eux aussi, de la dispersion, tout permet d'affirmer qu'en un siècle la population française du Québec s'est littéralement coupée en deux.

Quand on parcourt les débats et tractations qui ont précédé l'*Acte de l'Amérique du Nord britannique,* force est bien de s'en convaincre, les « Pères » n'ont que peu ou point prévu l'expansion de la dualité canadienne, dualité ethnique, dualité de culture et de religion, à travers tout le Canada. Les « Pères » canadiens-français, aussi peu clairvoyants, même ignoré la minorité française du Haut-Canada. Hector Langevin, qui estime à 200,000 âmes la population acadienne des provinces maritimes, dira du Haut-Canada, lors des débats de 1865, qu'il possède « une population homogène, mais professant différentes religions ». Pour Cartier, son mot est de la session de 1866, le Haut-Canada « n'est habité que par une seule race ». Deux minorités au plus, les minorités religieuses des deux grandes provinces de l'est, l'Ontario et le Québec, ont éveillé les soucis des hommes d'Etat de 1867. Le jour où des minorités catholiques et françaises, minorités anciennes ou minorités nouvelles, répandues un peu partout, réclameront le droit de vivre parmi les majorités anglo-saxonnes, c'est dire quelles complications pourront aussitôt surgir. En quel esprit les gouvernants des provinces anglo-canadiennes appliqueront-ils la constitution fédérative ? Sauront-ils opter loyalement pour la solution fédéraliste ? Ou assisterons-nous à quelque retour offensif de l'unitarisme culturel et religieux ? En ce dernier cas, quel rôle choisira de remplir le Québec français ? Acceptera-t-il de se laisser enclore dans sa « réserve » ? Optera-t-il, selon l'esprit de 1867, pour une dualité culturelle reconnue par tout le Canada ? C'est déjà indiquer les nobles et lourdes responsabilités dont se trouvera chargée la province française, en même temps que les chocs prochains.

CHAPITRE TROISIÈME

Offensive de l'unitarisme

Illusions premières. — *Signes avertisseurs.* —
Unitarisme et droits linguistiques.

Illusions premières

Ces chocs prochains, fallait-il être si grand prophète pour les appréhender ? Nous n'avons pas insisté inutilement sur le caractère artificiel de la fédération de 1867. Pour la part d'improvisation et pour le peu de spontanéité qui s'y sont trouvées, que d'ajustements précaires se dissimulent mal derrière la brillante façade. Dans l'Etat central et dans les services fédéraux, notamment dans le fonctionnarisme, a-t-on déterminé, sans controverse possible, la part du bilinguisme, l'égalité de droits et de privilèges entre les deux races contractantes ? La dualité de culture, l'égal respect des croyances, sont-ce bien des principes et des faits juridiques acceptés de part et d'autre, dans le même esprit, dans la même et loyale plénitude et pour la totalité du pays ? Aux environs de 1867 que de paroles et de gestes ont favorisé les plus nobles illusions. C'est lord Carnarvon, au parlement impérial, qui, dépassant le texte et les garanties de l'article 93, se fait fort de promettre la liberté scolaire à toutes les minorités canadiennes quelles qu'elles soient, présentes ou futures, *in esse* ou *in posse.* Et comme il parut tout d'abord qu'on saurait s'inspirer de ce généreux libéralisme. Lors de l'entrée du Manitoba dans la Confédération, en 1870, l'article 133 de la constitution canadienne sur l'usage officiel des deux langues trouve à s'insérer intégralement dans la constitution de la nouvelle province. Le droit scolaire y reçoit un supplément de garanties. La protection de l'article 93 assurée en 1867 aux seuls droits déjà pourvus d'une existence légale, s'étendra, au Manitoba, aux droits simplement établis par la coutume. En 1875, le parlement fédéral procède à l'organisation politique des Territoires du Nord-Ouest. Même manifestation d'esprit libéral. Toute minorité y voit proclamer son droit à l'école séparée. Et l'usage des deux langues officielles du pays y est défini par les termes mêmes de l'article 133 de la constitution fédérative. Jusqu'aux limites des Rocheuses, le gouvernement central paraissait donc résolu à maintenir la dualité nationale et religieuse. Certaines paroles prononcées au parlement d'Ottawa pendant ces débats de 1875 dissipaient, semblait-il, toute équivoque. Edward Blake, alors ministre de la justice dans le cabinet libéral d'Alexander MacKenzie, avait dit: « A mon avis, nous ne devons pas laisser se produire dans ces régions les animosités et les difficultés qui ont affligé d'autres parties du Canada, de même que d'autres pays. » Alexander Campbell, conservateur, « Père » de la Confédération et alors chef de l'opposition au sénat canadien, avait daigné ajouter: « L'objet de la loi est d'établir et de perpétuer dans les Territoires du Nord-Ouest le même système d'écoles que celui qui existe dans les provinces de l'Ontario et du Québec et qui a si bien fonctionné dans l'intérêt de la paix et de l'harmonie entre les différentes populations de ces provinces. »

Signes avertisseurs

Que de symptômes inquiétants ou de signes avertisseurs s'offrent néanmoins aux esprits perspicaces. C'est un fait d'histoire bien connu que la tendance congénitale de toutes les fédérations à resserrer dans l'unité leurs composantes trop disparates ou diverses. En 1875 des discours comme ceux de Blake et de Campbell et de quelques autres ont pu sonner agréablement aux oreilles. Du côté anglo-canadien exprimaient-ils un sentiment unanime ? On parle volontiers de l'esprit libéral et généreux de 1867. Et il y a lieu de le faire. Mais cette générosité ou ce libéralisme apparaissent-ils sans mauvais alliage ? Nous avons rappelé les débats acrimonieux de 1865 et de 1866, à propos de minimes concessions à la minorité catholique du Haut-Canada. Concessions d'évidente justice qui faillirent provoquer cependant une crise ministérielle, après avoir déchaîné, dans la presse et au parlement des Canadas-Unis, les tempêtes des grands jours. Qui ne se rappelle encore, à la veille même de 1867, l'opposition farouche de Charles Tupper à l'introduction du principe des écoles séparées dans sa province de la Nouvelle-Ecosse, reconnaissance légale qui, aux termes de l'article 93, y eût rendu intangibles les droits de l'école confessionnelle ? Mais d'autres faits de la même époque prennent signification encore plus troublante. A peine le régime fédératif est-il inauguré qu'éclate avec violence l'Affaire de la Rivière-Rouge dans l'ouest. Un froid examen de ces événements de 1869-1870 laisse stupéfait. Quelle disproportion entre la réaction toute simple et naturelle d'un petit peuple qui n'entend pas se laisser pousser, sans mot dire, dans la Confédération canadienne et l'effroyable tempête déchaînée à travers le pays par ce geste après tout si légitime. Une vague d'aigres polémiques balaie les provinces de l'Ontario et du Québec. La division des esprits s'opère selon cette ligne toujours chargée d'électricité qu'est la frontière raciale. En bloc les Canadiens français prennent partie pour le petit peuple de la Rivière-Rouge et pour son jeune chef Louis Riel; avec non moins d'unanimité, l'opinion anglo-canadienne se range du côté adverse. Expliquer ce phénomène, c'est d'abord risquer de se perdre, avec trop d'historiens, sur de fausses routes. Illégitimité du gouvernement provisoire de la Rivière-Rouge, diront les uns. Exécution capitale et maladroite de Thomas Scott par ce même gouvernement, diront d'autres. Mais y avait-il en tout cela matière à une querelle de proportion nationale ? Gouvernement illégitime ? Mais avec qui, néanmoins, et malgré qu'il en ait, Ottawa accepte de négocier. Acte impolitique, peut-être, que l'exécution de Scott, mais exécution d'un agitateur obscur — *with no claim to fame* — prononce A. R. M. Lower. De part et d'autre, les responsabilités sont d'ailleurs trop partagées pour ameuter une opinion saine. « Je ne veux incriminer personne, écrivait Mgr Taché au gouverneur général, Sir John Young, mais si les plus coupables et les plus rebelles devaient être punis, le châtiment pourrait bien être infligé à quelques-uns de ceux qu'on exalte comme les champions de la loyauté, du devoir et de l'honneur. » Il est difficile de s'illusionner sur les menées indiscrètes, ostentatoires de ceux qui forment ce que l'on appelle à la Rivière-Rouge, le « parti canadien », émigrés de l'Ontario, arpenteurs, aventuriers, ambitieux de se tailler, au bord des prairies, des domaines de féodaux, *to secure as much of the country to themselves as possible*, nous dit l'historien de *Creation of Manitoba*, Alexander Begg. Rafleurs de terres, qui, pour atteindre leurs fins, vont jusqu'à comploter l'expulsion brutale des premiers occupants, prêts à détruire ou à éloigner « de leur terre natale », au dire de l'archevêque de Saint-Boniface, les « serfs », « les noirs protégés de l'évêque Taché, les pauvres canadiens-français du Nord-Ouest ». Mais à l'heure de cette crise, quelle étrange conduite que celle du gouvernement d'Ottawa. Combien étrange aussi le mépris mal déguisé de quelques ministres pour les « misérables Métis » du Nord-Ouest. Et plus singulier encore ce personnel politique et administratif presque uniquement de langue anglaise dépêché vers la région en majorité française de la Rivière-Rouge. Impossible d'échapper à l'impression qu'au fond de ce débat, s'affrontent, dans l'Ouest, et à la faveur des équivoques d'Ottawa, des interprétations divergentes de la réalité canadienne, les uns, les natifs, voulant faire du futur Manitoba et de tous les Territoires, une extension loyale de la dualité canadienne, dualité culturelle et religieuse; les autres biens déterminés à n'y bâtir qu'une annexe de l'Ontario. Déplorables événements. Si on les relie à ce qui se passait, à la même heure, au Nouveau-Brunswick où venait d'éclater un premier conflit scolaire, n'est-ce pas déjà la tragédie autour du berceau de la Confédération ?

Des retours de l'unitarisme demeurent donc de l'ordre du possible. Retours non toujours agressifs, simple effet souvent de l'ambiance, de ce que nous avons appelé « l'étreinte du pays », condition d'une province française isolée dans une fédération anglo-saxonne; condition souvent aggravée, hélas, par le manque de vigilance ou la complicité inconsciente de ses propres ressortissants français. L'unitarisme, pour parler net, aura beau jeu à se faire sentir dans tous les domaines. Dans le domaine politique, la pratique quoique brève du double mandat parlementaire, fédéral et provincial, puis la présence continue à Ottawa des chefs politiques les plus chevronnés du Canada français allaient transformer, pendant trop longtemps, le parlement de Québec en une succursale du parlement fédéral. L'unitarisme chercherait à s'introduire, avec non moins d'audace, dans le domaine culturel. Et ici la question se pose de nouveau: les « Pères » français de la Confédération avaient-ils dans l'esprit l'idée très nette d'un Etat bi-ethnique, bilingue, et surtout des applications constitutionnelles qu'il importait de donner sans retard au bilinguisme officiel ? Auraient-ils oublié qu'un texte constitutionnel tombé en désuétude ou, ce qui est la même chose, peu ou point inscrit dans les faits, devient inexistant pour l'esprit pratique de l'Anglo-Saxon ? Il y a lieu de se le demander. Très fermes sur l'usage des deux langues au parlement d'Ottawa et dans les tribunaux, très fermes aussi sur la traduction des lois et des principaux documents de l'Etat fédéral, conquêtes laborieusement acquises sous le régime de l'Union, on ne voit pas que les « Pères » français aient fait voir autant de fermeté à bien établir le bilinguisme en d'autres comportements non moins considérables de l'Etat central, ceux où il exprime, dans le pays et devant le monde international, son caractère bi-ethnique et bi-culturel. Et par ces comportements, entendons le bilinguisme dans la monnaie, les timbres, timbres-poste et timbres d'accise, les chèques, la papeterie, les plaques-indicatrices intérieures et extérieures des ministères fédéraux et des édifices fédéraux à travers le Canada, etc., etc. Fondateurs d'une fédération à quatre provinces, il ne semble pas, non plus — le choix du premier personnel administratif du Manitoba ne l'a que trop démontré — que les mêmes « Pères » aient aperçu l'opportunité de prolonger, dans chacune des extensions de la Confédération, l'esprit et le fait de la dualité canadienne, écartant ainsi, dès le principe, la possibilité d'une « réserve » québécoise. Naïveté ou manque de clairvoyance de la part de ces chefs de nationalité ? Peut-être les deux. L'une des premières conséquences de ce manque de vision sera de laisser s'organiser, à Ottawa, un personnel administratif excellemment propre à miner l'esprit de la Confédération, véritable Etat dans l'Etat qui s'assignera pour première tâche, l'anglicisation de l'administration fédérale. Mal ancien sans doute, que celui de ce fonctionnarisme désaccordé qu'on peut faire remonter aux débuts du Régime britannique. A l'époque même de l'Union, on s'en souvient, les Canadiens français n'occupent encore, dans les emplois publics, que la part du parent pauvre. Mais, au lendemain de 1867, a-t-on fait l'effort qui s'imposait pour redresser l'injustice et préserver le bilinguisme officiel ? Il ne semble pas. Les choses ont pu s'améliorer quelque peu en ces derniers temps. Au début du 20e siècle, quel sort faisait encore le gouvernement fédéral à l'article 133 de la constitution canadienne, en ses dispositions obligatoires ou facultatives ? Ni monnaie bilingue, ni timbres-poste, ni timbres d'accise bilingues n'existaient alors au Canada. Dans la capitale et en dehors de la capitale, et particulièrement dans les provinces dites anglaises, en vain eût-on cherché, sur les édifices fédéraux, des inscriptions bilingues. Même dans la « réserve » québécoise, il n'est pas rare, à cette époque, que sur les bureaux de poste, par exemple, et à l'intérieur de ces bureaux, l'on ne trouve qu'inscriptions et renseignements en langue anglaise. Un bon nombre de ministères n'expédient leur correspondance qu'en anglais. Veut-on un point de repère plus rapproché ? En 1921, 286 rapports ou travaux des ministères fédéraux ne sont publiés qu'en anglais. L'année suivante, sur 802 publications sorties des ateliers de l'imprimerie Nationale, 190 seulement sont de langue française. En 1921 encore, 32,000 pages de texte ne sont pas traduites en français; 49,000 en 1922. C'est le temps où la plupart des ministères d'Ottawa ne consentent de concession au français que sous la contrainte de vives et longues campagnes d'opinion publique dans le Québec. C'est aussi le temps où, sur 22 commissaires du Commerce à l'étranger, le Canada n'en compte qu'un seul de langue française et bilingue. Et de même, dans les expositions et assemblées internationales, la représentation de l'élément français se réduit-elle à zéro ou à quelque chose d'assez près.

CHAPITRE QUATRIÈME

Offensive de l'unitarisme
(suite)

Unitarisme et droit français. — Unitarisme et enseignement. Résultats et responsabilités

Unitarisme et droit français

Un bien ancestral est resté particulièrement cher aux Canadiens français du Québec: leur Droit. Depuis les jours lointains de François-Joseph Cugnet et de Lotbinière, ils y ont toujours vu un élément de leur culture, et tout autant que la langue et les traditions, une forme d'être, une expression sociologique de la nation. Et qui oserait leur donner tort ? Il n'est que de se rappeler, une fois de plus, les différences des deux systèmes juridiques, le franco-romain et l'anglo-saxon, pour apercevoir combien l'un et l'autre, aucunement interchangeables, sont strictement adaptés au génie de chacun des deux peuples, et en sont en quelque sorte partie constitutive. L'unitarisme aurait-il affecté considérablement le droit français du Québec ? En toute objectivité, il faudrait ici prendre vue plus large et tenir compte de l'évolution économique et sociale qui, depuis un demi-siècle, a bouleversé la vie de presque toutes les nations, surtout de celles qui sont le plus en relations avec le monde anglo-saxon et américain. Monde en évolution accélérée, pouvait-il ne pas mettre à rude épreuve les règles juridiques trop vieilles et trop fixes ? Au Canada même, le droit français a-t-il échappé à toute altération ? La constitution de 1867, nous l'avons souligné, a fourni au droit québécois d'appréciables garanties. La vérité veut néanmoins que les empiètements du fédéralisme lui aient ravi une tranche entière de son droit privé: lois sur le mariage, la faillite, les lettres de change, les billets, les banques, etc., qui sont devenues du ressort du parlement fédéral. Contre le droit français des menaces se dressent, au surplus, par cela seul que, légiférant pour tout le Canada, le parlement d'Ottawa, parlement de majorité anglo-protestante, ne légifère que selon l'esprit anglais, copiant même assez souvent ses lois sur celles du parlement de Londres. En cette législation d'ailleurs, la représentation canadienne-française à Ottawa a-t-elle jamais tenu le rôle qui est le sien ? Au sentiment d'excellents juristes, elle se préoccupe assez peu de faire entrer des solutions ou stipulations qui s'inspireraient avantageusement du droit français et en stimuleraient, du même coup, la vitalité. Hélas, pendant trop longtemps, le parlement provincial du Québec lui-même a voté des lois rédigées selon la technique anglaise, quand il n'allait pas jusqu'à les copier sur quelque législation des provinces anglo-canadiennes. Funeste époque où les tribunaux, Conseil privé d'Angleterre, Cour suprême du Canada, et voire quelques magistrats du Québec, ne laissaient pas de livrer leur part d'assaut au droit québécois. L'*Association du Barreau canadien* y allait aussi de ses projets d'unification des codes et des lois. A tel point qu'en septembre 1918, le premier ministre du Québec, Sir Lomer Gouin, se croyait obligé de dénoncer le péril. Et quelques mois plus tard, un éminent avocat, M. Antonio Perrault, poussait, à son tour, le cri d'alarme, dans une conférence mise en brochure: *Pour la défense de nos lois françaises.* Une réaction que l'on peut faire remonter à 1936 s'est enfin produite dans le Québec. Pour l'esprit et pour la forme, la rédaction des lois de la province revient à la technique française.

Unitarisme et enseignement

De tout temps l'école a été le champ de bataille classique des croyances et des nationalités. Au Canada, l'école catholique et française pouvait-elle trouver grâce devant la mystique unitariste ? Pour ce triste chapitre de l'histoire canadienne, on pourra se reporter, si l'on veut, à notre ouvrage, l'*Enseignement français au Canada,* (tome II) — *les Ecoles des Minorités.* En cette synthèse historique, on comprendra que nous ne puissions brosser qu'un tableau à larges traits.

Si l'on s'en rapporte à l'opinion d'éminents juristes, dont lord Sankey du Conseil privé d'Angleterre, rien ne s'opposait à une interprétation de l'article 93, qui se fût montrée uniformément favorable aux minorités scolaires, interprétation généreuse qui aurait pu et qui aurait dû s'inspirer de la libérale formule de John A. MacDonald: égalité absolue de tous les sujets britanniques au Canada, chaque groupe possédant, de par la constitution, « mêmes droits en matière de langue et de religion ». Or, en fait, qu'est-il arrivé ?

La Confédération est à peine née depuis trois ans que le premier conflit scolaire éclate dans le Nouveau-Brunswick. En vingt ans ou vingt-cinq ans au plus, l'unitarisme à la mode anglo-protestante aura disposé du droit minoritaire dans six au moins des provinces anglo-canadiennes. Nul frein, nul texte constitutionnel n'auront pu l'arrêter dans sa fougue d'iconoclaste. Qu'il s'agisse de droit scolaire simplement coutumier, comme celui des provinces maritimes, de droit coutumier et constitutionnel tel qu'au Manitoba et dans le Nord-Ouest, de droit fondé sur la lettre ou sur l'esprit de la constitution fédérative, l'ancienneté ou la solidité de l'un ou de l'autre n'auront rien empêché. Autour de ces droits divers, de leurs garanties, des divers modes de revendications, impossible d'obtenir l'unanimité des tribunaux: Cour provinciale, Cour suprême du Canada, Conseil privé d'Angleterre. Impossible également d'obtenir, en vertu de l'article 93, l'intervention efficace du suprême tribunal d'appel: les autorités fédérales. En chaque cas, gouvernement et parlement d'Ottawa ne sauront que démontrer leur impuissance ou leur mauvais vouloir à corriger une législation spoliatrice, plus soucieux de se dérober que d'intervenir. Non seulement le droit minoritaire sera-t-il sacrifié dans les provinces-mères de la Confédération; Ottawa renoncera à l'inscrire, si ce n'est à demi tronqué, dans les statuts des nouvelles provinces créées de ses mains, telles que l'Alberta et le Saskatchewan. Déplorables querelles qui, comme on le pense bien, jettent du drame, d'amères divisions, dans le pays. Ce ne sont pas seulement des conceptions scolaires adverses, des divergences d'opinions sur les mérites comparés de l'école neutre, publique, séparée ou confessionnelle qui se heurtent, non plus que des interprétations diverses de l'article 93 à propos de l'autonomie des provinces en matière d'enseignement. Trop d'agitateurs transportent la lutte sur le terrain du plus audacieux unitarisme, mettent carrément en question l'esprit, les principes mêmes de la constitution fédérative sur la dualité et l'égalité des races et des croyances. Il est arrivé, en effet, que les minorités en butte à l'agression, invariablement catholiques et de nationalité française pour la majorité de leurs ressortissants, se sont vues atteintes à la fois dans l'enseignement de leurs croyances et de leur langue, ce qui était en même temps les outrager dans leur citoyenneté canadienne, ravalée à celle de sujets de seconde zone. Dans les provinces de l'ouest, les gouvernements persécuteurs, pendant qu'ils y étaient, ont d'ailleurs fait table rase des droits politiques de la langue française. Et si l'on veut savoir jusqu'où s'emportent les passions du temps, on pourra relire les discours de quelques exaltés qui ont tenu à souligner ces tristes gestes et à leur donner leur véritable sens. « Occupons-nous d'abord des deux langues dans les territoires du Nord-Ouest et de l'enseignement français dans les écoles des provinces anglaises, disait l'un d'eux, D'Alton McCarthy, député de Simcoe Nord aux Communes canadiennes; lorsque ces deux questions seront réglées, nous aurons fait quelque chose et aplani la route pour l'avenir. » Un autre, John Charlton, député lui aussi de l'Ontario (comté de Norfolk), va s'écrier en plein parlement fédéral, en 1890, lors du débat sur l'abolition de la langue française au Nord-Ouest: « J'espère, M. l'Orateur, qu'ils [les députés français] nous pardonneront d'avoir pour but avoué, de faire de ce pays un pays saxon. Le but avoué de l'Anglo-Saxon est de faire de sa race la plus grande race de la terre et l'espoir de l'Anglo-Saxon est que le jour viendra... où la langue anglaise sera la langue de communication entre toutes les races... et où la race anglaise sera la race dominante du monde... » Dangereuses excitations qui devaient rebondir au Nord-Ouest et ailleurs jusqu'en 1931. Ni la première Grande Guerre, ni les lendemains de cette Guerre où le Canada est allé se battre en Europe pour la liberté des petits peuples, n'empêchent quelques gouvernements provinciaux, ceux de l'Ontario, du Manitoba et du Saskatchewan, de chercher à étrangler définitivement leurs minorités. L'école franco-ontarienne, en particulier, aura à subir de 1912 à 1927, l'assaut le plus rude et le plus long.

Résultats et responsabilités

Les briseurs de constitutions gagneront-ils leur point ? Une seule minorité, la minorité franco-ontarienne, plus forte numériquement que les autres, adossée au Québec, puis magnifiquement épaulée par ses chefs et par un soulèvement unanime du Canada français, a réussi à faire reculer l'adversaire. Dans les autres provinces, nulle minorité, si faible et si maltraitée qu'elle fût, ne s'est avouée vaincue. Empêchées de vivre dans la loi, toutes ont entrepris de vivre en marge de la loi. Le plus souvent au prix de la double taxe et quelquefois au prix « d'une torture pédagogique inhumaine », dira l'un des évêques de l'ouest, Mgr Baudoux, elles se sont constitué un système d'enseignement, avec programme, examens, inspecteurs spéciaux, sorte de rouage autonome, s'acharnant à se tailler sa place dans le système scolaire de l'Etat. Chacune de ces minorités s'est aussi donné une Association dite d'Education, véritable ministère des affaires nationales, qui inspire, soutient et dirige la résistance.

En revanche quel coup fatal aura été porté à la constitution canadienne et à l'esprit d'entente de 1867. Deux articles du pacte fédératif, le 133e et le 93e, articles pivots, peut-on dire, sont sortis de ces luttes gravement ébranlés, le second surtout pratiquement jeté par-dessus bord. Sort étrange ! Qui eût pensé, en 1867, que cet article 93, rédigé principalement pour servir de bouclier à la minorité anglo-protestante du Québec, ne serait jamais invoqué que par des minorités catholiques et françaises qui n'y trouveraient pas même un bouclier de carton ? Telle est pourtant l'exacte vérité historique. Mgr Taché, l'évêque des persécutés de l'Ouest se permettait d'écrire en 1894: « Cependant, si par impossible, la majorité dans Québec songeait à priver la minorité protestante des droits et des privilèges qui lui ont été reconnus... nous serions les témoins de la plus violente commotion que le pays ait jamais vue. D'Halifax à Victoria, de l'Ile de Sable à l'Ile Charlotte, par eau et par terre, tout le pays et tous ses habitants seraient mis en mouvement pour protester contre l'injustice, la mauvaise foi, l'empiètement, etc., etc. L'excitation serait telle, qu'à Ottawa, on aurait vite fait de désavouer la loi provinciale. Alors l'autonomie provinciale aurait à battre en retraite devant l'autorité fédérale... » Satire reprise sous une autre forme, l'année suivante, par un Anglo-Canadien, M. William John MacDonald, représentant au Sénat de la division Victoria (Colombie britannique): « Renversez l'état de choses, supposez qu'il s'agisse d'une minorité protestante privée de droits que l'unanimité du parlement lui aurait garantis et qu'après en avoir joui pendant vingt ans, elle verrait ces droits déchirés et foulés aux pieds. J'aimerais à demander au ministre de la justice ce qu'il ferait dans une telle occurrence. Accepterait-il un règlement difforme et sans valeur comme celui qu'on offre maintenant aux catholiques et cesserait-il de revendiquer les droits protestants ? » Après 1896, la preuve est faite, et combien de fois, qu'il serait vain d'espérer du gouvernement et du parlement d'Ottawa, c'est-à-dire d'une majorité anglo-protestante, la protection efficace des droits de l'école catholique ou française. De nobles protestations ont pu trouver place sur les lèvres de maints Anglo-protestants. Le français banni des parlements de l'Ouest, mis plus ou moins en quarantaine dans la plupart des écoles des minorités françaises et des services fédéraux; l'enseignement religieux contrecarré, mesuré dans les écoles catholiques des mêmes minorités, tout cela voulait dire qu'il y aurait désormais devant la constitution, deux Canadas: un Canada français respectueux de la liberté de tous, mais borné à sa « réserve » québécoise, un Canada anglo-protestant, incapable de tolérer, si ce n'est à la petite mesure, l'enseignement de la foi catholique et de la langue française. Vérité désagréable, mais que ne dissimule point, en son *Canada To-day*, un esprit libre comme M. F. R. Scott: « Quant aux Canadiens anglais, ils n'étaient que trop enclins à considérer le Canada comme un pays exclusivement britannique, « d'une seule langue et d'un seul drapeau » (ce qui est contraire à la vérité) et à croire que le Canada français (lorsqu'ils daignaient en reconnaître l'existence) ne constituait qu'une exception inéluctable et géographiquement très limitée à une uniformité par ailleurs heureuse. »

En ces luttes autour de l'école, une autre constatation vient s'offrir et non moins pénible: l'impuissance des catholiques et des Canadiens français, à laisser tomber les passions partisanes pour faire cause commune devant l'adversaire. La faute première et capitale remonte à l'affaire des écoles du Nouveau-Brunswick (1870-1874). Dès lors, le persécuteur put se rendre compte que diviser l'opinion canadienne-française et l'opinion catholique, sur leurs plus graves intérêts, lui était chose possible. Cartier fut celui qui, à ce moment décisif, empêcha l'intervention du gouvernement fédéral. Cartier invoqua alors le péril d'un retournement possible de l'arme du désaveu, un jour ou l'autre, contre le Québec. Et certes, le péril n'était pas illusoire. Mais vieilli et devenu plus politicien que politique, comment Cartier n'a-t-il pas vu. non plus que bien d'autres, qu'en cette première bataille autour du droit minoritaire, l'essence même du fédéralisme de 1867 était mise en jeu et qu'à en laisser violer les principes et l'esprit, on ébranlait du même coup l'autonomie du Québec ?

En ce débat, hélas, comme en chacun de ceux qui vont suivre, on verra d'ailleurs les politiques d'Ottawa s'acharner, plus que personne, à mettre à nu plutôt qu'à masquer les imprécisions ou les déficiences de l'article 93. Et, hélas, en ce jeu de démolition, les Canadiens français n'assumeront pas le rôle le moins actif. Henri Bourassa, bon témoin de quelques-uns de ces événements, écrivait en 1923: « Il n'y a pas une atteinte portée à la langue française, à l'école catholique et française, aux droits de l'Eglise et de la race qui n'ait trouvé ses apologistes chez nous et parmi les plus huppés des nôtres... » Un autre spectacle et celui-ci d'une suprême tristesse viendrait encore assombrir ce chapitre d'histoire. Lors de la bataille franco-ontarienne, l'on verrait les évêques catholiques de langue anglaise, suivis d'une grande partie de leurs fidèles, s'allier publiquement aux persécuteurs de l'école française. Geste infiniment regrettable qui, par bonheur, trente ans plus tard, trouverait éclatante réparation. En 1945, dans une déclaration solennelle et unanime, les archevêques et évêques du Canada tenaient à faire savoir bien haut, disaient-ils, que « la législation scolaire de la plupart des provinces [leur] semble appeler de profonds redressements à l'endroit surtout de l'élément catholique et de l'élément français, si l'on veut qu'elle reflète vraiment l'esprit d'entente cordiale qui a présidé à la Confédération canadienne ».

CHAPITRE CINQUIÈME

Offensive du colonialisme

Tradition autonomiste. — Offensive du colonialisme. —
Conséquences de l'offensive.

Retour offensif du colonialisme ! De quel autre nom désigner la crise impérialiste au Canada ? Retournement d'histoire, recul vers l'infantilisme politique. Les historiens de l'avenir, qui auront l'esprit du citoyen adulte, auront peine à juger autrement cette aberration du sentiment canadien. Et les historiens du Canada français pourront-ils se cacher le mal fait au Québec et à leur nationalité, par cet autre contre-coup de la vie en fédération ?

Tradition autonomiste

Cette crise, par quels hasards a-t-elle pu s'insérer dans l'histoire canadienne ? Ce fait étrange donne à réfléchir qu'en dépit de son essor et de sa puissance, le Canada aura été, avec le petit Honduras, le dernier des Etats d'Amérique à s'affranchir de toute tutelle européenne. L'aspiration à la pleine virilité politique, — il nous a été facile de le démontrer dans l'*Indépendance du Canada,* — n'a jamais cessé de bouillonner en son histoire. Les « patriotes » de 1837-1838 se sont enivrés de ce rêve prématuré. Rêve que n'ont pas abattu les échafauds de 1839. Il survit, se réveille parfois bruyamment dans les provinces anglaises, aussi bien qu'au Canada français, chaque fois que l'égoïsme métropolitain met à trop rude épreuve le sentiment autonomiste. L'aspiration reste vivante, au moins jusqu'à la veille de 1867. Seul « le lien moral et social », convient alors Gladstone et bien d'autres avec lui, peut encore rattacher une colonie à l'empire. Puis, ce fut l'heure de la Confédération. Marquerait-elle une autre étape vers l'émancipation définitive ? Au Canada beaucoup l'ont cru qui, avec John A. MacDonald, avaient espéré faire du Dominion, un simple « allié » de la Grande-Bretagne. « *I am proud to believe that our desire for a permanent alliance will be reciprocated in England,* » disait MacDonald lors des débats de 1865. En 1866, les délégués des provinces à Londres ont biffé, dans les ébauches de la Constitution, l'expression « colonie » semée à profusion par les conseillers-juristes de la couronne. A « colonie » ils substituent Dominion, expression peu nette mais qui entend signifier un nouvel état de choses, un palier plus élevé dans l'autonomie. Deux au moins des évêques de la province de Québec, Mgr Charles Larocque de Saint-Hyacinthe et Mgr Cooke des Trois-Rivières, saluent dans la Confédération un acheminement vers l'indépendance. Dès 1865 le Canada a déjà assumé une certaine autonomie dans le domaine militaire. Il se réserve la responsabilité principale de sa défense interne pendant que l'Angleterre, de qui relève la défense navale, s'engage à protéger ses colonies contre l'agression extérieure. Le Canada aspire aussi, vers le même temps, à un commencement d'autonomie ou d'indépendance judiciaire: aspiration qui prendra forme en 1875 par l'établissement d'une Cour suprême. En 1878 les gouvernants canadiens ont même souhaité accroître l'autonomie diplomatique du Dominion. Désigné désormais sous le titre de « ministre résident » à la Cour de St. James, le représentant du Canada y eût occupé le rang d'une sorte de mi-ambassadeur. Et le gouvernement impérial l'eût accrédité comme tel auprès des cours étrangères. Devenu une nation de 8 à 9 millions d'habitants, le Canada, pensait MacDonald, verrait son alliance recherchée non seulement par le Royaume-Uni, mais par les grandes nations de la terre. Modifications d'ordre diplomatique qui impliquaient logiquement l'élévation du Canada au rang d'une « vice-royauté » ou d'un « Kingdom of Canada ». Les autorités impériales jugèrent cette émancipation prématurée et ne voulurent souffrir que le titre de « Dominion ». L'appellation de « Kingdom », aurait prétendu Londres, eût porté ombrage aux Etats-Unis. Mais il semble bien, écrit O. D. Skelton, dans son *Life and Times of Sir Alexander Tilloch Galt*, que l'opposition vint tout simplement de la Grande-Bretagne. L'aspiration à l'indépendance va-t-elle pour autant se replier pour jamais ? En 1870, Cartier s'est opposé à tout projet de participation du Canada à la défense de l'empire. En 1885, John A. MacDonald refuse de laisser entraîner le Canada dans la guerre du Soudan. A ce moment, MacDonald comme bien d'autres, tout en se refusant à la rupture du dernier lien avec l'Angleterre, entend que le Canada mène ses affaires en toute liberté. Cette époque passée toutefois, l'idée d'indépendance ne survit plus, dirait-on, qu'à la façon de la flamme demi-éteinte, ranimée de temps à autre par un souffle de hasard. Fait singulier, ce repli de l'aspiration paraît manifeste surtout dans le Québec, traditionnellement pays d'avant-garde dans la conquête des libertés canadiennes, initiateur « de tous les grands mouvements politiques... de tous les progrès vers une liberté plus grande », affirmait un jour Henri Bourassa. C'est que l'opinion y est bien rassise depuis que les Canadiens français pratiquement absorbés par les partis anglo-canadiens, dans le domaine fédéral, n'ont plus de politique à eux ni à Ottawa, ni même souvent à Québec, par les folles accointances des partis fédéraux et provinciaux. « L'histoire de la Confédération canadienne, dira encore Henri Bourassa en 1916, c'est la série lamentable de nos déchéances et de nos défaites par la fausse conciliation. »

Offensive du colonialisme

Qui donc a tué l'aspiration à l'indépendance et rendu possible le retour du colonialisme ? Revenons ici à l'histoire de la Grande-Bretagne. L'impérialisme anglais à peu près comme tous les impérialismes se présente sous deux formes assez distinctes: ambition de conquêtes presque indéfinies, expansionnisme par nécessité de couvertures et inéluctable engrenage, ou doctrine d'un renforcement intérieur par un rattachement étroit des colonies et dominions à la métropole, conception d'un *self-supporting-empire*, unité à la fois politique, économique, navale, militaire. Ces deux formes d'impérialisme, on les trouve d'abord inscrites dans la structure économique de l'Angleterre: besoin de marchés d'approvisionnement en matières premières pour une industrie toujours affamée; pour cette même industrie qui produit à l'échelle mondiale, autre besoin aussi urgent de débouchés et convoitise insatiable de terres nouvelles d'exploitation facile et peu coûteuse. Mais on trouve l'impérialisme également inscrit dans la structure géographique de l'empire anglais. Sur ce point et pour son malheur, comme il diffère, par exemple, de l'empire romain: celui-ci d'une si magnifique unité et d'un si solide équilibre, Rome, sa capitale, presque à égale distance de chacune de ses extrémités, est-ouest, nord-sud; celui-là, distendu sur tous les continents, sans autre centre de gravité que la petite île du nord-est de l'Atlantique, située elle-même presque en marge du globe, empire obligé par conséquent à la domination des mers, à la thalassocratie souveraine, à l'occupation de stations navales le long de toutes les routes océaniques, au maintien de garnisons sur tous les points stratégiques de ses immenses possessions. De quoi faire plier le plus fier Titan.

Longtemps cependant l'Angleterre paraît avoir cherché son destin, hésité entre l'école des « Little Englanders » et l'école « bombastique » ou école de la Plus-Grande-Bretagne. A leur avènement au pouvoir vers 1880, les libéraux anglais en sont encore à réagir contre l'impérialisme de lord Beaconsfield. Quinze ans plus tard, avec la fin du Gladstonisme qui est aussi la fin de l'ère victorienne, l'impérialisme ressurgit et, cette fois, avec quelle fougue. La coalition de conservateurs et d'unionistes libéraux qui arrive aux affaires a cru discerner les prodromes d'une décadence anglaise: relâchement dans la production, suite funeste du socialisme à son premier essor; exportation en baisse, capitaux anglais distribués par des banques de moins en moins anglaises; et, faits d'une gravité non moindre, manque de soldats pour l'armée impériale, manque de marins pour la flotte. En somme, impuissance d'un peuple de 40,000,000 d'âmes à défendre seul un empire trop étendu et trop vulnérable. Puis, voici qu'alertée par ces premiers signes d'un crépuscule, l'Angleterre assiste à l'apparition alarmante de soleils levants: l'Allemagne, la Russie, la République américaine, puissances rivales dans la lutte industrielle, dans la conquête des marchés, dans le partage des continents incultes. A retenir en particulier la date de 1898. Cette année-là la destruction de la flotte de l'Espagne au large de Santiago par la flotte américaine porte le coup final à l'empire espagnol. Les Etats-Unis, ainsi que le souligne M. George Kennan dans son *American Diplomacy 1900-1950,* opèrent un virage décisif. La grande république se jette dans la politique mondiale, devient un nouveau figurant dans les rivalités de l'impérialisme universel. C'est pour le coup qu'en Angleterre l'impérialisme doctrinaire ou de renforcement intérieur va se déchaîner. Aux populations des rivaux, pour les égaler et les dépasser, qui empêche d'opposer les trente-huit millions d'habitants de la Grande-Bretagne, les dix millions six cent mille des colonies autonomes, les trois cents millions de sujets de l'Inde britannique, puis quelque quarante-six millions de territoires divers où s'exerce l'influence anglaise ? Ce qui voudrait dire près de quatre cents millions d'habitants dans douze millions de milles carrés, observait triomphalement lord Rosebery. Et Charles Dilke et Goldwin Smith n'ont-ils pas prévu pour 1970, « trois cents millions d'âmes (ou de sujets anglais), parlant la même langue, ayant le même caractère national », puissance, disait Dilke, que « nul concours possible d'événements » ne pouvait empêcher de naître et qui ferait de l'Italie, de l'Espagne, de la France et de la Russie, « des pygmées en face d'un pareil peuple » ? Orgueil, « volonté de puissance » qu'allait singulièrement exalter le jubilé de diamant de Victoria en 1897, célébration dont l'on voulut faire une glorification de l'empire. Il n'y a plus maintenant qu'à évoquer la figure de Joseph Chamberlain, l'enfant terrible du cabinet Salisbury, bourgeois parvenu, anti-impérialiste retourné, sexagénaire pressé de vivre sa vie. Curieux mélange de froideur et de fougue que Chamberlain, visionnaire et esprit « matter of fact », incarnation presque parfaite de l'impérialisme anglais, à la fois pragmatiste et idéaliste. Ce qui n'était d'abord que lutte pour la vie va devenir, pour et par Chamberlain, mission, obligation morale, « devoir pour les Anglais de coloniser la majeure partie du monde ». Le mot est de Vladimir Halpérin, dans son *Lord Milner et l'évolution de l'impérialisme britannique.* Pour soutenir, populariser la doctrine, toute une littérature est là, du reste, dont Rudyard Kipling est le plus illustre représentant, et qui prêche le sacrifice de l'intérêt individuel à un haut idéal national, le regroupement fédéral des peuples de race anglaise à travers le monde, la conquête par la force des parties du globe occupées par les races de couleur, pour le magnifique prétexte d'assumer partout le « fardeau de l'Homme blanc ». Joseph Chamberlain est-il si loin d'emboucher la même trompette quand il crie à ses compatriotes: « La race britannique est la plus grande des races gouvernantes que le monde ait jamais connues » ?

Qui oserait maintenant se demander par quel hasard l'impérialisme serait devenu un jour article d'exportation vers le Canada ? Il n'allait pas y trouver, avons-nous vu, un terrain tout à fait impréparé. Quelle résistance pouvait opposer à la propagande impérialiste, déchaînée avec cet entrain et cette force, un pays comme le Canada de 1896, fait d'apports trop divers, de parties trop mal soudées, déchiré, au surplus, par des querelles intestines, et donc d'une armature et d'un sentiment national forcément anémiques ? Quelles faciles complicités n'allait-il pas trouver dans une ou deux générations de Britanniques et même de Yankees d'hier, encore si mal enracinés, ignorant tout de l'histoire du Canada et de sa tradition autonomiste ? Le Canada français avait-il lui-même meilleure conscience nationale ? Travaillé par les idéologies politiciennes qui, à la patrie, achèvent de substituer le parti, — tous les clairvoyants d'alors en gémissent — mal centré sur soi-même par une éducation qui n'a pas su lui révéler les grandeurs ou le « potentiel » de sa culture d'origine et de sa foi, repris par les faux dogmes du colonialisme et par l'on ne sait quelles survivances d'un monarchisme démodé, il en est venu, pour n'être pas en reste avec le Canada anglais, à faire surenchère de dévotion impériale. C'est en 1900 que Thomas Chapais peut s'écrier devant le Conseil législatif de Québec: « Je n'hésite pas à le déclarer, notre province est plus attachée à la couronne britannique que n'importe quelle autre province de la Confédération. »

A-t-on suffisamment observé que Wilfrid Laurier et le parti libéral accèdent au pouvoir, à Ottawa, en 1896, au lendemain même de l'avènement de Joseph Chamberlain au secrétariat des colonies ? Presque tout de suite, Laurier trouvera sur son chemin le génial propagandiste. Choix de gouverneurs, choix de commandants de milice appropriés, conférences coloniales inaugurées en 1887, congrès de Chambres de commerce de l'empire, consortium de journaux, campagnes de presse supérieurement orchestrées, au besoin pressions, chantages exercés sur les politiques coloniaux, or anglais, décorations anglaises prodiguées aux bons endroits, tout sera mis en œuvre par les bureaux de Downing Street. Enfin, aux approches de 1899, habilement préparée, montée, la guerre des Boers fournit à point l'excitant avidement cherché. Cette guerre, Henri Bourassa la flétrira un jour comme « la plus infâme des entreprises spoliatrices de l'Angleterre impériale ». Elle n'arracherait pas moins aux dominions leur participation aux guerres anglaises, succès, objectif suprême qui fera s'écrier Chamberlain: « Cet avantage vaut plus que la guerre, les pertes de vie, les milliards dépensés. » Le Canada vient de porter la main dans le mortel engrenage. Il opère un retournement de sa tradition politique; il dit adieu pour longtemps à son rêve d'indépendance. Deux phases assez distinctes vont se dessiner dans la marche envahissante de l'impérialisme: la phase timide, celle de la simple assistance ou du tribut colonial; envoi de trois régiments de volontaires en Afrique-Sud, de 1899 à 1901; en riposte à la « menace allemande », projet drolatique d'une flotte « canadienne en temps de paix, impériale en temps de guerre », projet d'une contribution de 35 millions, prix de trois dreadnoughts offerts à la métropole. Puis, viendra la phase décisive, la guerre à fond, le Canada s'y engageant, en 1914 et en 1939, comme partie belligérante, sous le fallacieux principe de l'indivisibilité de la couronne: *Quand l'Angleterre est en guerre, le Canada est en guerre.*

Conséquences de l'offensive

Il reste à mesurer les contre-coups d'une telle révolution dans la vie d'un jeune pays. L'une des funestes conséquences de l'impérialisme sera d'abstraire en quelque sorte le Canada de son milieu géographique naturel, le milieu américain, pour l'axer sur la Grande-Bretagne et l'Empire britannique. Chamberlain n'a-t-il pas rêvé d'un *Zollverein impérial, Zollverein* économique qui vint à deux pas de s'établir en 1932, alors que, par les accords d'Ottawa, le bloc anglo-saxon tentait de se constituer en un immense marché, lié par des accords rigoureux, assez clos pour ne plus nouer que malaisément des relations commerciales avec l'étranger ? Le Canada offre encore aujourd'hui ce cas bizarre d'être le seul des pays des trois Amériques à se tenir à l'écart de l'Union pan-américaine: ce qui le laisse, sur son continent, sans alliés ni contre-poids possibles contre l'influence enveloppante des Etats-Unis. Politique à courte vue qui lui aura aussi fermé, pendant trop longtemps, des marchés fructueux. En ces dernières années, il a paru se raviser. Mais encore en 1939, M. F. R. Scott constate dans *Canada To-day:* « Les rapports du Canada avec les pays de l'Amérique latine sont pratiquement inexistants. » Qui dira aussi le mal fait au patriotisme canadien par ce revirement d'histoire ? L'impérialisme à la Chamberlain, qu'était-ce au Canada, sinon l'une des formes les plus déprimantes du colonialisme ? On ne diminue pas le prestige de la patrie sans diminuer du même coup l'amour que ses fils lui doivent. « Une colonie, ne craint pas d'écrire M. Bourassa, n'est jamais, ne peut être une patrie dans la pleine acception du mot... »

La malignité la plus funeste de l'impérialisme aura été d'envenimer les relations entre les deux races canadiennes. On n'imagine guère source plus féconde de dissensions entre groupes d'un même pays, que le désaccord sur la réalité patrie. Désaccord que l'idéologie impérialiste aura pourtant fomenté entre Anglo-Canadiens et Canadiens français, les premiers réservant presque unanimement leur plus haute allégeance et leur premier amour à l'Angleterre, et prêts à entrer dans toutes ses guerres; les autres, avec non moins d'unanimité, ne se connaissant d'autre patrie que le pays natal et point d'autre devoir militaire que celui de la défense du territoire canadien. Dès la première crise impérialiste de 1899, la *Presse,* journal de Montréal, soulignait le terrible malentendu: « Nous, Canadiens français, nous n'appartenons qu'à un pays, le Canada... Mais les Canadiens anglais ont deux patries, celle d'ici et celle d'outre-mer. » A quoi se réduit, du reste, l'idéal des grands impérialistes anglais à cette époque, au siège de l'empire aussi bien que dans les Dominions, si ce n'est à la domination du monde par la race anglo-saxonne, pour la gloire et au profit de la Grande-Bretagne ? Mystique dont l'on perçoit les ravages possibles dans un pays de races mixtes comme le Canada. Henri Bourassa a déclaré un jour avoir pris du temps à découvrir le lien entre l'impérialisme anglo-saxon et les querelles de races dans la Confédération. Le lien finit pourtant par lui devenir manifeste. Autre, dira-t-il, la conception impérialiste de l'Anglais d'Angleterre, habitué par ses expériences mondiales, à concevoir un empire de races variées où l'Anglo-saxon ne compte que pour une infime portion et qu'il se sent impuissant à assimiler. Autre la conception de l'Anglais des colonies, enivré du rêve gigantesque du pan-anglo-saxionnisme, et s'appliquant à le réaliser sur sa portion d'empire, aux dépens des minorités raciales. Etat d'esprit qu'exprimait avec une singulière force un ouvrage qui fit quelque bruit, au début du XXe siècle, *The Day of the Saxon* du général Homer Lea (New York and London, MCMXII). Le général ne voyait de survivance possible de l'Empire britannique que par la suprématie absolue des Anglo-Saxons en chacun des pays d'Empire. Au Canada, notamment, Homer Lea s'effrayait des succès du mouvement nationaliste et de l'accroissement numérique des races non anglaises qui ne pouvaient que présager, selon lui, avec la fin de la suprématie anglo-saxonne, le déclin de l'Empire.

CHAPITRE SIXIÈME

Réactions nationalistes

Origines du merciérisme. — Nationalisme de Mercier. —
Œuvre de Mercier.

Les réactions du Québec, ne pourrait-on les dire presque inévitables ?
Et faudrait-il même s'étonner qu'elles fussent fréquentes, sinon même
continuelles ? Conséquences de l'isolement d'une province catholique et
française dans l'entourage et l'ambiance que nous savons. Attitude d'une
nationalité condamnée à l'alerte ou au guet perpétuels. A vrai dire,
dans les quelque quarante ans qui suivent la Confédération, l'on relève
plusieurs sursauts nationalistes, et dès les débuts du nouveau régime,
tant il a éveillé, dans le Québec, les sujets d'inquiétude. Il y aura d'abord,
fin de l'année 1871, la formation du « parti national », ralliement de
libéraux modérés et de conservateurs, les uns soucieux de se dégager
de l'aile anticléricale de leur parti, les autres fatigués de la dictature
de Georges-Etienne Cartier, mais parti surtout de jeunes patriotes sympathiques à Louis Riel et dégoûtés de la politique canadienne dans l'ouest
et dans l'affaire des écoles du Nouveau-Brunswick. En 1874, après la
mort de Cartier et la retraite du chef libéral Antoine-Aimé Dorion, J.-A.
Mousseau, appuyé par plusieurs journaux, propose, à son tour, une formation politique de même caractère, bientôt dénommée dérisoirement « le
parti des anges ». L'important à retenir est que ces projets et groupements
procèdent des mêmes soucis: opposer un front canadien-français aux
empiètements d'Ottawa dans les affaires du Québec, constituer une force
politique pour la sauvegarde des intérêts nationaux. Et tous s'inspirent
de cette théorie qu'au parlement d'Ottawa, les députés « sont avant tout
les plénipotentiaires des provinces ». Deux de ces sursauts nationalistes,
mieux organisés, plus durables, s'imposent à l'histoire pour le rôle considérable qu'ils y ont joué. L'un et l'autre, au surplus, se cristallisent autour
de deux fortes personnalités, deux chefs de grande classe: Honoré Mercier,
Henri Bourassa. Du premier, dirions-nous qu'il figure la réaction contre

l'unitarisme, et du second, la réaction contre le colonialisme ? Formule acceptable, mais que l'un et l'autre déborderont largement.

Origines du merciérisme

C'est tradition parmi les historiens de rattacher l'avènement de Mercier au riellisme québécois. Mais est-ce tenir bon compte de tous les malaises du temps, et en particulier, de deux malheurs ou périls qui, entre les années 1880 et 1890, font surtout s'alarmer l'opinion ? Nous voulons dire: la baisse constante de l'influence française à Ottawa et les déviations déjà graves de l'esprit national au pays de Québec ? « L'influence canadienne-française est nulle dans le cabinet, nulle dans la direction de la politique », confesse, en 1888, un ministre du cabinet fédéral, et pas l'un des moindres, Adolphe Chapleau, prêt à favoriser une « politique provinciale qui s'occupe enfin des intérêts du Bas-Canada, sans consulter les convenances ou les besoins d'Ottawa ». La déviation du sentiment provincialiste et français va si loin que de futurs chefs politiques, tels que Thomas-Chase Casgrain et Edmund James Flynn ne se font pas faute de préconiser, en 1888, et au parlement québécois, une ébauche du centralisme d'aujourd'hui et la fusion des races en une seule nationalité canadienne. Ceci dit, accordons que le branle puissant, dans le sursaut de 1886, procède du riellisme. Chacun se remémore les faits: griefs et malheurs trop réels des Métis, refoulés, bousculés par l'immigration du Nord-Ouest, gravement atteints dans leurs moyens de vie par la disparition du bison. Même phénomène s'était produit, même révolte, et pour les mêmes motifs, parmi les Indiens des Etats-Unis. (Voir, R. P. Th. Ortolan, o.m.i., *Les Oblats de Marie Immaculée*... (2 vol., Paris, 1914-15), II: 316-322). En face de cette misère, incurie persistante et inexplicable d'Ottawa; puis démarche des Métis auprès de Louis Riel exilé, qui quitte les Etats-Unis et se remet à leur tête; campagne de pétitions et de revendications qui tourne à la révolte; intervention armée du gouvernement canadien; reddition de Riel, son procès à Régina, devant un juge et devant un demi-jury de langue anglaise; après épuisement de tous les recours judiciaires, y compris l'appel au Conseil privé d'Angleterre et l'appel en grâce au gouverneur général du Canada, pendaison du chef Métis à la prison de Régina, le 16 novembre 1885; pendaison d'un homme pour crime politique, et d'un homme atteint, au moins dans le passé, de troubles mentaux dûment constatés, déclaré, au surplus, au cours de son procès, par les aliénistes de la défense, irresponsable sur les sujets de la religion et de la politique. L'affaire Riel, je l'ai déjà écrit, ce fut au Canada, ce que sera un jour en France « l'Affaire Dreyfus ». Avait-on pendu un innocent ? Avait-on commis un meurtre judiciaire ? S'il est difficile de s'entendre sur la culpabilité ou l'innocence de Riel, tous les esprits justes, croyons-nous, peuvent s'accorder sur l'inopportunité, sinon même sur l'injustice d'une exécution capitale. Les Métis, la *Minerve,* journal obséquieux du gouvernement conservateur, l'avait admis, avaient à se plaindre de griefs sérieux. Les évêques, les missionnaires de l'Ouest ont prodigué avertissement sur avertissement aux autorités canadiennes. En fait, le gouvernement d'Ottawa était trop coupable pour se montrer sévère. Les crimes des peuples contre l'autorité sont assurément graves; les crimes de l'autorité contre les peuples ne le sont pas moins. Ce sentiment des injustices commises par le gouvernement fédéral et surtout le meurtre judiciaire de Régina, firent se dresser presque unanime l'opinion canadienne-française. D'autant que l'opinion anglo-canadienne presque en bloc, reliant, sans valables motifs, les événements de 1885 à ceux de 1869-1870 au Manitoba, avait pétitionné, ferraillé pour la pendaison du chef Métis. Le journal *l'Electeur* faisait observer: « On avait entendu parler jusqu'ici de requêtes pour demander le pardon ou la commutation de peine d'un condamné, mais des requêtes pour demander sa mort, jamais. » Et le *News* de Winnipeg écrit pour sa part: « Si la sentence de Riel est commuée, le gouvernement ne devra pas être surpris qu'un peuple loyal mais exaspéré, se fasse justice à lui-même. » Des deux côtés de la barricade, du reste, on fera de son mieux pour donner à la controverse le caractère d'un conflit racial. On lit, par exemple, dans le *Toronto Mail:* « Si la chute du cabinet devait résulter du retrait de ses partisans français... en ce cas, nous, sujets britanniques, sommes convaincus qu'il nous faudrait nous battre de nouveau pour la Conquête; et le Bas-Canada peut être assuré qu'il n'y aurait pas de traité de 1763. Cette fois le conquérant ne capitulera pas. » Les journaux français ont tôt fait de se mettre au même diapason. On lit, par exemple, dans la *Presse* de Montréal, des lignes comme celles-ci: « Riel n'expie pas seulement le crime d'avoir réclamé les droits de ses compatriotes; il expie surtout et avant tout le crime d'appartenir à notre race. » Et le journal continue: « L'exécution de Riel brise tous les liens de parti qui avaient pu se former dans le passé. Désormais, il n'y a plus de conservateurs ni libéraux, ni castors. Il n'y a que des Patriotes et des Traîtres. Le parti national et le parti de la corde. »

Un homme va canaliser, capitaliser, si j'ose dire, l'émotion populaire, Honoré Mercier. L'homme a des antécédents. En 1866, il s'est trouvé du groupe des jeunes chefs de file qui, effrayés des périls de la Confédération, ont brisé avec leur parti. En 1871, il a déjà été du premier « parti national »; il en a été le secrétaire et, dans une grande mesure, l'animateur; il a fait pendant quelques années de la politique fédérale en partisan assez mal discipliné; depuis 1883, il est chef du parti libéral, parti d'opposition au parlement de Québec. Orateur dynamique, combatif, profondément patriote, esprit naturellement élevé, son influence est profonde sur les masses. En 1887, porté par la vague rielliste, Mercier réussit à gravir le sommet de sa vie. Il rallie des libéraux canadiens-français, des conservateurs nationaux, le groupe des ultramontains ou

« castors » dirigé par le sénateur Trudel et le journaliste Tardivel. De ces éléments divers surgit une formation politique appelée de nouveau « parti national » et qui réussit à prendre le pouvoir. Pour la province de Québec s'ouvre une courte mais grande période. Du côté des franco-phobes et même du gouvernement fédéral, il semble qu'on s'applique à fortifier le régime Mercier. Point de cesse dans l'agitation. Clameurs extraordinaires à la suite du règlement des biens des Jésuites par Mercier; tentative de faire invalider le règlement par le désaveu fédéral; soulève-ment des « Equal rightistes », ou de la Ligue des droits égaux *(Equal Rights Association)* fondée apparemment — le croirait-on ? — pour obtenir aux Anglo-protestants dans le Québec, des droits égaux à ceux des Canadiens français; mais ligue qui vise, en réalité, à freiner la péné-tration française dans les cantons de l'est québécois et dans le nord et l'est de l'Ontario; ligue de centralisateurs qui rêvent d'unifier nationale-ment le pays. Ces agitateurs et surtout leurs chefs ont bien soin de ne pas cacher quelle cible ils visent plus que toute autre. Un historien anglo-canadien a pu parler du duel Mercier-McCarthy. Lorsque, en effet, D'Alton McCarthy propose au parlement fédéral, en 1890, la suppression des droits officiels de la langue française dans le Nord-Ouest, l'un des partisans de son groupe le déclare sans ambages: la proposition est une riposte à Mercier et à son parti, en train d'établir une république française sur le Saint-Laurent et pour qui le « Cessons nos luttes fratricides » se traduisait, à n'en pas douter, par « Unissons-nous contre les Anglais ».

Nationalisme de Mercier

Quel est-il donc ce nationalisme tant discuté en son temps, même parmi les compatriotes de Mercier ? Il tient en quelques propositions. Mercier est un « national », un « irrédentiste » si l'on veut, au sens canadien-français du mot. Il croit d'une foi vive, intransigeante, en sa nationalité, en sa culture, en ses droits, en son avenir. Il y croit comme bien peu d'hommes, dans le Québec, y ont jamais cru. Il y croit contre tous les adversaires du dehors, contre tous les faibles, tous les défaitistes de l'intérieur. Empruntons une simple citation à son discours de la Saint-Jean-Baptiste de 1889: « L'amour de la religion et de la nationalité de nos pères est gravé dans nos cœurs, et personne, pas même le plus puissant des tyrans, ne pourra nous enlever cet amour. Cette province de Québec est catholique et française, et elle restera catholique et fran-çaise... Tout en protestant de notre respect et même de notre amitié pour les représentants des autres races ou des autres religions... nous déclarons solennellement que nous ne renoncerons jamais aux droits qui nous sont garantis par les traités, par la loi et la constitution. » A qui s'adresse cette proclamation de foi patriotique d'un ton si tranchant ? Pour le savoir, il faut se remettre dans l'atmosphère de l'époque, atmosphère enfiévrée à un point que l'on imagine à peine. Mercier s'adresse, sans doute, aux siens dont il veut galvaniser la confiance. Il s'adresse aux sceptiques de l'espèce d'un Thomas-Chase Casgrain et d'Edmund Flynn qui professent déjà le canadianisme tout court et la fusion des races. L'avertissement s'adresse aussi à un colonel O'Brien, député de Muskoka (Ontario) qui, à propos du Règlement de la question des Biens des Jésuites et de l'arbitrage papal, vient de s'écrier au parlement d'Ottawa: « Notre pays doit être anglais et rien qu'anglais. » L'avertissement s'adresse encore aux *Equal-Rightistes* du type de D'Alton McCarthy, lequel pour le même motif, a repris la déclaration d'O'Brien: « Il s'agit de savoir si c'est la reine ou le Pape qui règne sur le Canada. Il s'agit de savoir si ce pays sera anglais ou français. » Foi en sa province, en sa nationalité, conscience des périls du temps, puissants motifs qui vont induire Mercier, après Papineau, après LaFontaine, à refaire, si possible, l'union des siens. Au nom du même idéal patriotique il prêchera l'abandon des vieux et futiles sujets de querelles: la nation au-dessus des partis. Dans son discours de 1889 il pose la question troublante: « Et nous, nous sommes divisés dans notre amour de cette chère patrie. Pourquoi ? » Et il fait lui-même la réponse, restée toujours d'une désolante tristesse: « Nous ne le savons pas. » Mais la réponse, c'est aussi: « Cessons nos luttes fratricides; unissons-nous. » Dans sa jeunesse, Mercier s'est toujours montré plus national que conservateur; plus tard il parut moins libéral que national. Porté à la tête de sa province, sa première ambition sera de faire sauter les vieux cadres politiques pour fonder le parti national. « C'est la division, née de l'esprit de parti, dira-t-il, qui a fait le mal; c'est l'union, née du patriotisme, qui le réparera. »

Dans la logique des mêmes sentiments ou du même irrédentisme, l'on ne sera pas surpris de trouver encore en Mercier, un fervent de l'autonomie provinciale. Il s'oppose à l'abus du veto fédéral, à la transformation des lieutenants-gouverneurs en simples fonctionnaires fédéraux. En somme il est hostile à toute forme de l'unitarisme. Et comme ses déclarations sont restées d'une singulière actualité ! Qui ne croirait entendre quelques formules d'Ernest Lapointe et voire du Conseil privé d'Angleterre, quand Mercier fait affirmer par un de ses jeunes députés, en 1889: « Notre province n'occupe pas à l'égard du Canada la position que celui-ci occupe vis-à-vis de la Grande-Bretagne. Nous ne sommes ni une colonie ni une dépendance de la Confédération... La source des pouvoirs, on ne saurait trop le répéter, ne va pas du Canada aux provinces, mais bien des provinces au Canada. Elles sont constituantes, il est constitué. C'est là une doctrine à laquelle le gouvernement semble vouloir s'attacher avec une énergie inébranlable... » Le manifeste-programme du parti national contient ce passage non moins catégorique: « Considérant que le pouvoir fédéral dont l'attitude a été si odieuse dans l'affaire Riel, empiète d'année en année sur l'autonomie des provinces, et que nous voulons à Québec un véritable gouvernement, non un bureau aux ordres d'Ottawa: 1°. Maintien énergique de l'autonomie provinciale contre toutes les atteintes, directes ou indirectes. » Après les élections de 1890, élections triomphales pour lui, Mercier en dégage ainsi la signification première: « Le triomphe du gouvernement signifie aussi le triomphe de l'autonomie des provinces. » Heureux temps où, sur le grave problème, le chef de l'opposition libérale à Ottawa, Wilfrid Laurier, parlait la même langue que le chef national du Québec: « Nous avons toujours soutenu, disait Laurier, que le seul moyen de maintenir la Confédération est d'admettre ce principe que, dans sa sphère, la sphère qui lui est attribuée par la Constitution, chaque province est tout aussi indépendante du contrôle du Parlement fédéral que le Parlement fédéral est indépendant du contrôle des législatures locales. »

Une troisième note achèvera de définir le nationalisme de Mercier, celle qui, à l'autonomiste québécois, permet de joindre le partisan de l'indépendance canadienne. L'homme avait de l'avenir dans l'esprit. En 1873, c'est en plein parlement fédéral qu'il ose aborder la question de l'indépendance; il la ressaisit en 1888 au parlement de Québec. En 1891, de passage à Paris, à des journalistes qui lui posent la question: « Les vœux des Franco-Canadiens ? », Mercier répond: « A vrai dire il en est un qui les résume tous. C'est de voir le Dominion conquérir son indépendance. » Evoquons surtout sa conférence du 4 avril 1893, au Parc Sohmer de Montréal, sorte de testament politique, qui se terminait par la retentissante péroraison: « Debout, comme un homme libre sur la terre d'Amérique, je défends la cause sacrée de mes compatriotes, quelles que soient leur race ou leurs croyances, et je demande pour tous l'émancipation coloniale et la liberté... »

Nous tenons là tout l'homme et toute sa doctrine. Doctrine exprimée souvent sur le ton péremptoire, même hautain, mais ton combien excusable pour qui veut bien se rappeler que les discours de Mercier furent moins des attaques ou des provocations que des ripostes souvent méritées. Qui ne relèverait, du reste, en ce nationalisme si combattu, une dernière note et fort méritante ? Rien, dans l'œuvre oratoire de Mercier, qui appelle les représailles, rien qui ressemble au cri de race. Contraste assez frappant avec ce qui retentissait de l'autre côté de la barricade par la bouche d'un McCarthy, d'un Charlton et de leurs disciples. Jamais l'homme d'Etat canadien-français ne se départira du sens de justice ni de la générosité habituelle de ses compatriotes: « Mais cette union que nous avons faite, dira-t-il du parti national, n'est pas une union de race contre d'autres races, de religion contre d'autres religions. Nous ne voulons pas réparer un crime par d'autres crimes... » Le manifeste-programme du parti contient ce 4e article: « Respect et protection à tous les droits des minorités. » Plus catégoriquement encore, Mercier redira en 1887: « J'affirme devant cet immense auditoire que le parti national respectera et fera respecter les droits de la minorité protestante de cette province. Nous désirons vivre en paix avec toutes les races, toutes les croyances. Nous accorderons justice à tous, même à ceux qui refuseraient de nous rendre la pareille. »

Nous retrouverons plus loin l'œuvre de Mercier. En lui l'orateur se doublait heureusement d'un homme d'action. Pour l'époque, la politique du gouvernement national apparaît donc assez compréhensive et coordonnée. Mercier met l'accent sur l'agriculture et sur la colonisation. Il en fonde le ministère et en assume la direction. Pour ouvrir les voies à la colonisation, il veut des chemins, des ponts; il s'efforce de mettre à la disposition des colons le plus possible de réserves forestières. On sait l'encouragement qu'il accorde au curé Labelle, dont il fait un sous-ministre. Il a une politique de voierie; il inaugure les routes empierrées; il a une politique de chemins de fer pour sa province, pour en ouvrir les régions incultes, y compris le Labrador; il nourrit le projet d'un pont qui enjambera le fleuve de Québec à Lévis; il voudrait étendre le territoire de sa province jusqu'à la Baie d'Hudson, intégrer en son domaine « volontairement ou par la force » tout ce que les traités lui ont laissé de l'ancienne Nouvelle-France; il a une politique scolaire: « maintien de toutes les garanties religieuses et autres, sur lesquelles est fondé notre système d'enseignement public, orientation pratique de l'enseignement dans la voie des études agricoles, techniques et professionnelles. » Il aide de son mieux l'Université Laval de Montréal à conquérir son autonomie. Mercier a l'esprit sain et bien organisé. Le progrès dont il veut, s'explique-t-il un jour, ce n'est pas « le progrès radical comme en Europe, mais le progrès chrétien, le progrès raisonné du pays... »

Le gouvernement de Mercier aura duré à peine cinq courtes années. Il succombe à un coup d'état du lieutenant-gouverneur Angers, dans un relent de scandales financiers dont la controverse politicienne a beaucoup exagéré l'importance. Il succombe à la coalition antirielliste, à l'hostilité du gouvernement fédéral et des conservateurs nationaux de sa province. Ajouterons-nous qu'il succombe surtout aux prompts revirements de ses compatriotes, bons Latins qui ne peuvent endurer longtemps de se trouver d'accord ? Lui-même a bien été aussi l'artisan de sa chute, par un peu de mégalomanie et par manque de vigilance sur son entourage politique. Il reste que, pendant ces cinq années de gouvernement national, l'atmosphère de la province s'était singulièrement haussée. Le pays québécois avait repris confiance en son destin. A la voix de cet homme qui avait les pieds si solidement posés sur le sol et qui savait penser et sentir collectivement, la nation s'était sentie reliée aux meilleures constantes de son histoire, aux plus robustes de ses lignes de force.

CHAPITRE SEPTIÈME

Réactions nationalistes

(suite)

Henri Bourassa et l'impérialisme. — Bourassa, nationaliste canadien. — Bourassa, nationaliste canadien-français.

Bourassa et l'impérialisme

Moins de sept ans passeront avant qu'une autre réaction nationaliste se produise, celle-ci plus vigoureuse et de plus longue durée. Un homme, une personnalité forte et séduisante, encore cette fois, suscite et soutient le mouvement: Henri Bourassa. Fils de l'artiste Napoléon Bourassa, petit-fils de Papineau, fortement racé, d'un caractère tout d'une pièce et d'une conscience inflexible, l'homme brille et s'impose par un talent oratoire insurpassé au Canada, talent admirablement servi par une intelligence robuste, lucide, et par une culture comme on n'en possède guère dans le monde politique de son temps. Aussi puissant au parlement que devant les foules, sans rival dans le sarcasme et dans les hautes indignations, l'orateur offre un mélange de logicien et de fougueux à l'emporte-pièce, mais d'une fougue disciplinée, toujours aussi près de l'idée que de la passion. Le nationalisme d'Henri Bourassa, à l'inverse de celui de Mercier, s'affirmera surtout, même s'il déborde cette formule, comme une réaction antiimpérialiste. La crise impérialiste qui débute en 1899 avec la guerre du Transvaal atteint l'état aigu pendant les deux grandes guerres de 1914 et de 1939, pour s'apaiser lentement après plus d'un demi-siècle. Plus qu'il ne faut pour employer une existence d'homme et la poser en relief dans l'histoire. Jamais, avons-nous dit, la tradition politique du pays n'avait subi si redoutable assaut ni paru se jeter en plus grave déviation. Pendant cinquante ans l'idéologie impérialiste a empoisonné la politique intérieure et extérieure du Canada. Pendant la première Grande Guerre elle s'exalte jusqu'au paroxysme. En 1914, M. Arthur

Meighen, solliciteur général à Ottawa, peut faire applaudir des extravagances comme celle-ci: « Nous mettrons le Canada en banqueroute pour sauver l'empire. » A ce moment, note M. Bourassa, l'impérialisme a conquis tous les chefs d'opinion, la plupart des journaux, les « sommités sociales ». Au Canada français, une école politico-religieuse a même élevé à la hauteur d'un devoir moral, la participation du Canada aux guerres impériales. En 1939, dans *Canada To-day,* M. F. R. Scott reprend, ou peu s'en faut, les mêmes observations. Les impérialistes occupent alors presque tous les postes de commande au gouvernement, dans l'industrie, la finance, l'armée, l'Eglise et la presse. Dans le cabinet fédéral de ce temps-là, les groupes canadiens-français et néo-canadiens n'occupent que 6 fauteuils sur 16, et au parlement, que le quart des sièges. Arrière-plan de la politique canadienne qui révèle les difficultés et le mérite d'une résistance nationaliste.

Bourassa, nationaliste canadien

Quel courage et même quelle crânerie pouvait exiger en 1899 et dans la période qui va suivre, la résistance à l'hystérie impérialiste, ceux-là seuls le savent qui ont vécu ces années historiques. Peu d'hommes, en tout cas, auront eu à prendre décisions plus lourdes et coûteuses que le jeune député de Labelle, favori de Laurier, désigné par beaucoup comme l'héritier présomptif du « grand chef ». Point à s'étonner, non plus, de la déformation de ses doctrines et de ses attitudes, même s'il a pris soin de les affirmer et définir sans ambiguïté possible. L'antiimpérialisme n'est pour Bourassa ni affaire de race ni affaire de religion. A l'occasion du projet de loi navale de 1910, l'orateur tenait ces propos qu'il aurait pu répéter en chacun de ses discours: « Vous avez pu constater qu'il n'est pas un seul des arguments que j'ai employés ce soir qui ne s'adresse également à un Canadien anglais, écossais ou irlandais, à un protestant ou à un catholique. » Bourassa se garde bien de méconnaître l'amour légitime de l'Anglo-Canadien pour « sa vieille et glorieuse patrie ». En revanche, dira-t-il, et puisqu'il n'y a, au Canada, « ni maîtres, ni valets, ni vainqueurs, ni vaincus », mais « deux alliés dont l'association s'est conclue sur des bases équitables et bien définies, nos voisins d'origine anglaise n'ont pas le droit de se servir de la force brutale du nombre pour enfreindre les termes de l'alliance et nous faire assumer vis-à-vis de l'Angleterre des obligations nouvelles, fussent-elles toutes volontaires et spontanées. » Retranché derrière la tradition autonomiste au Canada, celle dont nulle autorité politique ne s'était départie avant 1899, ce sera aussi le mérite de Bourassa de s'établir solidement sur le terrain historique et constitutionnel, position qu'il peut croire inexpugnable. « Avec toute la tradition canadienne, ne craint-il pas d'affirmer, nous continuerons à soutenir que le Canada n'a, envers l'Angleterre, d'autres obligations morales ou légales que celles qui résultent de sa constitution et des engagements positifs qu'il a pris envers la Grande-Bretagne. » En 1899 le gouvernement Laurier décide l'envoi d'un premier contingent militaire en Afrique-Sud. Il le fait sans convocation des Chambres, par un simple arrêté ministériel, à la suite d'une simple dépêche du secrétaire des colonies. Acte d'une extrême gravité qui opère un changement radical dans les relations du Canada avec l'Angleterre; acte qui constitue surtout une violation de la constitution et des prérogatives souveraines du parlement. Henri Bourassa enregistre son premier protêt. Que fait-on de l'axiome par excellence du libéralisme anglais, base du régime parlementaire: *no taxation without representation* ? « L'impôt du sang constitue la plus lourde des contributions publiques. » Le Canada va-t-il retourner à l'état primitif de la colonie de la Couronne ? Sera-t-il appelé à prendre part à toutes les guerres de l'Empire sans que lui soient ouvertes les portes du Parlement impérial, sans consultation de son propre parlement sur l'opportunité de ces luttes gigantesques ? Ainsi proteste l'orateur nationaliste. L'arrêté ministériel de 1899, lui oppose-t-on, a réservé l'avenir; ce premier envoi de contingents, ont spécifié les ministres, n'a rien d'un « précédent ». « Le « précédent » riposte Bourassa, c'est le fait accompli. »

Armé de cette doctrine, le chef nationaliste ne cessera de servir désormais au parlement d'Ottawa et à ses compatriotes, ce que l'on pourrait appeler un cours d'éthique et de fierté nationales. Un principe supérieur le guide: la primauté de l'intérêt canadien. Que de textes seraient ici à citer. Ceux-ci, par exemple, au début de la guerre de 1914: « Quels que soient le mode et l'importance de la participation du Canada à la lutte des Alliés... ses gouvernants avaient... le devoir impérieux de s'inspirer dans la détermination des mesures à prendre, du seul souci des intérêts généraux et supérieurs du Canada. » Et voici comme il développe et précise ce point de doctrine constitutionnelle: les autorités canadiennes « ne doivent pas perdre de vue que leur premier devoir est de veiller aux intérêts du Canada, comme celui des ministres et du parlement britannique est de veiller aux intérêts du Royaume-Uni. Lorsqu'il y a conflit entre ces deux catégories d'intérêts, les gouvernants canadiens doivent soutenir les intérêts du Canada contre ceux de la Grande-Bretagne, tout comme les hommes d'Etat anglais n'hésitent jamais à sacrifier les intérêts des colonies soi-disant autonomes aux intérêts de la Grande-Bretagne et de ses possessions directes. » Sentiment de fierté qui rappelle bien celui des grands autonomistes d'hier. En 1901, lors de la levée d'un troisième régiment pour l'Afrique-Sud, d'aucuns au parlement s'efforcent d'atténuer les conséquences de cette levée par cette considération que l'Angleterre en soldera tous les frais. Le député réplique indigné: « En sommes-nous vraiment rendus à ce point d'ignominie qu'une question de piastres et de sous a plus d'importance à nos yeux que la dignité et l'indépendance de notre pays ? » Plutôt que ce rôle odieux de mercenaire ou de simple réservoir de chair à canon pour l'empire, il en viendra à préférer l'indépendance du Canada.

Faudrait-il donc revêtir l'uniforme de guerre pour aider l'Angleterre à faire la police du monde ? « Nous préférons, dira-t-il, que ce soit à titre d'associés responsables plutôt que sous la livrée domestique, dût-il nous en coûter plus cher pour coopérer que pour servir. »

Un aspect tout particulier de la contribution canadienne froisse en Bourassa ses sentiments de Canadien, et c'en est la parfaite gratuité. De toutes les possessions de l'Angleterre, — combien de fois l'orateur s'est appliqué à en faire la preuve — le Canada est celle qui peut le moins compter sur la protection de la métropole, la seule aussi qui, en cas d'une victoire anglaise, ne saurait espérer la moindre compensation. Cependant, dira-t-il, c'est le Canada « qui fait dans cette guerre [celle de 1914] les sacrifices les plus considérables. » Contribution gratuite, mais encore excessive, disproportionnée aux ressources d'un pays jeune, en pleine voie de développement. Dès les jours de 1899, effrayé de l'avenir, l'orateur exprimera ces vues prophétiques: « Si aujourd'hui, l'on demande cinq cents soldats au Canada pour aller combattre une nation de 300,000 âmes, que sera-ce quand l'Angleterre aura à lutter contre un peuple puissant... Et si nous dépensons deux millions pour combattre deux peuples dont la population totale s'élève à 250,000 âmes, combien d'hommes armerons-nous et combien de millions dépenserons-nous pour combattre une puissance de premier ordre ou une coalition internationale ? »

Insisterons-nous, comme dans le cas de Mercier, sur le caractère élevé, irréprochable de ce nationalisme, sur l'absence en lui de toute mauvaise passion de race ? Mérite où, pour le chef nationaliste, entre assurément une bonne part de générosité. Si l'on excepte, en effet, Goldwin Smith, devenu adversaire de l'impérialisme, John Charlton gagné, celui-ci, à la modération, John S. Ewart, autonomiste de vieille date, l'opinion anglo-canadienne réprouve unanimement le dénonciateur de la guerre d'Afrique et l'adversaire des thèses de Chamberlain. La presse ontarienne et même le *Star* de Montréal ne répugnent pas aux pires excès de francophobie. Au parlement d'Ottawa, quelques débats de l'époque donnent lieu à des scènes tumultueuses. Henri Bourassa se donne bien garde de céder aux vaines représailles. Son sentiment à l'égard de la Grande-Bretagne, il l'a longuement développé dans son ouvrage: « *Que devons-nous à l'Angleterre ?* » Et sa réponse: nous ne lui devons « ni rancune ni reconnaissance », résume exactement la thèse du livre. Pour Bourassa, l'empire britannique est un « trust monstrueux » et « de tous les impérialismes modernes (il l'écrit en 1920)... c'est le plus menaçant pour la liberté du monde... » Il ne se refuse point pour autant à toute admiration pour l'Angleterre, pour ses institutions politiques, pour ses muscles d'acier, pour son rare génie d'entreprise et de gouvernement. A l'époque de la première grande guerre, il n'énonce point d'opposition irréductible à une participation militaire qui eût réservé « expressément les solutions constitutionnelles ». Entendons une collaboration où le Canada se fût comporté « comme nation », « dans les bornes prévues par les Pères de la Confédération et sans compromettre ses intérêts et son avenir ». Ce qu'il n'accepte point des visées de la Grande-Bretagne, il le dit nettement dans sa brochure de 1914, *La Politique de l'Angleterre avant et après la guerre*: « Je ne combats pas toujours la politique anglaise... ce que je hais, c'est le colonialisme abject qui fait de nous les serviteurs de l'Angleterre, c'est l'impérialisme arrogant et dominateur qui tend à nous lier aux intérêts de l'Angleterre sans égard à nos propres intérêts. » Mais se demandera-t-on, à cet impérialisme agressif, et ruineux, quel remède radical opposer ? Bourassa prêchera-t-il la rupture immédiate et tranchante avec la Grande-Bretagne ? Le chef nationaliste ne va pas si vite. Peut-être accepterait-il à la rigueur la fédération impériale, parce qu'il y voyait « l'agent le plus puissant » de la dissolution de l'empire: « Si on nous impose le choix entre la rupture et l'asservissement, eh bien, je dirai: Choisissons la rupture... Plutôt l'indépendance que l'impérialisme ! » Mais il avait dit tout d'abord: « Je ne désire pas une rupture avec l'Angleterre. » Un autre jour il précisera: « Je ne demande pas l'indépendance maintenant ni d'ici longtemps. » L'indépendance, c'est pour lui l'issue extrême, issue aventureuse pour les pays sans maturité économique et politique. Sa solution, fort modérée, il l'exprimait comme suit en 1901: « Ce que je voudrais, c'est qu'entre la vieille frégate anglaise qui menace de sombrer et le corsaire américain qui se prépare à recueillir ses épaves, le Canada manœuvrât sa barque avec prudence et fermeté, afin de ne pas se laisser engloutir dans le gouffre de l'une ni entraîner dans le sillage de l'autre. » Et il concluait: « Ne rompons pas la chaîne trop tôt, mais n'en rivons pas follement les anneaux. »

Bourassa, nationaliste canadien-français

D'aucuns, et c'est assez de mode en certains milieux, se figurent assez volontiers un Henri Bourassa nationaliste strictement canadien, assez indifférent au fait français en son pays. Autre façon de défigurer l'homme et sa doctrine. Député au parlement fédéral une majeure partie de sa vie, il est naturel que le chef nationaliste y ait surtout abordé les problèmes canadiens. Au reste, sa culture étendue le mettait en mesure d'aborder la plupart des grandes questions de la politique canadienne et de la vie internationale. Ce qui explique en son œuvre oratoire et journalistique, la place éminente qu'elles y tiennent. On imagine mal toutefois le petit-fils de Papineau, si éloigné qu'il fût de son grand-père, dont il ne partageait ni la philosophie voltairienne ni l'impatient pessimisme, on imagine mal, disons-nous, ce Canadien français de digne et vieille souche, indifférent aux choses de sa province et au sort des hommes de sa race. Une simple revue de la partie publiée de son œuvre suffirait à nous rassurer par la place qu'y occupent les problèmes canadiens-français: *Le Patriotisme canadien-français, ce qu'il est, ce qu'il doit être* (1902); *Les Canadiens français et l'Empire britannique* (1903); *Les Ecoles du Nord-Ouest* (1905); *Religion,*

Langue et Nationalité (discours au Congrès eucharistique de Montréal de 1912); *La Langue française au Canada* (1915); *Le Devoir et la guerre — Le conflit des races* (1916); *La Langue, gardienne de la foi* (1918). Nul, nous le voulons bien, n'a peut-être dit à ses compatriotes plus dures vérités. Leur conduite politique ne lui a souvent inspiré qu'une médiocre admiration. En 1923, par exemple, dans sa brochure *Patriotisme, Nationalisme, Impérialisme*, il leur administre cette censure assez verte: « Il n'y a pas une atteinte portée à la langue française, à l'école catholique et française, aux droits de l'Eglise et de la race, qui n'a trouvé ses apologistes chez nous et parmi les plus huppés des nôtres; c'est précisément à ceux qui ont le plus lâché que nous avons fait le plus confiance, que nous avons prodigué l'encens de nos hommages serviles. » Et puisque nous essayons d'écrire ici l'histoire véridique, nous ajouterons même que l'intrépide nationaliste a pu douter un moment de la pureté et de l'orthodoxie du nationalisme des siens. Ombres, nuages passagers dans une noble conscience. En revanche, qui plus fortement que lui et plus souvent que lui, sans excepter Mercier, s'est appliqué à mettre en relief le caractère essentiel du pacte fédératif de 1867, la « parfaite égalité des races et des croyances proclamée cette année-là au Canada ? » Dans la pensée des Pères de la Confédération, insiste-t-il par exemple, en 1916, et entre tant de fois, le pacte fédéral et la constitution qui en définit les termes et la sanction, « devait mettre fin au conflit des races et des Eglises et assurer à tous, catholiques et protestants, Français et Anglais, une parfaite égalité de droits dans toute l'étendue de la Confédération canadienne ». « La base de la Confédération, avait-il déjà dit en 1912, c'est la dualité des races, la dualité des langues, garantie par l'égalité des droits. » Qu'on relise ses discours prononcés au parlement fédéral ou à Montréal, sur les écoles du Nord-Ouest, sur celles du Keewatin, à propos de la lutte scolaire franco-ontarienne, toute sa vie il aura été l'incomparable champion du droit minoritaire au Canada. Le droit des siens à leur survivance française, les contemporains se souviennent avec quelle éloquence, quelle puissance de conviction, en son discours presque légendaire à Notre-Dame de Montréal, en 1912, lors du Congrès eucharistique international, il le revendiquait en réplique à l'archevêque de Westminster, Mgr Bourne. L'orateur venait de rappeler le traitement de justice accordé au Canada, par les évêques de langue française, à leurs fidèles anglais ou irlandais. Il reprenait:

« Mais en même temps, permettez-moi — permettez-moi, Eminence — de revendiquer le même droit pour mes compatriotes, pour ceux qui parlent ma langue, non seulement dans cette province, mais partout où il y a des groupes français qui vivent à l'ombre du drapeau britannique, du glorieux étendard étoilé, et surtout sous l'aile maternelle de l'Eglise catholique, — de l'Eglise du Christ qui est mort pour tous les hommes et qui n'a imposé à personne, l'obligation de renier sa race pour Lui rester fidèle. »

« Mais, dira-t-on, vous n'êtes qu'une poignée; vous êtes fatalement destinés à disparaître; pourquoi vous obstiner dans la lutte ? Nous ne sommes qu'une poignée, c'est vrai; mais ce n'est pas à l'école du Christ que j'ai appris à compter le droit et les forces morales d'après le nombre et par les richesses. Nous ne sommes qu'une poignée, c'est vrai; mais nous comptons pour ce que nous sommes, et nous avons le droit de vivre. »

Il faudrait dire aussi quel rôle magnifique il assignait à sa petite nationalité. En politique, il l'eût voulu voir toujours fidèle à sa tradition historique, à la tête de tous les grands mouvements de réforme. Dans *Hier, aujourd'hui, demain*, il adresse aux siens cette adjuration: « Allons-nous abdiquer cette noble vocation, ce rôle difficile, il est vrai, mais glorieux, d'initiateurs de tout vrai progrès ? Allons-nous renoncer à notre droit d'aînesse pour passer au rang d'esclaves volontaires, dont le maître dispose à son gré comme de son bœuf ou de son âne ? » « Au moment où va peut-être se mouler la forme définitive de la nation canadienne, allons-nous manquer d'apporter à ce grand œuvre les éléments précieux que nous tenons de notre mentalité catholique et française, de notre glorieuse descendance de la plus parfaite des civilisations modernes ? » Dans *La Langue, gardienne de la foi*, quelle mission idéale, mission de culture et d'apostolat chrétien, il dresse devant les yeux de ses compatriotes: « Comme tous les dons, comme toutes les forces morales ou matérielles la langue nous vient de Dieu, elle appartient à Dieu. Nous devons la mettre au service de Dieu et de l'Eglise, de la vérité, de la justice et de l'honneur. Nous devons également mettre notre vie sociale, familiale, notre vie intime au niveau de l'idéal qu'elle exprime et suggère... Que partout, en Amérique, nos paroles et nos actes soient un vivant témoignage de l'excellence de notre foi, de la supériorité de notre civilisation dont la langue est tout ensemble le produit et le ferment. »

Il y aurait beaucoup à dire également de son rôle de député au parlement de Québec où il siège de 1908 à 1912. Certes, il lui manqua de faire autour de lui l'unanimité qu'y avait réussie Mercier. Mercier ne s'était heurté, dans sa province, qu'à l'influence décroissante de John A. MacDonald. Bourassa se heurta au Lauriérisme tout-puissant à Québec et à Ottawa. En outre, depuis 1894, l'esprit de parti avait accru extraordinairement ses ravages parmi ses compatriotes. Henri Bourassa, avouons-le aussi, était peu ou trop doué pour faire un bon chef de parti. Chef d'école plus que toute chose, d'un caractère trop fier pour subir une discipline de partisans, il répugnait à l'imposer à ses disciples. Par son prestige et son talent, il aura beaucoup fait néanmoins pour redresser la politique québécoise, en particulier sur l'exploitation des ressources naturelles de la province: forêts et pouvoirs hydrauliques. En son grand discours du 8 au 9 mars 1908, il énonce un programme de politique économique comme le parlement provincial n'en avait guère entendu. C'est à cette session parlementaire que l'orateur prononce ces mots qui révèlent encore l'ampleur de ses vues: « Si nous conservons nos eaux, la province de Québec deviendra nécessairement le plus grand pays producteur d'énergie électrique en Amérique. » Et à propos d'une résolution pour l'annexion de l'Ungava: « Si un jour ou l'autre on découvre dans l'Ungava un nouveau Yukon, il faut qu'il appartienne à la province de Québec. » Le mouvement nationaliste de l'époque rendit au moins ce service aux Canadiens français du Québec de leur faire apercevoir le problème national, non plus seulement dans la défense et le salut de la langue, mais dans une vue cohérente, organique, où tous les facteurs de la vie d'un Etat et d'une nation trouvent à se coordonner et à s'épauler. Ni la langue ni la dignité nationale ne sont, pour autant, négligées. On doit, en effet, à ce mouvement nationaliste, et surtout à l'un de ses jeunes et brillants coryphées, Armand LaVergne, aidé de l'*Association catholique de la jeunesse canadienne-française*, la fin, au moins pour une part, de l'humiliant régime de l'unilinguisme administratif à Ottawa, en même temps que l'emploi obligatoire du français par les services d'utilité publique dans le Québec.

Epoque de 1900 à 1925, quart de siècle qui fut, au Canada français, une autre grande époque. Autour du chef nationaliste évolue une équipe d'orateurs, de journalistes, d'hommes d'action et de pensée, une jeunesse enthousiaste, décidée, comme jamais chef national n'en sut grouper. Le mouvement s'est d'ailleurs donné ses organes de propagande et de survie, tels que l'hebdomadaire le *Nationaliste*, et le quotidien *le Devoir*, journaux indépendants, d'allure combattive et d'esprit bien français. D'autres mouvements auxiliaires, parfois suscités par la propagande nationaliste: *La Ligue nationaliste*, la *Ligue du Parler français* et son *Bulletin*, la *Ligue des droits du français* et sa revue, l'*Action française*, les Congrès de la langue française, l'*Association catholique de la jeunesse canadienne-française*, née en 1903, groupement de jeunes qui savent allier l'action nationale à l'action catholique, ont fourni chacun leur part de réalisations pratiques et tous aident à prendre la température de ce temps-là.

Un jour prochain, peut-on espérer, bien des passions enfin éteintes et bien des violences de plume ou de langage, souvent superflues, dûment oubliées, un homme, et l'on sait lequel, prendra alors sa pleine stature. Le Canada, redevenu canadien, lui saura gré d'avoir préservé ses idéaux politiques, sa destinée naturelle. Ses compatriotes canadiens-français lui garderont gratitude pour n'avoir pas sombré tout à fait dans le fol esprit de parti, et pour avoir repris leur place peut-être, comme il l'avait tant voulu, à l'avant-garde des conquérants de la liberté canadienne et des vrais progrès politiques et sociaux.

TROISIÈME PARTIE

PROBLÈMES DE VIE INTÉRIEURE

Enseignement dans le Québec
Le droit minoritaire

Système scolaire du Québec. — Progrès et lacunes.

Dans la vie intellectuelle du Canada français, la Confédération aurait-elle marqué un nouveau départ ? John A. MacDonald s'est plaint du peu d'intérêt suscité en Angleterre par l'événement, passé aussi inaperçu, disait-il, qu'« un petit bill pour la réunion de deux ou trois paroisses anglaises ». Dans le Québec, l'événement, pour son importance de tout premier ordre et pour la forte secousse qu'il y a suscitée, aurait-il déterminé, en tous les domaines, un élan vital ? J.-A. Mousseau, dans sa brochure: *La Confédération, c'est le salut du Bas-Canada*, où il s'essaie à une apologie du nouvel état de choses, paraît surtout impressionné par les salves du canon de la citadelle québécoise au passage de Sir Narcisse Belleau, premier gouverneur français de la province depuis 1760.

Système scolaire du Québec

Tant de besognes s'imposent pourtant, comme en tout Etat à qui il arrive de ressaisir sa vie et d'en assumer les responsabilités. Une entreprise sollicite, au premier chef, le Québec: fortifier, réformer peut-être son système d'enseignement; et puisque l'esprit est au départ de toute œuvre humaine, adapter ce système aux besoins urgents. La province peut revendiquer cet honneur d'avoir édicté les deux lois d'enseignement public de 1869 et de 1875: lois méritoires qui, pour leur esprit libéral et pour le respect généreux du droit minoritaire, contrastent avec l'ensemble de la législation canadienne, et dépassent même, d'excellents juges l'ont dit, tout ce qu'a pu tenter un Etat moderne. Revenons un peu en arrière. Le

349

paragraphe 6 de la 43e résolution de la Conférence de Québec — la vraie constituante du régime fédératif au Canada — avait fait de la législation scolaire un attribut exclusif des législatures provinciales. Le même texte a déclaré intangibles, tels qu'alors définis, les droits et privilèges des écoles confessionnelles des minorités catholiques ou protestantes des deux Canadas. Une minorité, la minorité protestante du Bas-Canada, se montre inquiète. Elle s'agite, fait tant de bruit qu'elle obtient, en surplus de garanties, les deuxième, troisième et quatrième paragraphes de l'article 93 de la constitution canadienne. Ces textes constitutionnels imposent-ils au Québec de nouvelles obligations envers sa minorité ? D'aucune façon. De par le 2e paragraphe de l'article 93, cette minorité ne peut revendiquer que les droits et privilèges scolaires alors possédés par la minorité catholique du Haut-Canada. Or, il se trouve qu'en fait et en droit, la situation juridique de la minorité protestante du Bas-Canada l'emporte déjà, et de façon éminente, sur celle de la minorité catholique du Haut. Le parlement de Québec en profitera-t-il pour égaliser droits et privilèges ? En 1869 il va plutôt donner aux autres provinces, sur l'interprétation du droit minoritaire, une leçon d'éclatante générosité. « Pourquoi, avait dit Cartier, alors député à Québec, pourquoi donner aux protestants du Bas-Canada des avantages que les protestants du Haut-Canada n'accordent pas aux catholiques ?... Faisons ce qu'il faut faire. Si nous sentons que notre devoir est d'accorder la liberté religieuse à nos compatriotes, il faut l'accorder. Que les autres fassent leur devoir comme nous avons fait le nôtre. »
A cette date, le Conseil de l'Instruction publique, organisé en 1859, assume, avec le surintendant, la gouverne des écoles du Bas-Canada. Unique pour les écoles des deux croyances, la direction y est cependant généreuse pour les protestants. La loi de 1869 entreprend d'améliorer notablement cet état de choses. Elle établit un Conseil de l'Instruction publique à deux comités, l'un catholique, l'autre protestant, confie à chacun de ces comités la direction des écoles de sa confession. La loi fait mieux encore: le ministre ou le surintendant de l'Instruction publique, membre de droit des deux comités ou des deux Conseils, ne possède voix délibérative que dans le Conseil ou le Comité de sa croyance. Pour l'établissement de ses écoles, la minorité reçoit en outre toute facilité. Par exemple, en cas d'une densité trop faible de sa population écolière, faculté lui est laissée de fondre en une seule les municipalités voisines. Six années plus tard, en 1875, voici bien quatre ans que le Nouveau-Brunswick s'acharne à dépouiller sa minorité catholique de ses modestes privilèges scolaires. L'Ile-du-Prince-Edouard s'apprête à faire la même chose. Le parlement de Québec n'en cesse pas moins d'améliorer la condition de sa minorité protestante. Par la loi de 1875, chaque comité du Conseil formera désormais une corporation autonome, avec privilèges et fonctions juridiques y attachés. L'un et l'autre finiront par jouir d'une si parfaite autonomie que leurs réunions conjointes passeront à l'état d'exception. Le budget scolaire traite de façon aussi libérale les écoles minoritaires

qui reçoivent plus que leur part légitime. En 1909 un nouveau dispositif de la loi répartit la taxe dite des « neutres » (impôts des sociétés ou corporations commerciales sans caractère religieux défini) entre les écoles des deux croyances, au prorata de leurs élèves. Un président du Comité protestant, le Révérend W. I. Shaw, rendra ce juste témoignage aux catholiques du Québec: [Ils] « nous traitent avec une générosité à laquelle je me plais à rendre hommage. Nous disposons de nos taxes, nous avons une part généreuse des allocations de la législature, nous formons nous-mêmes nos instituteurs et nous faisons tous les règlements qu'il nous plaît de faire pour nos écoles. » Une seule province, faut-il le dire, la province catholique et française du Québec, peut d'ailleurs revendiquer le mérite peu banal au Canada de n'avoir à déplorer, dans son histoire, aucune querelle scolaire avec sa minorité. Un premier ministre du Québec, Alexandre Taschereau, s'autorisera de ces faits, pour faire un jour, devant les délégués parlementaires de l'empire britannique cette déclaration peu banale: « Pour le traitement des minorités, la province de Québec donne un exemple au monde entier. »

Le Québec ne s'est pas arrêté là. Par un souci assez peu commun de nos jours, son système d'enseignement, il a voulu le doter d'un maximum de liberté. Comme son prédécesseur de 1859, le Conseil de l'Instruction publique de 1869 portait l'empreinte étatiste. Le gouvernement s'était réservé la nomination de ses 21 membres; un ministre du cabinet y avait remplacé le surintendant. La loi Boucherville de 1875 a rétabli le surintendant. Du personnage, elle a fait, à toutes fins pratiques, un haut fonctionnaire permanent, véritable chef de son service et d'un service qui a son organisation propre et ses propres fonctionnaires. Entre ce service et le secrétariat de la province, une certaine dépendance demeure, mais à seule fin de ménager la liaison entre le Conseil de l'Instruction publique, le cabinet et les Chambres. D'ailleurs, le surintendant, agent exécutif des Comités du Conseil, sans être leur supérieur hiérarchique, a pour obligation de s'inspirer de la direction des Comités. Le gouvernement s'est en outre départi de la nomination d'une part notable des membres du Conseil. Les évêques catholiques, administrateurs de diocèses, en font partie de droit. Le gouvernement s'est réservé, pour chaque évêque, la nomination de deux laïcs, un catholique et un protestant; mais si l'on observe que les comités du Conseil demeurent l'organisme effectif à qui ressortissent « l'organisation et la discipline des écoles publiques », il s'ensuit que la moitié des membres du Comité catholique échappe aux prises du gouvernement. L'Etat québécois aurait donc donné cet autre exemple au Canada et au monde contemporain, d'avoir pratiquement libéré l'école des servitudes de la politique pour la confier à une commission largement indépendante où l'Etat et les confessions religieuses peuvent collaborer dans un minimum de heurts. Solution originale et courageuse dont soixante-quinze ans de paix scolaire ont démontré la sagesse.

Cette autre et si bienfaisante amélioration aurait-elle imprimé à l'enseignement public, quelque vigoureux essor ? Nous l'avons dit: 1867 n'offre rien, à première vue, d'un départ en quoi que ce soit. Ni bond prodigieux en avant, ni recul notable, ni réforme radicale, mais un progrès normal, constant, modestement rythmé, voilà qui pourrait résumer ce chapitre de l'histoire scolaire. En 1951 la province de Québec établit sa population à 4 millions d'habitants dont 3 millions d'origine française. Avec ses 7,751 écoles primaires élémentaires, dont 326 protestantes, ses 1,084 écoles catholiques complémentaires et intermédiaires, ses 412 écoles catholiques primaires supérieures et « high schools », ses 76 écoles normales, ses 35 collèges d'enseignement secondaire classique pour garçons, plus 16 pour jeunes filles, plus 9 instituts religieux pour jeunes gens et dispensant le même enseignement, ses 3 institutions d'enseignement secondaire moderne, ses trois grandes universités, Laval, Montréal, McGill — les deux premières catholiques et françaises, comptant à elles seules, 2,825 professeurs —, la province de Québec paraîtra à l'observateur du dehors suffisamment équipée en institutions scolaires. Les résultats répondent-ils à cet équipement ? En 1931 le pourcentage de la population âgée d'au moins dix ans, sachant lire et écrire, atteint 94.52%. En 1942-1943 la présence moyenne dans l'ensemble des écoles primaires, se chiffre à 87.7 pour cent. En 1947-1948 les collèges d'enseignement secondaire hébergent environ 16,000 élèves dont 4,000 jeunes filles. Les universités Laval et Montréal ouvrent leurs portes à 23,444 étudiants, répartis dans les facultés et écoles affiliées.

En ces statistiques, cherche-t-on le progrès saillant ? Dans le primaire et le moyen, on remarque le développement considérable de l'enseignement normal, ménager et technique. Que de chemin parcouru depuis les 3 écoles normales de 1857 et même depuis les 14 de 1914. En 1944 ces institutions sont passées au nombre de 76. Au nombre de 6 en 1910, les écoles ménagères passent à 118 en 1947-1948. Dans l'enseignement secondaire, s'il reste encore beaucoup à faire, le progrès paraît s'affirmer, dans un dosage mieux équilibré des lettres et des sciences et dans le perfectionnement des méthodes par la compétence accrue du personnel enseignant. Le Collège canadien, fondé à Rome en 1888, a donné à nombre de professeurs ecclésiastiques, une forte culture philosophique et théologique. Le temps est loin où l'envoi d'un professeur dans les universités étrangères constituait un événement. Universités d'Europe, des Etats-Unis, et voire Universités du Canada ont formé, depuis plus de cinquante ans, une valable proportion de maîtres, soit en lettres, soit en sciences. La fondation récente de deux Ecoles normales d'enseignement secondaire, l'une à Québec, l'autre à Montréal, comblera une trop vieille lacune. Dans l'enseignement supérieur, on relève l'heureuse apparition de grandes écoles, telles que l'Ecole polytechnique (1873), l'Ecole des Hautes Etudes commerciales (1907), trois écoles supérieures d'agriculture (Sainte-Anne-de-la-Pocatière, Oka, Sainte-Anne-de-Bellevue); deux Ecoles des Beaux-Arts, celle de Québec (1922), celle de Montréal (1923), l'Ecole du Meuble (1935) et combien d'autres, désignées sous l'étiquette de « hautement spécialisées ».

Dernier progrès et qui n'est pas de minime importance: le rééquipement, et disons même le renouveau des Universités françaises. Montréal, née en 1876, et devenue indépendante de Laval depuis 1919, s'est presque transformée. Laval qui se prépare à se détacher du vieux Séminaire pour s'épanouir au grand air, progresse du même pas. Simples groupements de facultés de droit et de médecine et de théologie jusqu'à quarante ans tout près, ces universités se sont donné depuis lors des facultés de lettres, de philosophie, de sciences naturelles, de sciences sociales. Là encore, en dépit de misères trop réelles, nulle des institutions enseignantes dans le Québec ne fait voir, à l'heure actuelle, plus d'allant.

La revue de ces progrès permet de ne pas dissimuler les lacunes. Le système garde-t-il bien intacte sa liberté ? Un peu partout, et le Québec n'y fait pas exception, sévit, comme chacun sait, la centralisation administrative, ambition tentaculaire d'un socialisme d'Etat qui, pour s'ignorer, n'est pas moins envahissant. Au Québec, l'autonomie municipale et l'autonomie scolaire ont bien de la peine à ne pas se laisser entamer. La fondation par l'Etat de nombre d'écoles spécialisées, la multiplication et le grossissement des octrois gouvernementaux tendent à restreindre l'influence et la juridiction du Conseil de l'Instruction publique. Les déviations, on les pourrait déceler à l'intérieur même de l'enseignement. En ce système d'inspiration et d'esprit catholiques, l'on proclame volontiers la primauté de l'éducation sur l'instruction. En fait, et par concession au pragmatisme contemporain, a-t-on évité d'y sacrifier, comme en tous lieux du monde, et plus qu'il ne faut, à la pédagogie intellectualiste ? Qui oserait nier que le bachelier, le diplômé de toute catégorie, intéressent étudiants, parents et maîtres beaucoup plus que le jeune homme de caractère et de foi vivante ? L'espèce d'hommes et de femmes formés par les écoles de tout palier a-t-elle de quoi rendre la nation orgueilleuse ? Si l'on en croit quelques critiques, l'éducation du sens social progresserait au ralenti. La lenteur avec laquelle l'on réagit contre la dictature économique, ne serait-ce que pour en réparer les désastres, édifie sur ce point. L'éducation civique ou nationale ne paraît guère en meilleure posture. L'incohérence des idées ou l'ignorance satisfaite sur les fondements même de la vie nationale, l'impuissance du patriotisme canadien-français à se définir, à se prévaloir de ses droits légitimes, comme à prendre position nette en des débats où se joue l'avenir de la culture et de la nationalité, autant de misères qui, pour tout peuple éveillé, prendraient valeur d'avertissement sur la qualité de ses écoles.

Peut-être la grande souffrance de l'enseignement au Canada français serait-elle, à tous les degrés, une orientation déficiente. Nous le notions vers 1931, en notre ouvrage, l'*Enseignement français au Canada*, les Canadiens français font penser à un peuple qui n'aurait pas encore pris parti, ou qui ne l'aurait fait que mollement, avec trop de tendances à subir les sollicitations contradictoires de son milieu. Ballotté entre deux pôles politiques, le fédéral et le provincial, entre deux ou trois cultures, la française, l'anglaise, l'américaine, il a peine à se fixer sur son axe naturel, à s'inspirer, en maints domaines de sa vie, de ses idéaux de Français et de catholique. De là son attitude hésitante, même pour la formation de son élite, entre la culture désintéressée et l'utilitarisme moderne; de là son détachement qui tend à se généraliser pour les humanités classiques, ferment consubstantiel au génie national dont il perçoit mal cependant la valeur éducative; de là également un penchant irréfléchi pour un bilinguisme où l'on ne sait plus quelle borne fixer à la langue seconde; de là enfin procéderait, ce semble, la parcimonie des « puissances » à l'égard des universités qui reçoivent, du budget de l'Etat, plutôt de quoi subsister que de quoi prospérer. Les Universités du Canada français échappent-elles, elles-mêmes, à ces mauvaises inspirations, lorsque leurs facultés les mieux équipées sont loin d'être leurs facultés de droit, de philosophie, des lettres et des sciences sociales, celles-là précisément qui révéleraient l'originalité catholique et française du pays, tout en dressant Québec et Montréal, comme de hauts lieux de culture spirituelle et latine en Amérique ?

Conquête et aménagement du territoire

Conquête et conquérants. — Régions conquises.

Conquête et conquérants

Dans l'histoire du Québec, au lendemain de 1867, point de faits saillants, disions-nous, point de grands départs. Une œuvre pourtant retient l'attention et atteint même à la grandeur: la conquête du sol, ou plutôt l'achèvement de cette conquête et son aménagement. Deux cartes de la province, l'une de l'époque de la Confédération, l'autre de soixante ou soixante-quinze ans plus tard, nous montreraient un territoire doublé en étendue, et doublée également la part exploitée ou humanisée. A l'est, à l'ouest, au nord, au sud, la marée humaine s'est épandue tantôt par endosmose, à la façon de la tache d'huile, tantôt par migrations en forme d'éventail. Bien des facteurs se sont ici rencontrés. Notons-le cependant, nulle de ces expansions du sol et de l'homme ne doit beaucoup à l'assistance ou à l'initiative gouvernementales. Le peuplement, la colonisation ne sont plus de ces œuvres ou devoirs qui paraissent intéresser la politique et l'Etat. Dans le Québec, pour rester agissants — autre fait à noter — deux ministères qu'on dit pourtant services vitaux, ceux de l'agriculture et de la colonisation, sentent le constant besoin d'être stimulés, tenus en alerte par l'opinion. Ce n'est guère avant le début du 19e siècle que l'assistance gouvernementale se met à aider plus généreusement le colon, et pas avant 1932 qu'apparaît la colonisation dirigée par l'Etat. Au départ des marches conquérantes du défricheur, quelles poussées allons-nous trouver ? Naturellement quelques faits de biologie humaine: besoin de se déplacer, d'émigrer pour sauver sa vie ou l'améliorer, encombrement des vieilles terres, engorgement de population par haute natalité, déversement, par conséquent, des régions surpeuplées en des régions

355

voisines, même éloignées, mais plus favorisées de la nature; et encore, instincts spontanés, impulsion psychologique d'une race restée conquérante par atavisme, par long entraînement; attachement aussi de cette race à la terre, à la vie indépendante; et, pour ce, en maintes régions rurales, courage toujours gardé de la vie dure des pionniers. Pour s'en aller à la conquête des terres neuves, cette race a eu parfois ses entraîneurs: des sociétés ou coopératives de colonisation, des chefs de file à l'enthousiasme irrésistible. Presque partout néanmoins, au point d'ébranlement des migrations, se révèle l'action puissante des éléments majeurs de la nature québécoise: la forêt, l'eau, le sous-sol: la forêt des feuillus autant que des conifères, l'eau pour pêcheries et l'eau, source d'énergie motrice, le sous-sol et ses multiples gisements. Les chantiers de bûcherage, l'exploitation forestière, ouvreuse de chemins et d'éclaircies, attirent partout la jeunesse, les chercheurs de travail, le colon. La pêche, la fourrure, l'industrie minière, quoique à un degré moindre et seulement pour quelques régions, jouent le même rôle.

Régions conquises

Voici d'abord les terres les plus revêches: les rebords sud et nord de l'estuaire du fleuve. Au sud trois régions surgissent à la vie: le Témiscouata, la vallée de la Matapédia, la Gaspésie. Dans les deux premières, des routes de terre, des voies ferrées, l'Intercolonial ouvert à la circulation en 1876, favorisent la prise du sol. Prise extrêmement rapide dans la Matapédia, un peu plus lente dans la Témiscouata qui pourtant s'ébranle tout de bon après 1900. Une partie de la population assez miséreuse de la Côte-Nord s'est déversée de ce côté-là. Les scieries, surtout en Matapédia, puis une publicité bien orchestrée y attirent les colons de proche et de loin: du Nouveau-Brunswick, de la Gaspésie, des Iles-de-la-Madeleine, du bas du fleuve, du Saguenay, du lac Saint-Jean, des Cantons de l'est. En 1881, 1,600 personnes y sont établies. En 1949 la population du comté de Matapédia est de 34,975 âmes.

Peut-on parler d'un réveil de la Gaspésie ? Longtemps la péninsule, restée moins un pays qu'un littoral, a sommeillé. Pays surpeuplé comparativement à ses moyens de vie, et tout autant et sans paradoxe, pays tardivement développé par manque d'hommes. Manque d'hommes qui s'aggrave par un manque de voies de transport et de voies de pénétration à l'intérieur. L'agriculture, quoique associée à l'élevage pour la côte nord, y résiste malaisément à des modes d'activités concurrentes, celles du bois et de la pêche. Elle se sent, du reste, gênée, enrayée par des survivances féodales, anciennes seigneuries passées à des propriétaires étrangers. Les industries gaspésiennes ne se développent, elles aussi, que petitement. Le manque d'énergie hydraulique les paralyse et les rend bien incapables de suppléer aux déficiences de l'agriculture. Parmi les ressources de la péninsule, les unes d'ailleurs, tels le minerai, le pétrole, en restent à l'état de la recherche; une autre, l'ancienne industrie de la pêche maritime, est en pleine décroissance. Mais enfin, vers 1885, l'industrie du bois parvient à prendre corps. C'est l'heure où la Gaspésie voit cesser l'émigration de ses habitants. Les usines de Chandler expédient leur production aux petites villes du Nouveau-Brunswick, cependant que des coopératives de pêcheurs qui les affranchissent de trop longues servitudes, corrigent en partie la diminution de la pêche. Au surplus, grâce à l'initiative d'un économiste, M. Esdras Minville, Gaspésien d'origine, le marasme suscite une économie mixte, combinée. Un type de pêcheur surgit, à la fois bûcheron et cultivateur, surtout agriculteur-bûcheron, combinaison d'autant plus facile que ces occupations complémentaires l'une de l'autre s'exercent en saisons diverses. Il y avait à craindre que l'industrie forestière n'atteignît ce point de développement où le bûcheron tue l'agriculteur. Heureusement, une autre industrie, fort moderne, celle du tourisme, est venue fournir au réveil gaspésien sa part de collaboration. Le tourisme a été rendu possible en ce pays si pittoresque par l'amélioration de ses routes, rails et chemins de terre. En ce réveil, un phénomène vaut d'être souligné, et c'est, en cette population si mêlée d'Acadiens, de Canadiens français, de Loyalistes, de Britanniques, d'Anglo-Normands des îles de la Manche, c'est, dirons-nous, la prédominance peu à peu établie de l'élément français, prédominance qu'il doit à sa haute natalité.

Traversons maintenant à la Côte-Nord. Encore un littoral, au moins du Saguenay à Blanc-Sablon, mais un littoral cerné, étranglé par le bouclier laurentien. Le climat, le relief, la végétation, tout conspire à faire de la côte, une région désolée et isolée. Une population encore fort mêlée de gens de Berthier, d'Acadiens des Iles-de-la-Madeleine, d'Anglais, de Jerseyais, s'est groupée ici et là, par îlots. A peine recense-t-on quelques maigres agglomérations aux débouchés des rivières, celles qui relient la côte au pays de l'intérieur et offrent des havres aux vaisseaux de passage. En dépit d'une natalité qui, comme partout ailleurs, se tient à un haut pourcentage, le mouvement démographique piétine. La population émigre vers des régions plus favorisées. L'agriculture n'apparaît que par taches: aux bouches des rivières, au creux des vallées de ces embouchures. On en trouve si peu que rien de Blanc-Sablon à Natashquan; quelques essais de culture et d'élevage dans la côte de Natashquan. A vraiment parler, une seule zone agricole existe, et encore très pauvre, de la Betsiamite à Tadoussac. Tombée dans le marasme, la pêche ne vaut guère mieux que l'agriculture et ne demeure plus qu'en quelques lieux, l'unique occupation. La cueillette des fourrures, abandonnée aux sauvages, requiert peu de personnel. Retenons enfin que le bois distrait de plus en plus de la pêche et de la chasse. Faut-il s'en plaindre si l'on retrouve sur la côte le facteur qui a réveillé tant de régions ? Partie de Tadoussac, l'industrie forestière pour fabrication de papier a gagné le Nord et l'Ouest. Pour le bois, la population de la Côte-Nord s'arrache à ses anciens modes de vie. Les moulins, comme naguère les havres, déterminent des groupements humains. En haut des Sept-Iles, le chantier a eu raison de la pêche. Toutefois, le fait capital pour la Côte-Nord aura été l'annexion du Nouveau-Québec. Que lui réserve, à la faveur de cette annexion, une autre industrie, l'industrie minière ? Restée jusqu'en 1931, à l'état d'enfance et plus féconde en faillites qu'en succès, il semble qu'elle soit promise, depuis quelques années, à des développements gigantesques où pourrait se jouer, selon quelques-uns, l'avenir même de la province.

Suivons maintenant, en le remontant, la rive nord du fleuve. Entre la Malbaie et le Saguenay, point de colonisation, à vrai dire, avant le dix-neuvième siècle, mais un territoire abandonné à la chasse, à la pêche, et comme toujours, à l'exploitation du bois. En revanche, que de grandes choses accomplies dans le Haut-Saguenay. Et qui n'y verrait l'une des plus magnifiques conquêtes de l'époque ? Encore cette fois, comme dirait le géographe Blanchard, tout s'accomplit « sous le signe du bois ». Des obstacles apparemment insurmontables se dressent: le grand exploitant de forêt qui ne songe qu'au bois, la Compagnie de la Baie d'Hudson qui ne songe qu'à la fourrure et qui s'oppose au défrichement, l'exploitation forestière elle-même, chantiers, scieries qui, selon la loi fatale, détournent le défricheur de son occupation. Mais ici intervient le type de colonisation par coopératives. Cette méthode aux mains de vrais chefs, aidée de l'irrépressible passion du colon canadien-français pour la propriété paysanne, auront raison de tout. De 1879 à 1930, les paroisses surgissent comme champignons. L'élan gagne le lac Saint-Jean, le lac Mistassini. En 65 ans, pouvait-on noter en 1921, 250,000 acres ont été mises en culture. Désormais l'industrie forestière peut reprendre son empire; elle aide plus qu'elle n'entrave. Selon le cycle en voie de s'établir, les pulperies succèdent aux scieries; ces usines entraînent bientôt l'exploitation hydro-électrique; cette force-motrice, offerte en magnifique abondance, suscite à son tour d'autres industries, heureuses de trouver sur place une main-d'œuvre appropriée. Alors les petits centres urbains se multiplient, sans les dangers ordinaires de l'urbanisation. Une voie ferrée, des routes de terre, une admirable voie d'eau, le Saguenay, affluent majestueux du Saint-Laurent, fournissent l'exutoire à la production industrielle.

En remontant toujours la rive nord du fleuve, des miracles à peine moindres s'offrent à la vue. Une autre voie d'eau, le Saint-Maurice avec déversoir dans le Saint-Laurent, commande et dessert une vaste région. La Mauricie, de sol pauvre, ne se prête qu'en ses basses plaines à une agriculture florissante. Encore ne le fait-elle qu'insuffisamment pour nourrir la population de ses centres urbains. Par une évidente prédestination géographique, l'appel du pays mauricien s'adresse plutôt à l'industrie. Déjà, sous le régime français, ses forges ont fait des Trois-Rivières le premier centre industriel de la colonie. L'industrie du fer va survivre, avec des intermittences, jusqu'au début du dix-neuvième siècle. Toutefois, le bois, toujours le bois, large portion de la forêt laurentienne, a décidé de l'avenir de la région. L'exploitation forestière trouverait, du reste, à utiliser, grâce au Saint-Maurice et au relief géographique, d'éminentes sources d'énergies hydrauliques. Le cycle industriel, relevé tout à l'heure, pourra donc se reproduire. Aux moulins de sciage succèdent les moulins de pulpe; aux usines de pulpe, et pour utiliser l'énergie électrique, s'ajoutent les usines de textile, de papeterie, etc. Pour distribution de force motrice, Grand'Mère, Shawinigan dont les chutes sont équipées en 1899, comptent parmi les centres les plus importants du Canada, cependant que Trois-Rivières, aux bouches du Saint-Maurice, fait figure de l'une des principales villes commerciales et manufacturières du Saint-Laurent.

Avant de quitter le fleuve, redescendons à sa rive sud pour y constater la conquête la plus spectaculaire de l'époque. Victoire de l'homme sur une nature en partie inculte que la conquête des Cantons de l'Est, mais aussi drame historique, affrontement de deux races de colonisateurs où l'une finit par supplanter presque entièrement l'autre. Où retracer les origines du drame ? Dans ces 11 ou 12 Comtés d'aujourd'hui resserrés entre la frontière américaine et les limites des anciennes seigneuries, nombre d'avantages appelaient le colon: climat moins rude d'un pays plus au midi, grande variété de sols généralement fertiles, sous-sol d'égale richesse, cours d'eau assez nombreux. La région est d'ailleurs faite de bosses et de vallées, avec de larges plaines et des forêts, de conifères et tout autant de feuillus, ces derniers propres à plus d'emplois. Des « loyalistes » ont été jetés là, au moment de l'indépendance américaine; des Britanniques les ont suivis, les uns et les autres généreusement secourus par l'aide officielle. Les Cantons, ce devait être, dans la province française, la chasse gardée, l'enclave anglaise inviolable et impérissable. Les propriétés closes de la *British American Land* (encore 119,000 acres en 1895), d'autres vastes étendues restées incultes entre les mains de « grands propriétaires » souvent absents, tout semble conspirer pour écarter le colon autochtone. Pendant longtemps, au surplus, l'éviction sévit à l'état chronique contre le *squatter,* sans épargner toujours le colon de bonne foi. Par quel prodige le colon, l'habitant canadien-français parviennent-ils à se glisser dans la forteresse ? En 1854 la vente des « réserves » du clergé protestant ouvre quantité de lots à la colonisation. Quelques années plus tard, soit à partir de 1860, l'immigration britannique paraît enrayée. Les Cantons de l'Est, par tous leurs entours, offrent cet avantage ou ce désavantage de se trouver limitrophes des agglomérations rurales les plus compactes de la province. De ce trop-plein on pressent la ruée possible. Et voilà bien comment sautent un jour les frontières des Cantons. Une stratégie bien instinctive, mais qu'on eût dite habilement calculée, déclenche tout à coup l'encerclement de l'enclave privilégiée. Migrations de la Beauce, des paroisses de Nicolet, d'Yamaska, de Lévis, de l'Ile d'Orléans, de Sainte-Croix de Lotbinière, puis de Saint-Hyacinthe, de Chambly, de la Prairie, de Châteauguay, même de la région de Montréal, se ruent à l'envahissement. La plupart de ces premiers colons, *squatters* souvent volontaires, se condamnent à la vie héroïque à travers des domaines sans routes sur des lots sans voisinage. Mais rien n'arrête la ruée. Bientôt la multiplication des petits centres industriels favorise le torrent par l'appel à la main-d'œuvre. En 1827 la population française des Cantons de l'Est ne dépasse guère 9,000 âmes. Elle y compte déjà pour 43% en 1851. En 1871 les Canadiens français détiennent la majorité dans ce pays hier anglais. En 1931, sur une population de 344,192 habitants, 288,588 sont d'origine française, formant ainsi 84% de la population totale. En 1951 le dernier comté, celui de Brome, passe aux nouveaux conquérants qui forment, dans les Cantons, l'une des populations les plus prospères de la province. Une agriculture adonnée surtout à l'élevage et aux cultures qui s'y greffent, agriculture plus progressive peut-être que partout ailleurs, fait équilibre à une industrie répartie dans les petites agglomérations et qui s'emploie, pour sa part, à l'utilisation des énergies hydrauliques et des ressources du sol et du sous-sol. Petit royaume conquis au pas de course. Le colon canadien-français l'a emporté par ses qualités traditionnelles: son esprit d'économie, son acceptation courageuse de la vie dure, son héroïsme têtu, capable de se contenter, dans les commencements, des maigres revenus des cendres de ses bois brûlés, de son sucre d'érable, de son travail hivernal de bûcheron. Héroïsme qui lui confère une supériorité décisive sur l'agriculteur anglais, enrichi, gâté par le confort et qui a perdu l'aptitude au défrichement. Sa victoire, l'envahisseur la doit aussi, on l'entend bien, à sa proverbiale natalité sur un groupe aux foyers souvent vides.

Au-dessus de Montréal, une autre partie de la province restait à prendre: le rebord septentrional de la rivière Outaouais, le nord-est des Laurentides, pays immense qui se prolonge jusqu'à la baie d'Hudson. Au début de cette autre conquête, relevons la plupart des causes qui ont agi partout ailleurs. En tête l'encombrement des vieilles terres qui enserrent les contreforts des Laurentides, encombrement qui a d'abord pour suite fatale l'émigration aux Etats-Unis, ce « cimetière de la race », dira le Curé Labelle. Dans les commencements, il s'agira donc d'enrayer l'hémorragie et de préserver, dans la Confédération, la part proportionnelle des Canadiens français. Mais voici qu'intervient à son tour la forêt, forêt plus dense, plus impressionnante peut-être qu'en toute autre région, puisqu'elle y couvre 84% du territoire. Dès le milieu du dix-neuvième siècle, des capitalistes anglais, écossais, irlandais y ont introduit le bûcherage. Ils y ont même établi ici et là de grandes fermes pour nourrir le bûcheron. Un homme cependant va tenir le premier rôle, un véritable voyant, un entraîneur sans pareil, le curé de Saint-Jérôme, bien connu dans l'histoire, sous le nom de «Curé Labelle». Le «Curé» a eu des précurseurs qui ont lancé à l'assaut des Laurentides quelques avant-gardes. Ces précurseurs, le «Curé» les dépasse par son inégalable activité, par l'ampleur de ses vues, son enthousiasme contagieux qui lui fait entrevoir la création possible, dans le nord du pays, d'un immense empire canadien-français qui irait de Saint-Jérôme à Winnipeg. Sous l'impulsion d'un tel homme la conquête des Laurentides ne peut que marcher à grande allure. Des Canadiens français ont déjà atteint Ste-Agathe-des-Monts en 1845. A la mort du Curé Labelle, qui avait lancé son chemin de fer de Saint-Jérôme, les colons auront pris un pied solide jusque sur la haute Lièvre. L'arrière des comtés de Terrebonne et de Montcalm, le comté actuel de Labelle jusqu'à 100 milles de Saint-Jérôme sont occupés. D'aucuns ont reproché au Curé Labelle d'avoir entraîné des populations vers des terres de roche ou de sable où elles ont crevé de faim. Le «Curé», on ne saurait le nier, non plus, n'a pas empêché ses colons d'émigrer vers les villes, vers l'Abitibi et même vers les Etats-Unis. Le sol des Laurentides, au jugement d'excellents connaisseurs, ne serait pourtant point si méprisable qu'on a bien voulu le dire. Des méthodes appropriées de culture et d'élevage lui permettraient, croit-on, de nourrir convenablement ses habitants. Un peu partout, des essaims d'agriculteurs se sont quand même agrippés. Et si trop de colons préfèrent le chantier, le travail du bois à la culture de la terre, ce phénomène n'est pas particulier à la région. Partout, on l'a vu, l'exploitation forestière déracine l'agriculteur. Les Laurentides resteront un pays ouvert. Le rail qui y promène ses rubans, y a facilité le développement des industries du bois et de la pulpe; l'énergie hydraulique en quantité fort appréciable y favorise ces industries; les montagnes et leur fourmilière de lacs ont attiré d'autres industries non moins rémunératrices: la villégiature, le tourisme, les sports d'hiver.

Une dernière région attendait la conquête: le Témiscamingue-Abitibi. A son sujet, l'on a parlé de développement tardif. Retard quelque peu étonnant, puisque l'on aurait affaire, cette fois, à la dernière réserve des terres arables de la province. Dans toutes les régions nouvelles, à parler vrai, les pionniers sont allés au plus près, au plus abordable. C'est par endosmose que se sont accomplies les pacifiques conquêtes. Or, le Témiscamingue-Abitibi, surtout l'Abitibi, sont des pays septentrionaux, éloignés des régions déjà aménagées, et, par surcroît, des régions closes, sans routes de communication facilement praticables avec le reste du pays. Le lac Témiscamingue pouvait offrir une montée en flèche de 60 milles vers le nord; mais comment l'atteindre, à son débouché, sans surmonter d'abord quelques-uns des plus fougueux rapides de l'Outaouais? Quant à l'Abitibi, pays du versant hudsonien, celui-ci n'offre pas même de routes fluviales pour l'évacuation de ses bois vers les centres industriels. Cependant quels beaux pays à prendre! Ils ne rebutent ni par leur climat, ni par leur sol, ni par leur relief. Relief peu abrupt, quoique en opposition d'une région à l'autre : au sud, la cuvette du lac, rayée de quelques crêtes; au nord la plaine abitibienne, plaine horizontale, légèrement bosselée; entre les deux une chaîne de collines mais trouée de vallées. Dans les deux, climat d'hiver plus rude, mais nullement réfractaire à une profitable agriculture; sol du bassin du Témiscamingue, terroir de terres fortes; sol de l'Abitibi, sol d'une vaste plaine d'argile.

Dans l'ouverture de ces terres neuves se retrouvent, surtout au Témiscamingue, beaucoup des facteurs retracés ailleurs: la forêt, l'eau, des sociétés de colonisation, puis des entraîneurs; au Témiscamingue les missionnaires oblats; dans l'Abitibi, l'abbé Ivanhoë Caron et un agent des terres, Hector Authier. Un facteur a toutefois tenu le premier rôle : la route. Au Témiscamingue, l'Outaouais enfin dompté dans ses obstacles; dans l'Abitibi, solitude encore plus inculte, la voie ferrée du second Transcontinental ouverte vers 1910. Pendant que, dans le premier de ces deux pays, les colons suivent les chantiers, s'éparpillent le long de la rive orientale du lac et de ses sources, à la recherche des bonnes terres; en Abitibi, les établissements s'accrochent au Transcontinental ou le long des rivières traversées par le rail. Puis les routes de terre enfin percées, à travers la forêt, les deux régions se développent en vitesse. Le Témiscamingue est presque vide de colons en 1885. Il ne dépasse pas 3,080 âmes en 1906; mais il en compte 8,500 en 1911; 13.000 en 1931; 40,500 en 1941; 46,300 en 1949. L'Abitibi a progressé d'un pas encore plus rapide. En 1921, dix ans à peine après l'ouverture du pays, le recensement lui donne déjà plus de 13,000 âmes. Sa population rurale s'élève à 22,000 âmes en 1931, à 52,000, en 1941; sa population totale, à 79,100 en 1949. D'où sont venus ces pionniers? Et quelle attirance les y a amenés ? Venus pour la moitié d'eux-mêmes, les colons du Témiscamingue ont suivi, les uns, la marche des chantiers; d'autres ont été recrutés par une société de colonisation opérant dans la région d'Ottawa; d'autres encore sont venus de paroisses aussi éloignées que Terrebonne, Saint-Lin, Sorel, Saint-Paul, Saint-Didace. L'Abitibi trop isolée pour compter sur un peuplement par endosmose, a recruté ses pionniers dans un rayon encore plus large. Les comtés de Champlain, de Berthier, de Papineau, Labelle, Portneuf, ont fourni les premiers contingents. Dans la suite, il semble bien qu'on soit accouru de tous les coins de la province. La crise économique de 1929 a favorisé ces courants migratoires. Pour débarrasser les villes de leurs chômeurs, l'on s'est mis à prêcher le retour à la terre. Déjà le placement des colons arrivant par flots, particulièrement en Abitibi, avait entraîné l'intervention gouvernementale. L'intervention s'accrut à l'époque de la crise : ce qui révolutionna les méthodes de colonisation. Au lieu de la colonisation héroïque des temps passés, l'ère s'ouvrait de la colonisation soutenue, stimulée par toutes sortes de primes. Ce sera aussi l'ère du défrichement mécanisé ou de ce que l'on appelle la «motocolonisation» qui se charge d'ouvrir les chemins, de nettoyer le défriché et qui, en Abitibi, va même récupérer, par la charrue défonceuse, de vastes étendues de terre couvertes de tourbe ou de mousse.

Encore une conquête bien lancée que celle de ce nord-ouest québécois. Le Témiscamingue est resté agricole, avec un minimum d'industries et presque point d'agglomérations urbaines. L'économie de l'Abitibi s'avère mieux équilibrée. Les découvertes du sous-sol (or, cuivre, zinc) en ont fait, avant l'ouverture du Nouveau-Québec, le district minier le plus riche de la province. Grâce à l'exploitation minière, de petites villes ont surgi sur divers points, marchés ouverts opportunément à l'agriculture. Une province toute neuve s'est donc de nouveau annexée à la vieille province. Et pleine de quels espoirs ! «Dernière grande réserve» de la colonisation québécoise, a-t-on écrit de l'Abitibi. La réserve est d'importance, avec ses 30,000 milles carrés qui se prolongent jusqu'à la Baie James et où pourraient s'installer, calcule-t-on, 75,000 établissements agricoles. Sociologues et historiens devront prendre note toutefois qu'en ces pays du nord s'achèvera, au vieux Québec, l'épopée de la race des défricheurs. Tout autre, en effet, sera la conquête de l'Ungava ou Nouveau-Québec, annexé à la province en 1912. Dernière portion inculte du sol québécois, mais portion considérable, elle aussi : 350,000 milles carrés qui en ont doublé la superficie. Région presque exclusivement minière et d'une richesse qui défie, semble-t-il, les plus audacieux calculs. Conquête à peine commencée, que nous réservons aux historiens de l'avenir.

Fin de l'époque coloniale

———

L'époque de l'Indépendance

L'ÉPOQUE DE L'INDÉPENDANCE

CHAPITRE PREMIER

Du Statut de Westminster
à nos jours

*Préparation lointaine. — Le Statut. — Lacunes plus
apparentes que réelles.*

Préparation lointaine

Faut-il justifier l'en-tête de cette dernière époque de l'histoire ? Le
Canada a-t-il véritablement atteint l'âge adulte, conquis l'indépendance
politique ? Et peut-on fixer au Statut de Westminster, l'étape définitive
de son évolution constitutionnelle ? Tous ceux-là nous donneront raison
qui voudront se rappeler qu'en pays britannique, les évolutions constitutionnelles ne débutent ni ne s'achèvent par des textes, mais plutôt
par des faits ou « précédents » dont les textes ne sont d'ordinaire que le
point de rencontre. Ceci compris et accepté, qui peut nier que le
Statut de 1931 n'ait constitué, en l'histoire canadienne, une date tournante, un fait culminant, même s'il faut tenir compte de maints « précédents » qui l'ont précédé et suivi ?

D'aucuns se plaisent à dater les premières étapes de l'indépendance
de la Déclaration Balfour de 1916, ou encore du traité de Versailles
(1919). C'est au traité que le Canada appose, pour la première fois, sa
signature en qualité de partie contractante, distincte du Royaume-Uni.
Ne convient-il point de remonter beaucoup plus haut, jusqu'à cette
« marche commencée depuis la conquête anglaise », ainsi que s'exprime,
en ses *Réflexions sur la constitution canadienne,* M. Paul Gérin-Lajoie ?
L'historien ne serait pas excusable d'ignorer ce long mouvement d'idées
que nous-mêmes avons retracé aussi loin qu'aux approches de 1837.

Ni non plus ne peut-on négliger l'oeuvre hardie d'esprits d'avant-garde qui, en Angleterre comme au Canada, et bien avant Balfour, ont conçu et préconisé le Commonwealth des nations britanniques, système politique où d'abord prendra forme l'indépendance canadienne. Dès 1901, Sir Alfred Milner, alors gouverneur du Cap et Haut-Commissaire pour l'Afrique du Sud, et tenu à bon droit pour l'un des précurseurs du Commonwealth, donne déjà de cette formation politique, une définition singulièrement exacte pour le temps: « Groupe de nations soeurs », « chacune indépendante pour ce qui la concerne en propre... toutes formées de sujets libres et consentants de la Monarchie, la plus ancienne et la plus auguste du monde ». A Winnipeg, en 1908, Milner précise sa définition. Pour lui, l'empire, ce ne peut être désormais qu'une société de nations britanniques, « britanniques » ne signifiant point toutefois « anglais », mais un Empire qui n'appartient pas au Royaume-Uni, pas plus qu'au Canada ou à l'Australie ou à tout autre Dominion ».

La guerre, celle de 1899-1900, mais surtout celle de 1914, vont précipiter le cours de l'histoire, pousser de l'avant les idées en marche. En 1900, en réplique à Henri Bourassa, Laurier prononce ces paroles au parlement d'Ottawa: « Si nous sommes forcés de prendre part à toutes les guerres de la Grande-Bretagne, je partage entièrement l'opinion de mon honorable ami, il nous faudrait aussi en partager la responsabilité. » En 1916 Lionel Curtis publie *The Problem of the Commonwealth,* résumé d'une enquête de la *Round Table.* Que de chemin déjà parcouru ! Curtis tient pour abjecte, « *intolérable* », la situation des colonies autonomes depuis leur participation à la guerre, et, parti de ce point, énonce tout un ensemble de principes, tels que le droit de tout pays britannique en possession du *self-government* de proclamer son indépendance et d'observer la neutralité en toute guerre de l'Angleterre, et encore, et par suite logique, l'impuissance du roi d'Angleterre à exiger de ces pays, le moindre secours militaire sans le consentement de leur parlement. Pour l'avenir des Dominions, Curtis n'aperçoit que cette alternative: l'indépendance absolue, ou l'association, à titre de pairs et de co-partageants avec le Royaume-Uni. Au Canada, dans sa brochure: *Le Problème de l'Empire,* Henri Bourassa opte carrément pour « l'indépendance absolue, sous l'autorité nominale du roi d'Angleterre qui serait, en même temps, roi du Canada ». A ce moment la plupart des hommes politiques, les yeux dessillés par les terribles désastres de la guerre, conviennent qu'un changement s'impose. C'est le branle décisif. Les faits qui acheminent à l'indépendance ne cessent plus de s'additionner. En 1920 le Canada obtient un siège distinct à la Société des nations. En 1923 le négociateur canadien s'affranchit, pour cette fois, de la tutelle de la diplomatie britannique et signe seul un traité de pêche avec les Etats-Unis. Affranchissement reconnu, sanctionné par les Conférences impériales de 1923 et de 1926. En cette dernière année 1926, la Conférence émet la plus solennelle déclaration de l'époque, celle qui affirme l'égalité de statut entre la Grande-Bretagne et les Dominions. Texte considérable, et, dans le temps, trop peu remarqué. Le 30 juillet 1918, à la Conférence impériale de cette année-là, le premier ministre du Canada, Robert Laird Borden, secondé par le premier ministre de l'Afrique du Sud, fait admettre l'opportunité d'une « revision des relations constitutionnelles entre les parties de l'empire ». La modification s'opérerait selon ces deux principes: « reconnaissance intégrale des Dominions comme nations autonomes d'une Communauté Impériale (Imperial Commonwealth); droit des Dominions (ainsi que de l'Inde) à une voix adéquate en matière de politique étrangère et de relations internationales ». La Conférence de 1926 reprend cette résolution qui prend forme encore plus ample. Entre les groupes de la famille britannique, y est déclarée finie, abolie, toute subordination des uns aux autres dans leurs affaires intérieures aussi bien qu'extérieures, tous et chacun n'étant plus que des associés libres dans le Commonwealth des nations britanniques; un seul lien les rattachera les uns aux autres, celui d'« une allégeance commune à la Couronne ». La Conférence suivante, celle de 1930, pousse les choses encore plus loin. Cette fois, la Grande-Bretagne renonce, du moins en apparence, à son initiative diplomatique. A l'avenir nulle nation du Commonwealth ne pourra poser des actes « susceptibles d'imposer des obligations actives aux autres gouvernements de Sa Majesté, sans leur consentement explicite ».

Le Statut

L'on en est là en 1930. En juin et juillet 1931, une double requête des Communes et du Sénat du Canada prie le parlement impérial de codifier les déclarations de 1926 et de 1930. C'est chose faite le 11 décembre 1931. Et voilà rédigé ce que l'on appellera le Statut de Westminster. Qu'est-il donc ce Statut? Des historiens étrangers y ont vu l'un des événements les plus considérables du siècle. Cinq jeunes Etats, le Canada, l'Irlande, l'Australie, la Nouvelle-Zélande, l'Afrique du Sud, font leur entrée dans le monde international, en qualité de pays souverains. Au Canada français, une large portion de l'opinion se prend à considérer le Statut de Westminster comme le terme de l'évolution constitutionnelle du Dominion, la charte de l'indépendance. Deux conférences d'Ernest Lapointe, ministre de la justice dans le cabinet King, favorisent cette interprétation. Le 11 décembre 1938, prenant les devants, la Ligue d'Action Nationale organise, à Montréal, une première célébration de la « Fête de l'Indépendance ».

Y avait-il lieu de tant se réjouir? Qu'apporte de nouveau le document politique de 1931? Dans le domaine législatif, les parlements des Dominions deviennent souverains. Le Statut abroge la suprématie du parlement impérial sur les parlements des Dominions, parlements centraux et provinciaux, suprématie à la vérité plus ou moins tombée en désuétude. Le droit de désaveu n'a connu, en effet, nulle application au Canada depuis 1873; le droit de réserve, depuis 1886. Mais le Statut se présente comme donnant suite aux résolutions des récentes Conférences impériales. C'est par là qu'il prend sa plus haute signification. Voyons, par exemple, dans le domaine exécutif, le progrès de l'autonomie. Le gouverneur, canal officiel des relations entre le Dominion et la métropole, est resté jusqu'alors le représentant du gouvernement britannique; il en tenait sa nomination. Il recevra désormais sa nomination du roi, mais du roi du Canada, sur l'avis des ministres canadiens de Sa Majesté. Ses lettres patentes, ses instructions émanent du gouvernement du Canada et font, du haut fonctionnaire, non plus un personnage britannique, mais un personnage canadien. Dans un autre domaine, celui des relations diplomatiques, le Canada affirme davantage sa souveraineté. Avant même 1931 il a échangé avec les Etats-Unis, la France et le Japon, des ministres plénipotentiaires. A partir de 1931, il se donne des ambassadeurs en maintes capitales. Le Foreign Office ne devient plus qu'un bureau d'information. En vertu de l'égalité de statut, le gouvernement canadien ne communiquera avec le gouvernement de la Grande-Bretagne que par l'intermédiaire de son propre ministre à Londres. Le Canada possède en outre, et comme il va de soi, le droit de conclure ses propres traités de paix et de déclarer la guerre. Dernière prérogative dont il se prévaut hautement, du moins en paroles.

Lacunes plus apparentes que réelles

Où donc déceler les lacunes du Statut de Westminster ? Marquait-il vraiment la fin de l'époque coloniale ? Les lacunes, d'aucuns les perçoivent dans le texte même du Statut, texte laconique, trop peu explicite. Ne faut-il plutôt les chercher dans l'esprit des gouvernants canadiens de l'époque, mal dépris du colonialisme ? Quelle lenteur ils auront apportée à la correction de la terminologie constitutionnelle, inadaptée sur tant de points, au nouvel ordre de choses. Pourquoi, par exemple, en trop de bouches, l'emploi abusif des mots *Empire* et *Commonwealth*, comme si l'on eût eu affaire à des mots interchangeables ? Le mot *Empire* n'apparaît nulle part dans le texte du Statut de Westminster. Au surplus le « Commonwealth » est une chose devant le monde international et le « British Empire », composé de la Grande-Bretagne et de ses colonies de la couronne, est une autre chose. Pourquoi aussi cette persistance à désigner les jeunes associés du Commonwealth par l'expression « Dominion », expression déjà mal agréée en leur temps par les Pères de la Confédération, mais surtout désignation et statut politique fièrement écartés par la république de l'Inde ? Pourquoi encore, puisque nulle délégation n'existe du gouvernement métropolitain au gouvernement des Dominions, ni de celui-ci au gouvernement des provinces, pourquoi retenir les expressions démodées de « gouverneur-général » et de « lieutenant-gouverneur », expressions aussi propres l'une que l'autre à donner le change sur la réalité constitutionnelle et à perpétuer le souvenir des anciennes sujétions ? Au Canada, de plus étranges et plus graves anomalies vont trop longtemps se prolonger dans les faits. Ainsi le choix de gouverneurs anglais d'Angleterre, l'appel des tribunaux canadiens au Conseil privé de Londres; l'incapacité du Canada, incapacité consentie, volontaire si l'on veut, mais incapacité quand même de procéder à l'amendement de sa propre constitution, incapacité qui le fait s'en remettre au parlement de la Grande-Bretagne. De toute évidence, dans les sphères officielles, l'on aurait pu méditer avec profit cette réflexion de M. F. R. Scott dans *Canada To-day:* « Le Canada ne sera jamais — au véritable sens du mot, — une nation, aussi longtemps que la pleine autonomie nationale ne constituera pas tout ensemble une réalité politique et un fait psychologique. » S'ensuit-il que le Statut de Westminster n'aurait été, selon l'affirmation de graves esprits, qu'une insigne fumisterie ? Ce serait bien mal entendre l'histoire constitutionnelle en pays britannique et notamment au Canada. Faut-il rappeler encore une fois, qu'en pays anglo-saxons les évolutions ignorent le « tout à coup » pour ne se produire que par « à-coups », par une série de faits ou de gains progressifs qui n'excluent ni l'arrêt ni même la régression temporaire ? Toute l'histoire canadienne fait foi de cette vérité. A chaque étape des conquêtes constitutionnelles, n'avons-nous pas observé les mêmes équivoques, les mêmes illogismes, et surtout la même opiniâtreté à ne jamais précipiter les transitions, mais à maintenir le plus possible l'ancien régime sous le nouveau ? Méthode d'un peuple d'esprit empirique qui préfère à la roideur des textes ou des principes, les souples ressources de l'expérience. Méthode, du reste, vite apprise par les premiers parlementaires canadiens-français. Jamais ces hommes n'ont regardé les textes constitutionnels comme des bornes rigides à l'essor de la liberté. Bien plutôt ont-ils allié à l'empirisme anglo-saxon leur logique de Français, persuadés qu'en mêlant celle-ci à celui-là, ils y jetaient un ferment d'incoercible évolution. Au reste, si le Statut de Westminster s'enveloppe d'une excessive réserve, y a-t-il lieu de se plaindre de la discrétion des documents publics d'où il est sorti et dont il se donne comme l'expression synthétique ? Quoi de plus explicite et quoi même de plus catégorique que les déclarations des conférences impériales de 1926 et de 1930 ? Jamais, semble-t-il, à aucune époque de leur histoire, les Anglais de Grande-Bretagne ne se sont laissés lier par des engagements si précis, ni si irrévocables.

Mais alors à qui s'en prendre du retard apporté à la pleine libération du pays ? Peut-être et tout simplement à la nature même de cette association qui a nom « Commonwealth », entité politique sans exemple dans l'histoire et pratiquement indéfinissable, ont prononcé des juristes; association d'un lion avec des lionceaux, ai-je dit ailleurs. Trop d'inégalités dans les fonctions et les rôles internationaux. Trop de puissance, trop d'exigences ambitieuses d'une part, trop de complaisance de l'autre, trop d'attachement sentimental à l'ancien état de choses. Rares les métropoles qui, entre elles et leurs colonies, coupent d'elles-mêmes le cordon ombilical, fût-ce pour échapper à la catastrophe des séparations violentes. Et pourquoi se résigneraient-elles à la rupture quand les coloniaux s'y refusent eux-mêmes ? Il n'a dépendu que des autorités des Dominions d'achever l'œuvre commencée en 1931 et bien avant cette date. Et nul assurément ne voudra s'en prendre à la seule Grande-Bretagne si, pendant trop longtemps, le Statut de Westminster fut considéré, au Canada, comme un traité secret, presque honteux, dont il fallait parler le moins possible. Du reste, en 1932, l'année même qui a suivi le Statut de Westminster, n'a-t-on pas vu les gouvernants canadiens se prêter aux arrangements de la Conférence d'Ottawa qui, pour parer aux lézardes de l'édifice impérial, et en dépit des pires obstacles, visaient à former un bloc économique anglo-saxon ?

Fort heureusement, en ces derniers temps, la marche en avant a recommencé. La deuxième Grande Guerre, tout autant que la précédente, aura stimulé l'aspiration à la pleine indépendance. Puis, le crépuscule chaque jour plus manifeste de l'empire britannique a facilité l'évolution. Les jeunes associés du Commonwealth estiment de moins en moins enviable le rôle de la chaloupe de sauvetage cramponnée au flanc de la frégate en train de sombrer. Le Commonwealth a d'ailleurs évolué en sa structure avec l'avènement des républiques d'Irlande et de l'Inde; l'allégeance à la couronne britannique n'est plus requise des associés. En 1949 (10 décembre) le gouvernement canadien supprimait les appels au Conseil privé d'Angleterre. En 1952, il donnait au pays son premier gouverneur-général canadien. D'autres rajustements attendent leur tour. On ne conçoit guère, sur le globe terrestre, un pays réputé souverain, indépendant, sans drapeau ni hymne national à soi. Ces dernières réformes viendront quand les Anglo-Canadiens auront décidé de mettre l'intérêt du Canada au-dessus des intérêts de la Grande-Bretagne et que les gouvernants d'Ottawa cesseront de s'incliner devant une minorité d'impérialistes redoutés bien au delà de leur puissance.

Problème économique et social

Causes de la crise. — Conséquences. — Tentatives de redressement.

Comment embrasser cette dernière période d'histoire ? Pour un homme de 1950 l'illusion n'est pas vaine qui lui représente la vie, le cours du temps, charriant, bousculant des masses énormes de faits, dans une accélération de plus en plus vertigineuse. On ne sera donc pas surpris qu'en brossant ses tableaux, l'historien s'en tienne encore davantage aux traits les plus gros, les plus forts, incapables d'étreindre la plénitude d'une vie qui ne se laisse plus cerner. Allons donc aux problèmes, aux faits qui, par leur relief, leur grave importance, s'imposent à l'attention. Et voici d'abord le problème économique et social au Canada français.

Causes de la crise

Un fait d'histoire, une donnée de géographie physique, l'un et l'autre agissant un peu dans le même sens, ont suscité, conditionné ce problème. La conquête anglaise, s'il faut encore le rappeler, eut tôt fait de révolutionner l'économie du conquis. La constitution physique du Québec aggraverait un jour ou l'autre ce désordre. Un pays resté longtemps agricole ne possède point l'une des plus vastes forêts du monde, des sources d'énergie électrique et des mines d'une richesse presque incalculable, sans en payer un jour ou l'autre la rançon.

Au lendemain de 1760, les leviers de commande de la vie économique passent de la bourgeoisie autochtone à une bourgeoisie nouvelle, formée, enrichie sur place par l'accaparement des commerces lucratifs. Puis cette bourgeoisie d'affaires, doublée en partie d'une oligarchie de grands fonctionnaires, s'érige bientôt en oligarchie politique. En 1848, avec l'avènement du *self government,* le règne politique des oligarques prend partiellement fin. La puissance économique leur reste. Trop longtemps refoulé dans la paysannerie et tout aussi empêché de se gouverner soi-même, manquant, et pour cause, d'écoles appropriées, incapable de se donner les capitaux, les techniciens et les économistes indispensables à une renaissance économique, le Canada français aura beau conquérir son autonomie politique; économiquement il en reste au stade colonial. N'est-il pas admirable toutefois qu'en dépit de ces obstacles ou infériorités notoires, il réussisse à prendre pied dans l'industrie et le grand commerce ? Un jour vient, en effet, dans la dernière partie du XIXe siècle, où des hommes d'affaires canadiens-français commencent à occuper, dans le commerce d'épicerie, de l'immeuble, dans les compagnies de transport, dans les banques, et voire dans quelques entreprises industrielles (bois, — scieries et construction — tabac, biscuit, cuir, savon), des positions fort enviables. En 1892, au dire du journaliste Austin Mosher, on peut compter 31 millionnaires anglais à Montréal, mais pas un seul Canadien français. Une quinzaine au plus de ces derniers posséderaient le demi-million. Les choses ont notablement changé au début du XXe siècle.

C'est aussi la date où ce progrès s'arrête court. En quelques années l'économie canadienne-française rétrograde jusqu'à s'effondrer. Des secteurs entiers lui échappent. Régression qui prend l'aspect de la catastrophe et qui va se faire sentir dans l'ordre social encore plus que dans l'ordre matériel ou économique. Lisons là-dessus les études éparses de l'économiste Esdras Minville qui y a vu clair plus que personne. Bien avant le début du 19e siècle, des esprits ouverts eussent pu deviner le cheminement de cette révolution. Elle s'annonce déjà dans la politique de colonisation de l'époque, politique à retardement qui ne favorise que trop, entre la population rurale et urbaine, une rupture d'équilibre, préparant ainsi une proie abondante et facile à l'embauchage industriel. On la peut pressentir encore dans les premières exploitations de la forêt et de l'énergie hydro-électrique. Et c'est où nous retrouvons, à l'état d'inconsciente complicité bien entendu, la géographie physique de la province. Richesses incomparables que celles de la terre québécoise, mais richesses qui peuvent se transformer en menaces et périls aux mains d'un peuple dépourvu de capitaux et de techniciens pour les exploiter à son profit. Notre précédent chapitre sur l'aménagement du territoire nous a montré l'industrie du bois, puis les industries appuyées sur l'eau motrice, désaffectionnant le colon de la terre, le transformant en salarié, faisant surgir ici et là de petits centres industriels où l'habitant ou le fils d'habitant renoncent à leur mode d'existence autonome, pour se mettre au régime du salariat. Et quel salariat ! Et nous n'avions affaire, pour lors, qu'au capital anglais d'Angleterre dont les placements au Canada, encore en 1913, atteignent 2,570 millions de dollars alors que le capital américain ne dépasse pas 780 millions. Que sera-ce avec l'invasion de ce dernier, forme la plus virulente du capitalisme moderne ? Les Américains viennent de transformer leur pays en une usine gigantesque. La guerre de 1914 leur a conféré la toute-puissance dans le monde. De l'entrée en scène de ce capitalisme dans sa vie, le Québec peut dater la phase violente de sa révolution économique et sociale. Appelés d'ailleurs par les gouvernements québécois, les Américains vont s'appliquer à l'exploitation des principales ressources de la province: la forêt, la houille blanche, les mines. Ils apportent avec eux leurs méthodes d'affaires, leurs prodigieux moyens d'action. Avec eux aussi passe la frontière, la concentration économique, caractérisée par le grossissement des organismes. A l'entreprise individuelle, à la société en non collectif, se substitue la société par actions, mobilisation de capitaux recrutés au loin aussi bien qu'au proche. On calcule que le capital américain engagé dans les exploitations canadiennes, en 1952, se chiffre à plus de $7,000,000,000 et qu'environ 30% des industries canadiennes sont des succursales de compagnies américaines.

Conséquences

Dans le Québec, ce sera l'expansion industrielle au rythme effréné. Elle se développe, à la façon d'une force anarchique, presque sauvage, sans le moindre souci du milieu, ne tenant compte apparemment que de la loi de ses voraces appétits. D'aucuns ont parlé de « seconde conquête » du Canada français. Conquête plus désastreuse peut-être que la première. Elle brise le rythme ancien de la vie, déchaîne le cycle infernal: concentrations urbaines, prolétarisation des masses, désintégration du capital humain, misère, révoltes, chaos de 1929. Un premier mal prend rapidement le caractère d'un fléau: l'exode des campagnes vers les villes. De 19.5 pour cent qu'est la population urbaine en 1871, elle passe déjà à 29.2 pour cent en 1891. De 1911 à 1931, soit en vingt ans, le pourcentage de la population rurale s'abaisse de 51.8 à 36.9. Pendant une autre décennie, de 1921 à 1931, l'exode rural se fera plus intense dans le Québec que partout ailleurs dans le Dominion. En 1931, la vieille province, avec 63 pour cent de population urbaine, devient, après le Saskatchewan, la province la plus urbanisée du Canada. Au moment de la Confédération, à peine eût-on relevé, dans le Bas-Canada, 6,000 ouvriers citadins sur 250,000 travailleurs. En 1931 on y recense 823,287 gens de travail dont 535,203 salariés. En 1941, les ouvriers citadins dépassent 50 pour cent.

Déséquilibre social fort alarmant, sans être pourtant le plus grand mal. La civilisation canadienne-française, M. Minville l'a définie spiritualiste, qualitative, personnaliste. Notes essentielles qu'elle tient de sa civilisation d'origine, vécue et vivifiée par les ancêtres, civilisation issue d'une foi religieuse et d'une philosophie de l'homme où l'homme, par sa qualité d'être libre et par sa haute destinée, transcende l'univers, se crée des moyens de vie autonomes, des institutions économiques, sociales, culturelles, juridiques, politiques, un milieu, pour tout dire, où s'expriment et s'affirment sa personnalité et son droit. Mais ce milieu, quel sort lui promettre, envahi, inoculé par un autre qui en est proprement l'antithèse ?

Civilisation matérialiste, quantitative, dédaigneuse de la dignité humaine, ainsi définit-on la civilisation industrielle de nos jours. Fondée sur la recherche de la production et du profit, peut-elle concevoir le facteur humain autrement qu'en vue du profit et de la production ? Mais si délétère qu'elle puisse être en tout pays, quels ravages ne seront pas les siens au milieu d'un peuple de paysans, peuple de propriétaires, peuple de petits patrons, dont elle ne peut manquer de miner le comportement social: le type de famille, le régime du travail, les modes de vie, les cadres protecteurs ? « La ville est mortelle au paysan canadien-français », a dit André Siegfried. Les dégâts on les peut constater dans la dégradation du type familial. Dégradation par un salariat bien incapable de satisfaire aux besoins de la famille nombreuse; dégradation encore par l'habitation trop étroite, trop sombre pour y retenir les enfants. D'où, en la famille des grands centres, les premiers symptômes de la dénatalité. La famille canadienne-française n'est pas moins atteinte dans son ancienne et robuste solidarité. Finis la puissante autorité du père, le prestige de l'établissement autonome qui assuraient le pain et même l'avenir à la petite communauté. Ces foyers où le père, les enfants, parfois la mère, dépendent tous, au même degré, de leurs salaires, gagnés chacun de son côté, tendent à devenir des habitats de passage. La famille communautaire d'autrefois tend à se rapprocher de la famille individualiste du type '89. La paroisse ne se porte guère mieux, au moins celle des grandes villes. Dépourvue des organismes municipaux qui, à la campagne, fournissaient grandement à sa cohésion interne, elle n'est plus qu'une collectivité, un cadre religieux. Avantage encore fort appréciable si, le plus souvent trop vaste et trop populeuse, le facteur spirituel ne risquait d'y perdre son rôle et son influence. L'école a subi les mêmes contre-coups, devenue moins la chose des familles que de commissaires non élus, la plupart délégués camouflés de l'Etat.

Que d'autres perturbations situent le mal au point de gravité d'une crise ! L'histoire de l'ancien régime nous a appris avec quelle robuste vitalité la « plante humaine », transplantée d'Europe, avait poussé dans le terroir américain. A quelle dégénérescence ne pas s'attendre dans le milieu révolutionné, si dépourvu de grand air, d'horizon, de liberté ? Qui ne devine, par exemple, le complexe d'infériorité, le désarroi jeté dans l'esprit populaire, par le spectacle des impressionnantes réussites de la civilisation nouvelle et étrangère ? Comment empêcher le doute ou du moins la tentation du doute sur l'efficacité ou la modernité de la culture nationale, quand les patrons, les techniciens, presque tous les grands riches sont d'un côté, et que les sous-ordres, les serviteurs, les prolétaires trop exclusivement de l'autre, sentent sur eux comme l'étreinte d'un ghetto moral ? « En son pays qui en enrichit tant d'autres et qui a coûté si cher à ses ancêtres, ai-je écrit ailleurs, le plus vieil habitant, le fils du découvreur et du défricheur d'il y a trois cents ans, ne joue encore qu'un rôle mineur. » M. Victor Barbeau, dans *Mesure de notre taille* (1936), M. François-Albert Angers, dans une étude qui est de 1944, nous ont appris la petite part des

Canadiens français dans l'industrie et le commerce de leur province. En 55 grandes compagnies industrielles, aucune participation des nationaux à l'administration; sur 26 de ces compagnies, participation infime dans 8; faible dans 10; dans 8,000 petits établissements et en dépit d'une population d'employés 75 pour cent canadienne-française, 56 pour cent seulement de propriétaires canadiens-français; dans le commerce de gros, 40 pour cent seulement de propriétaires canadiens-français; dans le commerce de détail, 50 à 60 pour cent seulement de ce commerce aux mains des Canadiens français. En résumé et quelque désagréable que soit la vérité, la province de Québec demeure toujours sous le règne d'une oligarchie qui, par son rôle et sa puissance, ressemble fort à celle d'avant 1840. En d'autres termes, la province pourrait devenir demain un Etat indépendant qu'elle n'en resterait pas moins économiquement une colonie de la finance étrangère. Plus que tout autre, au surplus, le capitalisme américain est de ceux qui colonisent les pays où ils s'introduisent. Péril qu'Henri Bourassa relève déjà en 1916: « Les Américains ne se contentent pas de placer des millions dans nos industries et nos services publics; ils suivent ce capital dans toutes ses opérations. Ils envoient des gérants américains administrer leurs entreprises, des commis américains pratiquer leurs méthodes d'affaires, des techniciens américains améliorer les procédés de fabrication. » Rien qu'à constater, du reste, des faits comme ceux-ci: l'aveuglement des colonisés sur les rapports de l'économie et du national, l'accueil facile accordé à toutes les formes de la pénétration américaine: modes, sports, mœurs, cinémas, journaux, magazines, etc., puis les ravages opérés dans le langage populaire par la langue technique de l'étranger, chacun peut apprendre la puissance du formidable virus.

Tentatives de redressement

La partie serait-elle perdue à jamais ? Utopie, sans doute, que de prétendre ramener la civilisation canadienne-française à son état d'hier. Récupérer, dans la situation compromise, une somme, une part d'autonomie qui préserve l'essentiel en vue de reconstructions prochaines, n'est pas non plus tâche facile. Autant introduire, dans un mécanisme fortement lié, une pièce hétéroclite et tenter de l'y intégrer. C'est pourtant vers quoi s'efforcent, depuis quelques années, les Canadiens français: réaction qui révèle aux pessimistes la vigueur interne de leur civilisation. La réaction s'est produite sans plan concerté, sur des points divers, un peu au hasard, comme s'il eût fallu en démontrer le caractère spontané. Dans le monde de l'agriculture, par exemple, monde du conservatisme par excellence, mais où les Canadiens français détiendraient encore 90 pour cent des établissements ruraux, un valeureux effort a été fait vers l'association professionnelle et vers le coopératisme: formules d'action collective qui tirent l'habitant de son individualisme, font appel à son esprit d'initiative, à ses responsabilités et l'aident à préserver son établissement autonome, sans le jeter dans les filets de l'Etat. La réaction s'offrait beaucoup plus difficile dans le monde ouvrier devenu numériquement la portion prépondérante de la nation. Par quels procédés réhumaniser cet homme que, par toute sa philosophie et tous ses comportements, la civilisation matérialiste tend à déshumaniser ? L'obstacle, ce pouvait être ici la victime elle-même, tragiquement indifférente à son terrible mal. Trop d'ouvriers canadiens-français appartenaient déjà à des syndicats de formation américaine, complices inconscients de la philosophie matérialiste et de ses déformations. L'obstacle, ce pouvait être aussi le patronat, même catholique, lent à comprendre les droits et l'opportunité du syndicalisme, fût-il le plus orthodoxe. Le syndicalisme catholique est pourtant né, tentative de réintégration de l'ouvrier dans un ordre social à la mesure et aux convenances de l'homme. Après des débuts lents et pénibles où elle s'est même heurtée à l'inintelligence des gouvernants, la Confédération des Syndicats catholiques et nationaux forme aujourd'hui le plus fort groupe des ouvriers syndiqués du Québec. Et voici qu'en face de ce syndicalisme, et donnant l'espoir d'une collaboration pacifique, s'ébauche une association patronale. La réaction paraissait encore plus inattendue dans les milieux du commerce et de l'industrie. Nulle part plus qu'en ce secteur aurait-on à naviguer à contre-courant. Quelle portion d'autonomie reconquérir contre un rival que ses capitaux, ses techniques, sa vieille expérience des affaires, investissaient d'une écrasante supériorité ? Par bonheur l'homme d'affaires canadien-français, non complètement dépouillé de l'esprit de sa culture et des traditions de sa classe, a gardé le goût de l'entreprise autonome, ordonnée à des fins supérieures à elles-mêmes: intérêts familiaux, réalisation de la personne humaine, service à la collectivité. On l'a donc vu se donner des associations professionnelles, associations d'industriels et de commerçants, chambres de commerce qui ont proliféré par toute la province. Institutions qui visent d'abord, sans doute, des intérêts de classe, sans pourtant se refuser, surtout les chambres de commerce, à des soucis d'ordre national. Même en ce secteur de l'économie, tout espoir est donc loin d'être perdu. Des écoles existent qui peuvent maintenant former le chef d'industrie, le technicien, préparer au grand commerce, à la haute finance. A tort ou à raison l'enseignement secondaire s'oriente dans le même sens. La main-d'œuvre canadienne-française, hier encore composée, pour une si large proportion, d'ouvriers non qualifiés, profite de plus en plus des écoles techniques et des écoles d'apprentissage. Des institutions de crédit, d'assurances, se sont fondées qui, avec le temps, qui, déjà même, commencent d'assurer quelque rassemblement de capitaux, envahissent le champ du concurrent. Des financiers canadiens-français ont pris pied dans les exploitations minières de la province et jouent un rôle considérable ou appréciable dans un sixième environ de ces exploitations. Sans doute, en la plupart des autres secteurs, la part du groupe est rarement en proportion de son importance démographique. Les Canadiens français se cantonnent encore, sauf par exception, dans la petite et moyenne industrie. Il arrive aussi qu'où le progrès s'affirme, il ne s'affirme pas toujours à l'égal des progrès du concurrent. Il reste, en dépit de tout, qu'en quelques domaines, et par exemple dans l'industrie, la position reste satisfaisante et ne laisse appréhender aucune régression. En d'autres, tels que les services professionnels, on note une amélioration. En d'autres encore, dans la finance bancaire, le progrès s'affirme lent. Le commerce de détail enregistre peut-être quelque recul, après des gains temporaires. Le symptôme le plus consolant, ce pourrait être l'éveil, dans les milieux de jeunesse, des idées de libération. Plus qu'hier on aspire à posséder son établissement à soi; au rôle de haut salarié, on préfère celui du plus modeste patron. Faits encourageants s'ils donnent à penser que le peuple canadien-français n'aurait pas tout perdu de sa densité d'âme patiemment acquise au cours de son dur et merveilleux passé.

CHAPITRE TROISIÈME

Problème politique ou centralisme

Origine. — Gravité du péril. — Espoir d'une réaction.

Origine

L'histoire du Canada français, nous ne l'apprenons plus à personne, est pleine de conjonctures critiques. Atteint dans ses forces vives par une révolution économique et sociale, fallait-il qu'en ce dernier demi-siècle, il fût en même temps victime d'une révolution politique ? Révolution, gros mot. Mais de quel autre appeler, au Canada, la tenace et trouble offensive d'Ottawa contre les Etats provinciaux ? Offensive qui vise, en somme, à renverser l'état de choses établi en 1867, dessein persévérant et subtil du gouvernement central de se subordonner les provinces, de gruger leur autonomie, jusqu'à n'avoir plus devant soi que des Etats serfs, ombres caduques de leur ancienne indépendance ? La tentative remonte assez loin. On la peut retracer à la genèse même de la fédération, en la volonté d'un bon nombre de « Pères » de constituer un Etat central fort, volonté d'où sortirait une constitution plus centralisatrice que son prototype américain. Le centralisme, qui ne le voit cheminer sourdement au lendemain de 1867, à Ottawa et en chaque province hors du Québec, dans ce que nous avons appelé plus haut l'offensive de l'unitarisme, tendance à tout uniformiser: institutions juridiques, lois, langues, cultures ? En 1889, dans un discours à Toronto, Wilfrid Laurier dénonce comme une menace centraliste, la pratique alors trop fréquente du *désaveu* d'Ottawa sur les législations provinciales, *désaveu* qu'il prétend contraire aux principes du fédéralisme et qu'il eût souhaité confier préférablement au parlement impérial. Et Laurier — que ces temps sont loin ! — d'ajouter: « La doctrine fédérative comporte que chaque législature, que ce soit une législature locale ou une législature centrale, doit être absolument indépendante. Si l'on empiète sur l'indépendance de l'une, on détruit, à mon sens, complètement son utilité. » Le microbe politique du centralisme, et voilà pour n'en pas diminuer la nocivité, infection de la présente époque, hélas, et qui flotte un peu partout dans l'air. « La guerre, devenue totale, constate André Siegfried, en *l'Ame des peuples*, a mis entre les mains des gouvernements une puissance telle, non seulement politique ou militaire, mais économique, sociale, technique, que les intérêts privés, incapables de se défendre, sont de plus en plus absorbés dans la collectivité. » Et que personne ne se fasse illusion, — c'est encore une observation de Siegfried — l'Etat ne songe guère à se défaire des armes que les circonstances lui ont permis de saisir. Au reste, soit fatigue, paresse ou carence, les masses, dirait-on, ne demandent pas mieux qu'abandonner aux gouvernements forts le fardeau d'une vie collective trop compliquée et trop évoluée. Exemple, ce qui se passe dans la république américaine, ce parangon des libres démocraties. A la faveur de la Cour suprême, tribunal en dépendance du gouvernement exécutif de Washington, n'a-t-on pas vu la centralisation, au temps du président Roosevelt, mener à pas de géants, ses envahissements ? A peu près tout le commerce, même pratiqué à l'intérieur d'un seul Etat, puis encore les relations entre patrons et employés, les syndicats, les heures de travail, les salaires, etc., en un mot, tout un large secteur de la vie économique et de la vie sociale, depuis quelques années, a fini par ressortir à l'Etat central. Engagé, dans l'espace de trente ans, en deux « grandes guerres », guerres ruineuses puisque sans compensations ni profits, le Canada, on le pense bien, n'a pas dérogé aux tendances universelles. En 1937, — était-ce scrupule, souci de légitimer une politique déjà en marche ? — le gouvernement canadien organisait la Commission dite de Rowell-Sirois. Le rapport des commissaires, publié en 1940, lui fournit à point ce qu'il en attendait. Théories constitutionnelles, tactiques à suivre dans la poursuite d'une politique centraliste, tout s'y trouve esquissé, défini. En raison de ses « pouvoirs fiscaux illimités » et de ses pouvoirs monétaires à peine moindres, le gouvernement d'Ottawa s'y voit décerner la capacité exclusive à pourvoir aux besoins sociaux du pays. Par voie de conséquence, droit lui est aussi reconnu à la perception des « impôts majeurs » (impôt sur le revenu personnel, impôt sur les corporations et les droits successoraux), à la seule condition de prendre à son compte les dettes des provinces et de verser aux Etats provinciaux des subsides annuels, subsides qui ne seraient plus « basés sur la population comme auparavant, mais sur le revenu national ». Pour ne rien négliger et pour mater, en cas opportun, les provinces récalcitrantes, les commissaires n'ont même point oublié de recommander à Ottawa la tactique de la division: « Il pourrait arriver qu'une ou deux provinces soient disposées, à l'encontre des autres, à déléguer leurs droits au Dominion... » Politique subtile, ai-je dit, qui se flatte naturellement de ne point attenter ou si peu que rien à « l'essence d'un régime fédératif véritable »; politique, plus propre que toute autre, nous dit-on, à raffermir l'unité nationale. Ainsi a parlé l'oracle de 1940. L'Acte de l'Amérique du Nord britannique, déjà vieux de près de cent ans, exigeait à coup sûr, quelques rajustements. Pour rattraper l'évolution de la vie, fallait-il aller si loin ? Autour des articles 91 et 92 de la Constitution canadienne, une grande bataille constitutionnelle allait donc s'engager. De qui relèvent les pouvoirs législatifs résiduels ? D'Ottawa ? Des Etats provinciaux ? A qui appartiennent les impôts directs ? Au premier abord, en cette querelle, il paraît bien que les provinces occupent une forte position juridique. D'importantes décisions du Conseil privé d'Angleterre énoncées en particulier par deux juges éminents, lord Watson et lord Haldane, — décisions acceptées à peu d'exceptions près par les tribunaux canadiens, — ont grandement fortifié les pouvoirs provinciaux. Un centralisateur comme F. R. Scott l'admet sans ambages dans *Canada To-day:* « On peut affirmer aujourd'hui que les pouvoirs résiduels au Canada appartiennent aux provinces, excepté dans un cas de péril national qui dépasserait toutes les calamités que nous avons éprouvées depuis le début de la crise mondiale en 1929. » Favorisé toutefois par la guerre de 1939, le gouvernement d'Ottawa n'en mène qu'à plus vive allure sa politique d'empiètement. Il retient sans scrupule les privilèges fiscaux que, pour fins de guerre, lui ont temporairement abandonnés les provinces. Ses tactiques sont bien connues. Il procède par sondages, par étapes; il agite devant les masses la fascination de l'argent, de l'assistance ou de la sécurité sociale: allocations familiales, pensions de vieillesse. De sa seule autorité, sans consulter les provinces, il tente de faire amender, par le parlement britannique, la constitution du pays. Pour ne pas leur restituer les grandes sources d'impôts, il pratique savamment, entre les Etats provinciaux et selon les recommandations de l'enquête Rowell-Sirois, la tactique de la division. En ces dernières années, osant un pas de plus, il met sur pied la Commission Massey-Lévesque, reprise sur un plan supérieur de la Commission de 1937. Au nom de l'avancement des arts, lettres et sciences au Canada, Ottawa franchit un domaine sacré: celui de l'enseignement et de l'éducation. Il vote même des subsides aux universités, se fournissant ainsi de nouveaux prétextes pour garder les champs de l'impôt qu'il a envahis.

Gravité du péril

Le péril de cette offensive ne saurait être surfait, spécialement pour le Québec. Une nationalité ne saurait vivre, admet-on généralement, sans une certaine somme d'autonomie de l'ordre politique, économique, social, culturel. Le centralisme laisserait-il subsister ce minimum d'autonomie ? Dès 1938, dans un ouvrage remarquable, *Notre problème politique,* M. Léopold Richer, correspondant parlementaire du journal *Le Devoir,* à Ottawa, avait dénoncé le péril. Au parlement fédéral les trois grands partis: le libéral, le conservateur, le C.C.F. (Canadian Cooperative Federation), adhèrent ouvertement, quoique avec quelques variantes et quelques réticences de la part des chefs, à la doctrine centraliste. On l'a bien vu, lors du débat de mars 1952, aux Communes, alors qu'au sujet de l'éducation « domaine exclusif des provinces », le chef conservateur, M. George Drew, fut le seul à soutenir franchement la thèse fédéraliste. Les provinces, du moins les principales, l'Ontario, le Québec, le Nouveau-Brunswick, la Colombie Canadienne, ont d'abord opposé d'énergiques résistances aux prétentions de la Commission Rowell-Sirois. Les unes ont reproché au gouvernement d'Ottawa, « enfant et non père des provinces », de violer les principes du fédéralisme. Le gouvernement de Québec a même récusé l'autorité de la Commission. Puis, d'année en année, toutes, sauf le Québec, ont molli devant la tactique de la division. Les provinces des prairies, sans traditions politiques bien établies, troquent facilement leur souveraineté contre des subventions. Le puissant Ontario a fini par céder en 1952. Le Québec même a perdu quelque peu de sa fière intransigeance. Jusqu'à naguère les deux partis politiques présentaient un front uni pour la défense de l'autonomie provinciale. En ces derniers temps l'on a pu reprocher au parti libéral ses imprudences, sa mollesse qui l'ont fait abandonner à la juridiction d'Ottawa une tranche entière de la législation sociale. D'autre part, l'on tient rigueur à l'Union nationale de son opposition plus verbale que concrète. Il semble, au surplus, que, devant l'offensive contre l'enseignement, trop d'autorités sociales ne savent plus retrouver leur ancienne vigilance. Des doctrinaires, même dans le clergé, se sont rencontrés pour soutenir la thèse de la Confédération, simple loi plutôt que pacte, pavant ainsi le chemin des centralistes. Le mal se révèle encore plus grave dans l'aile française du parti libéral d'Ottawa. Nous avons déjà déploré, dans les partis canadiens-français, la substitution de l'esprit politique ou plus exactement de l'esprit de parti à l'esprit national. Le mal remonte, on se le rappelle, au temps d'Elgin qui s'en félicitait comme d'une insigne victoire. Avec les années l'infection n'a pas diminué de gravité. Qui oserait dire qu'au parlement canadien, la représentation canadienne-française ait encore sa politique à soi, comme la peuvent avoir, par exemple, les « Westerners » ? Qu'a-t-elle gardé de la doctrine du premier parti national de 1871, dont le jeune Mercier était déjà l'animateur, et qui voulait que dans une Confédération sincèrement pratiquée », les députés au parlement central fussent « avant tout les plénipotentiaires des provinces » ? Une politique autonome est si peu celle de ce groupe, et cette politique est si peu en accord avec les intérêts du Québec que, l'un après l'autre, les partis provinciaux, le conservateur et le libéral, ont dû se désassocier des partis fédéraux, pour échapper au suicide. Si l'on tient compte, en effet, que se livrer sans discrétion à l'esprit de parti à Ottawa, c'est, pour les Canadiens français, se mettre, en définitive, à la remorque d'un parti anglo-protestant, en épouser plus ou moins les passions et les idéaux, qui s'étonnera que tant de politiques canadiens-français se soient laissé gagner à la théorie centraliste, tout en conservant la naïve illusion de la concilier avec l'autonomie provinciale ?

Ainsi va la révolution. Car il s'agit bien, toutes phrases et toute feinte écartées, d'un retournement de la Constitution du pays et d'une menace à l'existence de la Confédération. Laissons de côté, si l'on veut, les provinces de l'Ouest de formation cosmopolite et récente; les autres incarnent des particularismes trop vigoureux pour subir longtemps, peut-on penser, la dictature d'Ottawa. Ces provinces accepteront-elles en 1960 l'Etat unitaire qu'elles ont repoussé en 1867 ? Le gouvernement central se flatte évidemment de calmer leur autonomisme par le miroitement de ses gras subsides. Qui l'assure qu'à aiguiser ces appétits et qu'après avoir dévoré, comme Saturne, ses propres nourrissons, il ne sera pas dévoré, toujours comme Saturne, par quelque insatiable voracité ? Parmi les provinces, l'une d'elles, d'un particularisme exceptionnel et plus ancien, sait quels enjeux suprêmes sont engagés dans l'aventure. Pendant cent ans, elle a combattu pour conquérir le droit de se gouverner soi-même. Or, le problème qui se pose est bien celui-ci: un Etat autonome peut-il rester autonome, sans rester maître de sa finance ? Pour l'Etat québécois, en effet, le triomphe du centralisme ne signifierait point seulement la perte de droits politiques et fiscaux et une inquiétante diminution de prestige. Une culture, une civilisation originale dont l'Etat est le cadre et le protecteur, seraient mises en danger. Un pays d'esprit français et catholique renoncerait à ses propres institutions politiques pour passer sous la tutelle d'un Etat gouverné par une majorité anglo-protestante dont il sait, par longue expérience, ce qu'il peut attendre. Là réside, à notre humble avis, l'impossibilité pratique, il faudrait presque oser dire métaphysique, de l'idéologie centraliste. Elle va trop carrément contre la nature des choses. Politique hasardeuse, la moins faite pour un pays d'une géographie si diverse et de structures économiques et culturelles non moins variées. A-t-on fait attention, par exemple, qu'en cette révolution constitutionnelle, les partisans du centralisme dans les provinces, ceux de l'ouest, ceux de l'est, ceux du centre, se proposent moins un idéal de bien commun pour tout le pays, que l'égoïste satisfaction d'intérêts purement régionaux, intérêts souvent peu convergents avec ceux du voisin ou du reste du Canada. Ce qu'on veut arracher d'abord à Ottawa, c'est son or. Dans la bagarre de demain autour du trésor fédéral, l'Etat central, Etat démocratique et, comme tel, soumis aux caprices du baromètre électoral, pourra-t-il garder la raison profonde, essentielle de son existence: celle d'un pouvoir pondérateur, pouvoir de coordination et d'équilibre, où se fondent après tout son autorité et son droit à la vie ?

Espoir d'une réaction

Encore cette fois, la partie serait-elle définitivement perdue ? Qu'elle soit mal engagée, impossible de le nier. Chargé de lourdes dettes de guerre, dettes encore alourdies par les préparatifs d'une guerre préventive, pris à fond dans une politique de sécurité sociale qui lui attache une appréciable clientèle électorale et accroît son prestige, le gouvernement d'Ottawa renoncera-t-il jamais de bon gré aux impôts ravis aux provinces ? Et s'il ne s'y résigne, quels recours restent possibles ? Un appel des Etats provinciaux à la Cour suprême du Canada, organisme juridique du gouvernement central, deviendrait aussi illusoire qu'un appel des Etats américains à la Cour suprême de Washington. Mais alors, contre l'Etat central sorti de la légalité, à quoi se trouve acculé l'Etat provincial menacé d'étouffement quoique en plein état de légitime défense ? On aperçoit quelles dangereuses perspectives s'ouvrent à l'esprit. A moins qu'on ne trouve et sans retard, une formule d'honnête conciliation qui, de part et d'autre, sauve ce qui doit être sauvé, le Canada, il n'est pas exagéré de le dire, joue actuellement son avenir.

Depuis la récente défection de l'Ontario, le Québec reste seul à livrer la bataille de l'autonomisme. Position périlleuse pour la province ainsi isolée. Par les éléments passionnels que pareille lutte ne peut manquer de traîner avec soi, le péril serait-il moindre pour tout le pays ? Car l'on aurait tort de croire tout ressort rompu dans la résistance québécoise. Même en ces derniers vingt ans, l'histoire peut relever quelques réactions nationalistes assez vives. En 1942 le gouvernement de Mackenzie King avait souhaité se faire délier, par plébiscite, de ses promesses anticonscriptionnistes. Avec un minimum de ressources, la « Ligue de la Défense du Canada » entreprit de faire front contre la toute-puissante coalition des partis d'Ottawa. D'un bout à l'autre du Canada français, le peuple des familles nombreuses, exposé à payer plus cher l'impôt du sang, sut répondre en grande majorité le *Non retentissant* que la Ligue attendait de lui. Quelques années auparavant était née l'*Action libérale nationale* de M. Paul Gouin, réaction intelligente et courageuse contre la politique déficiente de Québec. En septembre 1942 naissait à son tour, le *Bloc populaire canadien,* mouvement de réforme qui prétendait agir à la fois sur le plan fédéral et le plan provincial. Le mouvement avait pour chef M. Maxime Raymond, député de Beauharnois aux Communes, gentilhomme d'une dignité et d'une sincérité irréprochables. Le nouveau groupe eut tôt fait de recueillir les meilleurs éléments de l'*Action libérale nationale,* de la jeune et de l'ancienne phalange nationaliste. Henri Bourassa sortit de sa retraite pour lui donner son appui. Aidé des meilleurs économistes et sociologues, le *Bloc populaire* avait pu se donner le programme politique le plus compréhensif et le plus organique jamais élaboré peut-être au Canada. Seules de malheureuses divisions intestines et ce qu'on pourrait peut-être appeler l'inintelligence des bien-pensants, expliquent son insuccès. Voilà, sans doute, pour autoriser d'autres espoirs. Au moment où je rédige ces lignes, le gouvernement de la province paraît roidir son opposition. La solution équitable, le Québec s'avisera-t-il qu'il la tient entre ses mains et que ce pourrait bien être une question de volonté, ou mieux, une question d'homme. En 1938, dans *Notre problème politique,* M. Richer ne voyait de salut contre le centralisme que dans la présence à Ottawa de députés québécois qui ne seraient ni des libéraux, ni des conservateurs, mais des hommes, « des hommes sans épithète ». M. André Laurendeau écrivait en 1941, dans le revue l'*Action Nationale*: « Nous ne serons indépendants que dans la mesure où nous sauvegarderons nous-mêmes notre indépendance. Ce n'est point la faute de l'A.A.B.N. que l'assurance-chômage est devenue la chose du fédéral... Ce n'est pas l'article 133 qui garantit notre avenir national, c'est la qualité et la *quantité* des Canadiens français, leur vitalité, leur capacité réelle de s'imposer. » Les Canadiens français pourraient aussi méditer cet aveu de M. F. R. Scott *(Canada To-day*, p. 94): « On ne saurait poursuivre longtemps une politique nationale qui ferait contre elle l'unanimité du Québec. »

CHAPITRE QUATRIÈME

Problème culturel

Enseignement. — Production intellectuelle. — Scepticisme
de l'intelligentzia. — Réaction.

Autre problème qui ne permet pas qu'on l'esquive. Inutile d'en souligner la singulière importance. La vie d'un peuple, les courbes de son histoire ne dépendent-elles point au premier chef de l'espèce d'hommes qu'il produit ? Et ces hommes, entre les influences qui les façonnent, quel rôle ne pas assigner à l'action du milieu national ou culturel, tel que constitué par son atmosphère et ses institutions ? Que cette fois encore, il y ait, au Canada français, instabilité, inquiétude, péril dans la demeure, un rapide coup d'œil sur son enseignement et sa production intellectuelle aura tôt fait de nous en convaincre.

Enseignement

C'est en partie par ses institutions scolaires qu'un peuple se maintient dans la ligne de son esprit. En ce milieu du siècle, où en est l'enseignement au Canada français ? Subirait-il, comme on l'affirme de tous les points cardinaux, une crise d'orientation ? Pour nous éclairer, ressaisissons, encore une fois, le milieu géographique et historique, et en premier lieu, la situation paradoxale d'une petite nationalité française contrainte de vivre sa vie effroyablement isolée et dispersée dans une Amérique anglaise. Malgré soi, l'on pense tout de suite à la puissance envahissante du voisin du sud, au rouleau compresseur qui menace de tout écraser sous lui. M. F. R. Scott, écrivait en 1938, dans son *Canada To-day,* que nous citerons encore une fois: « Les Statistiques démontrent que c'est avec les Etats-Unis que le Canada entretient les relations économiques les plus importantes. » L'observation reste vraie et même plus que jamais en 1952. Le Canada importe beaucoup des Etats-Unis. Et, comme il arrive toujours, bien d'autres importations accompagnent et suivent les marchandises. Dans le monde entier, a-t-on dit, les Américains provoquent l'imitation de ce qu'ils ont de moins imitable. Au-dessus de leurs frontières du nord, ils exportent surtout leur style de vie, l'*American way of life*. M. F. R. Scott pouvait encore écrire: « Le Commonwealth fournit aux Canadiens leur religion du dimanche; l'Amérique du Nord, leurs habitudes des jours ouvrables. » Influence déformante facile à deviner sur un jeune peuple encore mal dégagé de la gangue du colonialisme.

Le Canada français ne saurait non plus s'abstraire des exigences de son milieu immédiat. Et alors, c'est le milieu canadien qui se présente, et en ce milieu c'est de nouveau la situation d'une province française isolée parmi neuf provinces en grande majorité anglo-saxonne; et c'est aussi la situation de la diaspora canadienne-française éparpillée d'un océan à l'autre, quelque peu compacte en quelques provinces, îlots minuscules en d'autres, souvent même pas groupés en archipels. Quel peuple placé dans les mêmes conditions garderait facilement son équilibre intérieur ? Et si l'on observe cet isolement ou cet éparpillement en regard des problèmes de culture, quels éléments troubles, à commencer par la question des langues, s'introduisent dans les programmes des écoles des minorités. La province-mère, pôle culturel de la diaspora, doit compter elle-même avec les bouleversements de sa révolution économique et sociale aussi soudaine qu'affolante. Le Canadien français du Québec ne saurait se le cacher, cette révolution se fera de plus en plus contre lui si elle se fait sans lui. Donc besoin d'hommes, besoin de chefs en état de parer à la tourmente. Plus que dans le passé, besoin de savants, d'ingénieurs, de techniciens, d'ouvriers qualifiés, et même, pour le prochain avenir, de capitaines d'industrie. Mais pour les obtenir, jusqu'où mener l'évolution scolaire ? Le tout n'est pas de sortir du vieux moule. Mais à quel autre se livrer ? Belle occasion de controverses pour les divers tenants de l'humanisme ancien et classique, de l'humanisme moderne, de l'humanisme scientifique et même de l'humanisme technique. En certains milieux, la question grave se pose: le Canada français restera-t-il ou ne restera-t-il pas en latinité ? Convient-il de s'employer encore au sauvetage d'un demi-naufragé: le grec ? Et si l'on sacrifie le grec et dans les collèges et dans les universités, sacrifiera-t-on du même coup, l'hellénisme, cette moelle sacrée dont se sont nourries toutes les grandes civilisations ? Et si l'on se refuse à la rupture avec le vieil humanisme gréco-latin, tout en se pliant aux exigences nouvelles, quel dosage lui imposera-t-on de l'humanisme scientifique sans dommage ni pour l'un ni pour l'autre ? Et voilà qui implique, entre les divers degrés de l'enseignement, un difficile problème de coordination. Quelles passerelles ménager, par exemple, entre l'humanisme traditionnel, l'école scientifique et l'université ? Solutions d'urgence pourtant dans un milieu de culture et de religion mixtes où la jeunesse a tendance à se précipiter vers les universités les plus accueillantes. Au reste, les Universités catholiques et françaises elles-mêmes ont-elles correctement déterminé leur orientation ? Encore plus qu'à l'heure qui passe, visent-elles à s'adapter au permanent, je veux dire, à l'espèce spirituelle, aux exigences profondes du peuple qu'elles ont fonction de servir ? Des retards trop réels sont à rattraper dans le domaine scientifique. Y aurait-il lieu de négliger pour autant les facultés où la culture héréditaire a le plus de chance d'exprimer ses valeurs originales ?

Apparemment, disions-nous, l'enseignement français cherche son orientation. Sait-il au moins vers quoi et par quoi s'orienter ? Tant d'idéologies ou doctrines suspectes, depuis un demi-siècle et plus, — impérialisme, américanisme, centralisme canadien — se sont appliquées à déraciner le Canadien français, à le désaxer, à lui brouiller la ligne de son destin. Le bilinguisme, par exemple, non pas tant pour son profit intellectuel que pour son avantage utilitaire, reste toujours l'un des grands débats pédagogiques, même et surtout dans les couches populaires. Au fond combien se laissent prendre à l'illusion des cultures et des civilisations composites, comme si ces sortes de dédoublements culturels n'existaient point qu'à l'état de transition, le temps pour le creuset de refaire l'unité au profit de l'élément le plus vigoureux ? Par bonheur, encore cette fois, quelques hommes de pensée se sont trouvés, M. Esdras Minville, dans *le Citoyen canadien-français*, le Père Richard Arès, dans *Notre question nationale*, d'autres, pour rappeler les vérités opportunes, les points cardinaux de toute culture nationale. La pire catastrophe, pour une nationalité, on ne peut plus l'ignorer, c'est de rompre avec ses traditions intellectuelles, un peuple ne changeant d'esprit que pour cesser d'exister. Le Canadien français est né, a été établi en latinité. Que gagnerait-il à en sortir ? Serait-ce bien l'heure de tourner le dos aux humanités classiques, quand des Américains, des Anglo-Canadiens de culture universitaire, scientifique, rappellent que « le système d'éducation qui tend actuellement à former d'habiles spécialistes sans les pourvoir de la base étendue d'une culture libérale, classique et littéraire, constitue une menace sérieuse pour la démocratie » et pour la formation même des grands ingénieurs ou techniciens. Les Canadiens français ont pu apprendre aussi que les nations hybrides sont pures chimères, abstractions de l'esprit. Et l'opportune vérité leur a été rappelée, en particulier, par un homme nullement suspect de préjugés antianglais. « On peut et on doit apprendre bien des langues, leur a dit M. Etienne Gilson, mais on ne peut en avoir qu'une... Chacun de nous n'a qu'une pensée; c'est pourquoi chacun de nous n'a qu'une langue. »

L'enseignement secondaire avait été invité à se repenser. Il vient de le faire. Sa réforme, tout en préservant ce qu'il faut préserver, croit-il, offre à l'humanisme scientifique quelques concessions. L'avenir dira avec quel profit.

Que vaut d'abord cette production ? Nous n'écrivons pas ici un chapitre de l'histoire littéraire depuis 1867. Notons toutefois que la postérité retiendra, avec bien d'autres, sans doute, ces quelques noms: en poésie, Louis Fréchette, Emile Nelligan, Albert Lozeau, St-Denys-Garneau; dans le roman: Ringuet, Mme Guèvremont, Gabrielle Roy, Léo-Paul Desrosiers; parmi les essayistes, Edmond de Nevers, Mgr Camille Roy, Edouard Montpetit, Mgr Félix-Antoine Savard; parmi les orateurs, Henri Bourassa; dans le journalisme, Olivar Asselin, Jules Fournier, Omer Héroux, Georges Pelletier; dans les ouvrages de pensée philosophique: Mgr L.-A. Pâquet, le Père Louis Lachance, o.p.; en histoire, Thomas Chapais, d'autres qui débutent. Le palmarès serait encore plus court dans le domaine des beaux-arts. Si M. Gérard Morisset admet un progrès notable dans l'architecture, ailleurs la génération des pasticheurs est loin de s'éteindre. Les modes et snobismes étrangers exercent toujours leur souveraineté. M. Marius Barbeau, quelque peu pessimiste, demande éploré: « Que sont devenus les Baillargé, les Quevillon, les Ranvoyzé, les brodeuses d'ornements du monastère des Ursulines, les doreuses de l'Hôpital Général... En disparaissant, ces anciens Canadiens ont apporté avec eux notre habitation, nos arts, nos amusements, nos fêtes, notre culture. » Donc en art comme en littérature, rares sont les chefs-d'œuvre, si même il s'en trouve. On ne dépasse guère, de temps à autre, les honnêtes réussites.

Scepticisme de l'intelligentzia

En peut-il être autrement quand, pour un trop grand nombre, artistes et littérateurs, en sont à s'interroger sur l'existence d'une culture canadienne-française et sur ses chances d'avenir ? En 1940-1941, M. André Laurendeau instituait, dans la revue, l'*Action Nationale,* une enquête sur le sujet. Radio-Canada y est revenu en 1952. Sur les trente et quelques intellectuels consultés, la majorité, il est vrai, persiste à croire en l'existence d'une culture nationale. En revanche que d'opinions pessimistes ont saisi l'occasion de s'énoncer. Pour les uns, la culture canadienne-française en serait à un « déclin marqué »; pour d'autres, elle tendrait à disparaître; pour un homme du dehors, l'Américain Everett Cherrington Hughes, professeur à l'Université de Chicago, elle serait en pleine crise.

Etat d'esprit étrange. Où en trouver l'explication ? On comprend assez bien un scepticisme de cette sorte chez les peuples vieillis, pris du vertige de la décadence. On le comprend moins chez un peuple jeune, fils d'un pays neuf, aux espoirs passionnants et qui a vécu tout de même une histoire de quelque densité. Après tout, depuis 1760, les Canadiens français n'ont pas édifié que du négatif et du mort-né. En bien des domaines, ils ont fait preuve d'une remarquable vitalité. S'ils n'ont pas su s'assimiler, autant qu'ils l'auraient dû, les institutions politiques du conquérant, ils ont du moins mis l'instrument à leur service; ils s'en sont fait une arme pour la conquête de leurs libertés essentielles. Ils se sont façonné un système d'enseignement, de la base au sommet, conforme à leur esprit, aux exigences de leur culture d'origine. Ils ont su garder, amender, codifier leur droit civil français. Les pires obstacles ne les ont pas empêchés de conquérir, d'humaniser de vastes régions de leur province et de leur pays. Ils ont perdu, dira-t-on, la bataille économique. Pouvaient-ils éviter l'inévitable? Et si leur vie en a été révolutionnée, ils n'en ont pas moins survécu comme nationalité. Ils existent encore et ils sont restés assez vivants pour inquiéter leurs rivaux. Aidés de l'Eglise, ils ont donné au fait français, ici-même, d'un bout à l'autre du Canada et un peu dans toutes les parties du monde, un rayonnement que bien des peuples plus puissants pourraient leur envier. Encore une fois, comment expliquer le désarmement moral de trop de chefs de file canadiens-français? L'énigme revient toujours. Pierre Jouguelet, s'essayant à décrire les tendances maîtresses de la littérature contemporaine *(Etudes,* décembre 1951) les ramène à ces quelques propositions: « Au nom de la vie et de l'histoire... peindre le monde mouvant où l'homme est jeté... Comprendre l'homme par ce qui l'entoure, plutôt que par ce qu'il est en lui-même. » Et dans cette soumission absolue au moment, au milieu, Jouguelet ne range pas seulement les écrivains marxistes ou existentialistes, conduits par leurs « présupposés philosophiques », à ne pas séparer l'homme de son contexte historique. La tendance, il croit aussi la discerner dans les littératures « concentrationnaires » et « contre-révolutionnaires », et parmi leurs tenants les plus célèbres de France, d'Angleterre, des Etats-Unis et d'ailleurs. Par quel hasard trouverions-nous au Canada français la tendance précisément contraire? Comment des chefs intellectuels n'ont-ils pas aperçu ici-même, en Amérique, au Canada, la tragédie de leur temps? Comment cette élite canadienne-française a-t-elle pu n'avoir nulle conscience du sort de sa race, de sa culture, qui, loyalement entrevu, lui aurait apporté la bienfaisante morsure de l'angoisse? Au contraire, que de fois, en ces derniers temps, n'a-t-on pas reproché aux artistes, aux romanciers du crû, de s'abstraire de leur milieu, d'aborder des sujets et de créer des personnages qu'on dirait d'aucun climat géographique ou spirituel? Comment?... Arrêtons-nous un moment à quelques aveux. Les pessimistes de l'enquête de *l'Action nationale,* lorsqu'ils parlent de recul ou de déclin de la culture canadienne-française, les font dater de l'époque de la Confédération. Alfred DesRochers écrit, par exemple: « Nos quelque quatre-vingts ans de « self government » dans tous les domaines ont détruit infiniment plus d'éléments virtuels de culture que ne l'avaient fait les quatre-vingts ans de « persécution ». » Marius Barbeau avait déjà noté, il y a quelques années, la vivacité de la « tradition artistique au Canada français après la conquête. Elle fit plus que se conserver chez nous, avait-il écrit: elle s'élargit, s'individualisa et s'imprégna du pays où elle avait plongé ses racines. » En fait elle avait gardé assez d'originalité et de puissance créatrice pour conserver et faire évoluer, dans l'architecture et la sculpture, la tradition française de la Renaissance que, chez elle, la France avait laissée s'éteindre. Vitalité artistique que M. Marius Barbeau voit s'affaisser et, lui aussi, avec la période de 1867: « Aujourd'hui ballottés par les soubresauts de l'industrie moderne et poussés par les vents d'opinions contradictoires, nous errons à l'aventure, dépaysés et en quête de nouveautés. » Qu'est-ce à dire ? Nous savions déjà qu'à bien des égards, la Confédération n'eut rien ou si peu d'un départ de quelque importance. Mais faudrait-il admettre cette singularité qu'au Canada français, la culture aurait commencé de s'anémier, précisément à partir des jours où, remise dans ses cadres géographiques et historiques, et en possession de son autonomie politique, la nationalité aurait dû prendre plus vive conscience de soi et s'élancer vers un solide avenir ? La singularité s'atténue, si l'on fait le compte des misères et lacunes qui, après 1867, ont grevé, amoindri l'autonomie de la province: colonialisme économique, colonialisme de l'intérieur ou colonialisme d'Ottawa; Ottawa lui-même entêté dans le colonialisme britannique. L'on n'est pas impunément la province d'un pays puérilement cramponné au stade colonial, le dernier des trois Amériques à conquérir son indépendance. Comme on avait fait de l'infantilisme politique, on a fait de l'infantilisme culturel. La Confédération, pour sa part, a désorbité les Canadiens français. Pour des raisons que nous avons déjà données, et qui ne tiennent pas seulement aux institutions politiques, elle les a orientés vers un vague canadianisme où rien n'est clair qu'un affaissement continu du sentiment provincialiste et français. Que nous faut-il de plus ? L'unitarisme qui est au fond de l'histoire canadienne depuis 1760, a pu marquer cent ans plus tard un nouveau point. Et c'est ainsi que le jour vint où le Canada français parut avoir perdu sa vieille conscience, sa foi au destin distinct et exaltant des ancêtres. Ses intellectuels, puisque l'on n'est pas chef que pour suivre, auraient pu le sauver sans doute de ce malheur. Au pessimisme défaitiste de Nietzsche, ils auraient pu préférer le pessimisme de la force qui est aussi de Nietzsche: durcissement de l'homme contre son temps, contre la fortune adverse. Trop d'entre eux ont préféré la « trahison des clercs », sans autre souci que de s'abandonner à tout vent qui passe, y compris les fièvres et les névroses des civilisations séniles.

Réaction

Cette fois encore, pourtant, n'exagérons point. Dans la même enquête de 1940-1941, le Père Louis Lachance n'estime pas si méprisable le

« fait canadien-français »; il lui trouve même un tel relief « que le socio-logue le moins perspicace ne *peut* s'empêcher de l'apercevoir ». Et le Père en appelle aux témoignages d'excellents juges: Léon Gérin, Louis Hémon, André Siegfried. Mitchell Hepburn, ancien premier ministre de l'Ontario, M. Bovey de McGill. M. Bovey, qu'il faut citer puisque rien ne vaut tant, au Canada français, qu'un témoignage de l'extérieur, n'est-il pas celui qui écrivit un jour dans *Les Canadiens français d'au-jourd'hui (1940)*: « Car il existe, il faut le savoir, une culture canadienne-française nettement distincte de la culture française et tout aussi nord-américaine que celle des Etats-Unis. » « Notre famille spirituelle, ren-chérit le Père Lachance, est sans contredit l'une des mieux racées et des plus vivaces qu'offre le nord du continent. Elle se détache comme une broderie fine et originale sur l'uniformité du fond anglo-saxon et améri-cain. » François Hertel, réputé esprit libre, ne croit pas impossible la formation d'un milieu générateur de vie originale: « Mon opinion bien nette et souvent exprimée sur cette question est que nous devons tendre à un climat culturel qui soit nôtre, c'est-à-dire spécifiquement canadien-français. » « Si nous devons nous confondre avec le grand Canada, opine de son côté Valdombre, nous sommes perdus. Et bien loin de posséder une culture anglaise ou internationale, nous n'en aurons aucune. » Pour l'abbé Albert Tessier qui s'appuie sur un mot d'Henri Pourrat, le tout réside dans « *une grande fidélité à la réalité particulière.* Il y a autant d'universel dans un brin d'herbe canadien, ou dans un sapin de la Mauricie, soutient l'abbé, que dans les cèdres du Liban ou dans les oliviers des terres chantées par les grands classiques. » Sur quoi il reprend cette pensée d'André Laurendeau, directeur de l'enquête: « L'homme ne s'élève à l'universel que par étapes. Faire sauter un échelon, s'élancer droit dans l'abstrait, c'est risquer de s'y perdre et de fabriquer des idéologies en série. »

L'Enquête de l'*Action Nationale*, décevante pour une part, aura au moins démontré que la majorité des collaborateurs se refusent au pessi-misme résigné. Plus récemment, dans une discussion à la radio, trois jeunes auteurs, dont un étranger, se sont prononcés dans le même sens. Nous les citons l'un après l'autre: « Le Canada français est tellement en santé et offre de telles garanties de longévité qu'un vibrant acte de foi nous devrait venir aux lèvres à tous: notre culture s'achemine lente-ment vers la grande place que l'avenir lui réserve » (Roger Lemelin). « Le peuple canadien-français diffère des autres groupes ethniques de ce continent, et l'on pourrait citer mille traits de mœurs dont l'ensemble nous fournit l'ébauche d'une personnalité, le commencement d'une culture originale » (Robert Elie). « These considerations... supply clear proof, I believe, that there is a lively and vigourous French-Canadian culture » (Mason Wade).

Sans doute, se faut-il garder d'illusions mortelles. Mais le jour où les Canadiens français auront cessé de s'interroger sur les valeurs culturelles de leur milieu et sur son existence, pour admettre tout bonnement, avec Goldwin Smith — encore un de l'extérieur — que le Canada français est bel et bien « a little French nation », ce jour-là, il y aura quelque chose de changé au pays de Québec et il y aura encore de l'avenir pour la culture canadienne-française. « Etre pour produire », dit François Hertel. *Agere sequitur esse,* avons-nous fréquemment rappelé.

CHAPITRE CINQUIÈME

Vie de l'Église — Problème religieux

L'Eglise et les querelles passées. — L'Eglise et ses structures. —
L'Eglise et son expansionnisme. — L'Eglise et les
problèmes de l'heure.

L'Eglise et les querelles passées

« Bien qu'énergie divine et transcendante aux cultures particulières »,
écrit le Père Louis Lachance, o.p., le catholicisme du point de vue
historique et sociologique n'est pas moins « un facteur essentiel de la
culture canadienne-française ». Vérité de fait admise de tous les observateurs, même de ceux de l'extérieur. De ce rôle éminent, comment le
catholicisme s'est-il acquitté, pendant le siècle qui a suivi la Confédération ? Tenterons-nous de saisir, au moins dans ses grands aspects,
ces cent ans de vie religieuse ?

A lire journaux et revues de la période de 1860 à 1900, on croirait
à une Eglise enlisée dans des querelles sans fin. A la vérité, les querelles
n'ont que trop abondé: querelles intérieures, querelles entre gens d'église,
autour de la paroisse Notre-Dame de Montréal et de sa division; querelle
universitaire entre Québec et Montréal; querelle pédagogique, querelle
des « gaumistes » sur l'usage des auteurs païens dans les études classiques; puis querelles doctrinales à propos de libéralisme catholique et de
gallicanisme; querelle de Mgr Bourget et de l'Institut Canadien de
Montréal, querelle qui aura pour épilogue le Procès Guibord; querelles
politico-religieuses: interventions de l'épiscopat dans les élections, dans
les questions scolaires des minorités, dans la participation aux guerres
européennes, etc. Querelles trop longues quelquefois et trop vives. On
ferait bien de noter toutefois qu'après 1867, dans le Québec, soit la
première fois dans le siècle qui a suivi la conquête, l'Eglise vit enfin sa
vie, sous un gouvernement catholique de fait. Entre elle et l'Etat, un
point d'équilibre, un nouveau *modus vivendi* restait à établir. Qui s'éton-

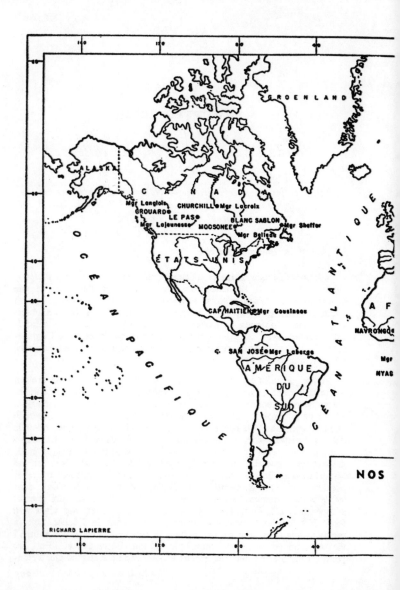

DIOCÈSES MISSIONNAIRES

EN 1952

LÉGENDE

rêché: Suchow — Évêque: Mgr Côté

nera de quelques tâtonnements et même de quelques heurts ? Puis, il convient d'élargir les perspectives. L'Eglise canadienne n'est pas une Eglise en vase clos. Elle est de son temps et en subit l'atmosphère et les fièvres. L'état trouble du monde catholique, à l'époque où nous sommes, révélera peut-être, dans les querelles québécoises, un simple écho des querelles européennes. Par exemple, nous savons d'où procède le « Gaumisme ». On combat ici le gallicanisme; mais on le combat aussi et bien davantage en Europe: gallicanisme ou omnipotence des évêques dénoncé par des prêtres de France, gallicanisme des Etats dénoncé par Pie IX. Si l'on pourchasse ici, et avec quelle rigueur, le libéralisme catholique, c'est qu'un peu partout, en Europe, les catholiques se partagent en deux camps profondément adverses: catholiques libéraux et catholiques intransigeants ou ultramontains. C'est aussi que le libéralisme porte le masque d'une suprême équivoque, sinon d'une imposture, doctrine d'abord présentée après 1848, comme une doctrine de liberté pour tous, puis doctrine ouvertement hostile à la liberté de l'Eglise et à la liberté religieuse. Epoque de douloureuses inquiétudes pour l'Eglise, vexée, persécutée dans presque tous les Etats de l'Europe, le Pape chassé de ses Etats, poursuivi jusque dans l'exil. Epoque aussi de toutes les audaces intellectuelles, généralement anti-chrétiennes. Après 1854, le chef de l'Eglise placera, au sommet de ses préoccupations, l'urgence d'une restauration doctrinale, souci qui allait aboutir, dix ans plus tard, à l'Encyclique *Quanta Cura* et au *Syllabus,* deux des plus graves documents de l'histoire de l'Eglise, condamnation des erreurs modernes, dans l'ordre intellectuel, social, politique, préface en quelque sorte au prochain Concile du Vatican. Le Canada pouvait-il échapper à toutes ces effervescences ?

Au surplus, beaucoup des querelles canadiennes ne sont pas restées sans conséquences bienfaisantes. Comme elle l'avait fait en 1840, puis après 1848 pour neutraliser, rectifier les courants d'idées malsaines, issus du dix-huitième siècle français, puis du romantisme de 1830, puis de l'influence mennaisienne en 1837, puis dix ans plus tard, de l'école de l'*Avenir* et de la jeunesse démocratique, l'Eglise réussit de nouveau à raffermir certains points de doctrine, en particulier sur ses rapports avec l'Etat; elle se débarrasse de quelques restes de gallicanisme; dans la haute direction de l'enseignement public, elle se fait reconnaître des droits importants. Le clergé rectifie opportunément quelques-unes de ses positions. La politique l'expose à de regrettables froissements avec une partie de ses fidèles. Le clergé s'est par trop inféodé au parti conservateur, quelque justifiable que fût cette inféodation par l'esprit radical et souvent anticlérical du parti adverse. Une presse catholique, dont l'*Etendard* peut être considéré comme le prototype, presse dite des « castors » ou ultramontains, presse d'excellente inspiration d'ordinaire, mais presse aussi politique que religieuse, ne contribue pas peu à brouiller les esprits. Entre le parti libéral et le clergé deux hommes auront préparé le rapprochement. En 1877, dans une conférence sur le « libéralisme politique », conférence qui obtient large retentissement, Wilfrid Laurier répudie franchement le programme de la jeunesse démocratique, programme des « rouges » de 1848; il en désavoue toute la partie sociale, pour n'en garder que les aspirations politiques, aspirations qu'il rattache, du reste, aux principes du libéralisme anglais. Pour supprimer, de la vie de la province, ces sources de divisions, Honoré Mercier fera encore davantage. Mercier est d'un catholicisme encore moins suspect que celui de Laurier. En 1871 il a été l'une des vedettes du parti national; en 1886, il a été l'allié des conservateurs-nationaux et des ultramontains; puis il sera l'homme du règlement des Biens des Jésuites. L'arrivée au pouvoir de Wilfrid Laurier, en 1896, au plus vif de la controverse autour des Ecoles du Manitoba, vient tout près de ranimer les anciennes querelles. Une intervention de Rome fait s'amortir les chocs. A partir de ce moment, peut-on dire, les passions politiques ne creuseront plus guère de fossé entre le peuple et son clergé. La participation du Canada aux guerres de la Grande-Bretagne risquera, il est vrai, d'assombrir de nouveau l'atmosphère. Violemment hostile à la conscription pour service à l'étranger, le peuple du Québec ne goûtera pas plus l'intervention de l'épiscopat en 1914 qu'il ne l'avait goûtée en 1775. L'évolution constitutionnelle du pays, parvenu théoriquement à l'indépendance, rendra impossible désormais ces retours à un loyalisme désuet.

L'Eglise et ses structures

Orages d'ailleurs plus superficiels que profonds et qui n'ont pas empêché l'Eglise d'approfondir sa vie et de fortifier ses structures. L'époque de 1840 avait marqué pour elle une renaissance. L'époque de 1867 n'a point ralenti cet élan. Il faudrait plus qu'un chapitre pour décrire ce que nous oserions appeler une véritable explosion de vitalité religieuse. La liste s'imposerait d'abord des communautés d'hommes et de femmes, fondées au pays ou venues d'Europe, et dont s'est trouvé renforcé le puissant organisme. Incontestablement, dans la province, l'Eglise s'impose comme l'Institution la plus musclée. La multiplication des grands séminaires, la fondation à Rome, en 1887, du Collège Canadien — fondation due à la générosité de Saint-Sulpice — ont renouvelé l'enseignement philosophique et théologique. Les communautés contemplatives maintiennent, sur maints points, les formes les plus élevées de la vie spirituelle. L'Eglise n'a rien perdu de son rôle traditionnel dans l'enseignement public. Par voie médiate ou immédiate, par ses congrégations enseignantes d'hommes et de femmes, par ses instituteurs et institutrices laïcs formés dans ses écoles normales, par les principaux de ces écoles, tous ecclésiastiques, par ses visiteurs d'écoles dans les villes, par ses aumôniers dans les écoles d'Etat, par le personnel enseignant de ses séminaires et collèges d'enseignement secondaire, par ses recteurs d'université, partout, dans le Québec, elle occupe si solidement la place que des esprits chagrins lui reprochent parfois ce qu'ils appellent un monopole. Le rôle de l'Eglise n'est pas moindre dans l'hospitalisation. Rares les hôpitaux ou institutions d'assistance sociale qui, pour leur administration, ne relèvent point d'un personnel religieux, ou du moins de sa collaboration. L'évolution rapide de la médecine, et, par suite, la multiplication croissante des cas d'hôpitaux, l'une et l'autre se combinant avec la prolétarisation des masses urbaines, ont révolutionné le régime de l'ancienne hospitalisation. Incapable de se refuser désormais à l'assistance de l'Etat, l'hôpital a tendance à devenir de moins en moins, par nécessité administrative, entreprise de charité. Une formule reste à trouver qui sauvegardera à l'Eglise, peut-on espérer, sa mission traditionnelle.

L'Eglise et son expansionnisme

Le fait dominant dans l'histoire de l'Eglise du Canada français, depuis cent ans, c'est pourtant son extraordinaire expansion. Expansion dans le Québec même, expansion par tout le Canada et sur tous les continents de mission. Dans le Québec, la fondation de paroisses et de diocèses a naturellement suivi la conquête et la mise en exploitation des nouveaux territoires. En 1871 les diocèses de population en majorité française régis par des évêques de langue française ne dépassent pas le nombre de 5 dans la province de Québec et de 3 dans le reste du Canada. En 1952, dans le Québec seul, les diocèses s'établissent au nombre de 16 sans compter les deux vicariats apostoliques du Labrador et de la Baie James. En dehors du Québec, il faut compter 3 diocèses dans le Nouveau-Brunswick, 4 dans l'Ontario, 1 au Manitoba, 2 dans le Saskat-chewan, 2 dans l'Alberta. Dans les rudes régions des Territoires du Nord-Ouest, deux vicariats apostoliques ont pour titulaires des évêques de langue française.

L'accroissement numérique des catholiques de langue française au Canada suit, comme il va de soi, une progression parallèle. En 1871, dans les quatre provinces-mères de la Confédération, les catholiques sont au nombre de 1,492,029, dont 1,019,850, rien que dans le Québec. Les statistiques que nous possédons pour le moment s'arrêtent à 1941. Cette année-là, sur une population totale de 11,506,655 âmes qui est celle du Canada, les catholiques figurent pour 4,986,522, soit pour 43.34 pour cent. Dans l'ensemble de cette population, les catholiques de langue française forment, à eux seuls, 67.76 pour cent. A noter également que, seul de tous les groupes catholiques, avec quelques petits noyaux de Néo-Canadiens (Tchèques et Slovaques, Ukrainiens, Allemands, Hébreux, Asiatiques) le groupe français enregistre une avance numérique. Dans le total des catholiques romains, il occupe une proportion de 66.48 en 1931 et passe à 67.76 pour cent en 1941, alors que, pendant la même décennie, l'élément irlandais, pour ne citer que celui-là, descend de 8.98 à 8.11 pour cent.

Dans la vie religieuse du Canada français, une autre expansion aura pourtant formé, en ces derniers temps, le grand chapitre, sinon même le plus grand de toute son histoire. L'idée apostolique, nous l'avons partout rencontrée, sous-jacente à cette histoire, comme une forte et transparente nervure. N'a-t-elle pas inspiré, pour une grande part, la fondation de la Nouvelle-France ? Elle est au sommet des fins colonisatrices du pays. Sublimée en quelque sorte par les premiers missionnaires, les premières religieuses, par des fondations comme celle de Ville-Marie, elle finit par passionner une bonne partie du peuple. C'est encore elle qui inspire largement l'expansion française à travers l'Amérique, devient l'un des contreforts de l'empire français. Va-t-elle s'affaisser sous le régime britannique ? Une colonie pourtant pauvre entreprend de fournir des apôtres à toutes les églises du Canada, à beaucoup d'églises des Etats-Unis. « De cette petite province de Québec, de cette minuscule colonie française, dont la langue, dit-on, est appelée à disparaître, rappelait en 1912, M. Henri Bourassa à Mgr Bourne, sont sortis les trois quarts du clergé de l'Amérique du Nord... » Quand les églises canadiennes et américaines commenceront à se suffire, l'idée-missionnaire partira à la conquête des champs nouveaux, plus vastes et plus lointains. Le Canada français apostolique connaîtra, cette fois, l'expansion mondiale. Fait aussi merveilleux qu'ignoré. « Cette ampleur du mouvement missionnaire canadien est à peine soupçonnée par les nôtres et pratiquement ignorée à l'étranger », déplore le petit *Bulletin de l'Union Missionnaire du clergé* (oct.-déc. 1950). Dans son *Canada apostolique* (1919), M. Henri Bourassa profère la même plainte et dénonce « ce singulier état d'esprit, né de l'abjection coloniale, qui porte tant de Canadiens à méconnaître les beautés de leur histoire pour accorder toute leur admiration aux œuvres de l'étranger. » Citons rapidement quelques chiffres qui dispensent de toute autre éloquence. On recense en 1952, 3,437 missionnaires canadiens (dont 117 de langue anglaise), répartis dans les missions indiennes et esquimaudes au Canada, en celles d'Afrique, d'Amérique centrale et méridionale, du Japon, de la Chine, des Philippines, des Indes-Pakistan-Ceylan, de l'Indochine-Corée, de l'Océanie, de l'Egypte, de la Palestine. On recense de même 24 diocèses ou territoires d'évangélisation (dont 8 en Afrique, 2 aux Indes, 6 en Extrême-Orient) régis par des évêques canadiens-français. En proportion mathématique, ces chiffres signifient, pour les 1,700,000 catholiques canadiens de langue anglaise, 1 missionnaire par 14,529 catholiques, et pour les 3,697,000 catholiques canadiens-français, 1 missionnaire par 1,113 fidèles. « Nous n'avons pas encore atteint le record inégalé de la Hollande, avoue le petit *Bulletin* cité tout à l'heure, mais nous pouvons être fiers de ce que nous accomplissons. » Geste admirable d'un petit peuple que si souvent l'on a dit recroquevillé dans son incurable « isolationnisme ». Et pourtant, qui plus que lui, au Canada, est sorti de chez lui ? Qui a dépêché, à travers le monde, plus d'ambassadeurs et les ambassadeurs les plus pacifiques et les plus profitables à leur pays même ?

L'Eglise et les problèmes de l'heure

Ces glorieux succès ne sauraient cacher, sans doute, à l'Eglise du Canada français, ses périls d'aujourd'hui, la tâche géante qu'il lui faut affronter en son pays même. Les pires menaces ne lui viennent point du côté de l'esprit: menaces d'hérésies, d'idéologies antireligieuses, encore qu'elle ne puisse négliger les quelques courants d'anticléricalisme qui commencent à sourdre dans les jeunes générations: audace d'esprit, impatience de tout frein qui rappellent singulièrement le libéralisme catholique à la mode de 1860. Ses plus graves dangers viennent plutôt à l'Eglise du côté des mœurs, de l'air du continent, de l'*American way of life,* influences redoutables et d'une prise extraordinaire sur un peuple trop dénué de personnalité nationale pour y opposer la simple répulsion naturelle. Dans un pays riche et fortement atteint par la religion du confort, la pauvreté évangélique n'est pas sans péril dans le clergé. Ramenée trop souvent au rôle de quémandeuse par les exigences toujours croissantes de l'enseignement et de l'hospitalisation, l'Eglise aura encore besoin de préserver sa légitime indépendance à l'égard des pouvoirs publics. Le problème majeur, toutefois, pour l'Eglise du Canada français, ce pourrait être l'urgence d'une réadaptation presque foncière à un nouvel état social, l'opportunité d'un renouvellement de ses méthodes d'apostolat calquées jusqu'à hier sur les besoins d'un peuple essentiellement paysan, transformé tout à coup, jusqu'aux deux tiers, en un peuple d'ouvriers urbains, ouvriers trop souvent prolétaires. Ce peuple nouveau, issu de la révolution économique et qui forme désormais le plus gros du corps de la nation, comment lui faire franchir la terrible étape, comment l'associer aux fins communes, comment le garder à l'empire de la vieille croyance ? Ce peuple, l'Eglise saura-t-elle le préserver comme elle a préservé les ancêtres ? Saura-t-elle saisir à temps les nouvelles structures pour les informer de son esprit ? Saura-t-elle rétablir l'autorité de la foi sur un pauvre monde déraciné, exposé presque nu à tous les courants d'air ?

Avouons que les exigences des temps nouveaux ne lui échappent pas tout à fait. Dans les groupes minoritaires, les évêques restent encore les véritables chefs de leur petit peuple, les défenseurs de la Cité. Dans le Québec, le clergé, par son appui à la colonisation, à la classe rurale, fait plus que personne pour maintenir, contre toutes forces adverses, une base paysanne à la province-mère et aux groupes dispersés. L'épiscopat québécois, dans une lettre pastorale collective, « *Sur le Problème rural au regard de la doctrine sociale de l'Eglise* (1937), a déjà dressé, il y a peu d'années, ce qu'on pourrait appeler la charte des agriculteurs. Il vient de faire la même chose, pour la classe ouvrière, dans sa Lettre collective *Sur le Problème ouvrier au regard de la doctrine sociale de l'Eglise,* lettre unanimement louée dans les milieux des sociologues et jusqu'à Rome. Le même épiscopat appuie, de toutes ses forces, le syndicalisme catholique. Enfin il développe, à grands efforts, l'action catholique telle que préconisée par les derniers Papes, mobilisation de forces qui, au Canada, paraît encore chercher sa formule, mais qui porte en soi ce mérite suprême de rendre le plus modeste fidèle solidaire de la vie de l'Eglise. Autant de faits qui témoignent qu'au moins les pasteurs sont au guet et que l'avenir peut être sauvé.

Conclusion

J'achève ici cette synthèse de l'histoire du Canada français. Je n'avais pas songé à l'écrire, du moins telle qu'en ces deux volumes on l'aura pu lire. Elle est le fruit de circonstances fortuites. Un mécène, la Société Saint-Jean-Baptiste de Montréal, a sollicité cette œuvre et l'a rendue possible.

Je ne m'en dissimule point les faiblesses: faiblesses, avec quelques autres, de toute synthèse historique. Impuissance de l'esprit à dégager de l'énorme masse des faits, les lignes directrices, les événements-clés d'une période ou d'une époque; difficulté presque insurmontable de démêler, dans le jeu enchevêtré de facteurs si divers, la juste activité de chacun, tout de même qu'entre tous, l'exacte dépendance; difficulté non moindre de suivre, en son déroulement de plusieurs siècles, sans jamais la perdre, la courbe indécise et souvent infléchie d'une vie de peuple. Histoire ! tourment de l'homme, œuvre presque surhumaine qui exige d'être vue de si haut et d'un œil de si large vision que Dieu seul, a-t-on dit, serait l'historien parfait.

J'ai néanmoins tâché d'écrire cette petite synthèse, avec toute ma loyauté d'homme. Je l'ai écrite avec intérêt; je dirai même avec amour. Un peuple de civilisation française, ne fût-il que le débris d'un grand rêve avorté, est en Amérique du Nord une présence originale. Un peuple de croyants garde plus que jamais sa place, place éminente dans le monde d'aujourd'hui. Puisse le présent ouvrage, par ses imperfections même, inviter les historiens de demain à scruter davantage les problèmes qu'il évoque. Et puissent les Canadiens français, sachant mieux peut-être à quelle essence humaine ils appartiennent, savoir aussi de quel message ils sont les porteurs. Et je ne regretterai pas ma peine.

*　*　*

Quel sort attend cette bouture de France sous le ciel d'Amérique ? Ressaisissons une dernière fois les traits de ce petit peuple et de son histoire. Le Canada français, on l'a assez dit au cours de ces pages, n'a plus rien d'une entité géographique. Entité culturelle, seul mot qui le définisse. Soit par reconstitution d'anciens groupes, comme c'est le cas dans l'est, au pays d'Acadie, soit par migrations continues vers l'ouest, le Canada français, avec le Québec pour principal foyer et centre de gravité, étend aujourd'hui ses ramifications ou rallonges d'un océan à l'autre, de Saint-Jean de Terre-Neuve à Vancouver. En 1951, sur une population totale de 14,009,429, pour tout le Canada, la population française compte pour 4,319,167 dont 999,039, près d'un million, hors du Québec. Elle se répartit comme suit:

    3,327,128 dans le Québec
        9,841 à Terre-Neuve
       15,477 à l'Ile-du-Prince-Edouard
       73,760 en Nouvelle-Ecosse
      197,681 au Nouveau-Brunswick
      477,677 dans l'Ontario
       66,020 au Manitoba
       51,930 en Saskatchewan
       56,185 en Alberta
       41,919 en Colombie
          645 au Yukon
          954 dans les Territoires du Nord-Ouest.

Quelques faits consolants corrigent cette dispersion incontestablement démesurée. Partout, au Canada, à la fin de la décennie 1941-1951, la population française se révèle à la hausse. Elle s'est accrue de 23.7 pour cent, alors que la population de tout le pays n'a augmenté que de 21.7 pour cent. En dépit de l'annexion de Terre-Neuve et d'une immigration considérable d'Europe dont presque rien ne lui a profité, elle en reste à 30.7 pour cent dans la population totale — sa position de 1931. L'urbanisation s'est continuée au point que l'élément français semblerait en train de reconquérir Montréal. Il n'y comptait que pour 66.3 pour cent en 1941; son pourcentage s'élève à 67.6 pour cent en 1951. En revanche, et fort heureusement, l'on relève une poussée plus considérable vers les petits centres urbains. Pendant que, dans les villes de 30,000 à 100,000 âmes, la population totale a augmenté de 22.4 pour cent, l'accroissement de la population d'origine française a été de 31 pour cent. Le même accroissement s'élève à 53.1 pour cent dans les petites villes de 10,000 à 30,000, alors qu'il ne dépasse pas 35.9 pour cent pour les autres groupes ethniques.

Autre fait consolant. Une note originale et commune s'attache partout à ces émigrants de race française, Acadiens ou Canadiens, qui s'éparpillent d'une province à l'autre. Ils ne ressemblent en rien aux émigrants venus de l'extérieur. Ils n'ont point quitté leurs vieilles provinces, résolus à faire table rase de leur passé, de leurs traditions, comme on se dépouille hâtivement de ses loques de miséreux. Avec leur bagage matériel, ils en ont emporté un autre, plus lourd, leur héritage culturel: foi, langue, tout un complexe moral et psychologique, étincelle du feu sacré, relique de la première patrie. En quelque lieu qu'ils s'installent, observez leur comportement. Partout ils deviennent un ferment de liberté. Ils réclament des droits: droits scolaires, droits linguistiques, droits constitutionnels, droits de premiers-nés au Canada. Où la législation les leur refuse, ils se pourvoient eux-mêmes en marge de la loi; ils se créent les organismes autonomes indispensables à leurs modes de vie. En bref, ils entendent demeurer ce qu'ils sont, garder tout ce qu'ils pourront de l'héritage. Bons citoyens, serviables, accueillants à tous, ils se révèlent sur certaines choses d'une suprême intransigeance. Eux seuls au Canada ont vraiment livré, pour la liberté scolaire, pour la défense de leur culture et de leur foi, des luttes opiniâtres, souvent héroïques. Leur histoire les a marqués d'une telle empreinte qu'un peu partout, en Amérique, on les tient pour le groupe le plus inassimilable après le juif.

Volonté de vie autonome parmi les dispersés. Au vieux foyer de Québec, même exigence vitale, volonté continue, nourrie inlassablement et qui revêt le caractère d'une constante d'histoire. Quel aspect du passé s'offre plus opportunément aux méditations de la génération d'aujourd'hui, par trop tentée de rupture avec l'ancienne ? Se gouverner soi-même, se charger du fardeau de son destin, se refuser à toute forme de colonialisme, aspiration que nous avons pu retracer, on s'en souvient, jusque sous l'ancien régime. Aspiration que l'on retrouve, et en quelle vigueur, après 1760. Elle a pu connaître, comme en toute existence de peuple, des courbes, des alternances d'affaissement et d'exaltation. Pendant deux siècles tout près, elle n'a jamais complètement abdiqué. Tension d'âme, effort en droiture d'une austère beauté et qui fera dire à M. Stewart C. Easton, dans le *Saturday Night* (Toronto, 24 octobre 1946): « Saga unique dans l'histoire ».

Mais cette continuité historique, autre sujet de méditation, où en trouver le point de départ, le motif de soutien ? On ne saurait l'attribuer à l'aveugle et fragile instinct. Elle suppose une attitude d'esprit, la conscience vive des valeurs de civilisation qu'on porte en soi, une foi, foi d'un peuple en un humanisme dont il éprouve les affinités secrètes avec son être profond. Elle suppose encore, dans l'âme d'un peuple croyant, la conscience plus ou moins nette d'un message original à livrer au monde. Persuasion, perspective chrétienne, où collectivités autant qu'individus se sentent chargés de mission, engagés dans la partie suprême, voulue, entreprise par le Christ il y a vingt siècles pour la rédemption de l'univers et pour une ressaisie de l'histoire humaine. Que le peuple canadien-français n'ait pas traité à la légère ce rôle historique ni la vaste perspective, tout son passé missionnaire en fournit l'ample témoignage. Son message, celui de sa culture et de sa croyance, peut-on dire aussi qu'il l'aurait complètement ignoré ? Une métaphysique de l'homme et de ses souveraines prérogatives compte pour quelque chose dans la vie d'un pays. Encore davantage, une fidélité, même entachée d'oublis, aux valeurs morales et spirituelles où l'historien Toynbee a vu les bases mêmes de la civilisation occidentale. Or, quel groupe, au Canada, plus que le Canadien français, a revendiqué les libertés les plus chères à l'homme, la liberté civile et religieuse, entretenu la passion de la liberté politique, de l'indépendance nationale ? Quel haut exemple de justice il aura donné dans le Québec, par son respect du droit minoritaire ! Pour la défense ou la restauration du même droit, quel autre et magnifique exemple de ténacité auront fourni dans presque toutes les provinces, ses petits groupes dispersés ! Centré sur son unique pays, il aura été, pour le patriotisme canadien et pour l'avenir de la patrie canadienne, un élément de stabilisation. Peuple solitaire, plus par nécessité que par penchant, mais quoi qu'on ait dit, nullement isolationniste, fils d'ailleurs de ces grandes internationales que sont la culture française et l'Eglise universelle, on s'apercevra peut-être un jour qu'il aura aidé ses compatriotes anglo-canadiens à sortir de leur anglo-saxonnisme, pour s'épandre jusqu'aux vraies frontières de la fraternité humaine.

* * *

Les Canadiens français croient-ils toujours en leur histoire, en son prolongement possible, selon la ligne tracée par les ancêtres ? Pour eux les problèmes surgissent de partout et dans la plus redoutable conjonction: révolution économique et sociale, révolution politique ou centralisme, révolution des mœurs ou des modes de vie par l'américanisme. Les périls les plus graves et tous à la fois. En leur vie intérieure, rien de plus facile que de relever les symptômes inquiétants. Indéniablement une transformation s'accomplit du type canadien-français, et elle s'accomplit au rythme accéléré. Dans ce monde volcanique où il est plongé, les traditions se dissolvent, les mœurs s'altèrent, l'âme perd son visage. Après lecture, par exemple, d'un petit livre comme *Testament de mon enfance* de M. Robert de Roquebrune, force est bien de s'avouer qu'au Canada français, une forme de civilisation, une fleur humaine est morte qui ne renaîtra plus. Pourtant les nations catholiques, au moins celles-là, sont nations guérissables. Leur foi, elles n'ont pas le droit de l'ignorer, a déposé en elles une sève immortelle, d'impérissables promesses de vie ou de résurrection. Pour les Canadiens français, a-t-on écrit, l'heure est venue des « choix profonds »; ils en sont sûrement à une épreuve de forces. Ils auraient besoin, semble-t-il, de repenser les problèmes fondamentaux de leur vie et peut-être même de retrouver leur âme. Un peuple ne vit pas du seul parfum resté au fond d'un vase vide. Une Chaire de civilisation canadienne-française comme celle que M. Esdras Minville, assisté de la Société Saint-Jean-Baptiste de Montréal, entreprend d'instaurer à l'Université de Montréal et qui aura sa réplique à l'Université Laval, ne pourrait-elle fournir le principe d'une Renaissance ? On voudra pourtant ne pas l'oublier: s'attacher irrévocablement à ses lignes de force, vivre son histoire en ligne droite, n'est pas seulement affaire d'intelligence; c'est d'abord acte de volonté, effort conscient et long. Une Renaissance ne sera pas le fruit de l'unique chance. Chaque génération, depuis 1760, a dû mériter de rester française. Celle d'aujourd'hui ni celle de demain ne le resteront à un moindre prix. Les Canadiens français sont-ils, comme l'a pu dire Toynbee, le *Coming People in the Americas* ? Seule la Providence de Dieu le sait. Ce que nous savons, c'est que, dans le monde d'aujourd'hui, un peuple de quatre millions d'âmes ne peut se flatter de durer qu'à force de vivre.

INDEX

faire de la Rivière-Rouge, 315; bilinguisme, 316-317; unitarisme et droits français, 318-319; conflit scolaire, 319-321.

PANET, J.-Antoine, revendication des droits des Communes, 115.

PANET, Pierre-Louis, l'anglicisé, 95.

PAPINEAU, Joseph, chef de file (1785), 71.

PAPINEAU, Louis-Joseph, l'homme, ses idées politiques, apparition sur la scène, 111-113; parité des Communes canadiennes et anglaises, 115; droit de la Chambre sur tout le revenu, 120; monopole des bureaucrates, 126; inégalité sociale des deux races, 131; institutions oligarchiques et état social du Bas-Canada, 140; admiration des institutions américaines, 141-142; ligue des provinces mécontentes, 146; propositions Goderich, 149, 150; excédé par la lutte, 149; dénonciations du régime, 150; gouvernement responsable, 152; dénonciations de la politique coloniale (1836), 154; confiance aux Communes anglaises, 155; l'indépendance du Canada, 157; scission dans son parti (1832-1833), prestige sur son parti (1835), le *Populaire* et « l'homme infernal »; première brouille avec le clergé (1830-1831), 157-158; sa clique, objectif d'après Gosford, 159-160; déconseille rébellion, 163; attaque sur sa maison (1837), 164; accusé de haute trahison, 164; ce qu'il entend par caste des officiels, 169; lutte politique, point lutte de race, 169; vues prophétiques sur soulèvements, 176; espoir en la mission Durham, 182; emballement démocratique de 1848, 203; programme d'action économique (1838), 209; abolition du régime seigneurial, 219; l'annexionnisme, 237-238; rappel de l'Union, 239; philippiques contre ministre, 245.

PÂQUET, Mgr L.-A., P.-A., 390.

PARENT, Etienne, *l'Acte de Québec*, 54; rôle de l'enseignement public, 128; statuts provinciaux et lois françaises; ostracisme contre la jeunesse professionnelle, 128; théorie du gouvernement responsable, 151; causes des insurrections, 175; l'émigration aux Etats-Unis, 211; industrie au Canada, 214; jugement sur seigneurs, jugement sur professionnels, 219; prêche survivance française, 225; prône l'industrie, 227; sombre beauté des défricheurs, 263.

PARMELEE, George W., l'Institution royale, 128.

Paroisse, état (1790), 90-91; état (1850), 210, 217; évolution, 375-376.

PARTHENAIS, Anatole, l'artiste, 270.

« Parti national » (1871), 331.

Patriote anglais, le, 24.

PATRIOTES, exil, déportation, pendaison, 170.

PEEL, Robert, responsabilité ministérielle, 193; consigne à Bagot, *re* gouvernement responsable, 195; tendance à lâcher les colonies, 204.

PELISSIER, Christophe, Forges du St-Maurice, 84.

PELLETIER, Georges, auteur de *l'Immigration canadienne*, 307, 390.

Pennsylvanie, 28, 31.

« PÈRES » c.-français, imprévoyance *re* diaspora, 312.

PERRAULT, Antonio, avocat, *Pour la défense de nos lois françaises*, 96, 319; Canadiens et droit commercial français, l'article 133, 286.

PERRAULT, Charles-Ovide, député de Vaudreuil, sombres résolutions, 161.

PERRAULT, Joseph-François, 86.

TABLE DES MATIÈRES

Chapitre deuxième

FORMATION DES PARTIS

Chapitre troisième

THÉORIES OU DOCTRINES CONSTITUTIONNELLES

Chapitre quatrième

MALAISE GÉNÉRALISÉ

Chapitre cinquième

MALAISE GÉNÉRALISÉ (suite)

L'ère parlementaire
(1791-1848)

Deuxième partie: *Le conflit*

Chapitre premier

LES INFLUENCES ÉTRANGÈRES
ET ANGLO-CANADIENNES

Chapitre deuxième

RÉFORMES TARDIVES

Chapitre troisième

L'INSURRECTION DANS LES ESPRITS

Chapitre quatrième

L'EXPLOSION

Chapitre cinquième

APERÇU SUR LES ÉVÉNEMENTS DE 1837-1838

L'ère parlementaire
(1791-1848)

Troisième partie: *Après le Conflit*

Chapitre sixième

LE CANADA FRANÇAIS VERS 1850 (suite)

Deuxième partie:

De l'autonomie à l'indépendance
(1848-1931)

PREMIÈRE PÉRIODE

De 1848 à la Confédération, ou la dissolution de l'Union

Chapitre premier

PREMIERS CRAQUEMENTS

Chapitre deuxième

ESSAI DE CONSOLIDATION a) Par le principe du fédéralisme

Chapitre troisième

ESSAI DE CONSOLIDATION b) Par diverses coalitions de groupes politiques

Chapitre quatrième

ACCOMPLISSEMENTS SOUS L'UNION

Chapitre cinquième

ACCOMPLISSEMENTS SOUS L'UNION (suite)

DEUXIÈME PÉRIODE

(1867-1931)

Première partie: *Confédération et Canada français*

Chapitre premier

ORIGINES ET CAUSES DE LA FÉDÉRATION

Chapitre deuxième

LA CONSTITUTION FÉDÉRATIVE

Chapitre troisième

POSITION DU QUÉBEC DEVANT L'A.B.N.A.

Troisième partie: *Problèmes de vie intérieure*

FIN DE L'ÉPOQUE COLONIALE

—————————

L'ÉPOQUE DE L'INDÉPENDANCE

CARTES

*Achevé d'imprimer par Les Presses Elite
à Montréal, pour le compte des Éditions Fides,
le vingtième jour du mois de juin
de l'an mil neuf cent soixante-dix-huit.*

Dépôt légal — 1er trimestre 1976
Bibliothèque nationale du Québec